融资力

刘广福　叶百海　钟其志◎著

 中国商业出版社

图书在版编目（CIP）数据

融资力 / 刘广福，叶百海，钟其志著. -- 北京 ：
中国商业出版社，2024. 8. -- ISBN 978-7-5208-3082-9

Ⅰ. F275.1

中国国家版本馆CIP数据核字第2024NA4323号

责任编辑：滕　耘

中国商业出版社出版发行

（www.zgsycb.com　100053　北京广安门内报国寺1号）

总编室：010-63180647　编辑室：010-83118925

发行部：010-83120835/8286

新华书店经销

天津中印联印务有限公司印刷

*

710毫米×1000毫米　16开　29.5印张　490千字

2024年8月第1版　2024年8月第1次印刷

定价：99. 00元

＊＊＊＊

（如有印装质量问题可更换）

为什么要融资？

一个人若想要健康地存活下去，必须确保充足的血液在体内流淌。而确保血液充足的办法只有两种：一种是提高自我造血能力，另一种是依靠外部输血。

如果把企业比作一个生物体，那么资金对于这个生物体而言，就是它的血液。一家企业，若想要健康地发展下去，就必须有充裕的资金，通过资金的流转来维持企业最基本的活力。而确保充裕资金的办法只有两种：一种是提高企业自身的造血能力，即生产力或销售力；另一种是靠外部输血，即融资。

一个人和一家企业，虽是两种不同的属性，但是，在保障"生命"的原理上，却有异曲同工之妙。

不同的是，人类需要输血，是因为缺乏；而企业融资并不一定因为缺少资金。

当然，大部分企业（在此称为第一类企业）进行融资确实是因为缺乏资金。因为很多企业，仅靠自身"造血能力"，无法保障企业高速增长，甚至维持正常运营都有难度。所以，寻求融资，是大部分企业存续的必经之路。

比如，科创型企业，从技术研发到科技成果转化，往往需要几年、十几年，甚至几十年。研发期间不但没有收入还需要不断投入资金，所以这个阶段，企业正常运转所需经费就免不了通过融资来补充。

最近10年，常见的需要大量融资的企业除了科创型企业，就是很有代表性的互联网企业。互联网企业的生存密码，是拥有足够多的用户，然后通过用户规模创造量级需求，进而通过满足用户需求实现闭环造富。

怎样获得海量用户呢？最简单有效的办法就是"烧钱"补贴或者奖励，比如，电商平台通过发补贴的方式，将产品卖到全网最低价，通过广告作用和低价虹吸效应吸引用户使用平台购物，进而实现在短期内获得足够多的用户。

那么，"烧掉"的钱哪里来？答案是，融资！

第二类企业的资金是可以自给自足的。然而，在这个知识经济的时代，科学技术日新月异，再先进的技术，也可能很快被模仿甚至超越，再复杂的生产设备，也变得越来越容易获得。从而导致产能过剩，大量商品趋于同质化，竞争白热化就造成了企业生存压力。

现实的市场竞争是不进则退，要想不被市场淘汰，持续保持企业的活力就必须不断推陈出新，需要更快于对手一步迭代，需要不断抢占更大的市场份额，甚至要不断创造新需求。而实现这一切，都离不开资金，而且要先于收入投资，才可能创新，才能实现持续竞争力，融资就变成了这类企业的必要选择。

第三类企业根本不缺资金，但是仍然需要不断融资。因为融资除了可以为企业补充现金存量之外，还有另外一种功能。那就是，价值体现。

这是什么概念？

经营企业，主要有两个发展方向：一个是用企业赚钱，另一个是让企业值钱。赚钱的企业不一定值钱，但值钱的企业一般都很赚钱。

怎样认定自己的企业值不值钱？值多少钱？

企业的价值，不是自己觉得值多少钱就值多少钱，也不是第三方评估机构出具评估报告说其值多少钱就能值多少钱。证明企业价值的最佳方式是，有人愿意真金白银来购买其股权或股份。别人愿意花多少价钱购买，那才是该企业当下的市场价值，有价无市的东西都是虚妄。

虽然企业估值是有整套方法来衡量的，但是，最终决定这家企业值多少钱，是需要靠买卖双方达成的共识和交易来体现的。

所以，有些企业为了证明自己的价值，就通过融资去体现。每一轮融资、每一次估值，都是对企业的价值再认定。

第四类企业，本身并不缺资金，但也需要不断融资，因为这类企业的商业模式就是通过投资来"钱生钱"的，如投资型控股集团。

对于聪明的老板而言，会把握好融资的时机和方式，不会等到企业真正缺钱的时候再去融资。

由此可见，充裕的资金是企业存续的关键，是保障企业生命力的核心要素，而融资是企业保证资金充裕的办法之一。因此，对于企业而言，融资能力就是企业的生存能力。简而言之，融资力，就是企业的生命力。

自 序

"融资难，难融资"，已经成为当下企业生存的重大挑战之一。很多企业由于无法融到资，或者无法获得足够的融资，导致企业资金链断裂而倒下。

有人将企业融资难的现象归咎于社会资源的分配不公，也有人将企业融资难的现象归咎于政策力度不够，还有人将企业融资难归咎于企业老板没有认真学习融资技巧……听起来似乎都很有道理。但过去10年间，政府不断地加大企业融资的政策扶持力度和资源倾斜度，企业老板参加了一个又一个企业融资技巧培训班，最终企业融资难的问题还是没有得到解决，企业难融资的现象仍旧存在。而且，放眼全国金融市场，无论是银行还是民间资本，都存在巨大的资本盈余，市场上仍有大量资金无处投资，或是找不到可以投资的项目。

为什么会出现这种矛盾现象？

为了找寻这个答案，我投入了6年时间，深入一线调研分析。在采访了1492位相关部门负责人、股权投资人、企业老板，结合自身将近20年的企业融资实战经验后，我终于找到了问题的答案——出现企业融资难、难融资现象的根本原因在于，很多企业缺乏吸引外部资金的能力，有吸引力的项目根本不缺资金。

企业老板会不会融资技巧并不是最重要的，关键在于企业有没有超赞的产品、很厉害的盈利模式、很好的渠道资源等，因为这些是保障投资人的钱不会血本无归的基础，能够让投资人觉得投资以后可能获得预期的回报。一旦企业具备了这些，就拥有了吸引外部资金投资的吸引力，我把这种吸引力统称为融资力。企业一旦拥有了融资力，自然会吸引大量的投资人抢着投资，企业就不会缺钱。

所以，要解决企业融资难、难融资的现象，关键在于提高企业的融资力。

　　为此，我萌生了写一本关于怎样提升企业融资力的书。为了这本书，我筹备了 3 年。当我把整本书的大纲策划好之后，发现其工作量实在太大了，预计得 40 万字才能把整个主题诠释明白，我打退堂鼓了。

　　当叶百海、钟其志、任春昕、陈薪年等几位得知我打退堂鼓之后，都表示愿意花时间和精力帮我。现在这本书能够呈现于大家面前，多亏了他们的加入。其中，叶百海先生负责融资租赁的相关内容，钟其志先生和任春昕先生帮我完成了股权融资的相关内容，陈薪年先生则提供了市场融资的相关内容，大大缩减了我的工作量，整本书比预期提前了半年完成。

　　同时感恩中国人民大学国际金融学翟东升教授、北京大学金融学刘玉珍教授、高瓴资本创始人张磊先生、普洛斯首席执行官梅志明先生、知名天使投资人查立先生、《福布斯》中文版执行主编刘瑞明先生、克亚营销创始人刘克亚先生对本书创作所给予的帮助。

　　最后，祝愿每位老板都能顺利为企业成功融资，祝各位投资人都能投资到自己满意的项目！

抒于杭州

2023 年 11 月 11 日

■ 目 录

第二章　股权融资力
企业上市的必备能力

第六章　内部融资力

企业"核聚变"的魔力

第七章　融租力

没钱也能用到自己想要的设备

第一章 □

窥探企业融资全貌

深谙企业融资本质 实现融资手到擒来

融资，是每家企业发展壮大绕不开的坎，世界500强企业也不例外。企业要做大做强，难免需要融资。但是，并非所有企业都能融资，有的企业融不到资，有的企业却可以一直融资，这是为什么？本章将帮助各位读者一窥企业融资全貌。

第一节　企业想融资，这些你得先知道

企业融资尽管已经成为老板必备的技能，仍然有很大一部分老板对企业融资存在误解和困惑，导致企业错过最佳融资机会而耽误企业发展。比如，企业应该在什么时候融资？企业还没有盈利能不能融资？融资是不是负债？为什么有的企业融不到钱？如果企业想融资，老板就一定要知道这些问题的答案。

一、世界 500 强企业也是从第 1 次到第 N 次融资的成果

企业的发展离不开融资，几乎每一家世界 500 强企业的发展历程，都是从第 1 次融资到第 N 次融资的成长史。

那么怎样定义企业融资？

向银行贷款、向亲戚朋友借钱，这些行为属于融资。

找人共同出资合伙开公司、引入天使投资人、找风险投资机构投资，这些行为属于融资。

找政府申请研发经费、申请项目投资奖补、申请减税退税政策，这些行为属于融资。

通过供应链争取供货商账期、收取分销商预付款、向消费者预售商品，这些行为也属于融资。

上市公司上市发行股票，这个行为同样属于融资。

广义的企业融资，是指以法人为主体，向外界获得资源，包括人力资源、物质资源，以及货币相关支持的一种行为，以满足法人自身在一定时间段内的发展需要。

狭义的企业融资，是指以经过市场监督管理部门或者其他权力部门批准设立的市场主体，如有限责任公司或者股份公司用自身的资产、权益和预期收益为基础，筹集资金的行为。

综上所述，通过企业自身之外获得资金融通的行为，可以统称企业融资。

二、融资是负债吗？大部分人都错了

融资是负债吗？融资是不是等同于借钱？作者曾经就这个问题做过一组街头采访，一周时间采访了1075人，其中1032人答案是"融资就是负债"。但其实这96%的人误解了融资，或者说这96%的人不了解融资。

那么，融资到底是不是负债？等不等同于借钱？答案是，借钱是融资的一种，但融资不完全等同于借钱。也就是说，融资不一定负债。

融资，字面释义是融通资金。百度百科词条的解释："融资，从狭义上理解，是资金筹集的行为与过程。从广义上理解，融资也叫金融，就是货币资金的融通，当事人通过各种方式到金融市场上筹措资金的行为。"《新帕尔格雷夫经济学大辞典》对融资的解释是，融资是指为支付超过现金的购货款而采取的货币交易手段，或为取得资产而集资所采取的货币手段。

通俗地理解，融资就是通融资金。换个说法是，融资相当于向外部获得资金支持。而"资金"不仅仅是货币，应当包含资源和金钱。获得资金支持，除了借，还可以是赞助，或是其他的方式，有些需要偿还，有些不需要偿还，有些附带有利息，有些则不需要承担利息。所以，融资并不意味着负债。但负债是融资的一种方式。

事实上，企业融资的渠道有很多，融资的方式也有许多。常见的融资方式主要包括政策融资、股权融资、债务融资、典当融资、市场融资、融资租赁等。而政策融资是以无偿的奖补为主，股权融资是合伙投资行为，典当融资可以是闲置物套现行为，市场融资属于预收费或者账期行为，只有债务融资属于日常所说的借钱行为。

所以，借钱是融资行为中的一种，是负债，但是融资不完全等同于借钱，也不完全等同于负债。

三、持续亏损13年，为什么却能持续融到资？

一些现在很成功的互联网企业，几乎都经历了数年乃至十数年的持续亏损。下面是截至2023年11月，公布于互联网的关于京东商城的成长历程和融资史。

2004 年 1 月，京东商城正式上线运营。

2007 年 8 月，完成 1000 万美元 A 轮融资。

2009 年 1 月，完成 2100 万美元 B 轮融资。

2011 年 4 月，完成 15 亿美元 C 轮融资。

2012 年 11 月，完成 4 亿美元 D 轮融资。

2013 年 2 月，完成 7 亿美元 E 轮融资。

2014 年 3 月，完成 2.14 亿美元 Pre-IPO 融资

2014 年 5 月，成功在纳斯达克上市。

2017 年第一季度，净收入 762 亿元，同比增长 42%，净利润为 557 亿元。这是基于美国通用会计准则（US GAAP）计算下，京东商城首次宣布实现盈利。

也就是说，从上线到盈利，京东商城经历了 13 年的持续亏损。然而，这并不影响京东持续融资几十亿美元。

凭什么？

这个话题就涉及赚钱和值钱的关系了。在资本眼里，企业可以分为三种：第一种是值钱的企业，第二种是赚钱的企业，第三种是既不值钱也不赚钱的企业。

值钱的企业肯定能赚钱，只是时间问题而已，如案例中的京东商城。

赚钱的企业不一定值钱，比如某个路段的烧烤档，每天生意火爆，很赚钱，但是要卖掉这家烧烤档，刨除掉设备和技术本身不算，这家很赚钱的烧烤档却卖不出多少钱，甚至卖不了钱。就算可以收取一定的转让费，那也只是路段和人流量本身赋予的价值，不是烧烤档的生意本身值钱。

而那种既不值钱，也不赚钱的企业，在资本眼里形同虚设。

所以，还没赚钱不要紧，值钱就行，值钱的企业，可以不断融资。

这个案例，是否解开了大部分老板心中"企业还没盈利能不能融资"的疑问呢？

四、企业应该在什么时候融资？

其实，企业在成长周期中的任何一个阶段都可以启动融资，但要结合企业的具体情况选择对口的渠道和匹配的方式融资。

一般情况下，当创业者在拥有了一个创业想法，但缺乏启动资金时，可以

考虑通过熟人借款或者股权融资的方式来帮助自己走出创业的第一步。当创业计划通过实践被证实是可行的，这时候可以进一步融资来组建团队。当创业项目的产品成型，开始投放市场，在扩展销售渠道的过程中，可以选择融资来快速打开市场。此后，当产品在市场中获得了认可，技术也趋于成熟时，企业可以再次融资扩大经营规模，增加产品线。随着创业团队的不断努力，企业的销售收入已经高于支出，账户上开始出现净收入，也就是我们常说的盈利。这时，投资人开始考虑退出，企业也需要更多资金来扩大经营规模。如果企业能够成功上市，就可以一举两得。

由此可见，企业在整个成长周期中，几乎每次阶段性的成长，都需要投入更多资金，都可以考虑通过融资满足企业发展的资金需求。

那么，企业应该在什么时候融资？或者说什么时候融资最容易成功呢？最佳答案是在企业最不缺钱的时候。因为这时候融资一是可以让投资人看到企业对于未来的规划是清晰的，使其对于投资的回报是有信心的；二是体现了企业未雨绸缪的能力，也让其后期真正需要资金时有钱可用。

五、不差钱的企业要不要融资？

不差钱的企业也同样需要融资。

从银行贷款的角度看，融资方式主要有两种：一种是抵押贷款，另一种是无抵押贷款。但无论是哪一种贷款方式，银行都要看企业的征信情况，都会依据企业的信用等级给予授信额度。两种方式的区别是，有抵押物的情况下，银行对信用评级的重视倾斜度较小，可以抵押物的可流通价格作为主要授信参考；而无抵押物的情况下，主要靠信用评级作为授信参考依据。

那么银行对企业的信用评级怎么来的呢？

银行对企业的信用评级参数采集的内容面比较广，其中还款记录是很重要的参考依据。一家从来没有在银行融过资的企业，信用记录是空白的，也就是说还没有信用评级；相反，如果企业在银行经常有融资，且还款记录良好，无逾期，那么其信用评级就会很高。

所以，为了深谋远虑，为了防患于未然，企业在不差钱的时候就应该开始积累银行信用，比如，每年进行短期贷款，然后按期还款，产生的利息当作信用投资成本。在积累良好的银行信用记录之后，企业万一需要融资时，可以获得银行较为可观的授信额度。

从投资的角度看，投资1亿元和2亿元，获得的回报差距是巨大的。

比如，投资于一家拟上市公司，投资时1元1股，投资1亿元得股份1亿股。假设上市发行价为每股20元，1亿元的投资则变成了20亿元，收益为19亿元。假设当时投资的金额是2亿元呢？后期收益则高达38亿元，本金差距只有1亿元，但收益差距却高达19亿元……

所以，在很多时候，企业虽然不差钱，但是如果利用好投资和融资，将能为自己和投资人带来惊人的回报。

六、有的企业为什么融不到资？

从客观情况来看，造成企业融资难的原因之一便是能让投资人放心的项目太少。

是的，让投资人放心，是成功融资的基础。比如，银行贷款，一般都有要求借款人提供抵押物或者第三方担保。为什么呢？道理很简单，银行担心借款人的还款能力变化，而要想打消银行这样的顾虑，资产抵押是最有效的办法。银行没有了后顾之忧，融资也就不难成功了。

反之，企业既没有抵押物，也没有第三方担保，要想在银行凭空获得融资就较困难。

比如，融资企业的股东是兼职的，或者临时拼凑的，或者股权结构不合理，企业关系复杂，随时有经营不下去的风险，面对经营风险这么高的企业，谁敢放心投资？

再如，融资企业没有主营业务，看到什么热门就做什么，投机取巧，且经营状态不稳定、收入不确定，这样的企业谁又敢去投资？

综上可知，有的企业融不到钱，看似原因千百种，但实际上就是一个，那就是企业的状况没有让投资人放心。

七、赚钱的企业和值钱的企业有什么区别？

赚钱的企业和值钱的企业有什么区别？很多人分不清，如果一定要二选一，相信大部分人会选择赚钱的企业，因为大部分人会觉得赚钱的企业才值钱。

那么，专业投资人会怎么选择呢？如果要在两家企业间选择，投资人一般会选择值钱的企业。因为专业投资人的理解是，赚钱的企业不一定值钱，但值钱的企业一定赚钱。

比如，一家矿业公司，拥有一座矿山，通过勘探，整座山预计最大黄金储量约为 10 吨，假设每吨黄金价值 6 亿元，每吨黄金的综合开采成本约 2 亿元，那么这家矿业公司每开采 1 吨黄金就可盈利 4 亿元，不可谓不赚钱。但是这样的企业却算不上值钱的企业，因为这家企业的盈利天花板几乎是确定了的。就算能百分之百地将 10 吨黄金全部开采出来，销售价格恒定在每吨 6 亿元，利润保持每吨 4 亿元，最终也只能赚到 40 亿元。这样的企业，它的利润总额基本上就是它价值的极限了。

那么，一家软件公司，拥有强大的研发实力和团队，每年研发投入近 10 亿元，四五年需要持续投入三四十亿元，而且产品还达不到生产上市销售的要求，也就是说四五年间没赚到一分钱，还亏损了三四十亿元。但是，这样的企业在资本眼里却可能很值钱，也许估值可以高达百亿元，甚至千亿元。

假设矿业公司要对外融资，虽然很赚钱，但能融到的资金额度将很难超过 40 亿元。而软件公司虽然前期一直在"烧钱"，处于亏损状态，看起来是一家不赚钱的企业，但其能得到的融资却可能超过几十亿元，甚至上百亿元。

这就是赚钱的公司和值钱的公司的最明显的区别。

八、会融资和不会融资的人区别在哪？

融资是一门技术活，会与不会，融资结果千差万别。

以获取银行贷款为例。银行贷款在诸多融资产品中算是相对标准的产品，申请办理流程和材料要求都是公开的，理论上每个人按银行规定申请即可，那为何有会融资和不会融资之分呢？为何有的人会被当成重要客户招待，有的人会被拒之门外呢？

理由很简单，满足要求、匹配条件，使企业成为银行工作人员心目中的优质客户，进而顺利融资。

从银行工作人员的角度来看，每位银行工作人员都有自己的任务，尤其是信贷员，每年都有一定额度的放款指标。以一个信贷员每年任务指标是贷出 1 亿元为例，如果把任务指标拆分成 10 万元一份，完全贷出任务额度需要服务 1000 人；如果拆分成 100 万元一份，完全贷出任务额度需要服务 100 人；如果拆分成 1000 万元一份，完全贷出任务额度需要服务 10 人……而每个人每天的时间最多只有 24 小时，就算不吃不喝不休息，一天 24 小时工作，最多能接待多少人？假设你是该信贷员，你选择哪种任务拆分方案？

时间是有限的、精力是有限的、每天能触达的贷款申请人数量是有限的，更为重要的是，并不是每位贷款申请人条件都满足贷款要求，有时候接待几十个贷款申请人也不一定有一个满足放款条件的。往往需要接触很多贷款申请人，才能顺利贷出一笔资金。信贷员只有花大量时间才能筛选出一位合格贷款申请人。因此，每一位信贷员都会拟订自己的最佳任务分拆方案，也就是说每位信贷员都会根据国家和银行的政策要求设定一个选择机制。

会融资的人，会根据自身的融资计划和条件，研究分析相关政策要点，选定匹配的银行网点，以恰当的身份姿态提出贷款申请，尽量满足贷款的要求，匹配银行的条件，从而获得最优质的服务和满意的结果。而不会融资的人，漫无目的地提交贷款申请，难免到处碰壁，很难获得融资。

融资实操中，无论向银行贷款还是向其他渠道融资，都存在一定的技巧和方法，会融资和不会融资，差距可见一斑（详细的企业融资技巧后文会讲到）。

九、融资力对企业有哪些影响？

在回答融资力对企业有哪些影响这个问题之前，我们先来看一个例子。

A、B、C 公司几乎同时各推出一款打车软件，A 公司成功融资 1 亿元，B 公司成功融资 1000 万元，C 公司因为自己有 100 万元所以没有融资。

为了快速获得更多用户，A 公司推出了补贴政策，出租车司机凡是通过该公司软件接到客人的，每接一个客人一次奖励 20 元；推荐新用户的，还可以获得 10 元至 100 元不等的奖励。可以说司机得了双份收入，一份来自乘客路费,另一份是来自 A 公司的奖励。同时,乘客使用该公司软件打车的,每次补贴 20 元。短途乘客打车基本上不用花钱,长途乘客打车可以通过分段换车的方式也不用花钱,甚至可以通过打车赚钱。因此,一时间掀起全民打的潮,很多人疯狂地为 A 公司推广该打车软件,短时间内 A 公司就拥有了近千万的用户,妥妥地成为行业老大,于是又获得了 10 亿元的风险投资。

B 公司看见 A 公司推出了贴钱拓客政策,也不示弱,紧随着推出更给力的贴钱政策,快速获得了一定量的用户,然后积极融资,和 A 公司的用户量一时间难分伯仲。

A 公司和 B 公司一轮又一轮地获得新的融资,最后成就了当地两大打车软件的并存。再后来,两者达成了妥协,A 公司收购了 B 公司,合并形成了最大的打车软件。

C 公司呢?

对不起,人们通常只会讨论行业老大和老二的争斗故事,被记得的往往只有行业老大,至于谁是行业老三,没人在乎,也很难被人们记住。C 公司错过了最佳的拓客时机,没有用户,自然很难融资,没钱推广自然又更难有用户……一段时间的恶性循环后,C 公司消失得无声无息。所以后来没几个人记得 C 公司曾经存在过。

这故事是不是似曾相识?当然!因为这就是曾经发生在我们每个人身边的真人真事。虽然故事略有删节改编,但这就是融资力对企业最直观的影响。

第二节 关于企业融资的"我"和"他"

兵法有云"知彼知己，百战不殆"，企业要想成功获得融资，就需要正确地认清融资关系中的"我"和"他"，弄明白"我"是谁，"他"又是谁。了解企业融资相关的规则和常识，只有这样才可能更顺利地获得融资。

一、"我"是谁

人因为不同的出身、学识、境遇，造就了不同的身份和地位。企业也不例外，因为注册所在分类不同、股东不同、目的使命不同，其所扮演的角色和融资地位也有所不同。所以，认清"'我'是谁"是成功融资的第一步。

通俗理解，就是在融资之前，先要弄明白申请融资的"我"是个什么样的客体，是一个人？一家公司？还是其他法人？

因为企业融资的"企业"，有若干类型，如独资公司企业（含个人独资和国有独资企业）、有限责任公司、股份有限公司、合伙企业、集体经济组织等，不同类型的企业的融资条件、融资难度、融资方式都不同，所以明确用来申请融资的主体是一家什么样的企业，才能针对性探索出有效的融资方案[①]。

（一）个人独资企业

个人独资企业是依据《中华人民共和国个人独资企业法》和《个人独资企业登记管理办法》的相关规定，依法在市场监督管理部门登记注册的一种市场主体。常见的个人独资企业名称的后缀为"厂""店""部""中心""工作室"等，不能冠以"公司"后缀。

个人独资企业也被称为自然人企业，属于非法人主体，是我国最为古老的一种商业组织形式。它由自然人个人出资经营，企业资产归个人所有和控制，由个人承担经营风险和享有全部经营收益，投资者对企业债务负无限责任。

---

① 为便于阅读，以下将需要融入资金的一方，统称为"融资申请人"或"融资主体"。

1. 个人独资企业和个体工商户的共同点

个人独资企业和个体工商户的投资主体基本相同，都仅限自然人（公民），法人或其他组织不能作为个人独资企业和个体工商户的户主。两者的资产执行申报制，无须法定验资机构验资，也不要求实际缴付。

在承担法律责任方面，个人独资企业和个体工商户的户主都必须以个人或家庭财产承担无限责任。

2. 个人独资企业和个体工商户的区别

首先，在法定分类属性上两者有本质区别，个人独资企业属于企业，而个体工商户不属于企业。个人独资企业的户主和经营者可以不是同一个人，户主作为投资人可以委托或聘用他人管理个人独资企业事务。而个体工商户的户主和经营者须为同一个人。另外，个人独资企业可以设立分支机构，也可以委派他人作为个人独资企业分支机构负责人。个体工商户不能设立分支机构。

其次，两者的法律地位也不同。在民事、行政、经济法律制度中，个人独资企业是其他组织或其他经济组织的一种形式，能以企业自身的名义进行法律活动。而个体工商户的法律行为能力受到一定的限制，主要以公民个人名义进行法律活动为主。比如，个人独资企业可以成为公司的股东，并享有公司股东的权利和义务，而个体工商户不能以企业名义作为公司股东。

3. 个人独资企业的融资境遇

由于个人独资企业不是法人，所以大部分的融资产品并不适用，尤其不适用股权融资。比较可行的就是债务融资和政策融资。理论上，个人独资企业可以选择银行贷款，但在实操中，包括银行在内的金融机构极少向个人独资企业发放贷款。

（二）有限责任公司

有限责任公司俗称有限公司，是依据《中华人民共和国公司法》及《中华人民共和国公司登记管理条例》相关规定，在市场监督管理局登记设立的一种有限责任制市场主体。

有限责任公司最多可以由 50 个股东出资设立，也就意味着企业拥有更多的募集资金的操作空间，创始人可以通过引入其他股东的方式获得企业必要的资金。还可以在成长过程中，通过股权投资引入专业风险投资机构和投资人，或者通过银行和其他金融机构获得融资。有限责任公司除了不能直接公开募集资金以外，几乎适用所有的融资模式和渠道。

由于有限责任公司的市场灵活性和融资便利性，目前已经成为全国第二大体量的市场主体，仅次于个体工商户。

（三）股份有限公司

股份有限公司，是依据《中华人民共和国公司法》及《中华人民共和国公司登记管理条例》相关规定，在市场监督管理局登记设立的一种股份制市场主体。

股份有限公司的资本由股份组成，股东是以其认购的股份为限对公司承担责任的企业法人。股份有限公司分两类：一类是非上市股份公司，另一类是上市股份有限公司。非上市股份有限公司最高可以由200位股东共同发起设立，可以满足企业更大范围的资本募集。上市股份有限公司属于公众公司，股东人数没有上限。

1. 股份有限公司和有限责任公司的区别

股份有限公司和有限责任公司都是公司，具有公司的一些共性特征，从某种角度理解，股份公司是负担有限责任的有限公司。

有限责任公司兼具无限公司和股份有限公司的优点，股东以出资额为限享受权利、承担责任、具有资合的性质。因为有限责任公司不公开招股，股东之间一般关系较为密切，具有一定的人合性质，因而与股份有限公司有明显区别。

股份有限公司的组成和信用基础是公司的资本，与股东的个人信誉、地位、声望没有太大关联，股东个人也不得以个人信用和劳务投资，这种完全的资合性与无限公司和有限责任公司不同。

2. 非上市股份有限公司和上市股份有限公司的区别

上市公司是股份公司的一种特殊情况，上市公司必然是股份公司，是股份公司不一定是上市公司。

非上市股份有限公司和上市股份有限公司的区别在于，两者都可以发行股票，非上市股份有限公司只能非公开发行，而且股东人数不得超过200人；上市股份有限公司可以公开发行股票，股东人数没有上限。另外，非上市股份有限公司发行的股票只能转让，不能在二级市场自由买卖；上市股份有限公司发行的股票属于二级市场挂牌交易的股票，股民可以自由买卖；买卖非上市股份公司的股票需要到市场监督管理部门做过户变更登记，买卖上市公司股票则不需要。

简单地理解，非上市股份有限公司和上市股份有限公司最直观的区别是，股票是否可以在二级市场上买卖。

3. 非上市股份有限公司的融资境遇

非上市股份有限公司的融资方式与选择和有限责任公司基本无差别，可以将公司的固定资产或者流动资产作为抵押品，向银行或其他金融机构申请贷款；或者发行公司债券或可转换债券，向投资者募集资金；或者向投资者出售公司股份，获得现金融资；或者通过政府申请政策融资；还可以通过内部融资，如利用利润留存、员工内部集资等方式来获得融资。

（四）合伙企业

合伙企业是指由各合伙人订立合伙协议，共同出资经营，共享收益，共担风险，依照《中华人民共和国合伙企业法》在中国境内设立的市场主体。

合伙企业常见的类型包括特殊合伙企业、普通合伙企业、有限合伙企业等三类。

合伙企业一般不属于法人主体，不需要缴纳企业所得税，企业经营所得按比例分配给合伙人，所得税由合伙人自行缴纳，或者由合伙企业代扣。合伙企业可以由部分合伙人经营，其他合伙人仅出资并共负盈亏，也可以由所有合伙人共同经营。

1. 特殊合伙企业

特殊合伙企业，是特殊普通合伙企业的简单俗称，是指根据《中华人民共和国合伙企业法》在市场监督管理部门依法设立的一种非法人市场主体。它主要是以知识和技能为客户提供有偿服务的专业服务机构，如会计师事务所、设计师事务所、税务师事务所、律师事务所等。

特殊合伙企业虽然属于合伙企业中的一种模式，但是，合伙人之间一般独立展业，彼此间相对独立。因此，特殊合伙企业的合伙人之间采取的责任制度是"谁之过，谁承担"。比如，合伙人 A 因故意或过失造成合伙企业债务的，合伙人 A 为此承担无限或无限连带责任；其他合伙人仅以财产份额为限，承担有限责任。

特殊合伙企业可以通过申请银行贷款来获得资金支持，但需要满足银行的信用评级等条件。截至2023年底，国内几乎未曾见特殊合伙企业对外融资成功的案例。

2. 普通合伙企业

普通合伙企业是指根据《中华人民共和国合伙企业法》在市场监督管理部门依法设立的一种非法人市场主体。普通合伙企业由普通合伙人组成设立。普通合伙人是指在合伙企业中对合伙企业的债务依法承担无限连带责任的自然人、法人和其他组织。所谓无限连带责任，包括两个方面：一是连带责任，二是无限责任。

在普通合伙企业中，各合伙人无论出资多少，都享有平等执行合伙企业事务的权利。比如，委托一个或者数个合伙人执行合伙事务的，执行合伙事务的合伙人对外代表合伙企业；其他合伙人不再执行合伙事务。

普通合伙企业的合伙人即使是基于故意或者重大过失而给合伙企业造成债务，在对外责任的承担上依然是由全体合伙人承担无限连带责任。因此，国有独资公司、国有企业、上市公司以及公益性的事业单位、社会团体不得成为普通合伙人。

普通合伙企业的融资渠道比较窄，国内几乎没有对外融资成功的案例。

3. 有限合伙企业

有限合伙企业是指根据《中华人民共和国合伙企业法》在市场监督管理部门依法设立的一种非法人市场主体。它由普通合伙人和有限合伙人组成。其中，普通合伙人一般作为有限合伙企业的执行事务合伙人，对外代表合伙企业，因此对合伙企业债务承担无限连带责任。有限合伙人一般为财务投资者，不参与合伙企业的经营管理，因此，对于合伙企业的债务一般以出资额为限承担有限责任。如果有限合伙人实际参与了合伙企业的经营，或者对外代表了合伙企业行使权力，则该有限合伙人与普通合伙人承担连带无限责任。由于有限合伙企业聚合了有限责任公司和合伙企业的综合特性，目前成为最常见的基金形式。

有限合伙企业本身就是被作为承载投资人的主体，绝大部分有限合伙企业是以基金的使命诞生和存续的，所以有限合伙企业本身极少对外融资。

（五）集体经济组织

集体经济组织是生产资料归一部分劳动者共同所有的一种公有制经济组织。集体经济的实质是合作经济，包括劳动联合和资本联合。集体经济组织可以分为城市集体经济组织和农村集体经济组织两大类型。

1.城市集体经济组织

城市集体经济组织的特点是城市户口，社员资产一般为非土地形式，通常实行股份合作制。例如，铁道、石油、地质矿产、国防工业等某些特殊性的行业，为了安排家属就业，构建由主管单位给予设备、启动资金、技术骨干等资源，为本行业服务提供配套，自收自支，自负盈亏，按劳分配的一种集体所有制组织。

随着企业组织体系的完善和规范，城市集体经济组织普遍改制成为集体所有制企业或者股份制企业，只有少部分仍以"城市集体经济联合会"的形式存在。

集体经济组织，目前主要指农村集体经济组织。

2.农村集体经济组织

农村集体经济组织主要指根据《中华人民共和国农村集体经济组织法》相关要求，经县级以上地方人民政府农业农村主管部门登记管理的特别法人。

（1）农村集体经济组织的机构名称规范

农村集体经济组织的名称可以分别称为某某经济合作社、某某经济联合社、某某经济联合总社，或者某某股份经济合作社、某某股份经济合作联合社、某某股份经济合作联合总社等。

（2）农村集体经济组织成员

户籍在或者曾经在农村集体经济组织并与农村集体经济组织形成稳定的权利义务关系，以农村集体经济组织成员集体所有的土地为基本生活保障的农村居民，为农村集体经济组织成员。

因集体经济组织成员结婚、生育、扶养、收养和政策性移民而增加的人员，一般应当确认为集体经济组织成员。

农村集体经济组织成员因务工、经商、服役、服刑、就学等暂时离开集体经济组织的，不因此丧失成员身份。农村集体经济组织中的妇女成员不因丧偶、离婚而丧失集体经济组织成员身份。

（3）农村集体经济组织的财产组成

农村集体经济组织的财产由集体所有的土地和森林、山岭、草原、荒地、滩涂等；集体所有的建筑物、生产设施、农田水利设施等；集体所有的教育、科技、文化和旅游、卫生、体育、交通等设施和农村人居环境基础设施；集体所有的资金，包括现金、银行存款等；集体投资兴办的企业及其所持有的其他经济组织的资产份额；集体所有的无形资产；集体所有的其他财产，包括本集体经济组织接受国家扶持、社会捐赠、减免税费等形成的财产组成。

（4）农村集体经济组织涉及投融资的规定

国家鼓励政策性金融机构立足职能定位，在业务范围内采取多种形式对农村集体经济组织发展集体经济提供多渠道资金支持。

国家鼓励商业性金融机构为农村集体经济组织及其成员提供多样化金融服务，对符合条件的农村集体经济发展项目给予优先支持；鼓励对农村集体经济组织开展农村集体经营性财产股权质押贷款；鼓励融资担保机构为农村集体经济组织提供融资担保服务；鼓励保险机构为农村集体经济组织提供保险服务。

因此，农村集体经济组织可以根据自身发展需要，向银行等金融机构融资。融资决策应通过三分之二以上的成员同意。

二、"他"是谁

企业融资，除了要弄清楚需要融资的"我"是谁，还要弄清楚最后给钱的"他"是谁，知己还得知彼。融资活动中的"他"是对出借人、投资者、出资者的统称，可以是个人、银行，也可以是某某公司。出资者和融资申请人是融资要素中缺一不可的主角。了解其不同偏好和诉求，可以大大提高企业融资的成功率。

（一）个人投资者

所谓个人投资者，泛指以自然人为主体的出资者。大致可以分为三种类型，第一种是个人债权投资者，第二种是个人股权投资者，第三种是个人证券投资者。

个人债务投资者，属于比较保守谨慎的投资者，他们往往既不满足于银行存款利息，又不愿意承受股权和证券的投资风险，所以选择以债权的方式将资金投放到市场，以赚取更高收益。为了资金安全，他们一般会要求借款人提供担保物或者担保。

个人股权投资者，普遍是一些风险承受能力较强的投资者，这部分人主要由高薪人群、创业成功者、财团代理人等构成，常常被誉为种子投资人或者天使投资人。个人股权投资者主要投资于创业项目早期，单笔投资额度一般在100万元以内，个别财力雄厚的投资人会参与AB轮跟投，投资额度一般少于1000万元。

个人证券投资者，统称股民，以投资二级市场交易的证券为主，如股票、国债、上市公司企业债。个人证券投资者偏好于短、平、快的投资，快进快出，普遍以短线投资为主。

（二）金融机构

金融机构是指国务院金融管理部门监督管理的从事金融业务的机构，包括银行、证券公司、保险公司、期货公司、金融控股公司、资产管理公司、基金公司、信托公司、金融租赁公司、小额贷款公司、典当公司、融资租赁公司、商业保理公司、融资性担保公司等。其中，企业融资涉及的主要有银行、证券公司、融资租赁公司、小额贷款公司、典当公司、信托公司等。

1. 银行

银行是依法成立的经营货币信贷业务的金融机构。在企业融资过程中，可能接触到的银行包括政策性银行、商业银行、投资银行等。

我国目前设立有中国进出口银行、中国农业发展银行、国家开发银行等三家政策性银行，有中国工商银行、中国农业银行、中国银行、中国建设银行、中国邮政储蓄银行、交通银行等国有商业银行。另外，还设立有商业银行专营机构和各省市设立的地方性商业银行、村镇银行、信用社等。

银行对企业的融资产品以抵押贷款、信用贷款、票据、保函等为主。

2. 证券公司

证券公司是指经国务院证券监督管理机构审查批准，授予证券从业资格的独立法人机构，一般以某某证券有限责任公司或者某某证券股份有限公司的形态备案登记。

证券公司的主要业务包括证券经纪、证券投资咨询、与证券交易和投资活动有关的财务顾问、证券承销与保荐、证券自营、证券资产管理、其他证券业务、并购服务等。企业融资直接关联的业务包括上市保荐和证券承销。根据《中华人民共和国证券法》规定，企业上市融资，必须由具有证券从业资格的机构保荐，而上市公司的股票发行也需要具有证券从业资格的机构承销。

证券公司主要对企业上市融资发挥直接作用。另外，大部分证券公司本身就是上市公司，本身也从事投资业务，对优质企业证券公司也有直接参与股权投资的案例。同时，在上市公司再融资和并购杠杆融资的实操过程中，证券公司也有资金出借或参与投资的案例。

3. 融资租赁公司

融资租赁公司是服务于金融、贸易、产业的资产管理机构，主要分为金融租赁和商业租赁两种类型。两种类型的本质区别是，金融租赁须获得银行保险监督管理部门批准，简称"金租"，属于金融机构；商业租赁由商务部进行前置审批和监管，简称"商租"，属于非金融机构。两者业务模式和业务对象基本相同。

融资租赁常常被称为设备租赁，但和传统设备租赁有着本质的区别。传统设备租赁一般以承租人租赁使用物件的时间计算租金，而融资租赁以承租人占用融资成本的时间计算租金。

在企业购买生产线、商用车、商用船等具有生产力的机械设备时，或者在公路、铁路、码头、机场、车站等项目投资时，或者将既有前者设备或项目再融资时，银行贷款无法实现的情况下，可以考虑寻求融资租赁。

4. 小额贷款公司

小额贷款公司是由地方政府金融监督管理局审批、监管的独立法人金融机构，一般以某某小额贷款有限责任公司或某某小额贷款股份有限公司的形态设立。

小额贷款公司和银行都属于货币信贷业务机构，但是银行主要通过吸收公众存款获得出借资金，而小额贷款公司不能吸收公众存款，只能以自有资金出借。对于中小微企业融资而言，小额贷款公司虽然出借利息比银行稍高，但业务流程相对为简化，操作更为便捷、迅速；与民间借贷相比，小额贷款公司的操作更为规范，贷款利息受到监管限制，所以相对于民间借贷利息较低。

5. 典当公司

典当公司俗称当铺，由省级商务主管部门审核，报商务部批准并颁发《典当经营许可证》。同时，由公安机关批准并颁发《特种行业许可证》。

典当公司是以货币借贷为主、商品售卖为辅的市场中介组织。其业务主要包括房产典当，汽车典当，有价证券典当，珠宝、玉石、黄金、钻石、首饰、手表、奢侈品等民品典当，古玩、字画、红木家具等艺术品典当和其他财产权利的典当融资。

现代典当行是银行、保险、证券、信托等四大支柱金融业的一种补充，也是中小微企业和个人实现短期、快速、简便的融资渠道。

以融资方式而论，典当融资具有一些金融机构无法比拟的优势。典当公司关注典当标的物的合法性和价值，既接受动产质押也接受权利质押，如珠宝、玉石、首饰、奢侈品、古玩、字画、红木家具等一些金融机构无法作为融资质押物的物件皆可通过典当融资。典当融资约定期限到期，融资申请人可以选择还本付息赎回典当标的物（质押物），也可以典当标的物（质押物）以物换钱的形式抵偿融资。同时，典当几乎没有地域性限制，可以异地融资，程序简单，方便快捷，典当标的物估值完成后即刻放款，可以满足融资申请人的救急需求。

6. 信托公司

信托公司是由国家金融监督管理总局审核、监管并颁发经营许可的非银行金融机构。其信托业务主要包括委托和代理两种。委托是指财产的所有者为自己或其指定人的利益，将其财产委托给他人，要求按照一定的目的，代为妥善地管理和有利的经营的业务形式。代理是指一方授权另一方，代为办理的一定经济事项的业务形式。

企业可以有价资产委托信托公司设计、发行、管理信托贷款产品，帮助企业达成融资目的。

（三）风险投资机构

风险投资机构（Venture Capital Institutions，VC），是一类专注于非上市公司股权投资的法人主体，普遍以有限合伙企业或者有限责任公司等主体形态存在。它是风险投资最直接的参与者和实际操作者，同时也最直接地承受风险、分享收益。

风险投资机构对企业的成长具有举足轻重的影响，成就了无数创业项目，已经成为企业股权融资的首选对象。获得风险投资机构投资的企业，企业在债务融资、政策融资、上市融资等融资中具有加分作用。因此，它也是企业融资的重要对象。

（四）战略投资者

战略投资者一般由某个产业链的链主，或者某个领域的龙头企业担当。它是具有同行业或相关行业较强的重要战略性资源，与标的公司（融资申请人）谋求双方协调互补的长期共同战略利益，愿意长期持有标的公司较大比例股权，愿意并且有能力认真履行相应职责，委派董事实际参与公司治理，提高标的公司的治理水平，帮助标的公司显著提高公司质量和内在价值，具有良好诚信记录，最近三年未行政处罚或被追究刑事责任的投资者。

战略投资者对于成长期的企业具有"定海神针"的作用，除了给标的企业注入资金，还可以在技术、管理、市场、人才等领域给标的企业帮助，能够促进其产业结构升级，增强标的企业的核心竞争力和创新能力，拓展企业产品市场占有率。

三、第三方

所谓第三方，主要是指虽然不能直接给企业提供资金，但在企业成功融资的过程中，发挥着重要作用的主体。比如，企业向银行融资时，在没有合适的担保物的情况下，有没有融资性担保公司为融资申请人提供担保，将直接决定融资的成败。又如，企业在上市融资过程中，必须有会计师事务所、律师事务所、保荐机构等参与，企业才可能顺利上市。而这些参与者，都可以称为第三方，或者第三方机构。

（一）融资顾问

融资顾问俗称融资中介公司，是连接出资者和融资申请人之间的桥梁，一方面为出资者提供客户来源，另一方面为融资申请人匹配相应的融资产品。其利润主要源于撮合交易中的居间费，也称作融资服务费。

常见的融资顾问有三种：一是专注于企业股权融资的顾问，二是专注于企业债务融资的顾问，三是专注于政策融资的顾问。也偶有各种融资都精通的综合性融资顾问。在此主要介绍前两种。

1. 股权融资顾问

股权融资顾问也被称为财务顾问（Financial Advisor，FA），是一类专业的股权融资中介。一般比较擅长融资方案设计，了解风险投资机构投资偏好，并且拥有较为丰富的投资机构资源和股权融资经验，能够直接在融资标的企业（融资申请人）和投资机构之间牵线搭桥与融资撮合。部分证券公司、律师事务所、会计师事务所也会提供股权融资顾问服务。

作为专业机构，股权融资顾问比企业老板更熟悉资本的属性，更了解资本市场的规则，了解各风险投资机构投资偏好和投资方向，所以可以根据不同的项目精准推荐对应的投资机构，帮助融资企业成功融资。

2. 债务融资顾问

债务融资顾问主要可以分为担保和非担保两种类型。担保类的债务融资顾问需要对自己提供的融资申请人进行担保，一旦融资申请人出现违约情况，此类公司需要对融资申请人进行相应的催缴或者代偿工作，其主要利润源于担保费、融资服务费、客户违约金等；而非担保类的债务融资，不需要承担担保义务，其利润源于融资服务费。两者最大的区别是有担保义务的顾问融资需要有相应的经营许可证或者有一定的资金实力作为支撑，非担保类的债务融资顾问则不需要，只需要介绍合适的客户给出资者即可。

融资顾问由于比较熟悉金融机构的风险偏好和审批程序与规则，可以帮助企业进行合规调整，精准撮合资方，进而高效帮助企业实现融资目的。

（二）担保公司

融资性担保公司是由国家金融监督管理总局审核、监管并颁发经营许可，专门从事融资性担保业务的有限责任公司或股份有限公司。

融资性担保是指担保人与具有货币贷款资格的金融机构等债权人约定，当借款人（被担保人）不履行对债权人负有的融资性债务时，由担保人依法承担合同约定的担保责任的行为。

　　企业在选择债务融资的情况下，银行或者相关金融机构为了本金安全，一般会要求借款人提供抵押物或者担保人，融资性担保公司就是银行比较愿意接受的担保人之一。融资性担保公司是企业债务融资最重要的第三方机构。

（三）资产评估机构

　　资产评估机构一般以普通合伙或者有限责任公司的形式设立主体。它由省级财政部门审批和监督管理，市级资产评估协会协助财政部门审批和自律性监督管理。

　　资产评估机构凭资格证开展资产评估业务，在企业融资和非货币形式实缴出资中发挥重要的资产估值作用。评估的资产范畴包含有形资产和无形资产。有形资产如土地资产、房产、珠宝艺术品资产等；无形资产如商标、专利、著作权等，包括但不限于此等资产。

（四）会计师事务所

　　会计师事务所（Accounting Firms）是指依法独立承担注册会计师业务的中介服务机构，是由有一定会计专业水平、经考核取得证书的会计师组成的、受当事人委托承办有关审计、会计、咨询、税务等方面业务的组织。我国对从事证券相关业务的会计师事务所和注册会计师实行许可证管理制度。

　　会计师事务所在企业融资方面主要发挥财务合规和出具审计报告的作用，是企业股权融资和上市融资不可或缺的第三方机构。

　　同时，很多会计师事务所由于长期接触参与上市公司合规服务和股权融资审计服务，在投资圈拥有不错的人脉，有时候也担当财务顾问角色，是融资企业对接出资者的很好的中介。

（五）律师事务所

　　律师事务所是指根据《中华人民共和国律师法》设立并取得执业许可证的，由律师组成并执行职务进行业务活动的工作机构。律师事务所在组织上受司法行政机关和律师协会的监督与管理。

　　律师事务所在企业融资中发挥着重要的作用。尤其在股权融资、上市融资，以及其他融资业务的法律文件及业务合规工作中，起到影响成败的决定性作用，特别是企业上市时不可或缺的第三方机构。

同时，专注于金融相关法律工作的律师，本身就具备丰富的投融资经验和娴熟的投融资技巧，在长期的法律顾问服务中，积累了或多或少的投资机构资源，可以为企业融资提供中介服务。

在企业融资实操中，尽职调查、合同审查、合规辅导等方面，律师都是不可或缺的角色。

（六）保荐机构（股票承销机构）

保荐机构又称保荐人。保荐人制度约束的对象主要是具有证券经营牌照的证券交易商，服务的对象主要是上市企业，监管机构负责对保荐人行为的监管。

根据《上市公司证券发行注册管理办法》规定，证券发行前，保荐人应当诚实守信，勤勉尽责，按照依法制定的业务规则和行业自律规范的要求，充分了解上市公司经营情况、风险和发展前景，以提高上市公司质量为导向保荐项目，对注册申请文件和信息披露资料进行审慎核查，对上市公司是否符合发行条件独立作出专业判断，审慎作出推荐决定，并对募集说明书或者其他信息披露文件及其所出具的相关文件的真实性、准确性、完整性负责。证券发行后，保荐人及其保荐代表人应当在募集说明书或者其他证券发行信息披露文件上签字、盖章，确认信息披露内容真实、准确、完整，不存在虚假记载、误导性陈述或者重大遗漏，并声明承担相应的法律责任。保荐人及其保荐代表人等相关人员违反本办法规定，未勤勉尽责的，中国证监会视情节轻重，按照《证券发行上市保荐业务管理办法》规定采取措施。

保荐机构一般以某某证券公司的形式设立，对企业上市融资成败起到决定性作用。保荐机构的保荐函是审查监督机构评估企业能否上市的重要法律文件。大部分情况下，保荐机构一般也同时担任股票承销业务，因此，保荐机构有时候也是上市企业的股票承销机构。

第三节　要想顺利融资而不能做的事

古人有云："君子爱财，取之有道。"企业融资也是如此，有所为，有所不为，不能为了融到资而不择手段，否则很容易弄巧成拙，不但融不到钱，还可能触犯法律法规。作者在服务企业融资的过程中，经常遇到夸夸其谈的老板，他们总是夸大产品前景、夸大产品功效或功能、吹嘘产品有多么多么地受欢迎，其实这样做不但"骗"不到投资人，还会降低投资人对融资申请人的信任度。更甚者，有的融资申请人由于经营状况不好，为了获取融资而不惜数据造假，这些行为在投资人眼里就是班门弄斧，只会适得其反。

所以，企业要想顺利拿到融资，有些事情是坚决不能做的。

一、造假

造假，是企业融资中最致命的行为，但也在企业融资实操中屡见不鲜，从初创公司到上市公司时有被爆出数据造假的丑闻。有些企业总是自作聪明地"掩耳盗铃"，认为自己的造假天衣无缝，但是只要是假的便经不住考验，在阅人无数、经验丰富的职业投资人眼里，那都是班门弄斧。而且造假一旦被发现，其后果除了融资失败，还可能因为涉及欺诈而负刑事责任。

如果通过造假向银行融资的，根据《中华人民共和国刑法》第一百七十五条规定："以欺骗手段取得银行或者其他金融机构贷款、票据承兑、信用证、保函等，给银行或者其他金融机构造成重大损失的，处三年以下有期徒刑或者拘役，并处或者单处罚金；给银行或者其他金融机构造成特别重大损失或者有其他特别严重情节的，处三年以上七年以下有期徒刑，并处罚金。"

如果通过造假手段进行股权融资的，可能会构成欺骗罪。如果通过造假手段进行政策融资的，可能会构成诈骗罪。如果通过造假手段进行市场融资的，可能会构成非法吸收公众存款罪或集资诈骗罪。

总之，通过造假数据和伪造相关文件等行为骗取融资，都是不可取行为。在企业融资实操中，常见的造假内容包括但不限于财务数据造假、用户数据造假、股东背景造假等。

（一）财务数据造假

财务数据造假的现象主要存在于需要对外融资的企业中，尤其在一些投入很大而盈利能力较弱的企业中，为了吸引投资者，不诚信的经营团队通常会自作聪明地运用虚报营业收入、利润、资产等手段"美化"财务报表。事实上，这类做法很难瞒得了投资人，尽职调查也会把所有的猫腻都扒得一干二净，所以财务数据造假很大程度上是经营团队搬起石头砸自己的脚罢了。

1.财务数据造假对企业自身的危害

在企业融资中，财务数据造假行为对企业本身的危害极大。

首先，造假根本蒙骗不了投资人，因为绝大部分投资人已身经百战，早就炼就了火眼金睛，再结合尽职调查，企业那点蹩脚伎俩对投资人来说如同儿戏。

其次，财务数据造假是存在成本的。因为财务造假会导致企业的实际经营情况与财务报表不符，需要投入大量的人力和时间编造、杜撰，这会大大增加企业成本。同时，还需要应对因为造假而面临的税务问题、法律问题、员工泄密等一系列风险，要控制这些风险的成本也是巨大的，而且这些风险从长期来看根本控制不住。

所以，财务数据造假非但不利于成功融资，相反会对企业的声誉和信誉造成严重损害，会导致金融机构、投资机构、债权人等对企业的信任度下降，进而减少企业融资的机会。企业一旦被证实存在财务数据造假，将会影响企业融资的渠道，许多投资机构会对其保持距离。投资圈很小，这些事情很快就会在圈子内传开，就算这次侥幸获得了融资，再次融资时也将难如登天，制约企业的长期发展。

2.财务数据造假对企业造成危害的案例

某公司在美国上市被爆出财务数据造假后，投资者对该公司失去信任，企业形象严重受损，商誉严重减值，其股价在短时间内暴跌近90%，公司市值蒸发超过40亿美元，可谓损失惨重。财务数据造假对该公司的品牌价值产生了不可逆转的影响。该公司的高管和财务人员的职业生涯也受到严重影响，甚至受到司法追究。由此造成43家第三方公司被国家市场监督管理总局共处罚金6100万元。因违反美国证券法，该公司被美国证券交易委员会罚款1.8亿美元

（同期约合人民币 11.75 亿元），并在 33 天内两次收到纳斯达克退市通知，该公司因为财务数据造假以退市告终。

（二）用户数据造假

常见的用户数据造假形式包括用户造假、用户量造假、业务量造假。

所谓用户造假，就是虚构用户信息，即该用户根本不存在，其信息是虚构出来的。用户量造假主要是指虚增用户量，这种行为主要存在于需要对外融资的各类企业。业务量造假主要是指虚增交易量或者订单量，这类造假有两种情况：一种是产生了交易或者下了订单然后取消；另一种是根本没发生过任何交易或者订单，纯粹是凭空虚构的数据。

1. 用户数据造假对企业的危害

首先，企业如有用户数据造假行为，为了确保口径的一致性，往往会对内、对外都按造假的数据宣传，在作企业决策时，往往也必须被动地按照假数据进行，而基于假用户数据作出的决策，后果必然会导致企业的发展方向偏离目标，导致企业业绩下滑。更甚者，可能会将企业带入万劫不复的恶性循环沼泽。

其次，一旦造假行为被发现并公之于众，会直接破坏企业的公信力和品牌形象，降低用户对企业的信任度，进而造成产品销量下滑、经营业绩下跌、现金流断裂等损失。

最后，用户数据造假属于违法行为，一旦造假证据被坐实，难免受到巨额罚款和承担必要的法律责任。

2. 用户数据造假对企业融资的影响

用户量，对任何企业而言都非常重要。用户量的增加反映了企业产品或服务的受欢迎程度，也意味着企业市场份额的扩大和竞争力的增强。同时，用户量和企业经营收入呈正相关，企业用户数量增加，收入也会增加。一个拥有庞大用户数量的企业，增长潜力更强，对于投资人而言可能会因此获得更高的回报。所以投资者青睐于拥有庞大用户量的企业，这类企业风险系数更低。

因此，部分企业为了获得融资，不惜伪造用户信息、虚增用户量，想以此吸引投资人。殊不知，投资决策在投资人看来也是异常严肃的，投资人在投资前都会保持理智、尽量小心，而且无论经营团队有多厉害，造假的用户数据在尽职调查人员面前都会原形毕露。

（三）股东背景造假

股东背景造假的常见形式主要是虚构股东履历和学历。比如，吹嘘某股东曾经就职于一些超级大公司，或者把其原来就职的岗位拔高。

股东背景造假看起来似乎无伤大雅，只是为了使其履历更丰富、显得能力更强，更值得投资人信任，但其背后所体现的是企业的诚信问题。试问：一家股东履历、学历都能造假的企业，还有什么是没有造假的？因此，股东背景造假一旦被发现，会让投资人质疑其他所有信息的真实性，对融资负面作用相当大。

二、盲目吹嘘

不少老板都有吹牛的毛病，天花乱坠地说自己的过去有多厉害、自己的公司和技术是多么的天下无敌、自己的产品有多么的供不应求……但殊不知，夸大前景、夸大投入、吹嘘受欢迎的程度等盲目吹嘘只会让投资人更快地远离自己。

（一）夸大前景

夸大前景在企业融资中是一个常见现象。为了顺利融资，有些创业者会把自己公司的前景吹得天花乱坠，把自己的产品吹得神乎其神、无所不能。事实上，夸大前景对企业融资没有任何正面的作用。要知道，能够成为投资人，最重要的便是理智和眼光，他们更相信自己的思考和判断，而不会仅凭融资申请人的盲目吹嘘就做决定。

所以，在企业融资过程中千万不要夸大前景，否则只会在投资人心中扣分，减少投资热情。描绘前景是可以的，但一定只能是假设，假设在怎样的基础上、什么条件下，前景会如何，有理有据的推演可以提高投资人兴趣，也可以提高团队信心。

（二）夸大投入

夸大投入也是一些企业常犯的错误。明明只投资了几万元技术外包做的一个网站，非得说投入了几百万元，甚至几千万元，以为这样更能体现自己的实力，得到投资人更多的信任，但这在企业融资中其实是一种非常愚蠢的行为。因为投资人一般只在自己熟悉的领域投资，意味着他们对于该领域的各种产品和服务都是非常了解的，什么环节、能做成什么效果、成本大概多少，投资人都清楚。所以这种行为非但不会有利于企业融资，还会失去投资人的信任，那其他再好的数据、再好的前景，也激不起投资人的投资热情了。

（三）吹嘘受欢迎程度

吹嘘受欢迎程度在企业融资中主要有两种形式。一种是吹嘘自己的项目在资本界受欢迎的程度，已经有多少投资机构在排队预约面谈，甚至一些知名的大牌投资代表都承诺投资了。有些融资申请人误以为这样的吹嘘可以对当前的投资人造成压迫感，然后让其头脑一热就冲动投资了。其实不管是股权投资还是债权投资，抑或是其他形式的投资，投资人拍拍脑袋就冲动投资的可能性都极小，越专业的投资人越冷静、理性。尤其对于股权投资人来说，做一个投资决策往往需要经过 3 个月到 6 个月，甚至更长的时间去考察和尽职调查，然后才决定投不投、投多少钱、怎么投等。

另一种是吹嘘自己的产品在市场中的受欢迎程度。融资申请人"王婆卖瓜"的目的和心态都能理解，这在销售个别产品时可能还能唬住个别消费者，但企业融资不同于销售产品，在企业融资过程中做这种吹嘘只会适得其反。因为投资人在决定投资之前，都是要对企业的各种数据进行反复科学核查的，受不受欢迎通过生产数据、材材投入、物流费用、销售网络情况和现金流量等进行比对分析就一览无余了。

所以，为了顺利融资，千万不要对投资人盲目吹嘘，否则只会让投资人对融资申请人产生不信任感，影响投资决策。

三、动机不纯

动机不纯虽然不是普遍现象，但也存在于很多融资案例中。有些融资申请人为寻求融资之前便动机不纯，他们融资不是为了把企业做大做强，而是为了将投资人的资金骗取过来占为己有；或者是其企业已经存在巨大的经营隐患，引入投资人就是为了找"接盘侠"。

因为动机不纯,所以为了达到目的,这些融资申请人会不择手段地隐藏真相、制造假象,甚至联合其他人一起设计陷阱。这种情况往往欺骗性很强、隐蔽性很大,在实务中确实也有投资人上过当。但是,纸包不住火,投资人和相关机构终能发现,而这些融资申请人也必将因为自己的行为而自食恶果。

(一)融资是为了非法占有

将融资款占为己有通常发生在两类人身上:一类是没有法律意识,认为企业是自己的,企业的资产也是自己的,所以把企业账上的钱装进自己口袋是理所当然的;另一类是明知故犯,即动机不纯的一类,他们融资的目的不是用于企业自身的发展,而是为了占为己有,他们通过企业不择手段地融到资金后,再将融资款通过非法手段占为己有。

将融资款非法占为己有,无论是出于无意还是故意,都触犯法律。

如果老板非法占有股权融资得来的资金,数额较大的,直接构成职务侵占罪,根据《中华人民共和国刑法》第二百七十一条:"公司、企业或者其他单位的工作人员,利用职务上的便利,将本单位财物非法占为己有,数额较大的,处三年以下有期徒刑或者拘役,并处罚金;数额巨大的,处三年以上十年以下有期徒刑,并处罚金;数额特别巨大的,处十年以上有期徒刑或者无期徒刑,并处罚金。"而该行为若从融资开始主观意识上就是为了骗取投资人的钱,还可能构成诈骗罪。

如果老板非法占有的融资款来自银行贷款,则可能构成贷款诈骗罪。根据《中华人民共和国刑法》第一百九十三条:"有下列情形之一,以非法占有为目的,诈骗银行或者其他金融机构的贷款,数额较大的,处五年以下有期徒刑或者拘役,并处二万元以上二十万元以下罚金;数额巨大或者有其他严重情节的,处五年以上十年以下有期徒刑,并处五万元以上五十万元以下罚金;数额特别巨大或者有其他特别严重情节的,处十年以上有期徒刑或者无期徒刑,并处五万元以上五十万元以下罚金或者没收财产:(一)编造引进资金、项目等虚假理由的;(二)使用虚假的经济合同的;(三)使用虚假的证明文件的;(四)使用虚假的产权证明作担保或者超出抵押物价值重复担保的;(五)以其他方法诈骗贷款的。"

如果老板非法占有的融资款来自政策融资,则可能构成诈骗罪。根据《中华人民共和国刑法》第二百六十六条："诈骗公私财物，数额较大的，处三年以下有期徒刑、拘役或者管制，并处或者单处罚金；数额巨大或者有其他严重情节的，处三年以上十年以下有期徒刑，并处罚金；数额特别巨大或者有其他特别严重情节的，处十年以上有期徒刑或者无期徒刑，并处罚金或者没收财产。本法另有规定的，依照规定。"

非法占有其他融资款项的，也可以按诈骗罪量刑。所以，千万不要有非法占有融资款项的不良动机，否则要承担法律责任，后果很严重！

（二）融资是为了寻找"接盘侠"

投资人对风险尤其敏感，很多老板自认为天衣无缝的"包装"，在经验丰富的投资人面前也是很难藏得住。一般想通过融资找"接盘侠"的项目都会呈现很完美的数据和完美的企业形象，让外人看起来觉得项目很靠谱。而往往就是过于完美，反而很容易引起投资人警觉，所以在尽职调查时会更加小心，发现问题只是时间问题。所以，通过股权融资寻找接盘侠的"成功率"极低，几乎为零。

以债务融资板块为例。因为债务融资一般不需要进行尽职调查，重点看融资申请人担保物的价值，所以会对融资申请人的担保物进行严谨评估。而想通过融资找"接盘侠"的老板，正是抓住这样的漏洞做文章。他们会花精力对经营数据进行"包装"，对融资担保物进行特别安排，由此欺骗审核员和评估机构，待骗取融资一定时间后，问题才会爆发，由此迫使投资人被动变成"接盘侠"。但对于这种欺诈行为，我国的法律已有相对完善的规定，这类融资申请人最终都逃不过法律的制裁。

四、撒网式投递融资申请书

经常遇到需要融资的老板，在寻求融资的过程中，误认为让越多投资人知道自己需要融资，其融资成功率就越大，于是采取撒网式投递融资申请书。这种方法表面看起来是不错的主意。理论上，有更多的投资人看到自己的融资申请，获得融资的可能性更大，但殊不知，撒网式投递融资申请书会适得其反，危害性巨大。下面将以股权融资和银行贷款为例，说明撒网式投递融资申请书为什么不可取。

（一）撒网式投递股权融资申请书的危害

股权融资，越来越乐于被企业接受，因为股权融资除了获得资金，还可以获得出资者背后资源的支持。所以很多企业为了尽快完成股权融资，无差别地通过各种渠道将融资申请书投递出去，以为这样子能够更大概率地吸引投资人，其实正规的风险投资机构很少会被这类项目吸引。

正规投资机构的圈子并不大，很多机构相互之间都有合作关系，遇到某个不错的项目，它们会拿出来一起探讨投资策略，甚至邀请一起投资。如果企业通过撒网式投递融资申请书的方式寻求融资，保不准你的融资申请书可能会同时出现在一群关系不错的投资人手上，而面对这种情况，他们会毫不犹豫地放弃这个项目。

因为投资人有一个不成文的共识是，撒网式投递融资申请书的企业是没有能力、不懂营销的，这样企业大概率没有好项目。尽管这样的逻辑不见得完全准确，但事实就是如此残酷。就算遇到不把融资申请书丢掉的正规投资人，你被选中的可能性也极低。因为每家投资机构都有自己的投资偏好和分析逻辑，撒网式投递的融资申请书意味着没有任何针对性，这种情况下很难遇到刚好偏好吻合的投资机构。偏好不吻合，自然就得不到青睐。

所以，股权融资千万不能撒网式投递融资申请书，要有针对性地寻找匹配度高的投资机构，再量身定做设计出更吻合该机构口味的融资申请书，如此才可能更高效地实现融资目标。

（二）撒网式投递银行贷款申请书的危害

无论是个人贷款还是企业贷款，银行都要对融资申请人进行信用审查，企业贷款还需要对法定代表人和股东的个人征信进行审查。企业每向一个银行网点申请一次贷款，该企业的法定代表人和股东的个人征信就会被从征信系统中调取一次，这个人的征信上就多一次被调取的记录。当一个人的征信在较短时间内被多家银行多次调阅，相关人员的征信就"花"了，会让银行认为这个人或者这家企业有问题，或者过度缺钱，从而影响贷款成功率。因为通常情况下，银行经办人员和风控团队都会这么想：如果融资申请人没问题的话，前面的银行早放款了，为什么跑了那么多银行都贷不下款？其中是否存在什么潜在的风险？

所以，当你撒网般找很多家银行提交贷款申请时，它们在审查时都会调阅你的征信，进而会出现以上的问题。本来好好的企业没有什么问题，却因为想多申请到贷款而引起征信"花"了，贷款失败，那就得不偿失了。

第四节　企业融资面临的七道坎

企业融资的成败，除了出资者和融资申请人的意愿，还会受到多方面的客观因素影响，如法律法规、产业政策、企业信用、股东信用等。无论采取什么样的融资方式，都会受到这些客观条件的制约，面对影响企业融资成败的七道坎，企业只有顺利跨越，才能成功融资。

一、第一道坎：法律法规

法律法规是决定企业融资成败最大的坎。尤其是在向持牌金融机构申请融资时，法律法规是作为前置审查内容的。法律法规禁止融资的企业类型，金融机构须无条件拒绝向其提供融资。比如，证监会规定，传统落后、产业处于产能过剩、高耗能、高污染的企业禁止上市交易，该产业相关企业则无法上市融资。

因此，企业在进行融资前，首先要确定本身是否处在法定融资限制范畴，或者受到哪些融资渠道限制。知己知彼，才能够顺利完成融资计划。

（一）禁止银行提供贷款的企业

银行是国家调节货币供求关系的重要窗口，所以被禁止、被限制、被管控发展的行业，银行不可向该类行业的企业发放贷款。

1.业务违法的企业

业务违法的企业，如涉黄、涉赌、涉毒、涉宗教迷信、非法传销等类型的企业，属银行禁止提供贷款的对象。

2.金融相关企业

原则上与金融相关，比较敏感的企业，如小额贷款公司、担保公司、投资咨询公司和贷款中介等企业，属于银行禁贷对象，获得特别批准的除外。

3.特殊服务类企业

房地产中介公司，经营 KTV、酒吧、夜总会、洗浴、足浴休闲、俱乐部、美甲店、文身店、网吧、游戏厅、球馆等业务的企业，原则上属于银行禁贷对象，获得特殊批准的例外。

4.特别限制类企业

法律法规临时或特别限制的行业和企业，也会成为银行禁止提供贷款的对象。如某阶段国家要对房地产业调控，限制银行为房地产开发商提供贷款或提供融资便利，该阶段内的房地产企业则成为银行禁止提供融资的对象。

（二）禁止证券市场提供上市交易的企业

国家对上市融资企业除了采取高门槛和强监管，还设置了限制上市交易的行业清单，从事以下行业的企业除非获得特批，否则禁止在证券市场上市交易。

1.禁止上市融资的企业

从事涉黄、涉赌、涉毒、宗教迷信、殡葬、传销相关业务的企业，禁止在证券市场上市交易。

2.需特批才能上市融资的企业

从事学科类培训、白酒、金融、房地产、投资理财等产业相关的企业，除非获得特批，否则禁止在证券市场上市交易。

3.限制上市融资的企业

产能过剩行业、《产业结构调整指导目录》中的淘汰类行业，禁止或限制在证券市场上市交易。

4.需创新才能上市融资的企业

产品为食品、家电、家具、服装鞋帽等相对传统、行业壁垒较低的大众消费类企业，以及农林牧渔业、采矿业、烟酒茶饮料制造业、纺织业、黑色金属冶炼和压延加工业、电力热力燃气及水生产和供应业、建筑业、交通运输业和仓储邮政业、住宿和餐饮业、居民服务、修理和其他服务业等相关企业，原则上限制在证券市场上市交易。此类企业与互联网、大数据、云计算、自动化、人工智能、新能源等新技术、新产业、新业态、新模式深度融合的创新创业企业则例外。

二、第二道坎：产业政策

产业政策是国家制定的，引导国家产业发展方向、引导推动产业结构升级、协调国家产业结构、使国民经济健康可持续发展的政策。产业政策在引导产业向好发展的同时，也会限制和淘汰部分产能与技术落后的产业，被鼓励的产业可以获得融资扶持倾斜，被淘汰的产业则被限制融资发展。所以，产业政策可以直接影响企业融资的成败。

（一）什么是产业政策

产业政策是指政府为了实现某种经济和社会目标，对产业的形成和发展进行干预的各种指令性计划和指导性计划，是包括产业结构调整计划、产业扶持计划、财政投融资、货币手段、项目审批等来实现既定国民经济发展目标的行政方案。它一般不以法律形式出现，常见的产业政策书面形式包括含有"规划""目录""纲要""决定""通知""复函"等关键词的文件。

1.产业政策的作用和目的

产业政策的作用和目的是通过调节资金市场方向，合理优化资金流动性，促进区域市场和国内统一市场的发育与形成，调整商品供求结构，平衡商品供求市场，打破地区封锁和市场分割。

2.产业政策的特点

产业政策具有周期性和区域性。

在周期性方面，产业政策一般分为中长期、中期、短期三种，如《中华人民共和国国民经济和社会发展第十四个五年规划和2035年远景目标纲要》从制定、发布到截止，跨度大约15年，属于中长期产业政策；如《工业和信息化部"十四五"大数据产业发展规划》从产业政策制定、发布到截止，总跨度为期5年，属于中期产业政策；如《制造业高质量发展三年行动计划》从产业政策制定、发布到截止，总跨度为期3年，属于短期产业政策。

在区域性方面，产业政策一般以省为单位，根据本省资源禀赋和国家的整体产业布局规划，会专门制定更具体的地方性产业政策。在A省属于鼓励发展类行业，在B省则可能是限制发展类行业。以河北及广西为例，河北拥有得天独厚的粮食种植条件，产业政策自当大力度倾斜于保护耕地和保障粮食产量方面；而广西具有得天独厚的林业发展条件，地方产业政策自当大力度鼓励和扶持当地林业产业发展。河北自从"十三五"时期开始就逐渐禁止家具制造业新建和扩建，而广西则加大力度提高家具制造业的规模化产业化发展。

（二）产业政策对企业融资的影响

产业政策作为国民经济发展目标的行政方案，既有鼓励政策，也有限制性条款。因此，企业融资必须符合国家产业政策，尤其要符合当地的产业政策。融资企业若属于国家禁止、限制、调控类产业，就很难获得融资。比如，某个阶段，国家规定银行禁止向房地产开发商发放购买土地贷款，在该期间，房地产企业就很难从银行等金融机构获得融资。又如，家具制造业属于河北省限制调控发展产业，在河北省从事家具生产制造企业就很难获得融资方面的扶持。

三、第三道坎：企业信用

企业信用在企业融资中的重要性和法律法规及产业政策的重要性并列，企业信用评分的高低直接影响融资结果。最近几年，除了企业融资需要看企业信用，各种招投标和政府采购都要求企业出具信用等级证书、资信等级证明、信用报告。

（一）什么是企业信用

企业信用是指企业履行承诺的意愿和能力。它包括两层含义：一是企业是否有积极履行承诺的意愿，从而使企业一直保持良好的信用记录；二是企业是否具备保持良好信用水平的能力。

1. 企业信用的构成

企业信用体系建设的基本内容主要包括企业信用信息征集、企业信用标识制度的确立、企业信用评价技术的开发、企业信用信息系统的建设，以及企业信用体系建设组织机构的建立。而企业信用的考评要素主要包括企业经营年限、市场规模、偿债能力、存货周转能力、企业股东声誉、产业链位置、企业自有资产量、历史信用记录等。

2. 企业信用的评级机构

目前，国内有关企业信用评级具有公信力的机构，主要有中国人民银行、市场监督管理局、税务局。

中国人民银行的企业信用主要通过中国人民银行征信系统体现，主要以企业过往贷款和还款记录、存取款记录、银票支票商票使用和兑付记录等作为企业信用评分和评级依据。

市场监督管理局主要以企业每年在12315被投诉情况、合同纠纷和法院判决情况、经营合法合规情况、年报公示情况等作为企业信用评分评级依据。

税务局主要以企业每年纳税的诚实度、纳税额度、发票使用的规范程度、员工工资和社保发放缴纳情况、员工个人所得税的代扣代缴情况等作为企业信用评分评级的依据。

（二）企业信用对企业融资的影响

企业信用对企业融资的影响已经不言而喻，三大权威机构的信用评级对不同融资渠道和模式的影响略有不同，所以企业一定要根据自身发展需要，着重积累信用评分。

1. 中国人民银行企业征信报告对企业融资的影响

中国人民银行的企业征信报告会直接影响企业在银行的授信。企业征信评分越高，融资越容易，融资成本越低；反之亦然。

2. 市场监督管理局信用评级对企业融资的影响

市场监督管理局的企业信用评级会直接影响企业市场融资和内部集资的结果，同时会被银行作为授信的参考依据。

3. 税务局信用评级对企业融资的影响

税务局的企业信用评级会直接影响企业政策融资结果，同时对银行贷款和股权融资有不同程度的影响。税务局信用评级高的企业，在政策允许的条件下可以直接凭纳税数据获得银行的纯信用贷款。

四、第四道坎：股东信用

首先，法定代表人是企业的第一责任人，所以企业在融资过程中，法定代表人的信用是第一审查对象，也是影响企业融资成功与否的关键。其次，股东是企业的所有者和连带责任人，股东的信用也是企业融资的审查对象，尤其会重点审查实际控制人或控股股东的信用情况。企业的意愿受股东的意愿左右，换言之，股东的意愿代表了企业的意愿，所以股东的诚信和守信能力会直接影响融资结果。因此，股东信用会直接影响资方是否放款的决心。

一般情况下，企业融资都会要求股东会决议时至少超过三分之二投票通过。而投赞成票的股东会成为融资的连带责任人，债务融资更是如此。也就是说，投赞成票的股东的信用会成为融资审查对象，实际控制人、控股股东、法定代表人则是重点审查对象。企业股权融资要求股东会决议全票通过，所有股东都会成为尽职调查审查对象。

（一）实际控制人

实际控制人是真正操控企业走向的一方，实际控制人的意志往往代表了其他股东的意志，是可以左右其他股东决定的人。实际控制人的道德情操、修养、学识、格局、信用等都会直接影响融资后企业偿债意愿和能力，所以，大部分出资者会严格审查实际控制人的信用。

1. 实际控制人的定义

参照《上市公司收购管理办法》和《股票上市规则》相关规定，持有公司股权超过 50% 的股东、可以实际支配公司股份表决权超过 30%、能够决定公司董事会半数以上成员选任、足以对公司股东大会的决议产生重大影响、国家有关部门认定的其他情形的自然人、法人或其他组织，皆可认定为企业实际控制人。

本书对实际控制人的定义是，泛指实际能够支配公司资源和影响公司最终决策的自然人。实际控制人不一定是公司的具名股东，但通过投资关系、协议或者其他安排，能够实际决定公司行为的人。

2. 实际控制人的信用对企业融资的影响

理论上，实际控制人的信用对企业融资有重大影响，因为实际控制人才是企业发展的真正操盘者。原则上，出资者不仅会考虑企业的财务状况和经营情况，还会对实际控制人的信用进行评估。如果实际控制人的信用记录较差，会降低融资申请的通过率；如果实际控制人的信用记录良好，会为企业融资力加分。

但是，在很多实操案例中，融资考评的信用对象一般只能到达企业的具名控股股东，有时很少能触达到背后的实际控制人。所以实际控制人的信用仅对上市发行股票融资有影响，其他的一级市场融资影响不大。

（二）控股股东

控股股东对企业的战略、财务、管理、资源、分立等都有决定性影响。在很多企业中，企业的大额支付原则上都得控股股东签字盖章才能生效，控股股东对企业融资影响很大，所以控股股东的信用是出资者重点考察对象。

1. 控股股东的定义

控股股东是一家企业法定意义的控制人。它的定义有好几种，本书所说的"控股股东"是占有企业股份超过 50% 的具名股东或拥有超过 50% 投票权的一方。控股股东可以是自然人、法人、其他单位。

2. 控股股东的信用对企业融资的影响

控股股东的信用对企业融资的影响是直接的，因为企业的财务分配权在控股股东手上，一年的资金使用规划、资金分配的先后顺序、利润分红与否，都由控股股东决定。如果控股股东的信用记录较差，就有可能不按时偿还欠款，甚至可能赖账。所以在企业融资申请审核中，控股股东信用的重要程度仅次于企业还款能力。因此，作为控股股东一定要时刻保持自己的良好信用记录，确保不会影响到企业的融资。

（三）法定代表人

法定代表人代表的是企业，法定代表人的所作所为皆被认定为是企业的行为。比如，法定代表人个人私下代表企业对外签字担保、借款、承诺，就算没有加盖企业的印章，也会被认定为企业行为，相应的后果也可以由企业来承担。所以企业法定代表人的信用对企业融资影响巨大。

1. 法定代表人的定义

所谓法定代表人，泛指在市场监督管理局登记备案为企业法定代表人的自然人，是依法律或法人章程规定代表法人行使职权的负责人。企业法定代表人依照企业章程的规定，由董事长、执行董事或者经理担任，并依法登记。事业单位法人的法定代表人依照法律、行政法规或者法人章程的规定产生。社会团体法人的理事长或者会长等负责人按照法人章程的规定担任法定代表人。捐助法人的理事长等负责人按照法人章程的规定担任法定代表人。

2. 法定代表人的信用对企业融资的影响

法定代表人作为企业对外的行为代表人，其一言一行都代表着企业的决定，法定代表人的信用的好坏也将直接影响企业融资的成败。如果法定代表人的信用记录劣迹斑斑，企业的其他指标再好也会导致企业融资失败。所以要选择企业法定代表人，一定要选信用记录良好的，以免影响企业融资。

五、第五道坎：过度负债

过度负债可能会造成企业入不敷出，甚至会诱发企业拆东墙补西墙的行为，会降低企业履约能力，加大企业失信风险。因此，过度负债会直接影响融资成败。

（一）怎样定义过度负债

迄今为止，还没有任何权威机构或者组织对"过度负债"给出公认度较高的定义。所以，要定义过度负债，我们只能借鉴银行和政府的相关规定与办法。

1. 银行对企业过度负债的定义

当企业向银行申请贷款时，企业负债率高于净资产总额70%的，银行会认为企业负债率偏高，经营风险大，往往会拒绝放款。

2. 政府对企业过度负债的定义

当企业申请政策奖补资金时，政府要求企业资产负债率不得高于70%，否则会被评审组一票否决。

因此，本书借鉴银行和政府的做法，认为当企业资产负债率高于70%时即为企业过度负债。

（二）过度负债对企业融资的影响

1. 过度负债对企业股权融资的影响

投资人会认为，过度负债会造成企业大部分收入被用于偿还到期债务本息，从而降低资本使用率和周转率，减少股东权益，甚至可能导致企业经营失败，因此会谨慎投资。

2. 过度负债对企业债务融资的影响

出借人会认为，过度负债的企业本身经营风险较大，万一发生市场变故，可能会发生资不抵债的风险，因此会拒绝放款。

3. 过度负债对企业政策融资的影响

政府之所以设立专项资金对企业进行奖补，是希望企业获得更好的发展，进而解决就业和贡献税收，助力社会发展。而过度负债会造成企业经营困难，甚至有倒闭风险，失去了扶持的意义。

4. 过度负债对企业市场融资的影响

众所周知，企业过度负债会影响企业的履约能力。市场融资的对象主要为上游供应商和下游销售商，企业一旦过度负债，供应商会担心企业拖欠货款，下游销售商会担心产品的供应能力，在不被上下游信任的情况下，企业很难进行市场融资。

六、第六道坎：资金用途

融资的资金用途是大部分出资者最为关心的一个关键内容。因为资金用途会直接影响投资收益，合理地使用资金，可能会带来巨额回报；反之则可能会导致血本无归。因此，融资用途会直接影响出资者放款意愿。

（一）融资款被鼓励的用途

无论是债权融资还是股权融资，抑或是政策融资，出资者对融资款的用途都有一定的要求。一般首先鼓励融资款用于能够直接或者间接帮助企业产生更大积极影响的方向，如提高企业竞争力、生产力、销售力、订单量、现金流等，或者用于能够提高企业市场占有率的并购及战略性投资。其次鼓励用于固定资产投资，如购置工厂用地、自建厂房、购置设备等。

1. 债务融资

债务融资所得资金是一种到期必须偿还的资金，所以比较鼓励用于直接增加企业收入的用途，如用于提高生产能力、销售力、订单量等方向。因为企业只有拥有源源不断的现金流，才能保障债务的如期偿还。企业将债务融资款用于投资具有升值潜力的固定资产，一般也是可以的。

2. 政策融资

政策融资所得资金是一种产业扶持资金，而政府投资扶持相关产业的根本目的是要创造就业岗位和增加税收，所以企业政策融资所得资金鼓励重点用于技术研发投入、增添生产经营设备、扩大产能和市场规模等方向。

3. 股权融资

股权融资所得资金是一种资本性投资资金，股权投资者除了在乎企业的盈利能力外，更在乎企业价值的增长，所以企业股权融资所得资金应当重点用于产品研发、品牌价值塑造、用户增量、生态建设、业绩增长等方面。

4. 市场融资

市场融资所得资金最终要以产品作为支付客体，以市场需求作为保障，以品质和性价比赢得市场，所以企业市场融资所得资金应当重点用于提高产品质量、产量、销量，以及成本优势和品牌竞争力等方向，确保合作伙伴能够通过市场获得更大的效益和可持续发展。

5. 融资租赁

融资租赁的标的物是器械设备等实物资产，标的物也是融资租赁企业投资款的担保，而收益要靠标的物的生产力和企业使用效率来保障。所以，融资租赁所得资金，企业应重点用于提升企业生产力和增加现金流相关方向。

（二）融资款被限制的用途

企业融资所得资金，原则上已经属于企业，其支配权在企业，出资者不太可能，甚至无从干涉其用途。但是，再融资合同上一般会有相关的资金用途的约定，或者融资企业要作出资金用途承诺。一旦企业不按约定使用资金，出资者有权收回投资，甚至有权起诉企业。

1. 债务融资和政策融资

债务融资和政策融资所得资金原则上禁止用于偿还债务、增资扩股、投资股票期货等证券产品及其衍生品，尤其不能用于出借他人或法律禁止的其他用途。

2. 股权融资

股权融资所得资金原则上禁止用于股东分红、非必须固定资产投资、国家禁止生产经营的领域和用途，也禁止用于股东会决议和章程另有约定禁止投资的领域与用途。

3. 市场融资

市场融资所得资金原则上仅限用于该款项对应的产品的生产经营，其他用途皆视为禁止用途。

4. 典当融资

典当融资所得资金未有严格的使用限制，原则上一切法律允许的用途皆可。

七、第七道坎：盈利能力

企业盈利能力决定企业的成败，大部分的企业倒闭，是缺乏盈利能力而导致资金链断裂所致。

无论企业采用何种融资方式，向什么渠道融资，出资者都有共同的诉求，那就是付出的资金能带来更大的收益。如果企业盈利能力差，就很难保障企业可持续发展，进而无法保障和满足出资者获得更大收益的诉求。因此，企业盈利能力直接影响企业融资的成败。

（一）反映企业盈利能力的指标

企业盈利能力一般体现在企业单位经营收入所产生的税后利润额，泛指企业获取利润的能力。营业利润率、成本费用利润率、盈余现金保障倍数、总资产报酬率、净资产收益率、资本收益率等是反映企业盈利能力的重要指标。

1. 营业利润率

营业利润率，是企业一定时期内营业利润与营业收入的比率。营业利润率越高，表明企业市场竞争力越强，发展潜力越大，盈利能力越强。

2. 成本费用利润率

成本费用利润率，是企业一定时期内利润总额与成本费用总额的比率。成本费用利润率越高，表明企业为取得利润而付出的代价越小，成本费用控制得越好，盈利能力越强。

3. 盈余现金保障倍数

盈余现金保障倍数，是企业一定时期内经营现金净流量与净利润的比值，反映了企业当期净利润中现金收益的保障程度，真实反映了企业盈余的质量。一般来说，当企业当期净利润大于 0 时，盈余现金保障倍数应当大于 1，该指标越大，表明企业经营活动产生的净利润对现金的贡献越大。

4. 总资产报酬率

总资产报酬率，是企业一定时期内获得的息税前利润总额与平均资产总额的比率，反映了企业资产的综合利用效果。一般情况下，总资产报酬率越高，表明企业的资产利用效益越好，整个企业盈利能力越强。

5. 净资产收益率

净资产收益率，是企业一定时期内净利润与平均净资产的比率，反映了企业自有资金的投资收益水平。一般认为，净资产收益率越高，企业自有资本获取收益的能力越强，运营效益越好，对企业投资人、债权人利益的保证程度越高。

6. 资本收益率

资本收益率，是企业一定时期内净利润与平均资本（资本性投入及其资本溢价）的比率，反映企业实际获得投资额的回报水平。

（二）企业盈利能力指标的自查方式

1. 营业利润率

营业利润率 = 营业利润 ÷ 营业收入 × 100%

2. 成本费用利润率

成本费用利润率 = 利润总额 ÷ 成本费用总额 × 100%

其中：成本费用总额 = 营业成本 + 营业税金及附加 + 销售费用 + 管理费用 + 财务费用

3. 盈余现金保障倍数

盈余现金保障倍数 = 经营现金净流量 ÷ 净利润

4. 总资产报酬率

总资产报酬率 = 息税前利润总额 ÷ 平均资产总额 × 100%

其中：息税前利润总额 = 利润总额 + 利息支出

5. 净资产收益率

净资产收益率 = 净利润 ÷ 平均净资产 × 100%

其中：平均净资产 =（所有者权益年初数 + 所有者权益年末数）÷ 2

6. 资本收益率

资本收益率 = 净利润 ÷ 平均资本 × 100%

其中：平均资本 =（实收资本年初数 + 资本公积 + 实收资本年末数 + 资本公积年末数）÷ 2

本指标的资本公积仅指资本溢价（或股本溢价）。

第二章 □

股权融资力

企业上市的必备能力

　　有一种"神奇"的资产，在企业还没有团队、没有产品、没有客户、没有任何收入的时候，创始人就可以拿出来进行融资。这种"神奇"的资产叫作企业股权。但并非所有企业的股权都能换钱花，一份股权值不值钱、值多少钱、有没有人愿意买，关键在于那家企业具不具备股权融资力。可以说，股权融资力就是企业竞争力，股权融资力是企业上市的必备能力。

第一节　什么是股权融资

股权融资是指企业通过出让股权或者发行股份，从投资者手中获得资金的一种融资方式。相对于债务融资，股权融资不涉及利息和本金的偿还，企业只需向股东分享一定的股权收益即可。

股权融资的一个重要特点是，投资者获得的权益会随着企业的发展而增值。这个增值可能体现在企业估值提高或者股票价格上涨，以及分红和其他收益的增加。因此，股权融资适合于且有助于发展潜力较大、资金需求较多、发展前景良好的企业。

股权融资几乎适用于企业生命周期里的任何一个阶段，从拥有一个创业的想法开始，到企业上市IPO全生命周期都可以进行股权融资。在企业经营的过程中，根据企业不同成长期的需要，可以分为种子轮、天使轮、Pre-A、A、B、C、D、E、PE……IPO多轮融资。

一、股权融资的方式

目前而言，股权融资比较常见的方式有三种：股权转让融资、增资扩股融资、发行股票融资。三者本质上都是出让企业部分权益换取企业需要的资金，投资者投入资金后就变成了企业的股东。

（一）股权转让融资

所谓股权转让融资，也被称为老股转让融资，通常是指原有股东通过减持企业股权份额的方式融入资金。这种融资方式的特点是，企业注册资本不发生改变，原股东出资额和出资比例同比减少。

比如，企业注册资本100万元，股东A出资70万元，出资占比70%；股东B出资20万元，出资占比20%；股东C出资10万元，出资占比10%。现通过原价股权转让融资20万元引入新股东D。融资后，企业注册资本还是100万元不变，但是原股东A的出资额变成了56万元，出资占比变为56%；原股东 B 的出资额变成了 16 万元，出资占比变为 16%；原股东 C 的出资额变成了 8 万元，出资占比变为 8%；新股东 D 的出资额则是 20 万元，出资占比变为 20%。

股权转让融资会存在这三种情况：溢价转让股权、原价转让股权和打折转让股权。

1. 溢价转让股权

所谓溢价转让股权，是指企业在转让股权时，每股转让价格比原来的价格高。比如，原来估值企业股权价格是每股 5 元，转让时高于 5 元成交，则视为溢价转让股权。溢价转让股权是投资人获得投资回报的主要途径之一。

2. 原价转让股权

所谓原价转让股权，是指企业在转让股权时，每股转让价格和原来的价格一样。比如，上一轮融资估值每股价格 5 元，转让时价格不变则视为原价转让股权，或者称为平价转让股权。

3. 打折转让股权

所谓打折转让股权，是指企业在转让股权时，每股权转让价格低于原来的价格。比如，上一轮融资估值每股价格 5 元，转让时价格低于 5 元，则视为打折转让股权。

（二）增资扩股融资

增资扩股融资，主要是指通过增加企业注册资本数量来达到融资目的的一种方式。增资扩股存在两种情况：股东内部增资扩股和对外增资扩股。

1. 股东内部增资扩股

股东内部增资扩股存在两种情况：一种是全部股东同比增资，另一种是部分股东增资扩股。

全部股东同比增资的主要特征是，企业注册资本增加，股东出资额增加，股东出资占比不变。比如，企业注册资本 100 万元，股东 A 出资 70 万元，出资占比 70%；股东 B 出资 20 万元，出资占比 20%；股东 C 出资 10 万元，出资占比 10%。通过股东内部增资扩股融资 100 万元。增资扩股后，企业注册资本变成 200 万元，股东 A 的出资额变成 140 万元，出资占比 70% 不变；股东 B 的出资额变成 40 万元，出资占比 20% 不变；股东 C 的出资额变成 20 万元，出资占比 10% 不变。

部分股东增资扩股情况下，不参与增资的股东的出资占比会被削减。比如，仍以前例数据为例，股东 C 不参与本轮增资扩股，C 原来的出资额 10 万元没变，但出资占比则被削减成 5%。那么 A 的出资额变成 147 万元，出资占比变成 73.5%；B 的出资额变成 43 万元，出资占比则变成 21.5%。

2. 对外增资扩股

对外增资扩股，就是通过增资扩股的方式引入新股东，其主要特征是注册资本增加，原有股东的出资比例减少，但是出资额不变。

比如，企业注册资本 100 万元，股东 A 出资 70 万元，出资占比 70%；股东 B 出资 20 万元，出资占比 20%；股东 C 出资 10 万元，出资占比 10%。通过原价增资扩股融资 100 万元引入新股东 D。融资后，企业注册资本变成 200 万元，但是原股东 A 的出资额 70 万元不变，出资占比 35%；原股东 B 的出资额 20 万元不变，出资占比 10%；原股东 C 的出资额 10 万元不变，出资总额占比 5%；新股东 D 出资额则是 100 万元，出资占比 50%。

（三）发行股票融资

发行股票融资，就是我们常说的上市融资，是指企业通过在证券交易所上市，向公众发行股票融资的过程。上市融资 [①] 可以使企业获得更多的资金，从而扩大企业规模、优化业务结构、提高竞争力等，促进企业发展。

二、股权融资的好处和弊端

股权融资是为企业寻求长期发展资金的一种方式，对于需要巨额资金支撑的企业，股权融资是比较重要的选择。股权融资除了可以获得长期融资，还增加股东数量，可以分散原有股东的风险压力。但是，也存在一些弊端，比如引进了新股东后，可能会为企业后期的管理带来困难。

---

① 　由于本书重点服务非上市企业融资，上市融资是个巨大的系统工程，本书章节有限无法详细剖析，关于上市融资相关介绍，之后会有针对性地单独出版相关书籍。

（一）股权融资的好处

企业在发展中需要不断扩大规模、改善技术、创新研发、推广新产品等，需要投入大量资金来支持。股权融资为企业提供了更多的资金来源，拓宽企业的融资渠道，降低企业的债务压力和资金成本，提升企业的资本实力，使得经营团队对企业更有信心，从而能够更好地应对市场的变化和风险，为企业未来发展提供保障。

同时，企业通过股权融资引进的投资者亦是股东，可以促进企业治理结构优化，新旧团队的合作可以共同助力企业的发展。它可以吸引更多的有专长的投资者进入企业，如技术型股东、销售型股东、战略型股东等。技术型股东可以提供专业知识和技术支持，帮助企业持续提高产品或服务的质量与创新水平，使企业更加具有竞争力。销售型股东可以帮助企业拓展市场和客户，提供营销方案和市场拓展机遇。战略型股东可以帮助企业决策变得更有前瞻性，使其目标更远大，前景更清晰，进而让企业在发展过程中可以更好地把握市场机遇和掌握领先技术持续成长。

另外，企业在发展过程中，有时候需要通过合并、收购或与新的合作伙伴共同投资等战略性变革来推进企业的发展。强大的股东背景，更容易吸引战略性合作伙伴，相比于债权融资，股权融资更符合合作伙伴的利益。

更为重要的是，股权融资引进的新股东除了享受企业成长红利，也要和原有股东一起承担企业亏损和失败的风险。所以，引入股权融资人，不仅得到了资金，得到了新的人脉和资源，还分摊了原有股东的经营风险。

总之，股权融资是企业发展非常必要的一种融资手段，对于企业的发展和盈利、营销均有积极作用。

（二）股权融资的弊端

股权融资会引入新股东，这意味着要稀释原有股东的股票份额，从而降低原有股东的持股比例，减少其相应的权益。不同的股东结构和不同的治理模式，可能会对企业的治理结构产生影响。比如，会产生不同的控制权、投票权和关注点，难免影响企业管理和决策的效率及成果。这种不稳定的治理结构可能导致企业管理的混沌和乱象，甚至产生企业管理决策失效等困扰。

　　另外，股权融资必然需要稀释股权，可能会导致原有技术团队及核心运营团队的不满而离开企业，进而造成企业技术流失，或者竞争壁垒降低，影响企业的社会价值和可持续发展。

　　因此，企业在进行股权融资时必须充分考虑这些不利因素，综合利弊，再作决策。

第二节 股权融资实操指引

根据企业不同发展阶段所进行的股权融资，可以将其分为种子轮融资，天使轮融资，A轮、B轮、C轮、D轮、E轮……融资，定向私募（Private Equity，PE）、Pre-IPO，上市IPO，增发等。根据企业生命周期不同，还可将其分为初创期融资、培育期融资、扩张期融资、成熟期融资、上市后融资等多个阶段。

一、初创期融资

初创期融资，即创业项目早期融资，也叫种子轮融资。初创期融资最能体现股权融资的特色，因为创业者只需一个想法、一份商业计划，甚至连团队都还没有组建就可以进行融资。这个阶段的项目，基本上只是创业者的一个构想，但依然有可能获得几十万元乃至几百万元的投资，这是其他融资方式难以实现的。

在现实生活中，很多企业的创立经历过初创期融资，只是这样的行为创业者没意识到罢了。有的创业者进行初创期融资是用来搭建初创团队的，或者在搭建团队的同时就已经在进行初创期融资。

初创期融资的规模一般不会太大，通常在100万元左右。常见的初创期融资是在亲戚、朋友、同学、熟人间完成。只有少部分经验丰富或者工作阅历很有亮点的优秀创业者，能够在专业种子投资人或机构那里获得初创期融资。

企业在初创期，往往现金流不稳定，甚至没有现金流，报表制度不健全，会计数据缺乏全面性和规范性，企业的不确定因素较多，所以初创期融资的投资人主要考量的是创业者的靠谱程度、创业项目的赛道前景和创业计划的逻辑合理性。说白了就是看人，看创业者的能力如何，这是初创期投资人决定是否投资的关键。

举个例子，你想开间早餐铺子，技术啥的你都会，路段也物色好了，但需要投入10万元租场地和购买设备，你手上没有资金，没办法，你只能找些自认为可能愿意帮助你的熟人。最终，曾经睡在你上铺的兄弟正好有点闲置资金，出于对你的充分了解和信任，决定出资 10 万元支持你做这个早餐生意。对你而言，这就叫初创期（种子轮）融资；而睡在你上铺的这位兄弟，他就是"天使"，是你的种子投资人，对你的支持就叫初创期（种子轮）投资。由于睡在你上铺的兄弟不擅长餐饮业务，也没空参与经营，所以你们双方谈好：他出钱，你出力，赚钱四六分，他四你六。有了钱，你的早餐铺子终于开了起来，这个过程即为创业融资。

初创期融资的常见模式有三种：第一种是发展创业合伙人，这是国内初创项目普遍使用的模式；第二种是初创期可转债融资，这是源自美国硅谷的成熟模式；第三种是初创期股权融资，这是找专业种子投资人或者投资机构的常见模式。这三种模式形式上略有区别，但归根结底都是以股权作为投资对价。

（一）发展创业合伙人

我们来看一个案例。

张同学掌握了种树的方法，树苗一旦种植成功，就可能带来相应的收益。于是他决定投身种树事业。但是，张同学只懂技术，没有种子，也没有种树的场地。于是张同学找到父母、兄弟、姐妹、亲戚、同学、同事、朋友、熟人，向他们借块地来种树。经过多次游说和磋商，张同学的大兄弟愿意拿出一块地的使用权来入伙种植事业。

张同学又找到种子商张三、李四、王五、赵六，好说歹说，并证明了自己已经有技术、有土地，但没有种子，也没钱买种子，希望他们能拿些种子出来合作，赚了钱一起分。经不起张同学软磨硬泡，王五答应拿出一定量的种子试试，支持张同学的摇钱树种植事业。

经过多次磋商，决定将种树的项目设为 10 股，张同学负责技术和日常经营管理，占 6 股；大兄弟提供土地使用权但不参与经营管理，占 3 股；种子商王五提供种子但不参与经营，占 1 股。三人成立了种树有限责任公司，张同学认缴出资占总出资额 60%，大兄弟认缴出资占总出资额 30%，王五认缴出资占总出资额 10%，种树项目正式启动。

这个场景是不是很熟悉呢？没错，这就是初创期融资的一种——发展创业合伙人（股东）。这样的初创期融资，融的不是单纯的金钱，而是资源或者资产。资源性融资，是初创期融资较常见且较容易实现的模式，运用得好会大大降低创业项目启动的阻力。大量实操案例显示，创业者寻找资源入股比寻找资金入股相对更容易。从相关法律法规上理解，这类合伙人属于非货币出资，该类出资可以通过专业评估机构评估作价并出具评估报告，再由审计机构出具审计报告到市场监督管理局进行实缴出资登记。

在上述案例中，根据《中华人民共和国公司法》第四十八条"股东可以用货币出资，也可以用实物、知识产权、土地使用权、股权、债权等可以用货币估价并可以依法转让的非货币财产作价出资"相关条款，张同学属于知识产权出资，张同学的大兄弟属于土地使用权出资，种子商王五属于实物出资。

实践中，很多人发现，与其融资 50 万元来租赁厂房，不如找闲置厂房业主谈判，用若干年的房屋使用权（租金）入股更为可行。

初创期融资成功的基础普遍靠个人关系，投资人与创业者彼此间熟悉，知根知底，相互信任，因而融资障碍较小，成功率比较高。尤其是，发起融资方本身在熟人圈子内口碑比较好，具有一定的威信，或者是中心人物，其融资成功率和成功速度可以大大提高。

熟人融资因人而异，没有太大效仿学习的参考价值。初创期融资除了熟人融资之外，还可以向专业种子投资人或者风险投资机构进行融资。专业种子投资人和机构在初创期常见的两种投资方式是可转债融资和股权融资。

（二）初创期可转债融资

近些年，有一部分人有了闲置资金，于是纷纷加入种子投资的队列。但是，他们有的缺乏风险审查能力，也没有投后管理专业知识和团队，或者不愿意承担绝对风险，却又看好创业投资巨大的回报引力，所以采取了一种相对安全的投资方式——可转债。

初创期可转债并非国家定义的严格按法律程序发行的可转换债券，而是一种私人借贷和股权投资的复合体，最早流行于美国硅谷，常见于个人投资者对初创项目的风险投资。初创期可转债是由投资者与创业者双方协商一致，以可换股票据形式给创业项目的融资。这笔融资款除了本金（投资金额）外，还约定了利息，以及本金和利息的支付期限或触发条款。该票据的目的在于它可以在创业项目进行股权融资时转化为股权，也可以在到期日选择"本金＋利息"

退出。

比如，A 发起了一个创业项目，他已经有了可以将想法变成产品的技术，但是缺少启动资金，于是找到了种子投资人 R 先生。R 比较看好 A，或者看好 A 的项目，愿意帮助 A 一把。但是，R 不确定项目能不能真的成功，简单地说就是不愿意和 A 一起承担失败的风险。而 A 很需要 R 的资金，因为有了这笔资金，A 就有信心把想法转化成收益，于是双方达成了可转债的投资方式。

于是，R 向 A 贷款 100 万元，年化利率是 5%，出借日期为某年的 10 月 10 日，第三年的 10 月 9 日为到期日。到期日 R 有权要求 A 偿还本金和利息，即 100 万元本金和每年 5 万元的利息；也有权按到期日项目的估值对价转换成等额的股权。A 须无条件按合同约定接受 R 的选择。

这样的融资方式的好处是，A 愿意 100% 承担项目失败风险，而 R 不需要为 A 的失败承担损失，双方更容易达成合作。同时，A 因为对失败承担的是绝对风险，所以会更加谨慎和努力做好创业项目。而如果项目有成功的苗头，R 把债权转换成股权，则可以分享到项目成功的更大回报。因此，进一步提高了 R 投资给 A 的动力，使 A 更早地获得资金去实现自己的梦想。

（三）初创期股权融资

这里提到的初创期股权融资，和前面提到的发展创业合伙人本质一样，其区别在于，发展创业合伙人融资主要以资源性融资为主，围绕熟人融资；本节探讨的初创期股权融资主要是指向专业种子投资人或者专业投资机构融资，融的是现金。

专业种子投资人和投资机构多由一些成功创业者组成，其之所以称为"专业"，是因为在决定是否投资时，会有一整套相对完整、科学的评估标准（评估要素会在本书后面的章节详细介绍）。

初创期融资的额度普遍较小，常见的额度在 100 万元左右，即 10 万 ~ 20 万美元。这个额度一般以个人投资者为主，遇到好的项目或者好的团队，这类投资者也会考虑和创业团队一起干。

当然也有个别比较优秀的创业团队可以融到 1000 万元以上，比如一些大型企业的管理层或者重要技术骨干出来自己创业，种子投资人或投资机构就会因看好他们的资历与能力而不吝于给他们投资，初创期投资额往往高达千万元，乃至数千万元。

二、培育期融资

培育期也可以理解成起步发展期，这里所指的是，企业已经完成初创期融资，并注册了公司、搭建了基础团队、有了比较清晰的发展计划、产品已从研制开发到初步投放市场的时期。在这个阶段的融资，统称为培育期融资。为便于理解，笔者将天使轮融资到 A 轮融资这个阶段的企业归类为培育期企业，这个阶段融资则称为培育期融资。

（一）天使轮股权融资

天使轮融资通常在企业创立初期，需要资金支持的时候进行。具体而言，适合天使轮融资的企业一般尚处于早期发展阶段，需要较大资金投入来支持商业模式的验证。虽然其经营模式已初具雏形，有了一定的用户，已经具备高速增长潜力，但还没有形成商业规模，也缺资金实现商业规模化。此时企业应当考虑进行天使轮融资。

坊间对天使轮主要有两种理解：一种理解是从种子轮到 A 轮都算天使轮，另一种理解是种子轮是种子轮、天使轮是天使轮、A 轮是 A 轮。但具体怎样区分并不重要，也没有对错之分，关键在于读者便于理解。

众所周知，企业从创始人有了创业计划，到有产品投放市场，普遍需经历两个阶段。第一个阶段是筹备期，创业在这一期间募集启动资金、组建团队、注册公司、规划产品等，这个阶段其实也就是初创期；第二个阶段是产品从研发到小批量试产上市销售，即产品试产期，这个阶段严格地说，已经过了初创期。

在融资实操中，我们发现，种子轮和天使轮其实是有明显区别的。几乎所有的天使投资人或者投资机构，进行天使轮投资时所选择的项目基本已经处于产品试产期，甚至产品已经投放市场并有了一定的市场数据。

天使轮融资的额度普遍在 1000 万元左右。这个阶段，投资人首先比较看重创业团队；其次看重项目的市场空间，以及前期跑出的最小可行化产品（Minimum Viable Product，MVP）测试数据。

怎样进行天使轮融资呢？

首先，企业要确定自己的融资目标，比如，具体融多少钱，计划出让多少股权。

其次，撰写一份商业计划书，用最简练的文字表达清楚以下问题：你（团队）是谁？你融资来做什么？你所做的事情有多大的前景？你和你的团队打算怎样做这件事情？你这个项目未来 3 年能做成什么样子？投资人投资多少钱能够获得多少股权？你怎么确保投资人能在你这个项目中获得最大化收益？

有了一份相对完善的商业计划书后，积极主动地寻找对自己项目偏好匹配的专业投资人或者投资机构，设法把商业计划书投递给对方。专业投资人和投资机构一般会在官方网站上留有投递商业计划书的方式。

再次，等待投资人约谈。如果有投资人看上了你的项目，他们会主动约谈你和你的团队，并且签署投资意向书。然后进行尽职调查，这时候你只需配合投资人完成尽职调查就好。

最后，完成尽职调查之后，如果对方愿意投资，会提出他们的投资方案，这时候你最好约上自己的财务和法律顾问一起，和投资人谈判交易结构，并签署投资协议。

一般情况下，靠谱的投资人或投资机构在签署投资协议后，会在约定的时间内，将投资款转入企业的账户，并要求你去进行工商变更。

完成交割义务后，你该干什么干什么，关键要认真对待投资，认真兑现自己对投资人的承诺，积极与投资人做好关系，千方百计在投后阶段让投资人帮助自己对接更多资源，包括一些能力强的人，或者核心供应商和下游渠道商、下一轮融资的投资人等，这些都可以寻求天使投资人帮忙。然后，继续准备下一轮融资——Pre-A，或者直接融 A 轮。

（二）Pre-A 轮股权融资

Pre-A 轮，可以理解为天使轮的补充融资，也可以理解为 A 轮的试探融资。Pre-A 轮一般是在完成天使轮融资之后，资金已经不能满足项目发展需要，但是总体规模或者估值未达到理想状态，创始人提出的一次缓冲融资。Pre-A 轮融资的额度通常在 1000 万 ~ 3000 万元，个别特别优秀的项目会过亿元。

为什么要设置 Pre-A 轮呢？ Pre-A 轮是一个夹层轮，融资人可以根据自身项目的成熟度，决定是否需要设置。倘若项目前期的整体数据已经具有一定规模，只是还未占据市场前列，可以考虑进行 Pre-A 轮融资，获得融资后，把市场做大了再进行 A 轮融资，能获得的融资额度会更大。

在风险投资市场中，并没有专门只投 Pre-A 轮的机构或者个人，所以 Pre-A 轮融资往往是天使轮投资人追加投资，以及投 A 轮的机构试探性参与投资。

那么，能不能直接到 A 轮融资呢？答案是可以，但是要注意，Pre-A 轮和 A 轮在实操上有一定区别。

一般情况下，Pre-A 轮的投资人不会对项目进行尽职调查，或者只进行较为浅表的尽职调查。而 A 轮融资时，往往会对项目进行全方位尽职调查，所要做的事情也相对烦琐。

（三）A 轮股权融资

A 轮股权融资通常在企业建立了一定的商业基础，商业模式已经获得初步验证，但在尚未实现盈利的情况下进行。具体而言，适合 A 轮融资的企业已经通过了天使轮融资，有了一定规模的用户，有了较为稳定的现金流，商业模式已经形成，并且有了一定的市场份额，融资主要用于实现商业规模化、产品完善、市场拓展。

从风险投资市场的角度来理解，A 轮融资才是真正意义的第一轮融资。因为在种子轮和天使轮融资阶段，投资人基本上是基于对创始人的信任而给予的支持，没有进行真正意义上的严格规范的尽职调查，当时的创业项目尚处于培育期，也几乎没有数据供给投资人分析。而 A 轮融资，投资人要看到成熟的产品，要有用户数量（包括每日活跃用户量、每月活跃用户量），还要有相对完整、详细的商业模式和盈利模式。同时，项目需要在行业内拥有一定地位和口碑，哪怕仍处于亏损状态，但必须有市场数据支撑。

A 轮融资的额度普遍在 3000 万元以上。对创业企业而言，这是一次最为关键的融资，是创业企业结束培育期，进入高速成长期的关键节点。A 轮融资成功与否对于创业企业而言意义重大，几乎决定了企业未来能走多远，以及能否顺利进行首次公开募股（Initial Public Offering，IPO）。顺利完成 A 轮融资的企业，一般情况下其商业模式已经获得充分的实践论证，产品已经获得充分打磨，完成 A 轮融资后将进入规模化发展。

想要完成这一阶段的融资，创始人需要用市场数据打动投资人，比如互联网产品要用每日活跃用户量、每月活跃用户量、每千位用户成本等数据来说服投资人；商业模式要清晰可行，有能与竞品抗衡的成熟产品，有相对领先的市场地位。原则上，赛道前三的企业比较容易获得融资。

总之，企业最好是已经达到"万事俱备，只缺资金"的状态，尤其要让投资人相信，资金是企业发展当下唯一缺的东西，资金到位就能让企业发展得更快、更好、更大，这是获得投资的关键。

创始人在 A 轮融资时，需要具备一定的叙述和表达能力，具备说服力的故事和流利的表达不仅有助于吸引投资人，还能吸引到更多的员工和媒体。因此，准备融资之前，创始人有必要先锻炼一下自己的表达和沟通能力。

三、扩张期融资

完成 A 轮融资后，创业企业将迈向高速成长的扩张期。在之后的发展中，企业所有的目标都将围绕丰富产品、完善商业模式和盈利模式、进一步提高和巩固核心竞争力，把市场份额做大，使行业排名靠前。在实操中，能获得下一轮融资的企业原则上必须是赛道上的第一名或者第二名，名次是决定企业能否获得 B 轮融资的关键。

B 轮融资之后，企业可以根据发展需要，进行 C 轮、D 轮、E 轮等若干轮融资。在企业的创业行动中，融资力就是企业的生命力，一旦融资失败，企业的发展前景和发展规模都将受到影响。

所以，明智的创始人往往会在完成 A 轮融资之后随即筹备 B 轮融资，要确保整个融资节奏跟得上创业项目的发展步伐。

（一）B 轮股权融资

有人习惯性地将 B 轮融资称为第二轮融资，因为 A 轮融资通常被称为第一轮。

B 轮融资通常在企业已经进入快速增长阶段后进行。具体而言，适合 B 轮融资的企业已经通过了 A 轮融资，商业模式已经得到了进一步验证，已经积累了较大规模的用户群体，收入来源趋于稳定，市场份额正在快速增长，需要资金加快企业的增长速度，尤其是已经拥有自己的拳头产品，并且已经获得充分的用户认可，资金主要用于推出新业务、新产品，拓宽新领域。

能不能融到 B 轮资金，往往是一家创业企业命运的关键转折点。坊间常有"A 轮死"的说法，因为据统计，获得 A 轮融资的项目中有 70% 以上"倒"在了走向 B 轮融资的路上。究其原因，主要是因为很多创始人在创业前没有管过人，或者没管过多少人，也没有管理过很多资金，仅凭着一份心气、一个梦想去干，总想做番大事，拿到融资之后拼命扩张——人不够就招人，用户少就买用户，而这通常是创业企业要"死"的前奏。就像一辆汽车，螺丝还没拧紧，就要负重百米冲刺，不散架才怪。所以，能熬到 B 轮，并且顺利拿到 B 轮融资，对于创业企业而言，是多了一份"续命"的保障。

B 轮融资的额度一般比较大，通常以亿元为单位。资金来源大多是上一轮融资的风险投资机构跟投、新的风险投资机构加入、私募股权投资机构加入。

顺利完成 B 轮融资的企业，通常有几个共同点。

第一点是，企业创始人具有大格局，能吸引"牛人"加盟创业，能容得下比自己优秀的人，有高瞻远瞩的眼界。

第二点是，创业企业要在足够宽的赛道，有足够大的发展空间。

第三点是，项目要有自我造血能力，可以亏损，但不能纯粹靠"烧"资本的钱"续命"。

第四点是，不急功近利，不贪慕虚荣，不急于追求高大上的办公环境，融来的资金主要用于提高产品市场力和企业竞争力。

B 轮融资之后，企业要在可控范围内充分扩张市场，设法提高市场规模、市场占有率、用户忠诚度等，这也是成功走向 C 轮的关键。

（二）C 轮股权融资

C 轮股权融资，可以理解成第三轮融资。这个阶段的企业应该已经非常成熟，用户规模应该比赛道内排名位于其后的两名的用户总和还多，其商业模式已经形成闭环，具备了很强的盈利能力，并在行业内有很大的影响力。

C 轮融资通常在企业已经实现了快速增长，并且市场在不断扩大的情况下进行。具体而言，适合 C 轮融资的企业已经通过了 B 轮融资，收入和利润正在快速增长，预计还会继续增长，有了强大的市场地位和品牌形象，融资主要用于进一步扩大市场份额和提高竞争力。

理想状态下，C轮融资到位后，企业会开始冲刺IPO，C轮的主要作用是为了给上市定价。C轮融资的额度一般在10亿元左右。资金来源一般是私募基金。

C轮融资的投资人重点看项目的盈利能力和企业用户规模，如果企业的市场前景好、用户多，即使当前不盈利也会被投资人看好。比如，某公司当年在C轮融资时，它的覆盖面很全、应用场景广泛、市场占有率极高，虽然还处于亏损状态，仍然有一堆的投资机构抢着投资。

启动C轮融资时，要让投资人看到该项目获得融资后，除了拓展新业务，还将重点补全商业模式闭环，要把准备上市的意图和故事讲好。大部分风险投资机构或投资人投资一家企业，不是要和创业团队做一辈子股东，而是通过投资，在未来三五年内，甚至更短的时间内获得最大化回报。所以，要让投资人看到这个希望，创业企业要用过去的数据和未来的计划让投资人相信这个蓝图，这是成功获得C轮融资的关键。

在C轮融资这个阶段，创始人一定要想清楚这些问题：已经做了的事、即将做的事，这些所有的东西最后有什么价值？现在的商业模式、服务内容和定价是否合理？是否违背了人性？换位思考，面对这些服务、产品和价格，自己愿不愿意为它们付费？

作为即将冲刺IPO的项目，企业文化是核心驱动力，所以企业所做的事情，一定要具备真正的社会价值，真正解决了社会痛点，满足了大部分或者准用户群的绝大部分人群的真实需求。否则，企业或许会失去未来。

（三）D轮股权融资

D轮股权融资，可以理解成第四轮融资，也可以看作C轮融资的延伸。理论上，企业到达D轮时应该已经具备上市的各种条件，推动D轮融资的主要目的是让企业更值钱，让企业获得更好的估值和更具吸引力。

D轮融资通常在企业已经取得了显著的成就，准备进入全球化阶段时进行。具体而言，适合D轮融资的企业已经通过C轮融资，收入和利润体量较大，预计未来数年内仍将持续高速增长。拥有强大的市场地位和品牌影响力，建立了强大的全球客户群和供应链网络，融资是为了加速全球化进程，以进一步提高国际竞争力。

上市是所有创业企业，尤其是接受了风险投资的企业首要的努力方向。在风险投资人眼里，想上市的不一定是好企业，但不想上市的企业肯定不是好企业。这里的"好"不是指企业经营得好坏，也不是指企业产品和服务用户体验上的好坏，而是对于投资人而言能不能在更短时间内赚到更多的钱的一种评价。

在理想状态下，企业完成 C 轮融资之后，就要冲刺 IPO 了。然而在实操中，成功获得 C 轮融资，并能在未来三年内顺利上市的创业企业，仍然不足 10%。那些不能完成上市的企业怎么办呢？答案是继续 D 轮、E 轮、F 轮等多轮融资，如果可能的话。

在实操经验中，大部分项目在完成 C 轮融资后仍不能上市的，D 轮融资将成为前几轮的投资者的最后冲刺。如果 D 轮融资之后还不能上市，除非项目本身盈利能力已经很强，或者项目本身具有不可替代、不可或缺的社会影响力，否则 D 轮之后将难免被资本放弃。

所以，创业团队经历这个阶段后只有四种结局：首先是 D 轮融资后努力让企业上市，这是皆大欢喜的结果；其次是谋求 E 轮、F 轮、G 轮……继续融资，同时战胜或者收编业内的"老二""老三"，构建"巨无霸"型龙头地位，进而谋求再次上市的机会；再次是想办法回购投资人股权；最后最差的结局是被投资人"踢"出董事会队列，甚至完全失去自己的创业项目。

四、成熟期融资

当创业企业的产品、团队、商业模式都已经得到了市场充分验证，并且占据了赛道较大份额的市场时，创业企业的发展目标必然是进入快速扩张的成熟期，其首要工作就是占据更大的市场份额，最好做到市场绝对占有优势。扩张的目的就是抢占赛道"老大"地位，常规操作是要做到赛道前十加起来市场份额也敌不过"老大"的这个程度。成熟期最常见的快速发展手段是兼并对手。

一旦选择了以兼并来实现快速扩张，实现巩固市场绝对优势地位，企业就必须有足够多的资金，这看起来很俗，却很现实。一般性的融资手段已经很难满足这个发展阶段的资金需求，需要谋求多元化的融资方式。

（一）战略性融资

此处的战略性融资是指引入战略投资者的一种融资行为。它无关融资轮次，根据企业发展战略需要，在企业任何成长阶段都有引入战略性融资的案例。

同样，战略性投资，应该是对企业长远发展具有重大影响的资本支出，具有规模大、周期长、基于企业发展的长期目标、分阶段等特征，影响着企业的前途和命运，对企业全局有着重大影响。由此可以反观，项目要启动战略性融资，就应该做好与战略投资者长期共事的准备，项目本身具有战略投资者长期投资的必要性。引入战略投资者除了获得一定额度的资金，更重要的是，获得决定创业项目发展壮大的关键性资源；真正意义的战略性投资的资金，额度要足够大，能起到帮助创业项目长期发展的作用，原则上10年内不会退出创业项目。只有满足这两个条件之一，或者同时兼备，才能称得上"战略"。

战略性融资一般建议 A 轮融资后再启动，此时创业项目的收入和利润已经稳步增长，商业模式雏形已经完善并通过市场验证，拥有较一定的市场地位和品牌形象，若能获得更强大的行业领先的企业或机构的技术、市场、资源等支持，将可以迅速提高竞争力，并获得长期增长和可持续发展。这时是启动战略性融资的最佳时机，也是战略投资者最乐于投资的状态。

战略投资者应该选择发展理念与其一致的创业项目，能够同时提供市场、渠道、人脉、技术、经验、资源中的三项以上，能够帮助创业企业提高管理和治理能力，尤其在创业企业经营效率和经营能力方面能给予帮助。比如，当年公司 A 引入战略投资者公司 B 后，公司 A 弥补了公司 B 商业版图中的电商短板，公司 B 则为公司 A 提供了流量便利和超过 10 亿美元的投资，同时公司 A 还为公司 B 解决了流量变现问题，增加了其用户量和交易量。两者之间的合作可谓相得益彰，堪称完美。

需要注意的是在实操过程中，企业创始人和部分投资人容易将战略性投资和一般性投资混淆，导致成功融资后发生一系列的误会和不愉快。

（二）Pre-IPO 股权融资

所谓 Pre-IPO，可以理解成上市前的最后一轮融资，也有人称之为基石轮融资。当企业已经具备上市条件，为了顺利获得上市资格，或者为了把企业资本做大，向特定投资机构进行的一种定向募资。

Pre-IPO 融资通常在企业即将上市前几年进行。具体的时间点取决于企业的发展需求。比如，企业需要资金来加速增长，建立新业务线或加强现有业务，则可以考虑 Pre-IPO 融资。此外，Pre-IPO 融资还可以为企业带来战略投资者，以帮助企业完成上市。

Pre-IPO 融资对象主要针对有资源的投资方，比如投资银行和证券银行，以及对企业上市有直接助益的投资机构。一般情况下，Pre-IPO 融资之后 1 年之内会启动 IPO 程序，最迟不超过 3 年。最终能否顺利上市 IPO，会受政策调控和企业本身条件所影响。

在 Pre-IPO 的尽职调查过程中，除关注准创业企业的业务经营、财务、合规等方面的惯常性问题外，通常需要围绕两个最核心的问题，即上市结果是否可预期、上市时间是否可预期。

Pre-IPO 融资是否顺利，主要看企业是否已经有了明确的上市进程。

这怎么界定？

投资人一般会关心企业是否已经聘请投资银行或者证券公司做上市顾问，是否已经报证券监督管理部门辅导，是否已经有明确的上市时间表等上市动作。企业进行上市辅导备案后，备案情况、后续辅导及验收进度均会在中国证监会"网上办事服务平台"的"公开发行辅导公示"栏目进行公开，社会公众均可进行查询。

（三）IPO 上市融资

IPO 即企业首次公开募股，是指一家企业第一次将它的股份向公众出售。IPO 是一项重要的融资途径，可以帮助企业扩大规模，吸引更多的投资者并为企业创造价值，也是企业融资产品中最为重要的一个。

企业上市融资可以选择在中国境内上市，也可以选择在其他国家或地区上市。中国股票市场主要包括上海证券交易所、深圳证券交易所、北京证券交易所、香港证券交易所、台湾证券交易所等。比较受中国企业青睐的国外股票市场包括美国证券交易所、美国纽约证券交易所、美国纳斯达克证券交易所、英国伦敦证券交易所、法国维也纳证券交易所、新加坡证券交易所等。

目前，中国已全面实行股票发行注册制，企业上市流程大大简化，上市审核周期大大缩短，发行效率得到了有效提高，加快了企业上市融资速度，为企业上市提供了更便捷的渠道。

IPO 是每一位想把企业做大做强的老板都应有的梦想。迄今为止，世界 500 强企业几乎都是上市公司，或者是上市公司的母公司，因此，资本界流出了"不想上市的公司不是好公司"的说法，这虽有一定的片面性，但也从另一个角度说明了企业上市的重要性。

IPO 对于企业而言，意味着打开了另一扇通往更多融资选择的大门，可以获得更大额度的融资，可以在融资过程中获得更大主动权，也是股东将股权价值最大化变现的一个通道。

因此，对于立志做百年企业的创始人而言，IPO 只是企业的一次重要拐点，是新征程的始发点。对于风险投资机构和想套现的股东而言，帮助创业企业 IPO 并成功退出，就是终极目标。

五、上市后融资

企业上市就是为了打通更多融资渠道，获得更多融资，IPO 只是起点不是终点，所以上市后仍然有各种融资。上市后最常用的融资方式有定向增发、配股、发行上市公司可转换债券等。

（一）定向增发

定向增发是增发的一种，是指企业向特定投资者发行新债券或股票的一种行为，也被称为定向募集或私募，即非公开发行。

根据我国证券监管部门的规定，定向增发的对象人数不得超过 35 人，发行价不得低于定价基准日前 20 个交易日企业股票均价的 80%，投资者购买新增发行的股票 6 个月内不得转让，控股股东、实际控制人及其控制的企业认购的股份 18 个月内不得转让。募资用途需符合国家产业政策、上市公司及其高管不得有违规行为。定向增发没有盈利要求，即使是亏损企业也可申请发行。

1. 定向增发的应用情形

定向增发除了获得资金外，也是大股东提高持股量和增加控制权的一种手段。定向增发常被用于两种情形。

一种情形是引入战略股东或者控股股东，比如某投资人想成为上市公司战略股东或者控股股东，定向增发是一个成本较低的渠道，因为价格不低于市价80%的情况下，成交价格可以通过协商定价。之前没有定向增发这个通道时，要想快速获得上市公司较大比例的股权，只能向原股东购买股份，但收购的钱属于原来的大股东所有，资金无法用于上市公司，对上市公司的发展没有任何直接帮助。而定向增发所募集的资金归属上市公司，所有股东都因此受益。

另一种情形是通过定向增发融资去并购资产，迅速扩大规模。上市公司并购大股东名下资产通常采用定向增发的方式获得融资。这么做目的是减少关联交易与同业竞争的不规范行为，增强企业业务与经营的透明度，减少了控股股东与上市公司的利益冲突，有助于提升企业内在价值。对于部分流通股本较小的企业通过定向增发、整体上市增加了企业的市值水平与流动性。

2. 定向增发的申报和发行流程

定向增发的申报和发行流程相比公开增发更为灵活。

首先，上市公司拟订初步方案，提交中国证监会预沟通；获得同意后，企业召开董事会，公告定向增发预案，并召开股东大会，公告定向增发方案，将正式申报材料报中国证监会。

其次，定向增发申请经中国证监会发审会审核通过，企业公告核准文件后，召开上市公司董事会，审议通过定向增发的具体内容，并公告。

最后，由具有证券发行资质的机构启动募集工作，执行定向增发方案，企业及时公告发行情况和股份变动报告书。

（二）配股

配股是上市公司增发股票的一种方式，并且只有已经持有上市公司股票的投资者有资格参与。当符合配股条件的上市公司想要通过发行新股票从市场上融资时，就可以把这些增发的股票分配给所有股东，让股东们来认购。通过配股，上市公司能从投资者手中拿到更多的资金，投资者持有上市公司的股票数量就会增加。

1. 配股的相关规定

上市公司向原股东配股的，须符合公开发行股票的一般规定，同时，拟配售股份数量不超过本次配售股份前股本总额的30%，控股股东应当在股东大会召开前公开承诺认配股份的数量，配售的新发行股票须由具有相关资质的机构代销发行。

投资者在配股的股权登记日那天收市清算后仍持有该支股票，则自动享有配股权利，无须办理登记手续。中国证券登记结算有限责任公司（简称为中国结算）会自动登记应有的所有登记在册的股东的配股权限。

上市公司原股东享有配股优先权，可自由选择是否参与配股。若选择参与，则必须在上市公司发布配股公告中配股缴款期内参加配股；若过期不操作，即为放弃配股权利，不能补缴配股款参与配股。

2. 符合配股资格的基础条件

一是申请配股的上市公司距离上一次发行股票的时间间隔不少于 12 个月。

二是申请配股的上市公司须连续 2 年盈利。

三是申请配股的上市公司最近 3 年无重大违法行为。

（三）上市公司可转换债券

上市公司可转换债券简称可转债，是一种可以在约定时间、按特定条件转换为上市公司流通股票的特殊企业债券。如果债券持有人不想将可转债转换成股票，则可以继续持有至还期满时收取本金和利息，或者将可转债在二级市场出售变现。可转债具有债权和股权的双重特性。

本节的上市公司可转债与前面章节关于初创期融资提及的可转债形式一致，但本质有所区别。前述可转债为创业者与投资人之间私下协议达成的一种融资行为，仅限于彼此间有效，不能转让。而本节的可转债是一种严格按照债券发行流程发行的法定公司债，可以在二级市场上自由买卖，发行者需要满足一定的条件要求。

1. 上市公司发行可转债需具备的条件

一是最近 3 个会计年度连续盈利，每年净资产利润率平均在 10% 以上，属于能源、原材料、基础设施类的上市公司净资产利润率平均不得低于 7%。扣除非经常性损益后的净利润与扣除前的净利润相比，以低者作为计算依据。

二是最近 24 个月内曾公开发行证券的，不得存在发行当年营业利润比上年下降 50% 以上的情形。

三是可转债发行后，资产负债率不高于 70%。

四是累计债券余额不超过公司净资产的 40%，本次可转债发行后，累计债券余额不超过公司资产的 80%。

五是最近 3 年以现金方式累计分配的利润不少于最近 3 年实现的年均可分配利润的 30%。

六是募集资金的投向符合国家的产业政策。

七是可转债的利率不超过银行同期存款的利率水平。

八是可转债的发行额不少于 1 亿元。

九是国务院规定的其他条件。

2. 发行可转债比发行普通债券的优势

从融资成本角度看，发行可转债比发行普通债券的成本更低。因为可转债可以在特定条件下按低于股票流通价格转换为上市公司股票，所以利率低于普通公司债券，也比较容易被投资人接受。如果投资者选择将债券转换为股票，公司则无须另外支付费用，对上市公司而言直接降低了融资成本。

另外，公司发行可转债比发行普通债券承担的还债压力更小，发行时其他债权人反对的可能性也较小。

第三节　怎样提升股权融资力

股权融资获得的是长期资金，对企业的发展极其重要。迄今为止，没有任何一家不进行股权融资就能上市的企业，也没有任何一家没有进行股权融资就能做成中国 500 强的企业。所以，股权融资是企业做大做强必不可少的事项，是企业上市的必备能力。提升企业股权融资力可以让企业拥有更多的资金支持，是企业可持续发展的重要保障。

那么，企业的股权融资力主要有哪些关键要素呢？做好哪些事情有利于提升企业的股权融资力呢？

一、组建靠谱的团队

团队，是企业的经营者，也是企业事务的执行者，套用成语"成也萧何，败也萧何"，在企业经营管理中也是"成也团队，败也团队"。离开团队，企业只是个空壳，没有任何的实际意义。因此，要打造企业融资力，提升企业股权融资力，首先就是要加强经营团队建设，只有向心力、凝聚力、战斗力强，创新力、学习力、执行力好的团队，才能创造出最具融资力的企业。

我们时常能看到，一流的团队做一个三流的项目也可能做出一流的结果，但是三流的团队就算做一流的项目也可能做出三四流的结果。比如同样的商品，有人能把商品卖得很好，但有人就是卖不动，而且还找出一大堆卖不动的借口。事实是，没有卖不出去的产品，只有卖不出产品的人。所以，团队是决定企业命运的根本，团队也是企业融资中投资人重点考察的要素。

优秀的团队可以为企业融资加分；反之则会减分，甚至直接导致融资失败。

尤其是股权融资，投资人对团队尤为看重，"A 轮之前投资人，A 轮之后投资用户"已经成为创投界的普遍共识。在企业融资中，如果团队能令投资人满意，融资就会变得相对简单，就算项目各指标略差，依然可以获得投资机会；而如果团队令投资人失望，项目指标就算再优秀，也很难获得投资。

所以，加强团队建设，是保障企业可持续发展的重要工作，是提升企业融资力的重点。无论企业处于哪个成长阶段，经营团队都是决定企业命运的关键要素。

（一）建设什么样的经营团队

经营团队是一个经营管理企业的核心集体，主要负责管理和经营企业的事务。企业经营团队通常由高级管理人员、中层管理人员，以及各部门负责人组成，经营团队的工作职责是协同合作，制定企业战略目标和实施计划，协调资源，推动企业实现长期可持续的增长和为企业赚取利润，保证企业目标的实现和风险控制。

经营团队成员通常需具有不同的专业知识和本职技能，如市场营销、财务分析、生产制造等，以便能够在企业的各个方面提供专业的支持和建议；应该具备团结合作精神，共同面对和克服企业可能出现的问题与挑战；应该有高度的责任感，确保向上级领导和下级员工做出负责任的决策和担当。

1. 团队与"团伙"的区别

很多企业老板经常把团队和"团伙"混为一谈，认为将人员招聘回来凑在一起就是团队，实际上，很多所谓的团队，充其量算个"团伙"。那么团队和"团伙"有什么区别呢？

从经济学角度理解，3个人的小组完成了5个人的工作量，那么这个小组可称为团队，多完成的2个人的工作量所产生的价值就是团队价值。

团队强调合作完成共同的任务或目标，而"团伙"则可能是为了实现个人利益或目标而聚集在一起。团队的构成要素分别是目标、人、定位、权限、计划；"团伙"的构成要素一般只有利益和人；简单理解，齐心协力是团队，自私自利是"团伙"。

2. 经营团队的主要工作

经营团队负责制定企业的整体战略规划、团队目标、经营策略，明确每个成员的职责和任务；需要作出决策、调配资源、带领全体员工完成经营目标，制定合理的业绩考核方式，制定奖惩制度，确保各部门目标达成；需要激励、培训和提升团队成员的素质、技能和能力，处理各方面的信息和各种关系，通过有效沟通和协调，促进各团队成员之间合作共赢；合理分配和利用各种资源，包括人力、物力和财力等，确保企业高效运营和发展。

经营团队最基础的工作是负责技术、生产、销售相关的人员招聘、培训、管理、激励、协调、调度，以确保员工高效完成企业产品研发、产品生产、产品销售等目标；重点工作是确保股东的投资收益最大化，确保客户满意度和忠诚度，确保员工积极性和价值最大化。

3. 稳定性较好的几种创始团队的类型

在大量实践案例中可以发现，一家企业创始团队的关系融洽程度，和企业成败呈正相关。亲密无间的创始团队，是创业项目成功的基础。很难想象，一个整天钩心斗角、相互猜疑的团队，怎样能把企业做强做大。

从诸多成功案例中，我们发现一个有趣的问题，很多成功的创业项目，创始团队多为早已熟识的人组成，极少看到几个陌生人，或者通过招聘组成的所谓团队能够把事业做成的。所以，投资人会对团队成员的关系密切程度、相识方式、相识时长等非常看重。特别是股权投资，由一群过命兄弟创办的企业，关系更牢固，投资人更愿意相信他们有可能成功。

下面介绍几种稳定性较好的创始团队类型。

（1）邻居或发小组成的创始团队

在现实世界中，一个没有领袖人格魅力的人，很难团结到邻居或者发小一起创业。因为在普通人的世界里，相处时间越长，越是了解对方的缺点和弱点，很难一起创业拼搏。而天生具有领导力的人，拥有领袖人格魅力的人则不一样，他们总能团结身边的大多数人，越熟悉的人越对其敬佩有加，都乐意追随其后。

所以，能够团结邻居或者发小一起创业的创始人，投资人更愿意相信他具备成功领导人的潜质，更放心把钱投资给这样的创始团队。并不是说能够把邻居或者发小拉入创始团队就一定能成功，但是，在企业融资中，面对这样的创始团队投资人会额外加分。

（2）同学或战友组成的创始团队

由同学或战友组成的创世团队，成员都有同舟共济的经历，彼此间知根知底，能一起创办企业，必然是充分信任、相互吸引才可能走到一起，这样的团队更有默契，稳定性更高。

（3）老同事组成的创始团队

共过事的老同事一起创建企业的成功率会高许多，尤其是能力互补的几个同事组成的团队。彼此间几乎可以直接省掉磨合期，能很快进入各自角色，减少了磨合期可能存在的各种风险。因为老同事之间拥有共同的经历、相处的经验，已经建立了信任基础，并且对彼此的工作风格和能力有信心。老同事之间的沟通会更加顺畅和高效，愿景和价值观更为一致，更容易达成共同目标；能够更有效地分配任务和责任，找到适合每个人的角色，并在改进业务方面保持独特的优势。面对这样的创始团队，投资自然也会额外加分。

（二）怎样搭建经营团队

经营团队是企业的重要决策者，是企业的技术、产品、市场、财务、人力资源的真正操盘手。一个高效的经营团队，可以领导企业开发新产品，创新企业管理和运营方式，提高企业的经营能力和创新能力，提高工作效率和生产效率，提供市场分析和战略规划，为企业赋予明确的价值观，提升企业形象和竞争力。加强经营团队建设，有助于企业提高经营能力，更好地应对外部挑战和内部压力，在更高的效率和更好的业务结果之间实现平衡。

1. 经营团队的建设路径

首先，招聘合适的人才是搭建经营团队的基础。根据企业的发展战略和业务需求，聚焦于招募适合岗位的人才，加强职业素质和技能培训，将来自五湖四海的人才凝聚成一个目标一致的团队。

其次，建立有效的沟通渠道，增强经营团队之间的协作与互动，通过定期会议、培训、活动、邮件和视频会议等确保所有人都了解企业的目标和战略。

再次，制定明确的职责和目标，确保每个人都在正确的方向上努力工作，定期审查和更新目标和职责，确保团队成员高效、满负荷完成任务。

最后，创造积极向上、互助奉献、互相学习、荣辱共享的团队文化，通过培训、社交活动和奖励计划等措施加强团队精神。同时，建立有效的绩效评估体系，完善奖惩规则，帮助经营团队成员了解自己的表现，通过评估目标完成度和成果，对有功者奖励，对有过者追责，打造以结果为导向的高效团队。

2. 优秀人才的特征

优秀人才拥有扎实的专业技能和广泛的知识背景，能够在相关领域提供高质量的工作表现，面对任务具有极强的执行力。优秀人才具有独立思考和创新能力，能够从不同的角度看问题并提出新颖的想法和解决方案。他们在沟通和协作能力方面尤其突出，能够和同事、客户及合作伙伴进行高效的沟通与协作，在团队、企业或社区中具有影响力，能够有效地领导和激励他人达成共同的目标。

优秀人才具备自我激励和自我管理能力，能够主动完成任务，不断寻求出色的工作表现。他们有不断学习和提升自己的主动意识和意愿，能在新领域获取新的知识和技能，以不断推动个人和组织成长。同时，具备良好的价值观，注重公平、懂得尊重和负责任，对自己和其他人要求高，以达到卓越表现的目标，对企业的业务和文化富有热情与忠诚。

3. 搭建优秀经营团队的要点

一个优秀的经营团队，应该具备高效的执行力，而高效的执行力源自明确的目标和计划、高效的组织管理、良好的沟通和团队协作、坚定的决策力和执行力、积极的态度和责任感、不断学习和涉猎新技能与新知识的能力。

因此，要搭建优秀的经营团队，首先，应当确定清晰的企业经营目标和战略，并将其分解为可执行的任务和行动计划；按需设置岗位，根据任务和目标，招募合适的成员，为每个成员分配具体的角色和职责，确保工作任务的分工合理，激发每个成员责任心；了解每个成员的优势和不足，成员配置要做到能力互补、优缺点互补，确保各项工作能够得到最好的分工和协作；建立团队的工作流程和工作标准，并确保团队成员遵守和执行。

其次，构建有利于长期发展的团队文化，通过团队的信念、价值观、理想、目标、行为准则、传统、风气等，激活团队成员的梦想、积极性、主动性、责任心、荣誉感、归属感、团队意识，调动和激发团队成员作出贡献；形成一种相互信任、互助互爱、合作共赢的团队精神，加强集体意识和团队荣誉感，让每个人愿意为团队的目标贡献最大力量，始终保持一个团队共同的价值观。

最后，构建监督考核体系和奖惩制度，对成员的执行过程进行监控，及时督促、纠正成员按照设定的标准执行；通过考核体系约束成员行为，促使团队成员更加专注于目标，及时发现问题并加以解决；给予团队成员特定的工作表现评估和激励，鼓励团队成员做出更好的表现，提高工作积极性和努力程度，进而提高工作效率和绩效；明确奖惩规则，让每个人清晰了解做好了能够得到什么奖励，做不好会得到什么惩罚；鼓励团队成员的创新和共享，对有建设性想法的成员予以表彰，增强团队的凝聚力和向心力。

（三）提升股权融资力的神秘力量

在股权融资实操中，有一种神秘力量可以直接提升股权融资力，这种力量叫作团队面貌，那是企业的灵魂，是吸引优秀人才的磁场，是打动投资人的气场，也是留住用户的无形之手。团队面貌由于不是一种有形的物体，所以很容易被忽略，甚至被认为是无关紧要的存在，然而，团队面貌却在一定程度上决定着企业的命运。

1.团队向心力

团队向心力是体现团队面貌的一个重要组成部分。

团队向心力是团队成员在共同达成目标的过程中，通过相互支持、信任、理解和协作，形成的一种团结、凝聚、协调的力量。团队向心力的强弱，直接影响着团队的工作效率和质量。通常，团队向心力越强，团队成员之间就越容易共同协作，竭尽全力完成任务；反之亦然。团队向心力的建立需要团队成员之间的相互沟通，需要领导者的支持和引导。

向心力是团队成员更好地发挥积极性、创造性、愿意无私奉献的吸引力，是成员之间相互吸引并愿意留在组织中的一块磁铁。

一个有向心力的团队，外在体现在团队对领导者的追随、服从和主动意识。向心力的形成，要靠创始人的领导力、感召力、人格魅力，创始人的领导作用就像黑暗中的唯一光源，引领着团队成员自觉地朝着一个方向发力、前进、团结、壮大。员工受向心力影响而自动自觉地追随领导，主动维护企业利益、主动成长、主动维护团队和谐发展、主动完成既定目标。

向心力就是这样一种看不到、摸不着，却能让他人感受到真实存在的无形且很重要的东西。拥有强大向心力的团队，可以吸引更多投资人对企业产生好感和信任，对企业融资具有积极的作用。

2.团队凝聚力

团队凝聚力体现在成员之间的归属感、认同感与参与感，是成员在团队中为了达成目标而相互支持和合作形成的一种紧密程度。团队凝聚力的强弱，决定了团队的稳定性和高效达成目标的能力。当团队凝聚力强时，每个成员都会投入更多的精力与时间，相互扶持、共同协作，达到更优秀的工作效果。

凝聚力能够促进员工之间互帮互助、团结合作，进而形成一种气力凝聚、共同对外的企业文化。它是构建劳资关系、上下级关系、同级关系的核心精神。凝聚力主要通过团队的集体意识、责任意识、亲和意识呈现。

一群人凑在一起，只能算是一个"团伙"，有了凝聚力，才是一个真正意义的团队。团队会将企业利益放在第一位，可以为企业利益舍弃个人利益。一个有凝聚力的团队，员工会恪守职业道德，会主动承担起各自的责任与义务，自觉维护团队和企业的利益、形象、尊严，彼此间会更和善、包容、相互扶持，工作效率更高，战斗力更强，更有荣誉感。

3. 团队战斗力

团队战斗力是指团队在面对挑战时的整体能力。它包括成员的专业技能、沟通协同能力、应变能力、团队配合能力等多个方面。团队战斗力的强弱，关系到企业生产能力、服务能力和经营业绩。这种战斗力也被称为执行力，可以毫不夸张地讲，超过一半以上的失败企业，是由于团队执行力差而失败的。

一个团队有没有向心力、有没有凝聚力，最终表现为有没有战斗力。团队战斗力更是团队中每个人的个人能力、团队协作精神、沟通协调能力、团队意识等多个因素的综合体现。一个拥有强大战斗力的团队，团队中的每个人都能够充分发挥个人优势，高效地完成任务，从而提高企业绩效。团队协同精神越强，团队成员间的沟通和协调效率越高，团队战斗力就越强，资源利用效率越高，企业运营成本则越低。在面对挑战时，在实现目标的过程中，这样的团队会发挥团结精神，发挥合作优势，积极主动地发现问题，创造性地解决问题，高效、保质地完成任务，进而增强团队和个人成就感与自信心，可有效降低员工的流失率。

一个拥有强大战斗力的团队，是一个所向披靡的团队，一个绝对能完成任务的团队。接到明确任务后，所有成员会目标一致、迅速拆解任务、各司其职、协同合作，以超前完成任务为唯一目标。团队成员的意识中没有完不成的任务，只有完不成任务的人。

很多企业的失败，表面上看是现金流断裂所致，但其实质往往是团队战斗力不够强，没有按时按量完成销售目标，没有把产品变成现金。所以，团队战斗力在投资人对团队评分中占据着非常重要的地位。

4. 团队创新力

团队创新力是指团队在解决问题、发现机遇、开发新产品等方面的能力，即团队成员共同发挥想象力和创造力、积极探索新思路，从而创造新的价值和贡献的能力。

创新，是应对一切竞争的不二法门。一家具有强大创新力的企业，是不屑于竞争对手的跟风和抄袭，它会通过不断创新来牵制对手、超越对手。

创新力，就是获取新动能和塑造新优势的能力。创新力的强弱，与企业生产力和竞争力的强弱呈正相关。

在知识经济时代，科技日新月异，再先进的技术、再厉害的技术壁垒，都只能在一定时间内具有市场领先优势，而不可能永久领先。所以必须持续创新，才能确保企业持续地领先市场。因此，团队的创新力就显得尤为重要。无论在股权融资，或者在政策融资中，团队的创新力都会被重点考量。

5. 团队学习力

团队学习力是指一个团队达到共同学习、进步和发展的能力。在一个团队中，每个成员都可以通过学习提高自己的技术和能力。而团队学习力则需要每一位成员都有意识地自主自愿学习、积极上下求索、协同其他成员共同成长。

强大的创新力源自团队的学习力，学习力的本质就是竞争力，在人工智能异军突起的世界里，很难想象一个没有学习力的团队如何应对残酷的市场竞争。尤其是 ChatGPT 的诞生，几乎颠覆了人类的传统认知，在这样的环境下，企业更需要提高自身团队的学习力，才可能确保跟上时代步伐、引领时代潮流。

团队学习力是现代团队建设中非常重要的一个指标。保持和提高团队学习力可以帮助团队成员有效地完成工作，提高工作质量和效率，实现团队目标，增强团队凝聚力和竞争力。

在一个团队中，每个成员都拥有各自的专业领域知识和技能，通过学习和分享，可以不断提高团队整体的专业水平。同时，通过共同学习，可以发现问题和解决方案，提高工作的质量与效率。团队需要成员间互相协作、互相扶持，共同完成工作。通过学习和分享，可以加深成员之间的沟通和协作，提高团队的合作能力，进而实现工作的高效和质量的提高。

在现代社会中，团队竞争已成为一种趋势。提高团队的学习力，不仅可以帮助团队在竞争中处于相对优势地位，也是吸引投资人和提高投资人对企业认同及信任的基础。

（四）团队领导者需具备哪些能力

团队领导者，是创始团队的引路人和主心骨，是企业的掌舵者，也是生意成败的关键。优秀的领导者懂得给团队成员描绘蓝图、绘制愿景、制定战略、预测趋势，并在适当的时候调整企业战略和目标，鼓励员工为实现目标而付出更多的精力和创意，使得企业能够在市场竞争中不断进取。

优秀的团队领导者往往需具备以下几项能力。

1. 有领导力

团队领导者需要引领团队、引领员工倾尽全力地帮助企业实现目标。团队领导者需要通过自己的言行举止影响团队成员，让团队和员工受到激励和启示；可以挖掘不同人员的能力和优点，并加以引导，让团队达到更高的成就；需要具备引领其他人成功的能力，能够在不同的情境中进行灵活思考和决策，并具备创新解决问题的能力。

一名有着强大领导力的团队领导者，有助于提高团队与企业的信誉度和声誉度，这对于吸引投资者、银行信贷等合作对象是非常重要的。正所谓"物以类聚，人以群分"，有领导力的人总能有一些具备丰富融资经验的人脉资源，在企业融资过程中可以借助这些资源，能为企业争取更好的融资条件和更多的合作机会。

2. 有远见与梦想

一个有远见的团队领导者，总能对社会、行业、国家的发展趋势有更宏观的、独到的洞察和判断，能够从全局角度出发思考问题。他不会被眼前的利益迷惑，而是从长远规划，设置目标并持续追求，即使面临困难也会坚定信心；能时刻保持学习和吸收新知识的状态，不断扩展自己的视野和认知，以便更好地为梦想服务。

梦想是一个人激情拼搏的原动力，是远见的启明星，一个没有梦想的领导者是不可能有远见的。一个拥有远见和梦想的领导者，应该体现为对未来的洞察与预见、坚定的信仰与行动，以及对知识的渴求和积极学习的态度。而这样的领导者经营的企业通常具有更好的成长潜力和市场前景，投资人更愿意投资拥有未来发展前景且有明确目标和规划的企业，因为这样的企业往往能带来更高的回报率和投资价值。

此外，有远见和梦想的领导者所创立的企业能够吸引更多的投资人士、合作伙伴和客户团体，为企业的发展提供更多的支持和资源。因此，这样的企业通常更容易获得融资支持，从而实现快速的发展和壮大。

3. 谦卑好学

谦卑好学是指一个人谦逊而不自满，愿意不断学习并接受他人意见的品质。这是一个成功人士不可或缺的品质。一个谦卑好学的团队领导者，能够促进和他人的和谐相处，更容易受到社会各界的认同。

谦卑好学的领导者更注重团队合作和企业的整体发展，更注重团队管理和组织协调，能够调动团队成员的积极性和创造性，促进企业的持续发展，有效提高企业的竞争力，带动企业可持续发展和创新创造，从而吸引更多的投资者和金融机构对企业进行融资支持。

4. 能吸引资金

一个合格的企业创始人，必须具备吸引资金的能力。尤其是优秀的团队领导者，更需要具备这样的能力，不限于从风险投资机构手里吸引资金，还要从供应商那里吸引资金，从买家哪里吸引资金……说白了，越是能吸引资金的企业越容易获得各种融资。

5. 能吸引人才

吸引人才是一门艺术，也是一个合格的团队领导者必备的本事。当下的企业竞争其实是人才的竞争，事情是人做出来的，卓越的事情是人才做出来的，所以吸引更多的人才才是企业发展最有力的保障。

优秀人才能够为企业提供更多的创新思路和解决方案，能够带来更高的产品质量和服务水平，提高其市场占有率和盈利能力，进而提高企业的竞争力。优秀人才可以推动企业发展，能够发现和抓住市场机会，推动企业不断壮大和扩展业务范围。同时，还能够带来更多的资源和人脉，为企业的业务拓展提供支持。优秀人才往往具备优秀的职业素养和团队协作精神，能够带动团队的凝聚力和向心力，提升员工士气，提高员工的工作满意度和忠诚度，进而促进企业的长足发展。这样的企业自然更容易获得融资。

6. 能约束自己

作为一个合格的团队领导者，不仅要能力管理、领导他人，更要严格约束自己。比如，坚持锻炼身体，用健康的体魄和抖擞的精神面貌迎接工作；要不断刻苦学习，提升情操和修养，提升自己的人格魅力；要勇于承担责任，承认团队的功劳；等等。

总之，作为团队领导者，要严于律己、宽以待人，要做员工做不了和不愿意做的事，起好表率作用。

7. 能知人善用

知人善用是一个合格的领导者必备的才能，因为能不能用好人才，关乎一家企业的兴衰存亡。

知人善用是一种高超的管理智慧，需要了解每个员工的能力和性格特点，据此设定工作任务和制订工作计划，充分发挥每位员工的优势，提高团队的整体效率，避免人才浪费，使人才能够始终在企业发挥最大的作用，确保企业达到最优化的状态。

知人善用能够充分发掘员工的能力和潜力，并为员工提供合适的培训和发展机会，更好地满足员工的职业需求和发展期望，使员工更有归属感、更有忠诚度，降低人员流动率，进而提高企业声誉和信誉度。在融资过程中，企业的良好声誉和信誉度能够为投资人和融资方带来更多的信心和信任，提高融资成功率。

人才大致可以分为四种类型：智囊型、管理型、技能型和技术型。

智囊型人才属于脑力劳动者，是一个思想者，善于思考、善于分析、善于发现，其能力优势主要在于想，而不在于做。智囊型人才是运筹帷幄者，是谋略贡献者，是战略构思者，是方向制定者，是梦想和蓝图的构建者。他们是理想主义者，在构思出相关梦想后在其他类型人才的协助执行下使梦想成真。一个国家、一家企业、一个团体不能没有智囊型人才，否则会失去未来。

管理型人才是运营者，是统筹者，是将智囊型人才构思出来的梦想和蓝图变成现实的人才，是企业战略目标的坚定拥护者和实施者，他们把企业的目标变成计划，把计划交给恰当的技能型人才，并督促、管理、验收成果，确保智囊型人才的梦想最终成真。一家企业如果没有管理型人才，就会混乱不堪，失去经营能力。

技能型人才是团队负责人，是项目责任人，是部门经理，是负责将管理型人才交给的任务计划进行拆解、细分，并和团队研讨不同分工具体的执行方法，分派任务给恰当的具体执行人，并对整个任务的执行过程、执行效率、执行质量、执行后果负责。

技术型人才是基层员工，是具体的执行人，无论是攻克一项技术、改动一项设计，还是把商品卖出去、把客户的问题解决掉等，都是技术型人才去执行。他们的技术水平、经验、阅历、意志、健康状况等都会影响企业发展。他们是企业品牌形象的终端代表。

这四类人才各有所长，一个领导者只有把他们放在对的位置上，使其做他们擅长的事情，才能起到"1+1＞2"的作用，才能真正体现出人才的魅力。如果错让思想者去做技术者的工作，人才形同废材；如果让技术型人才去做运营，企业难免发生灾难。很多时候不是找不到能用的人才，而是用人的人不懂得分辨人才，没有把人才放在合适的岗位上，最终发现员工都碌碌无为，而员工则抱怨怀才不遇。所以，知人善用，是每个优秀的团队领导者必须具备的能力。

8. 懂激励、能留人

再优秀的人才加入企业，如果没有一套有效的员工激励措施，不珍惜或不懂得留住人才，企业早晚会面临发展窘境。

如果员工感觉到自己的贡献和工作成果得到了认可与肯定，他们就会更有动力地去努力工作，并且更加忠诚和投入地履行工作职责；相反，则会变得不满和失望，并且可能会开始寻找其他工作机会，甚至成为竞争对手。

懂得激励员工并提供有吸引力的工作环境和福利待遇的团队领导者，往往能够留住优秀的人才，进而提高企业的业绩和竞争力，从而吸引更多的投资者和人才，让企业赢得更多的融资机会。

9. 能理性裁人

优秀的团队领导者，除了能吸引人才、知人善用并留下人才，还要能够理性裁人。企业就像个筛子，大浪淘沙，把优秀的人才留下来，把经受不了考验或无法胜任工作的人筛走。事实证明，科学适当地裁人有利于优化企业架构，提高效率和竞争力，提高决策力和灵活性，使企业更加符合市场需求。科学适当地裁人也能充分体现出企业的管理能力，能降低成本、优化结构并减少风险，进而提高企业的融资能力和成功率。

但是裁人难免会伤人感情，弄不好还会产生后遗症，所以作为团队领导者一定要有这方面的能力。

（五）创始团队的十个必要特征

在企业融资中，创始团队的实力和能力是投资者最为关注的因素之一。拥有一支优秀的创始团队可以增强投资者对企业未来的信心，进而提高企业融资力。

那么，创始团队的哪些特征会影响企业融资力呢？

1. 讲诚信

诚信是企业赢得消费者的信任和获得良好口碑的基础，诚信是企业形象的一个重要组成部分。而企业诚信与否是由企业创始团队所决定的，最后通过企业员工的行为举止传导与呈现。所以，创始团队讲不讲诚信，直接影响企业诚信与否的外在形象。

在企业融资过程中，投资人会关注企业创始团队成员的背景、过往业绩、管理能力、行业地位等诸多因素。如果创始团队成员缺乏诚信，存在失信行为，投资人会怀疑这家企业可能也会出现违规操作、财务造假、赖账等问题，进而破坏投资人对企业的信任，甚至导致无法获得资金支持。

2. 有激情

有激情的团队会以更佳的状态投入工作，积极主动地寻找解决问题的方法和创新点；进而提高员工的士气，形成一个积极、有活力且高效的工作氛围，营造出更舒适的工作环境；带动员工投入更多时间、精力和才能来促进企业的持续发展和成功。当企业以积极、高产出的核心团队成员来展示自己时，就能更好、更轻易地取得市场份额，并且与客户建立更持久的关系。

这种团队氛围使得团队成员能够更好地协同工作，从而提高创新能力、效率和成功率，增强企业的市场竞争力，吸引投资者的青睐，从而提高企业的融资成功率。

3. 有经验

企业经营是一种高风险活动，创始团队具备足够的经验和知识来应对各种挑战与风险是成功的基础。经验可以帮助核心团队更好地理解自己的行业和市场，了解竞争对手的优劣势，掌握市场趋势和消费者需求；有利于创业者制订更有效的商业计划和发展战略，熟悉企业的运营管理之道，掌握员工招聘、培训和激励的方法，有效地管理财务、营销和客户服务等各个方面的工作；在面对突发事件和市场波动时能够更加从容应对，更好地保持企业的稳定和持续发展。

具备企业运营经验的创始团队，可以更好地降低成本、优化流程，并有效地制定和执行企业战略目标，能够清晰地表达商业模式和价值主张，为投资人提供充分的信息和信心，从而提高成功融资的概率。

4. 够专业

正所谓"术业有专攻"，专业的事情让专业的人做，说明项目与专业人才的匹配程度越高，越容易获得成功。创始团队的成员是掌握企业核心技术的人群，他们对本职工作的专业度越高，越有利于项目的高质量发展。够专业的核心团队，懂得如何更好地规划、分工、管理和执行创业项目；可以吸引更多资深、高素质的人才加入，进一步提升团队的实力和创新能力；进而提高产品或服务的质量和竞争力，提升项目在市场上的地位和影响力；增强投资者对项目的信心，使其更愿意投资。

5. 会运营

企业运营包括产品运营、品牌运营、资本运营、机构运营等企业的各种活动，如生产、销售、市场营销、财务管理、人力资源管理、供应链管理等。企业运营的目标是以最大化效益为基础，在竞争中保持竞争力和可持续发展。

会运营的团队会不断了解和优化运营流程、提高员工工作效率以及掌握正确的时间管理技巧等，优化资源配置，提高企业效率和经济效益；了解市场趋势和消费者需求，灵活应对外部环境的变化，有效规范和控制，最大限度地降低企业风险，从而保证企业的稳定和可持续发展。

一位擅长产品运营的管理者，会不断拓宽市场视野、洞察市场数据和产品理解力，根据产品的不同生命周期进行市场调研、产品定位、营销策略、产品功能设计、用户体验、用户反馈、产品更新等工作。根据市场需求和用户反馈，对产品进行优化和改进，提高产品的竞争力和用户满意度，提高产品市场占有率和经济效益；同时，协调有关部门，进行迭代产品开发，确保企业可持续地占据竞争优势。

一位擅长品牌运营的管理者，可以通过一个单品作为支点，以其设计、功能、品质等特点和优势来吸引消费者，构建品牌口碑和认知，逐步呈现品牌形象，提高品牌知名度和声誉，不断推陈出新，满足消费者不断变化的需求，提升品牌的影响力，进而推动整个品牌的发展；更加懂得借助品牌效应打造新单品，通过舆论和营销手段打响品牌知名度和信任度，让新单品更容易被消费者接受和认同，进而丰富企业产品线，提高企业竞争力和经济效益。

一位懂资本运营的管理者，能够进行高效的资金规划、调配、利用和控制，保证企业资金在安全情况下更高周转率，产生最大化收益；同时，根据企业财务状况实时进行投融资运作，确保企业资金充盈率，让企业长期处在不缺钱的状态中；还会根据企业发展需要，不断倍增企业价值，打造赚钱且值钱的企业。

会运营的创始团队可以让投资人更放心，更愿意给企业投资。

6. 肯投入

创始团队的投入可以提高企业的风险防范重视度，可以提高团队精力的投入和热情，进而增强项目的执行力。比如，核心成员是否愿意投资企业，会直接影响金融机构和投资人对企业的信心。换位思考，很难想象一家连企业团队自己都不愿意自掏腰包投资的企业，会不会存在着什么不为人知的风险或者秘密。而且创始团队愿意投入金钱也意味着他们愿意投入更多时间和努力，意味着他们更愿意在项目中直接投入自己的资源，这将有助于降低项目的整体成本和提高成功可能性。

7. 有情怀

从某个角度来理解，人类是一种情感动物，有着特有的情怀，有情怀的团队更能激发用户共鸣、更易吸引人才，也可更有利于提升团队凝聚力。

有情怀的项目可让创始团队对项目充满热情和感情投入，更愿意持续不断地投入和创新，使得项目保持活力和持久的发展潜力，更容易取得成功。

有情怀的创始团队通常容易专注于企业的长远发展，会考虑更多的创新、技术和市场需求；更愿意主动践行社会责任，改善企业的形象，从而增强品牌美誉度；更能够传递出对于企业和产品的热情，让投资人感受到这是一个值得投资的项目。

8. 脚踏实地

"千里之行始于足下"，再远大的梦想，也要一步一个脚印去践行，所以创始团队脚踏实地相当重要。

脚踏实地的创始团队会在不断学习和进步中成长；会反思过去的经验和教训，总结出更有效的方法和策略，以实现更高的目标，一步一个脚印地向前推进；不会盲目追求高风险、高回报的项目，他们会根据自身实力和市场情况来制定合理的风险控制策略，并对可能的风险进行有效的预警。这样的创始团队往往具备较强的执行力、风险控制能力、财务管理能力和市场竞争力，这些特质也让企业更容易获得融资。

9. 虚心好学

虚心好学的创始团队，能够尊重他人的意见和建议，并与他人合作探讨，发扬团队精神，与他人分享自身经验和知识，互相促进积极向上的学习氛围，不断积累经验、开阔视野，看待问题更加全面、深入，也更客观。通过不断学习吸收新知识，能够提高创始团队成员自身的专业技能水平，有助于团队决策与创新，从而更好地完成团队任务。

虚心好学的创始团队能够从学习和探索中发现新的机会与创新点，为企业带来更多的竞争优势和商业价值，吸引更多的投资者。

10. 独当一面并能力互补

多个能独当一面的人才，在能力互补的组合下，能够发挥乘数效应。

创始团队的各个成员各自在负责的岗位上独立完成任务，不需要干涉和指导，可以大大提高工作效率和生产力。此外，独立解决问题的能力，在应对快速变化的环境和市场需求、创造创新性的解决方案、提高生产率、建立良好的工作关系等方面具有积极的作用。

而能力互补的团队共同作业，能够更高效地完成任务和达成目标。拥有不同专业技能的成员可以带来新的想法和创意，并且可以协同努力将想法转化成最终的成果；可以提高团队效率、创造新机遇和推动团队发展要素，使团队获得出乎意料的成果，从而可以吸引更多投资人，为企业创造更多融资机会。

（六）怎样激发员工的主动性

员工是企业的重要组成要素，激发员工主动性是企业经营中非常重要的一环，也是组建靠谱团队的重要一环。有主动性的员工能够更好地参与工作，能够主动寻找解决方案和提高工作效率的方法；会不断地积累工作经验，提升自我能力；能够加强自主性、创造力和动力，为企业创造价值，提高业绩。

1. 让员工成为企业的利益共同体

将员工的收益与企业收益进行正相关挂钩，让员工成为企业的利益共同体是提高企业绩效的关键所在。一个员工为企业着想并享受企业的发展红利，必然愿意为企业带来更大的投入和奉献。

（1）以合伙人机制管理团队

合伙人机制可以激活员工的主人翁精神，增强员工的归属感和忠诚度，是一种行之有效的管理方式。可以让员工将企业视为自己的事业，积极参与企业的经营和发展，从而推动企业的发展；鼓励员工参与企业目标和愿景的制定，让员工感到企业的未来与自己的未来紧密相连；让员工参与企业的职业发展规划，了解自己在组织中的角色；鼓励员工参与企业的决策，分享企业的利润和风险，与企业一起成长。

（2）以股权激励与团队绑定利益

股权激励是将员工和企业绑定为利益共同体的有效手段。在传统的企业管理中，股东是企业所有者，是雇主，企业的管理人员和技术人员受雇于所有者，两者的利益目标完全不一样。雇主注重企业的长远发展和投资收益，受雇者更关心的是在职期间的工作业绩和个人收益。由于利益着眼点不同、利益目标不同，给企业经营管理带来了很多耗费，如员工为个人利益而损害企业整体利益的行为时有发生。实施股权激励的结果是使企业的管理者和关键技术人员成为企业的股东，其个人利益与企业利益趋于一致，因此有效弱化了二者之间的矛盾，从而形成企业利益的共同体。

股权激励可以吸引和留住优秀员工，特别是高管和关键人才。可以让员工将企业的利益视为自己的利益，从而激发他们的积极性和创造性，更加努力地为企业工作，提高企业的竞争力和生产力。

2.建立多劳多得机制

多劳多得机制可以提升员工的积极性、主动性和贡献意识，使其得到公平公正感，消除不满情绪，加强企业与员工之间的和谐关系，减少员工的流失率，进而提高企业的业绩和生产效率。

多劳多得机制可以调动每个人的积极性，创造一种积极向上的团队文化，提高员工对于团队的认同感和凝聚力，有利于增强团队的竞争意识、提高团队整体绩效、建立积极的高黏度的团队文化。

多劳多得机制需要有明确的考核指标，包括工作质量、工作量、工作效率等，以确保绩效的客观性和可比性。奖励方式需透明、合理、可操作，需要考虑奖励的比例和奖励的级别，以保证奖励方式的公正性。从考核、审核、奖励到发放等全过程，需要设定明确的流程，确保制度可执行、可监督、可持续。

机制的落地需要全员告知，并教育员工理解奖励机制的作用和意义，以便大家更好地参与。机制的执行过程需要不断评估和优化，及时发现和完善机制上的缺陷，以确保机制可以高效、顺畅地执行。

3. 开放员工成长和晋升通道

虽然在公共文化层面不提倡个人过度追求名利，但是必要的个人成长和晋升机会还是要合理设置，以更高效地推动团队发挥最大化价值。要开放员工成长和晋升通道，为职场人提供学习与成长的机会和渠道，制定员工晋升机制，让优秀的人才有机会发光发热。

开放成长和晋升通道可以让员工感受到自己在组织中的重要性，激发员工工作的热情和积极性；提高员工的参与感和获得感，改善员工的满意度，增加员工的忠诚度和稳定性；可以激发员工的工作热情和创造力，从而提高企业的生产效率和组织效率。

（1）怎样制订员工成长计划

首先，与员工沟通，了解员工个人的职业规划、兴趣和意愿，了解其本人对企业的贡献和在企业内的发展潜力。其次，制定具体的职责和目标，包括工作内容、工作效果、绩效评估等。确定员工需要学习的知识、技能和经验，以及需要学习的时间和方式。最后，根据员工实际情况和需求，制订并实施学习计划、工作计划、辅导计划等，监测员工实际的成长情况和计划的进展情况，根据情况调整计划和目标。需要注意的是，企业管理者、部门经理、员工应共同参与，确保计划与企业的人才战略和战略目标相一致。

（2）怎样设定员工晋升通道

首先，根据企业战略、规划和目标，结合各部门任务和职责，制定员工晋升规则，设定标准、明确指标、建立考核评估系统、确定执行流程和细则。其次，为员工设立明确的晋升目标，并规定完成晋升所需的时间、能力和任务，随时向员工提供反馈和支持。同时，通过面试、工作表现评估、能力测试、全方位评估等方式，评估员工的能力和潜力，确定员工是否符合晋升条件。最后，为员工提供必要的培训和学习机会，在实现晋升目标的同时，不断增强员工的专业技能和知识；根据岗位所需的技能、能力、经验等，结合晋升等级和职责；

定期评估员工的职业发展和晋升计划，并针对员工表现，调整晋升策略和计划。

（七）怎样激活领导力和发挥团队力量

1. 发挥领导作用，引领全员参与

领导，不是一个岗位，不是一种权力，而是一种能力。能号召、影响、引领他人自主、自愿、积极地朝着一个方向，完成一个共同目标的人方可称为领导者。而运用自己的经验、智慧和知识，以及与员工相处的技巧，协调、指导、鼓励员工，为团队凝聚力和向心力的形成提供动力与方向，更好、更高效地完成任务的能力称为领导力。

俗话说："火车跑得快，全靠车头带。"领导者的角色就是团队的"车头"，就要发挥领导的作用。所谓领导，由"领"和"导"组成，两者意义深远。

（1）发挥领导"领"的作用

领导的"领"在企业中的作用是引领、领头、带领，通过感染力、号召力、影响力吸引团队追随自己干，起到为团队指明方向、不断前进的领头作用，让大家为企业作出贡献，最终完成既定目标和任务。领导者要发挥领头作用，亲自带头做事情，以榜样的力量来带领团队成员向着目标前进，以实际行动和言行来激励团队成员，建立信任和共识，使团队成员愿意追随领导者一起前进。这些就是领导者所需要发挥的领导作用。

（2）发挥领导"导"的作用

领导的"导"在企业中的作用是引导、辅导、督导。作为领导者，需要通过言传身教的方式，引导团队成员积极发展，激励团队成员以更高的标准要求自己，让他们对团队目标充满信心和动力；要通过交流、沟通、协商等多种方式，辅导和帮助团队成员认识到自己的优势和不足，弥补自己的短板，发挥自己的长处，从而让团队整体水平不断提高；要对团队进行监督和指导，确保团队在达成目标的过程中不偏离方向，保持团队的稳定性和可持续性。

（3）发挥领导的激励作用

领导还需发挥激励作用。通过激励，提高团队成员自觉性，提高团队成员对于任务的认同感，强化团队合作意识，促进团队的凝聚力，使团队更加紧密地协作，进而积极地投入工作中；提高团队士气，增加信心和动力，舒缓工作压力，减轻紧张感，激发个人潜力和发挥最大能力，激发成员更努力、更出色

地完成任务、达成目标。

2.树立团队标杆，发挥"头雁"效应

树立团队标杆，可以为团队成员提供一个目标，使得每个人都知道朝着什么方向努力；可以帮助团队成员形成共同的价值观和文化，这对于团队的凝聚力和协作能力起到重要作用；可以使团队成员更加注重细节，从而提高工作质量；可以激发团队成员的创造力和积极性，促使团队在工作中不断尝试和创新，从而更加出色地表现，有助于吸引更多的人才和客户，为团队的发展提供更多资源和支持。

标杆应该明确、具体、可量化，应该配置能够衡量目标的指标体系，应该设立相应的激励和奖励机制，以提高员工的工作热情和积极性，使得企业标杆的实现更加高效和可持续。

（1）树立标杆需注意的事项

首先，要选拔员工身边的人作为标杆。这更易于让员工对标杆的行为有所了解并认可，在有效缩小双方心理距离的同时，也会增强员工赶超标杆的信心。

其次，依据员工的长处设立标杆。管理者应将员工的闪光点设定为其他员工学习的榜样，如客户满意度最高、销售业绩最好、工作中很少出错等。

再次，标杆的行为基准不能设置得过高。若标杆员工的行为需要员工通过较长时间或需要很大努力才能做到，会使他们觉得想达到或超越目标是遥遥无期的，反倒会失去激励的作用。

最后，管理者要合理引导员工正确对待标杆员工。企业在号召员工向标杆员工学习时，要注意合理引导，让他们正确对待标杆员工的行为，学其长避其短，同时要防止他们机械地"死"学，使学习流于形式。

此外，要在企业内部对标杆员工的事迹进行广泛的宣传，供其他员工学习，否则就无法发挥榜样激人上进的作用。可以让标杆员工向其他员工介绍经验，或者进行相应的培训，这样不仅能让其他员工认可标杆员工的行为，更能给其他员工以良好的引导。对标杆员工的奖励不仅要有物质奖励，还应包括精神奖励，这样才能更有效地激励其他员工，使之为享受相同的待遇而更加努力地工作。

（2）头雁效应与团队管理

头雁效应是指雁群中领头飞的大雁凭借其担当、勇气和智慧克服一切困难和阻力，飞行在雁群前头发挥着带头作用，其他大雁则服从领导、分工协作、形成合力，进而形成大家目标一致地以最优化的飞行方式飞向目的地的效应。

领导者作为团队中的头雁，对于团队的组织、协调、激励、监管、评估等方面都有着重要的影响和作用。领导者应让自己的领导风格和行为符合团队的需求与文化，通过自身行为示范，树立榜样，鼓励团队，让整个团队更加紧密地团结在一起，充满热情和活力，为企业的发展和成长提供有力的支持与保障。

二、选择有前途的赛道

正所谓"选择大于努力"，一家企业所选择的赛道决定了它能做多大、赚多少钱、达成什么样的目标。选择有前途的赛道至关重要，这将决定企业的未来。

（一）什么是赛道

"赛道"这个概念源于赛事，在商业领域中，赛道通常是指某个特定的市场或产业领域。这个市场和产业领域通常是由类似的企业、产品和服务所组成，它们的竞争可能激烈或者相对轻松。例如，电动汽车市场、在线旅游市场、健身产业等，都是赛道。对于一家创业企业来说，选择一个有前途的创业赛道，意味着有更大的商业机会和发展潜力。

不同的创业赛道具有不同的创新方向和市场需求。比如，互联网创业赛道，一般是指通过互联网技术和商业模式解决人们生产生活中的实际问题并获得高速增长和高利润的领域，包括社交、搜索、电子商务、在线视频、内容分发、移动支付等。互联网创业者需要通过不断地创新和探索，不断开辟新的商业机会和市场。

（二）赛道对企业的影响

对一家企业而言，赛道代表的是市场和未来，包含了目前的市场规模和需求，也包含了未来的发展潜力和可能趋势。选择合适的赛道，可以让企业拥有更广阔的发展空间。若企业能够找到一些未被发现、未被满足的消费者需求或痛点，就有机会在这个领域中迅速建立起强大的品牌和庞大的用户群体，进而赢得用户和利润。

投资界有个说法："赛道不对，努力白费；赛道选对，猪都能飞。"足以看出投资人对于赛道的重视程度。因为不同的商业赛道具有不同的市场前景、发展潜力和投资回报率。如果创业者能够正确地选择商业赛道，他们就能够更高效地发挥资源优势，快速形成市场竞争力，并获得无限发展的可能。

试想一下，一场汽车比赛有两条赛道：一条赛道是泥泞坑洼的山路，另一条赛道是平坦硬化的水泥路。再好的汽车、再好的车手，开在到处是泥泞坑洼的赛道上也很难取胜；而就算汽车一般、车手一般，开在平坦硬化的水泥赛道上，赢得比赛的可能性也会大大提高。做企业亦是如此，就算有再好的团队、再多的资金，在错误的行业或者已经进入市场淘汰阶段的业务板块发展，结果可想而知。比如，当下已经是移动互联网时代，企业团队再优秀、资本再雄厚，这个阶段若仍选择在 PC（Personal Computer，个人电脑）端门户网站板块发展，结果也必然以失败告终。

这就是赛道的重要性，毫不夸张地讲，赛道就是企业的命，一开始就注定了结果。

（三）有前途的赛道应具备哪些特征

首先，好赛道必须具备庞大的市场基础，具备刚性需求特征，存在真实的痛点，有足够的潜在客户，且其需求尚未被满足。

其次，好赛道应该是可持续发展的，能够在较长时间内持续增长，不会轻易供大于求。技术拥有巨大的拓展空间，创新发挥不存在制约，可以无限迭代满足市场不同阶段的需求。

再次，也是最重要的特征，即好赛道上的技术或产品可以规模化、规范化、流程化生产。再好的技术或产品，如果不能批量生产，就会在市场教育成熟后断供，而断供带来的后果是模仿者和替代品的见缝插针，这种损失不可谓不致命。20 世纪 90 年代，某汽水饮料风靡全国，营销做得非常成功，简直家喻户晓，但由于生产能力没跟上，导致长时间断货，消费者想买却买不到，其结果就是替代品乘虚而入。果不其然，等该饮料的产量跟上时，市场已被几大国际饮料巨头瓜分得所剩无几，该饮料自此一蹶不振，产品被消费者忘于江湖。

最后，好赛道应该具有较高的技术壁垒，不会轻易地被模仿和超越，市场竞争度相对较低，还没有寡头出现，定价主动权较大，更容易创造高回报，而且盈利模式简单、现金流稳定、综合成本低、产品价值高，有利于持续发展。

比如，第三代互联网 Web3.0，将进一步推动互联网的去中心化趋势，用户拥有的数据控制权和隐私保护能力更强。Web3.0 有望为分布式计算和存储提供更为完善的技术支撑，提高数据处理和存储的效率；有望将虚拟现实技术和增强现实技术与区块链技术相结合，为用户带来更加沉浸式的体验；或将推动智能合约技术的普及和应用，如基于智能合约实现的供应链金融系统，可以让供应商和贸易商在不需要传统中心化机构介入的情况下完成交易和结算。通过去中心化的用户数据存储和共享，推动更为个性化的数据应用和服务。在Web3.0 和虚拟与现实技术相结合下，可以创造出更多可能，在各个领域诞生全新的生态和需求。

比如，清洁能源赛道，继太阳能光伏技术之后，核能及氢能的商用化乃至民用化，将具有足够大的想象空间和发展空间。以可控核聚变为例，它在燃料利用率、能量产出、废物产生等方面都具有其他能源方式无可比拟的优势。尽管核聚变技术的商用化发展以及可持续性仍有诸多技术难题有待攻克，但是被掌握并运用于商业和民用是必然趋势，因为这项技术可以解决或将枯竭的石油资源和煤炭资源。目前，部分国家和企业已经开始投资研发核聚变技术，并计划在未来数十年内实现商业化运营。商业化操作的成功会带来更多商业机会，并为人类提供更为清洁和可持续的能源。商业化的核聚变技术可以在许多领域应用，包括电力供应，天然气替代品，海上、船运和航空燃料以及农业和化学工业，市场空间无限广阔。

比如，正在趋于成熟的 AI 技术，在未来的几年乃至几十年，仍然具有足够的想象空间。未来，智能机器人必然成为商品生产劳动力的重要替代。随着AI 技术越来越成熟，机器人会越来越灵活，智能和适应性会更好，可以在许多不同的领域进行工作，如自动驾驶汽车、无人飞行器、AI 生活助手、AI 医生等，从医疗到建筑，甚至覆盖生活的方方面面。AI 技术将对未来的工作方式、生活方式和社会结构带来全面的变革，同时也带来了无限的发展和想象空间。

再如，随着 AI 技术和生命科学的成熟，AI 与人脑结合，人机融合技术的可塑性和未来想象空间也蕴藏着无限可能。人机融合可以解决脑瘫、肢体缺陷、器官缺陷等困扰人类健康的诸多问题，具有非常大的开发价值和市场空间。

三、打造具有竞争力的产品

产品竞争力是产品在市场上的销售能力、品质、服务、价格等多方面的优势。企业通过提高产品竞争力，增加自身在市场竞争中的优势，进而提高市场占有率，获得更多的收益和利润。因此，产品竞争力成为企业融资投资人的重点考核项，也就是说，提高产品竞争力，就是提升企业融资力。

（一）产品竞争力对企业的影响

产品竞争力是企业成功和生存的支柱。提高产品竞争力，意味着使产品更具吸引力、更有价值、更能满足用户需求。提高产品竞争力是企业可持续发展的必要举措。一个具有竞争力的产品，能够提高企业的市场地位，改善企业的品牌形象，为其带来更多的市场份额和利润。有好的产品，才有市场的需求，甚至引领市场的发展方向，进而带动企业的发展。

1. 产品竞争力对市场的影响

企业开拓市场，需要通过产品去征服用户，只有拥有庞大的用户基础，才能构筑起强大的商业帝国。产品就是企业和品牌触达用户、吸引用户、征服用户的工具，也是企业"打倒"对手的有效武器。

提高产品竞争力可以吸引更多的用户，提高产品销量，扩大市场份额。通过提供比竞争对手更好的产品、更优质的服务以及更具有吸引力的价格，企业可以占据更大的市场。拥有竞争力强的产品，可以让消费者更忠诚于品牌，甚至依赖品牌，成为品牌的忠实粉丝，并形成更好的口碑，提高企业的品牌知名度和美誉度，为拓展新市场和推出新产品奠定基础。

提高产品竞争力还可以激发企业创新的潜力。不断的技术研发和改进，可以让企业推更多的新型优秀产品，满足市场上不断变化的需求。随着企业在技术和研发方面的投入，企业也将更有可能在市场上立足并获得优势地位。

小米公司是通过提高产品竞争力赢得巨大市场的典型案例。小米作为手机品牌的后起之秀，凭借极致的设计、强大的科技、显著的价格优势形成的综合产品竞争力，迅速赢得了相关市场，成功打响了品牌。

2. 产品竞争力对团队的影响

如果企业具有强大的产品竞争力，便能够在竞争激烈的市场中保持长期的优势地位，对于市场团队而言，将更容易推销产品、增加销售额，应对市场变化时拥有更多时间和主动性，还能提高团队自信心和业绩收入。

对于营销团队而言，拥有具有竞争力的产品可以降低营销难度和营销成本，降低消费者购买决策的时间，从而提高营销转化率。

由于产品良好的市场表现，有助于激励技术团队进行创新研究和新品开发，以便不断推出更多、更具竞争力的产品。

对于企业投资人而言，产品具有竞争力，意味着可以更低成本拥有更大的市场，进而创造更大的现金流、更多的经营收入和更大的利润。

（二）什么样的产品具有竞争力

有竞争力的产品需要建立在科学的品牌定位、可靠的品质、创新的技术、庞大的市场需求基础、优质的服务和具有诱惑力的价格前提下。推出的新产品、新功能、新设计，要具有先进的技术和创新元素，并配备完善的售前咨询、售中服务和售后维护，让用户放心购买和使用，同时，能够持续提供稳定的性能和优质的使用体验，满足消费者的需求。具有竞争力的产品通常具有以下特点。

1. 受众广

产品的受众规模决定产品的成败，受众越广、规模越大，成功机会越大。受众广的产品意味着潜在市场规模较大，能够吸引更广泛的用户群体，进而提高产品的市场份额和覆盖面。

我们生活中，不乏受众广的产品，如食品和饮料、手机和电脑、衣服和鞋帽、生活日用品、家居用品等。因为这些与人们的衣食住行紧密相连，它们能满足人们最基本的需求。

那么，你的产品怎样创造这种需求？受众广的产品具有哪些特点？它对融资又有何影响？

（1）受众广的产品具备的特点

受众广的产品一般是以人们日常生活的基本需求为出发点，进而满足人们提升生活品质的需求，以及满足人们生活便利、健康、快乐、富足等需求。

所以，受众广的产品可以是能解决用户衣食住行相关基本需求的产品；也可以是具有功能通用性和功能多样性的产品，如具有多种不同功能和用途的手机、电脑、汽车等，能满足不同用户的不同需求和喜好；还可以是具有较强刚需度的产品，如生病了得吃的药、渴了要喝的水、困了要休息的床等。

另外，这些类型的产品应该设计简单、使用方便，能够让用户快速上手；价格最好也要亲民，在能够满足用户需求的同时，价格不能过于昂贵，用户能无压力购买，否则再好的产品，价格过高，绝大部分人会购买不起或者不舍得买；产品得具备较好的用户体验，让用户感到使用起来非常舒适和愉悦，从而获得更多用户的认同和支持；产品应该具备良好的安全保障措施，保证用户使用起来安全且没有潜在隐患。

（2）受众广的产品对融资的影响

产品受众广意味着可能销量巨大，销量大等同于现金流量大、营业收入多和利润增加。对于生产企业而言，销量大可以带动大规模生产，而规模化生产则可以降低生产成本。

同时，受众广泛的产品，品牌能够触达更多用户，有机会获得更多认可并产生市场影响力，从而提高品牌的知名度。

另外，由于面向广大用户群体，产品有更大的成长空间，常常可以衍生出更多的产品和服务，市场波动性更小，经济效益更长远。拥有这样的产品，更容易吸引投资人，企业融资变得更容易。

当然，产品受众广不等于没有技术含量。要想获得更多、更好的融资机会，产品还需要具有一定的技术壁垒，具有一定的独特性和不可替代性，才可能赢得更大的市场，获得更多投资人的青睐。

例如，抖音及其海外版 TikTok 是一款广受用户欢迎的短视频社交应用，由于其独特的推荐算法和良好的用户体验，以及简单易用、普适性高，满足了人们碎片化时间的娱乐需求，快速房获了大量的用户，进而吸引了众多投资人的关注。截至 2023 年 12 月，其估值高达 2680 亿美元，折合人民币约 1.92 万亿元，先后获得了数百亿美元的融资。

2. 刚需度高

产品的刚需度越高，越能吸引和留住用户，产品的生命周期也将更长。刚需度高意味着产品拥有稳定的市场，是销售的必要基础。在实操中可以发现，产品刚需度越高，用户购买意愿就越强。

（1）刚需度高的产品具备的特点

刚需度高的产品，应该具备实用性强、市场需求量大、品牌忠诚度高等特点。这些特点使得产品不仅具有很高的销售量和稳定的市场份额，同时还能够为企业带来更加稳定和持久的收益。

首先，刚需度高的产品应该具有"必需品"的特征，最好是人们日常生活必不可少的物品，如食品、医疗用品、基本日用品等，每个人都需要购买和使用。

其次，实用性强是支撑刚需度的重要特性。产品应该具有很强的实用性，能够解决人们在生活中遇到的痛点问题，如面包可以解决人们的饥饿问题，手机可以解决人们的通信问题等。

最后，价格稳定和价格亲民是维持产品刚需度的一个重要因素。产品的市场需求量应当比较大且需求稳定，市场份额也相对稳定，不容易受到新产品的挑战。

（2）刚需度高的产品对融资的影响

刚需度高的产品一般具有更为稳定的市场和用户群体，并且有长期的成长潜力，容易成为市场上主导地位的产品。对于银行或其他金融机构而言，产品刚需度高可以提高企业偿债能力和收益能力，减少融资风险。这样的企业对于其他投资者而言，更具有投资价值，所以更愿意参与投资。

（3）如何塑造产品刚需度

从严格意义上讲，刚需应该是某个物种生存不能或缺的某种需求，是一种天生必要的需求。比如，人类生存不能没有空气，鱼儿生存不能没有水等，空气是人类不可或缺的刚需品，水是鱼儿不可或缺的刚需品。如是种种。

但刚需也是可以被塑造的。要塑造产品的刚需度，必须为产品设计一种不能被替代、符合用户现实需求、在用户心中构成不可或缺的理由和应用场景，创造出用户对产品产生无法割舍的依赖和追求。

首先，找准目标用户。通过市场调研、用户调查等方式了解目标用户的需求，了解他们的生活、工作和消费习惯，发现和挖掘用户痛点，量化问题规模，以解决用户痛点为出发点来设计产品，提供切实有效、能解决问题和满足需求的产品。

其次,进行战略规划。围绕产品进行功能定位、品类定位、市场定位、渠道定位、营销定位、价值定位等,并塑造产品的独特性、唯一性、必要性,为用户设定应用场景、应用氛围、用户故事、产品故事、购买理由等,进而为产品奠定刚需基础。

最后,通过高效的传播方式将产品信息有效触达目标用户,持续不断地营销推广,不断巩固用户对产品必要性的认知和认可,形成普遍共识,最终让用户将产品认定为不可或缺的必需品,实现产品刚需度的塑造。

3. 有成本优势

成本优势是指企业生产并并销售某种产品或提供某种服务时,相对于竞争对手成本更低,从而能够提供更高性价比的产品或服务。成本优势源自更低价格获取优质原材料、更高效的生产流程、更好的技术创新优势、更大的规模效应等。拥有成本优势可以使企业在市场上更具竞争力,从而获得更高的市场份额和利润。

（1）保持成本优势的重要性

随着产品同质化越来越严重,市场竞争变得越来越激烈,产品价格变成影响大部分用户决定是否购买某产品或服务的重要因素。因此,形成了"有价格优势者有竞争优势"的势态,而产品价格优势源于成本优势,换言之,"有成本优势者有竞争优势"才更精准。

成本是企业经营必然存在的要素,成本优势可以帮助企业在同等质量的情况下降低价格,与竞争对手形成价格优势,从而获得更多的市场份额。或者,在同等质量、同等价格的情况下,可以为企业创造更高的利润率,增强企业的盈利能力。也就是说,产品有成本优势时,在销售价格不变的情况下,产品利润更丰厚;而如果与竞品抢占市场,则可以更低的价格销售产品,增加市场份额和竞争力。

成本优势不仅可帮助企业在市场上获得更高的市场份额、盈利能力,还有助于企业拥有资本用于创新研发,保持领先地位和进一步扩大业务。因此,企业应该重视成本管理,并寻求降低成本的各种可能途径,以保持竞争优势。

小米手机的成功就归功于成本优势。2010年,我国手机市场已经品牌林立,小米在竞争白热化的环境下诞生,从零开始凭借极具竞争力的性价比,仅用不到2年的时间就赢得大批用户,迅速成为跻身我国销量前三的国产手机品牌。凭借其高性价比和良好的口碑，在印度、东南亚、欧洲等国家和地区也取得了不错的成绩，并与当地运营商和渠道合作，提升了品牌知名度和用户忠诚度。

（2）降低成本的办法

随着市场竞争的加剧和经济环境的不断变化，降低成本已成为企业一种重要的竞争策略。降低成本不仅可以提高企业的盈利能力，而且可以在价格竞争中获得更大的优势，从而能够有效地增强市场竞争力。

在企业经营中，人力资源成本是企业最大的支出之一，通过降低人力成本，企业可以大幅度降低产品成本。比如，一些简单且烦琐、重复、可能威胁员工安全的工作可安排自动化设备代替人工完成，通过减少人工来降低生产成本。

采购成本也是企业的重要成本之一。在寻找供应商的过程中，企业应与供应商建立良好的关系，在确保质量和优质服务的前提下争取更大的议价空间，确保降低采购成本。同时，适当调整采购策略，如采取集中采购、联合采购等方式降低采购成本。

与此同时，还应加强成本控制，针对各环节产生的成本，进行科学、合理的核算，尤其对经常性支出进行细化，充分优化和降低中间环节成本。比如，对人员、设备、原材料、运输等成本加以控制；结合企业自身情况，适当推进资源共享，如设备共享、人力共享、技术共享等，实现成本最优化。

在能耗方面，尽可能提高设施能效，优化设备结构，引入清洁能源，从而减少能源消耗和维护成本。在节能降耗的同时，为环保作出贡献。

4.卖相好

俗话说"人靠衣装，马靠鞍"，卖相，是决定产品销售数量的重要因素，卖相好的产品对销售更有利，卖相差的产品自然会影响销售。产品本身就算受众广、刚需度高、有成本优势，如果没有好的卖相，其销量依然要大打折扣。

（1）卖相好的产品具备的特点

卖相好的产品，应该外观设计精美、整体造型美观，符合用户的审美和需求，给人的第一感觉应当赏心悦目，如精致、简洁、惊艳等，即在符合企业品牌定位的前提下，符合目标受众群体的审美标准。

在色彩方面，颜色应搭配合理，吸引人眼球，与产品特性完美融合。另外，还应有好的质感。手感、气味、形态、材料及制造工艺等都能得到用户的认可，整体感官容易引起用户的购买欲望。

（2）卖相好的产品对企业融资的影响

卖相好的产品能够体现企业的实力和经营水平，有利于提升企业品牌知名度和市场占有率，提高企业的市场地位和竞争力，增加用户对企业的信任和好评，使企业更具吸引力和投资价值，从而为企业融资创造更有利的环境。

互联网眼镜公司 Warby Parker 主要为消费者提供优质镜框和镜片，简约、时尚、偏复古的产品设计和精致的包装，为其赢得了大量的年轻用户，迅速形成了品牌声誉，进而吸引到了一大批投资人，先后获得了数亿美元股权投资，最终以 60 亿美元市值在纽交所上市 IPO，首次募资 3.1 亿美元，为企业进一步拓展产品线和市场份额提供了源源不断的资金支持。

（3）如何提升产品卖相

在现代商业竞争中，产品卖相已经成为影响产品销售成交率的关键要素。当同类产品的价格、功能、质量相当时，产品的卖相就会成为用户购买与否的决策要因。因此，优化产品卖相是吸引潜在用户和提高产品销售量的重要举措。

那么，如何提升产品卖相呢？

一是，选择优秀的设计师。产品是设计出来的，产品卖相也是设计出来的。而设计师的水平、品位、艺术修养决定了产品卖相的好或差。因此，要提升产品卖相，关键是要找到优秀的设计师，一流的设计师往往能设计出一流卖相的产品。

二是，使用高质量的原材料。卖相好的产品，离不开优秀的设计师，同样离不开高质量的原材料。原材料是呈现产品卖相的载体，同样的设计、不同质量的原材料制造出来的产品，卖相和质感存在天壤之别。因此，要打造卖相好的产品，必须使用高质量的原材料。

三是，用先进设备生产。正所谓"好马配好鞍"，好的设计、好的原材料，一定要用先进的设备才能制造出更具品质感的产品。所以，如果自身的生产条件有限，宁可寻求外包生产也不要勉强应付，否则效果必定大打折扣。一个好的产品卖相，比一百个营销策略更重要。卖相不好，就算投入巨额广告，也会收效甚微。但是，一款能让用户尖叫的产品，就算没有太多钱投入广告，用户也会自动、自主免费宣传，口口相传形成良好口碑和知名度，销量自然不会太差。

四是，强化产品包装。产品包装在吸引用户注意力和助力其购买决策上具有很大的促进作用。好的产品要搭配吸引人的包装，才能够吸引更多的目标用户群。除了外观设计精美外，产品包装还应考虑操作方便和容量合理，尤其要考虑方便购买和携带。好的包装，可以起到锦上添花的作用。

5.科技感强

科技感，是一种主观感知，产品可以通过美学原理和先进技术将产品的外观、功能、操作方式、场景效果、应用体验等呈现产品的科技感。用户通过视觉、听觉、触觉等感知系统，感受到的产品技术先进性、独特性和未来感，这种感觉就是产品的科技感，科技感越强，惊艳感则越强。产品的科技感还源于产品自身的技术水平，如产品能做什么、有哪些让人未曾见过或用过的功能、能怎样改善生活品质等。科技感强的产品能够吸引用户的注意力，促进用户购买欲望，从而提高产品的市场竞争力。

（1）科技感强的产品具备的特点

具有科技感的产品的外在感觉通常呈现现代感、超前感、未来感，能够刷新人们的认知和审美。它们一般给人很前卫的感觉，能够迅速吸引人的眼球，给人耳目一新的惊艳感受。

同时，科技感强的产品，还会给人在使用上感觉到高级、先进、优质、简约、高效、轻便等良好体验。

科技感强的产品，通常在其外观的造型、色彩、材料质量等方面就能给用户直观的感受。通过产品的智能化、自动化、智慧化等功能应用效果，让用户享受到前所未有的体验。

总之，科技感强的产品是一种极富现代化、先进性，以及未来感的聚合体，能够通过外观、功能、用户体验等方式，给人感受到强烈冲击力。

（2）科技感强的产品对企业融资的影响

科技感强的产品仅在外观和功能上就能够引起用户的兴趣和好奇心，让人禁不住想了解和体验产品，产生购买欲望，有助于企业快速打开市场和提高销售量。

科技感强的产品比较容易获得用户的关注和好评，获得更多免费曝光机会和引发社交舆论热度，从而提升品牌的知名度和口碑。

另外，科技感强的产品会给人带来高端、大气、上档次的感觉，这种高级感有利于企业以更高的价格销售产品，获得更高的利润，进而拥有更多资金投入产品迭代升级和新产品的研发，为企业可持续发展奠定扎实基础，能够直接提高企业的融资力。

（3）科技感具有很强的时效性

随着技术不断推陈出新，再先进的技术也会被更新的技术替代。如果不能持续技术创新，跟上时代的脚步，原有产品的科技感很快就会被更高级的技术产品取代。比如，20 世纪 90 年代的传呼机（Beeper，又称为 BP 机）提高了通信效率，在当时显得很有科技感；随着手机技术的成熟和普及，具有即时通话功能的手机变成了更具科技感的产品，BP 机渐渐被手机取代；再后来，有人将电脑、摄像机、App 应用生态、触屏控制系统等融入手机，新诞生的智能手机变成了更具科技感的产品，原来最具科技感的第一代手机则渐渐被用户遗忘，取而代之的是智能手机。

所以，科技感具有很强的时效性。因为科技发展日新月异，特别是人工智能、物联网、区块链等新兴技术的出现，让人们对科技感的定义和期待不断刷新。如果企业不能持续投入创新研发，产品不能及时迭代更新，原有产品的科技感很快就会因为新的更具科技感的产品诞生而失去光芒。由于用户"喜新厌旧"的天性，落后的产品会很快被淘汰。

（4）怎样提高产品的科技感

提高产品科技感的具体办法有很多，包括技术领域的创新和优化、外观和用户体验方面的改进。通过洞察用户预期，不断技术创新、实现科技突破，引领消费时尚，在用户信任和市场认可中创造新鲜感和科技感。

提高产品的科技感需要突破传统的设计和使用方式，为用户创造全新的体验和感受，如融入人工智能、物联网、区块链、元宇宙等先进技术；选择高档材料和先进技术工艺，打造产品的高端感和品质感；全方位优化用户体验，让产品更加智能化，更具人性化，更高效、便捷等。

6. 高重复消费率

提高产品重复消费率，是形成用户黏性、增加用户忠诚度、提升产品销售量的重要举措。它能确保企业在未来一段时间内不断从重复消费中获得利润，进而提高企业的收益稳定性，降低营销成本，并有助于培养品牌信任度和依赖度。

（1）高重复消费率的产品类别

理论上，任何产品都具有重复消费的可能。但是，有些产品由于比较耐用，其重复消费率并不高，比如一把好的菜刀，也许使用数年都无须更换。而有的产品由于消耗量较大，所以重复消费的频率会很高，比如一支牙膏，也许能使用三两个月，甚至更短时间就用完了，所以需要重复购买。

那么，重复消费率高的产品都有哪些呢？

一是必需品。必需品是生活中必须购买或使用的物品或服务，人们在日常生活中不可或缺或不能减少的物品或服务，如食品、水、电、燃料、交通工具、住房、医疗保健等。这些物品或服务是人们维持正常生活的基本需求。一般情况下，生活必需品的重复消费率会比较高，因为生活中需要不断使用，要么用完了，要么坏掉了，要么超过使用期了，种种原因都会导致重复消费。所以属于高重复消费率的商品。

二是消耗品。消耗品是生活工作中不可或缺，且使用后就会被消耗或减损的办公用品、日常用品、化妆用品、家居用品等，比如工作办公用到的纸张、墨水，生活居家用到的洗衣液、沐浴露、牙膏、洗洁精，汽车出行用到的汽油等。消耗品通常需要频繁更换或补充。消耗品的类型和品类繁多，不同的人有不同需求，需要用到的消耗品也有所不同。

三是易损品。易损品一般是指具有脆弱性或容易因使用而受损害的商品，如生活中经常接触的玻璃制品、陶瓷制品、电子产品等，其主要特点是容易碎裂、破损、变形、失效或者腐烂等，通常需要非常精细的管理和保护。还有企业在生产制造过程中，容易受到损坏的原材料、半成品或者成品，如电子元器件、玻璃配件、机床配件等。易损品在加工、运输、储藏、使用过程中容易发生损坏、缺陷、变形等问题，因此引发重复消费。

四是一次性用品。所谓一次性用品，就是指使用一次之后就不适合再次重复使用的产品，如生活中常见的一次性餐具、一次性杯子、一次性手套、一次性面罩、一次性口罩等，都是重复消费率很高的商品。如在精密制造业、食品生产业、医疗工作、实验室作业、化学危险品作业中使用的手套、口罩、帽子、防护服等一般要求只能使用一次必须销毁。因此，一次性用品也属于高重复消费率产品。

五是有保质期的产品。保质期是指产品在正常储存、运输、销售条件下保持品质和功能的期限。一般情况下，食品、药品、化妆品、日化用品等都会有保质期。产品的保质期主要根据产品的生产工艺、成分、包装、储存条件等因素确定。保质期的设定是为了确保用户在使用产品时能够获得安全、优质的体验，同时也防止过期产品对人体造成危害。过期产品应该及时处理掉，以免造成没必要的伤害或损失。因此，保质期决定了这类产品重复消费的可能。

（2）高重复消费率的产品对企业融资的影响

企业开发和推广高重复消费率的产品是非常重要的业务发展策略，它能够增加企业的收入和现金流，提高企业的估值和信誉度，同时也能够为企业带来更优秀的融资条件和更稳健的增长。

高重复消费率意味着企业拥有一定的客户黏性和忠诚度，能够产生可靠且稳定的收入流，对企业的现金流具有积极的影响。有了投资人稳定且可靠的现金流，有利于企业扩张业务和创新研发，较好地建立客户口碑和品牌形象，让投资人更加信任企业，从而更愿意为企业提供融资支持。

四、构建庞大的粉丝群

古代君王有"得民心者得天下"之说，而在移动互联网时代的企业则是"得用户者得天下"，无论你在什么行业、做什么生意，粉丝就是企业的生命元素，缺乏生命元素的企业也必将没有前途。而粉丝作为用户群体中更具忠诚度的部分，是企业提高股权融资力的重要助力。

（一）构建粉丝群的重要性

在当今商业竞争激烈的市场中，企业要想获得成功，需要有足够的知名度和影响力。而构建庞大的粉丝群正是增加企业知名度和影响力的利器之一。拥有足够多的忠实粉丝能够有效地提高企业知名度和品牌影响力，粉丝会在社交网络中进行宣传和分享，从而带来更多的流量。因此，构建庞大的粉丝群是企业商业成功的必要工作，也是提升股权融资力的重要手段。

在此以小米手机的成功案例来讨论构建粉丝群的重要性。毫不夸张地讲，没有粉丝就没有小米手机的今天。小米公司在发展初期，一面研发产品，一面拓展培育粉丝基础，通过微博、论坛、线下活动等打通与粉丝互动的通道，构建了一个庞大的粉丝群，粉丝们一直积极参与并支持着小米公司的发展。他们在社交媒体上无偿分享关于小米手机的内容、文章和评价。这些粉丝还会在产品推出时参加抢购或预购，为小米手机提供持续的销售和流量支持。这种强烈的社区感是小米公司能够在激烈的市场竞争中获得胜利的关键之一。小米公司通过建立与粉丝的密切关系，不断收集用户的反馈和意见，从而开发出更具市场竞争力的产品和服务。小米手机具有多种类型和价格，以满足不同需求的用户，而这种多样化的选择是基于小米公司对粉丝的深入了解和来自粉丝的反馈。同时，小米公司通过开展一些互动活动，引导粉丝参与设计和决策，从而提高他们的参与感和忠诚度。小米公司一直依靠和鼓励社区参与、开放与共享来获得更多的忠诚度及口碑，这使得其不断探索寻找新的发展机遇，增强其适应和应对复杂多变的市场的能力，进而赢得市场优势。所以，没有庞大的粉丝群作为基础，小米公司进一步发展无疑会很困难，其竞争力和品牌知名度都将受到影响。

（二）构建粉丝群的三部曲

构建粉丝群不但有利于产品销售，有助于新产品创新研发，新产品推上市场时还可以减少营销成本，提高销售量。通过社交媒体等渠道建立粉丝群，积极参与和回应粉丝的评论、留言等交流，可以加强品牌和粉丝之间的互动，从而改善品牌形象，提高品牌知名度和用户黏性。与粉丝互动的过程，就是吸引潜在用户的过程，这是最好的口碑传播。

如何构建企业粉丝群呢？资金实力强的企业的方法是"营销，卖货，聚粉"，资金实力较弱的企业则可以采取"聚粉，卖货，聚粉"的方式。

1. 营销 / 聚粉

要开启粉丝营销模式，聚粉是最为重要的一个环节，资金实力强的企业可以通过铺天盖地的广告来影响目标用户，进而使其成为粉丝，资金实力较弱的则只能冷启动。

首先，要选择一个最适合构建粉丝群的社交平台，比如过去10年最主要的聚粉阵地是微博和公众号，后来出现了抖音和快手等短视频平台。大量"草根"通过输出符合用户偏好的内容，迅速聚集了大量粉丝，最终通过平台的变现通道实现盈利。

选择聚粉平台的原则很简单——"用户在哪里，机会就在哪里"，所以当你的企业开始启动粉丝营销模式时，启动聚粉的第一步就是筛选出一个用户量大的平台，作为构建粉丝群的主要阵营。

其次，在确定了搭建粉丝群的平台后，企业需要做的便是围绕本企业的产品特点和文化定位，以平台用户喜欢的方式输出内容，通过内容去聚集企业需要的粉丝。

2. 卖货

卖货，是企业营销/聚粉的终极目的，一个不会为你买单的粉丝也不会忠于你。所以，拥有一定的粉丝量后，一定要逐渐发动粉丝效应销售产品，用能让粉丝尖叫的产品和服务，让粉丝心甘情愿成为稳定用户，进而成为铁杆粉丝。

值得注意的是，粗制滥造、品质低劣、服务不到位的产品不适合粉丝营销模式，否则在粉丝效应的作用下，会加速企业走向失败。也就是说，物美价廉永远是赢得粉丝欢心的不二法门，只有品质优良、价格出乎意料地亲民，才能够在粉丝池中呈现乘数效应地爆火。

3. 聚粉

第一次聚粉，聚的是种子用户，那是 $1 \times N$ 的聚粉速度，1 是产品本身，N 是粉丝。经产品投喂，第一批粉丝通过产品体验后开始口碑传播，进而出现几何级增速的粉丝乘数效应。

所以，企业一定要做好充足的准备，确保粉丝量增长后能够一如既往地提供优质产品和服务。更为重要的是，要保持互动，让粉丝找到参与感，并且适当投喂产品，这是将粉丝变成稳定用户，再将稳定用户变成骨灰级用户的核心工作。

五、科学设计股权架构

股权融资必然会摊薄原有股东的股权比例，也就是说会削弱控股股东的控制权，所以在启动股权融资之前，甚至在创业之初，就需要设计好股权架构，确保股权融资之后依然可控。

（一）股权架构对企业的影响

股权架构是指企业股东之间股权分配和管理的方式及机制。股权架构关系到企业的治理结构，如股东会、董事会、监事会的成员和权力分配，对企业的经营决策、财务管理、风险控制等方面产生直接影响。

股东对企业战略的决策和执行具有决定性的影响力，股权架构必须根据企业的经营目标和发展战略来设计。不同股东持有的股份比例不同，对企业经营风险的分担也不同，合理分配风险和利益是股权架构设计的基础，比如合理设置股东之间的权益共享、分红机制和股东退出机制，进而增强企业稳定性和发展能力。

一个优秀的股权架构有助于提升企业价值。如果股东权益结构设计得当，股东对企业的经营声誉、初创期和成长期形成有力支持，都会直接或者间接地提高企业的价值。

总之，股权架构不仅关系到企业治理结构和长期发展战略，还关乎股东之间的权益关系、经营风险控制、股东退出机制和企业价值等。企业需要根据自身情况、阶段性计划和未来发展计划来设计股权架构，以最大限度地保障股东的权益和企业的可持续发展。

从大量案例中可以总结出，股权架构设置的合理性会直接影响企业的成败。某企业因股权架构设置上的缺陷，导致股东控制权争斗，最终以其中一方锒铛入狱暂告一段落。其失败的教训值得让所有企业警醒。

（二）股权架构对企业融资的影响

股权架构对企业融资有着直接的影响，因为股权架构会影响企业的投资人选择、融资方式、融资条件以及未来的发展。因此，设计一个投资人喜欢且有利于本企业发展的股权架构对企业而言相当重要。

在股权融资中，对于权益类投资人，如天使投资、风险投资、私募股权投资等一般会要求有一定的表决权、优先认股权等条款，以保障自身的权益。如果企业的股东关系较为复杂，投资人则可能会考虑附带条件投资，如加入股东会、董事会等重要决策层或者是与其他大股东合作达成协议。在债务融资中，股权结构也可能会影响到贷款方对企业的借款决策，如果企业没有具体控制人、股东混乱、股权分散，贷款方可能会对企业未来的经营风险持谨慎态度，从而降低信用评级或者拒绝融资申请。

（三）几种较推荐的股权架构形式

国内目前常见的企业股权架构主要包括绝对控股架构、相对控股架构、一票否决相对控制架构、红筹股权架构、VIE 股权架构、SPV 股权架构等。这些也是本书较推荐的股权架构形式。

1. 绝对控股架构

绝对控股架构是有限责任公司最常见的企业治理架构形式，是指企业的实际控制人拥有绝对的控制权，一般在企业中持股比例达 66.7% 以上，能够直接影响企业的决策、运营和战略方向。

在绝对控股架构中，企业的实际控制人通常是一个人或一个家族。他们对企业的任何关键决策都有终极决定权，因为无须考虑其他股东或董事会的想法，所以能使企业更快地作出决策和执行计划。这种情况下，企业的实际控制人扮演着所有事物的决定者，他们决策企业业务、管理企业资金、制定企业策略以及雇佣关键管理人员和员工。绝对控股架构下的企业更容易创业成功，绝大部分成功的创业企业在创业之初几乎都是这样的架构。

然而，绝对控股架构也存在一定的缺点。首先，由于企业大股东的权力过于集中，他们可能出现滥用权力的情况，不利于企业健康发展；其次，由于企业的发展全部由实际控制人说了算，万一实际控制人的学识、技术、能力、格局有限，或者决策出现巨大失误，会直接导致企业走向失败，具有"成也萧何败也萧何"的风险。因此，对于绝对控制架构下的项目，投资人更为看重实际控制人的领导能力、学习能力、执行力等，以避免"一荣俱荣一损俱损"的情况发生。

尽管绝对控股架构存在一定的治理缺陷，但是从股权投资人角度看问题，投资人更乐意投资于创始人有绝对控股权的企业。因为投资人普遍认为，创业型企业，创业初期阶段的成败很大因素取决于创始人，只有创始人拥有较大的话语权，才可能将其能量发挥到极致，企业才可能获得预期的成功。

2. 相对控股架构

相对控股架构是一种常见于好朋友、好兄弟、好战友之间的两人公司，两人碍于情面不好一方独大，但又深知平均分配股权的危害，所以发起人持股51%，联合创始人持股49%。或者常见于技术密集型和贸易主导型企业当中，一般发起人即主要出资人，而发起人又不能没有其他几个核心团队，他们一般由三两人组成，可能是核心技术成员，也可能是销售骨干成员，抑或是具有特殊才能的成员，所以发起人持股51%，核心团队两三人根据能力、贡献值、出资额等分别分配剩下的49%股权。这样的企业治理架构下，决策权一般还是由大股东掌控，但企业的运营和战略方向由全体股东一起商议确定。这种架构也常见于公开控股企业。

相对控股架构的优点在于，它能够提高企业的透明度和治理质量。由于不同股东的权力分散，避免了"一言堂"的情况。其缺点是，由于企业的所有权分散，决策可能缺乏一致性和迅速性，股东会成员通常代表不同的利益方，所以不同意见的出现将需要更长时间的辩论和讨论。可能会因为企业的所有权分散，导致大股东将优先关注自己的利益而不是企业整体利益的情况，企业治理失去有效性。

由此可见，虽然相对控股架构有利于提高企业的治理质量和透明度，但是也存在一些问题，需要企业采取相应的措施来解决。尽管如此，还是建议初创期的企业如果不能由大股东占据绝对控制权，也至少让大股东相对控股，也就是说，至少让大股东持有51%以上的股权，避免企业陷入"群龙无首"的窘境。

3. 一票否决相对控制架构

一票否决相对控制架构是指企业的实际控制人持有"一票否决权"，即在企业中合计持有股权比例33.4%以上，在关键决策时，其投票能起到一票否决的作用。一票否决相对控制架构常见于，实际控制人由于种种原因无法持有超过半数以上股权情况下，退而求其次的一种战略性持股方案。或者由三人以上组成的企业，其中几人关系较密切或达成了一致行动人协议，另外一人为了保护自己的基本权益不会被其他股东联合损害而采取的一种战术。

一票否决相对控制架构的优点在于，它能够确保企业的治理相对公平和相对制衡，有助于保障企业的发展战略长期稳健。此外，由于拥有一票否决权的股东不需要持有过多的股份，企业可以保留更多的普通股份用于募集资金。其缺点是，它容易使人失去对企业治理的信任，并导致潜在的冲突和不合理的经营决策。由于一票否决权的存在，可能会因为该股东自私而不顾企业整体利益滥用一票否决，导致企业决策受限或经营受困。

4. 红筹股权架构

红筹股权架构是指中国的企业通过境内（不包括香港、澳门和台湾）的企业在境外设立离岸企业，然后将境内企业的资产注入或转移至境外企业，以实现境外控股企业在海外上市融资目的的结构。这种股权架构形式使得境内的经营主体可以通过境外控股企业挂牌上市，从而避免外商投资产业限制、股权流通性限制、两地双重审批和流程、公司法、证券法等法律法规和会计规则衔接等复杂因素。

随着中国经济的不断发展，中国企业已成为全球投资者眼中的主要投资对象。红筹股权架构可以有助于拓宽企业融资渠道，引入国际资本，解决企业资金难的问题。同时，红筹股权架构可以提高企业上市 IPO 的可能性，还便于国内风险投资者投资退出，因此有助于提高企业股权融资力。

5. VIE 股权架构

VIE（Variable Interest Entity，可变利益实体）股权架构是一种特殊的股权架构形式，是中国境内的企业在海外上市的一种常用操作方案。一般需在国外注册一个 VIE 企业，将中国境内主体企业的经营管理权，以及主要商业资产的控制权和运营权通过一系列的协议全部转移至 VIE 企业，从而在境外上市融资。VIE 股权架构。多用于互联网、科技等行业中的初创型企业。由于国内监管规定禁止在特定领域由外国投资者控股国内企业，因此这种创新的经营模式被用来解决中国的外商投资法规限制问题。

通过 VIE 股权架构，中国企业可以在境外进行上市，获得更多海外融资资本；同时，VIE 企业通过一系列的协议来控制中国境内主体企业的经营管理权，保证中国主体企业的有效运营。

VIE 股权架构对于中国企业来说具有一定的优势，但在使用过程中存在一定的法律风险。企业应根据自身经营战略和风险意愿，选择合适的股权架构，同时还应关注国家相关政策变化，并规范合同协议履行，以稳健可靠的方式实现经济转型。

6. SPV 股权架构

SPV（Special Purpose Vehicle，特殊目的机构）股权架构，是一种由特定法律实体构成的财务结构，其目的是将投资者资本和企业实体分开，使得投资者投资的风险和企业风险不发生交叉，同时能够提高企业的融资能力。一般来说，

SPV 股权架构是由几个特定的企业构成，其中的一家目的企业（SPV 企业）负责发行信托证券，而其他企业则为 SPV 企业提供信托物资或者其他服务。

具备拟制 SPV 股权架构的企业通常是成熟的、具有法律意识的企业，拥有长期发展规划，并注重对企业股权架构进行详细的计划和设计。SPV 股权架构将企业的股权与债权分离，将股权转换成一种特殊的股份、债务或其他特殊证券，从而在降低企业财务交叉和风险方面发挥作用，便于开展多样化的资本运作。

同时，SPV 股权架构的企业可以适用信托法，无形中为企业节省资金支出，降低企业成本；能够有效降低企业财务风险，将企业和投资者放在不同的实体，防止企业的债务影响投资者对企业的股权，减少投资风险。这一点无论对初创企业、中小企业，还是高成长大型企业都有好处；具有一定的灵活性和便利性，能够根据融资需求和市场变化进行调整。

总之，SPV 股权架构是一种相对成熟的金融工具，既可以促进企业的发展，又能够降低企业的融资成本和风险。

（四）几种不推荐的股权架构

股权架构是企业生死存亡的基础，股权架构设置不好，企业治理必然会出现问题，只是时间问题而已。以下几种股权架构容易导致股东之间产生法律纠纷，甚至会导致企业经营失败。

1. 平均或相对平均股权架构

所谓平均，就是各股东持股比例一样多，如 50∶50、25∶25∶25∶25 等。相对平均股，是指企业股东之间的股权比例相当接近，如 51∶49、34∶33∶33 等。这类股权架构下的每个股东对企业控制权的影响力相对较小，缺乏明确的决策者，容易出现推诿或争夺控制权等情况，影响企业稳定性。投资人通常会认为这类企业的股权架构是不稳定或缺乏战略方向的，从而影响企业估值和投资人投资意愿。

大量案例总结经验发现，持股比例过于均衡容易形成股东僵局，在投票决策时一旦一方持反对意见，就无法形成有效的股东会决议。在企业控制权与利益索取权之间失衡，容易发生我不服你、你不服我的情况，进而激化股东之间的矛盾，最终因内耗而导致企业错失商机，或者在争斗中两败俱伤，或者分道扬镳，企业宣告失败。

2. 两大一小股权架构

两大一小股权架构主要是指没有控股股东，两个持股量较大的股东的任何一方必须取得小股东支持才能达到控股的格局。比如，与49∶41∶10类似的股权结构，无论持股49%还是持股41%的股东，如果双方意见不合，一方要通过股东会决议就必须取得持股10%的股东的支持，否则股东会决议就无效。这时候持股10%的小股东就能反客为主，变成真正控制人。又如，与35∶35∶16∶14类似的股权结构，当两个持股35%的股东发生纠纷，持股16%的股东就变成了企业的实际控制人。

两大一小股权架构最终遇到的麻烦就是，小股东拥有了控股股东的权力，但其能够享受的红利分配额度却最少，久而久之就会滋生一些管理漏洞或隐患，这类企业很难获得成功。

所以，企业一定要尽可能避免这样的股权架构，否则对股权融资很不利，投资人对类似的项目一般是敬而远之。

3. 夫妻档股东架构

夫妻档股东架构普遍存在于各行各业，在国内随处可见，形成这种格局主要有两个原因。一是因为大部分民营企业在初创期以夫妻档为主，小两口同心协力打天下，所以企业理所当然就属于两人共同所有。二是因为根据公司法相关规定，"非独资企业，公司股东必须由两人以上组成……"，为避免麻烦，就把企业注册在夫妻两人名下，各占50%。

夫妻档股东结构的优点是意见容易统一，因为两人是利益共同体，一般会由一人说了算，不易出现企业管理僵局。但其缺点是，企业管理不够规范，绝大部分情况容易公私不分，个人财产和企业财产经常混为一体，存在很大的法律风险隐患。更为可怕的是，一旦夫妻感情发生破裂，随之而来的是无休止的纠纷和企业控制权争夺战，最终将企业拖入分崩离析的境况。

4. 过多的干股、期股、虚拟股

有些企业为了留住人才或者激励有功之人，抑或为了获得某些资源，而出现给人干股、期股、虚拟股等现象，而且数量庞大，给企业治理带来很多麻烦。这些麻烦主要出现在赠送干股、期股、虚拟股流程上的不规范，甚至不合法，最终引发系列纠纷或官司。

（1）干股

干股在很多企业中存在，因为很多老板对于"干股"的理解存在严重的偏差，所以遇到自己觉得不错的员工承诺给干股、遇到号称有资源的给干股、遇到能带来订单的给干股……总之，在某些老板心目中，干股就是一种送不完的东西，可以随便送。有的是口头说送，有的是签协议送，殊不知，这样会给企业留下各种隐性法律风险，对企业治理也会造成诸多麻烦。

到底什么是干股？法律法规目前还没有对"干股"的明确释义，综合各种法律法规理解，干股应该是一种通过无偿赠与的股权/股份，它完全是出于某种贡献或者人情获赠，受赠人无须实际出资。严格意义上的干股，应该是赠与者已经实缴出资的股份，认缴出资的股份不应认定为干股。如果受赠人获得的只是没有实缴出资的注册资本份额，那不是干股，而是一份债务，一旦企业陷入债务纠纷，未履行出资的股东有可能被法院要求履行出资偿还债务。同时，根据《中华人民共和国公司法》相关规定，除非全体股东另有约定，否则认缴出资股东不能参与企业红利分配。

也就是说，干股的赠与必须通过协议约定才能生效，同时需要全体股东签字或附带全体股东签字的股东会决议才不存在歧义。另外，干股必须是已经实缴出资的注册资本份额才实至名归，三者缺一不可，否则会给企业和受赠方埋下纠纷和法律风险。需要注意的是，干股的最终兑现，需要通过市场监督部门进行股权转让变更，赠与方和受赠方应按规定合法纳税。如果干股赠与不按程序操作，可能存在巨大的法律隐患。所以投资人一般会慎重投资。

（2）期股

期股是企业股东向经营管理团队成员提供的一种激励性回报，常被用于留住重要岗位负责人或核心骨干。

其操作方式有两种。一种是约定好总的期股数量、行期期限和行期要求，满足条件即自动兑现。比如，张三是企业的重要技术成员，老板为了让张三更卖力地工作并能长期留在企业，愿意给张三120万股期股，约定行期期限为4年，行期价格为每股1元，张三只需按约定完成任务，到了每年行期日只需支付每股1元价格就能将30万股股权实名登记到自己名下。从签订协议之日起，张三即享有120万股企业股权对应分红权和投票权，但期股只有触达约定条款后才能变更成张三的实名股权。假设到约定期限张三没能完成任务，或者没支付相关费用，则视为张三放弃该期行期权利，该期应兑现期股则自动作废，张三在企业的分红份额和投票权也对应削减。

另一种是约定好期股数量后，企业借款给某成员兑现期股，然后约定每年偿还企业多少钱，其间该成员享有期股对等的表决权和分红权。股权的所有权质押给企业，该成员按约定每偿还一笔欠款，则对应解压等量股权，即每偿还一笔欠款就可以享有一部分真实股权所有权，欠款还清后则拥有全部应得股权。很多企业的操作是，表决权和分红权是实的，但是分得的红利前期只能用来偿还企业欠款，只有已经解压的股权对应的红利能够装入自己腰包。这样操作的好处是，经营团队会同心协力把企业经营好，有了利润才可能有红利分配；如果企业经营亏损，经营团队也要一起承担亏损。

执行期股激励政策，是企业接受风险投资的必需条件。但是，期股给的人数需要有所控制，不能无限制地给。因为期股始终是要兑现成为实名股，根据公司法规定，有限责任公司最高股东人数不能超过 50 人，非上市股份公司最高股东人数不能超过 200 人，一旦人数超过法定人数则属于违法行为。有些老板也许会想到建立持股平台，比如成立有限合伙企业或者成立工会作为持股平台来解决股东人数超员的问题，这个对于非上市企业确实可行。然而，一旦这家企业要上市的时候，期股直接持股和间接持股总股东数超过 200 人会直接导致其无法上市。所以，对于太多人持有期股的企业，投资人会慎重投资。

（3）虚拟股

对于虚拟股，网络上有很多种说法，但最标准的实操形态其实是一种分红股，即该权利仅限于参与企业分红，不具有投票权和所有权。

常见的操作方式是，企业为了激励经营团队，经股东会决议通过，将企业一定比例的利润作为经营团队的红利池，个人所能获得的分红比例以本人所持有的虚拟股比例为基准。

比如，总的虚拟股为 100 万股，李四持有 10 万股虚拟股，即持有总虚拟股总数的 10%。假设当年红利池总额为 100 万元，那么，李四当年赢得红利为 10 万元，以此类推。

虚拟股的好处是不动用实名股权，而且发行数量可以不设上限，原则上也不会涉及法律风险。虚拟股一般属于岗位股，一旦持有人离开岗位则丧失其权利，因此也不用担心给股之后人才辞职给企业带来其他不利。

但是，虚拟股目前没有具体的法律条款约束和依据，在企业上市申请时可能会造成一定的障碍。如果红利池占利润总额的比例较大，投资人可能会因为考虑到红利减少而影响投资决策。

（五）关乎股东权力的9条持股线

具有企业经营管理经验的人都应该知道，股权比例意味着什么，也应该明白大股东的重要性。根据《中华人民共和国公司法》，持股比例意味着话语权的大小，尤其在有限责任公司架构里，持股比例就是决策权力。

那么不同持股比例在企业中各自意味着什么权力呢？很多律师和企业经营管理者普遍认为，持股比例67%、51%、34%、30%、20%、10%、5%、3%、1%是企业的九条生命线。

1. 持股比例67%

根据《中华人民共和国公司法》第一百一十六条："股东会作出修改公司章程、增加或者减少注册资本的决议，以及公司合并、分立、解散或者变更公司形式的决议，应当经出席会议的股东所持表决权的三分之二以上通过。"意味着持有三分之二以上股权比例的股东，直接对公司具有"生杀权"。也就是说，67%持股比例意味着绝对控制权，相当于百分之百的权力，各种重大决策，都可以由其说了算。

2. 持股比例51%

根据《中华人民共和国公司法》第一百一十六条："股东大会作出决议，应当经出席会议的股东所持表决权过半数通过。"以及司法解释等相关规定，一般认为，决定公司的经营原则和投资方案；选举、更换非职工代表聘任的董事、监事，并就董事、监事的报酬问题作出决定；审查批准董事会的报告；审查批准监事会或者监事的报告；审查和批准公司的年度财务预算计划和最终结算计划、审核利润分配、决定公司注册资金的多少、发行债券的有关规定等行为需要超过二分之一以上表决权通过。也就是说，持股比例51%以上就拥有了控制公司的权力。所以持有公司股权51%以上的股东，通常被认定为公司的控股股东。

3. 持股比例34%

根据公司法中重大决策"应当经出席会议的股东所持表决权过半数通过"

的规定，意味着持股 34% 相当于享有了一票否决权，可以左右公司重大决策。

4. 持股比例 30%

根据《中华人民共和国证券法》第六十五条规定："通过证券交易所的证券交易，投资者持有或者通过协议、其他安排与他人共同持有一个上市公司已发行的股份达到百分之三十时，继续进行收购的，应当依法向该上市公司所有股东发出收购上市公司全部或者部分股份的要约。"

本条仅适用于上市公司，不适用于有限责任公司和未上市的股份有限公司。

5. 持股比例 20%

20% 持股比例被认为是重大同业竞争警示线，此说法并没有专门的法律法规依据，而是学术界的一种观点和某种约定俗成的规范条款。重大同业竞争警示线一般在企业兼并收购、股权投资、上市审查等环节，被作为关联企业尽职调查重点关注的内容。业界普遍认为，一家股份公司 20% 以上股权关系或重大债权关系所能控制或者对其经营决策施加重大影响的法人或自然人，该法人或自然人名下的其他经营相同类业务的企业可以被认定为存在重大同业竞争关系。

6. 持股比例 10%

根据《中华人民共和国公司法》第六十三条、第一百一十四条、《最高人民法院关于适用〈中华人民共和国公司法〉若干问题的规定（二）》的相关规定，持股 10% 的股东可以提出召开股东临时会议，可以质询股东会决议，并有权通过法院对公司提出调查、起诉、清算、解散等建议。

对于召开股东临时会议这一点，主要适用于股份公司，在有限责任公司实操中 10% 持股比例发挥的作用并不大。

7. 持股比例 5%

根据《中华人民共和国证券法》相关规定：持有公司百分之五以上股份的股东或者实际控制人持有股份或者控制公司的情况发生较大变化，被认定为"发生重大事件"，须向证券监管部门通告；持有上市公司百分之五以上股份的股东及其董事、监事、高级管理人员，公司的实际控制人及其董事、监事、高级管理人员等，被认定为"内幕信息的知情人"，这些人增减持上市公司股份须发公告，授意他人购买上市公司股票的可能会触犯内幕交易；通过证券交易所的证券交易，投资者持有或者通过协议、其他安排与他人共同持有一个上市公司已发行的有表决权股份达到百分之五时，应当在该事实发生之日起三日内，向国务院证券监督管理机构、证券交易所作出书面报告，通知该上市公司，并予公告，在上述期限内不得再行买卖该上市公司的股票。因此，持股比例5%，被称为触达重大股权变动警示线。

此条款主要适用于上市公司，对有限责任公司和非上市股份公司不产生实际影响。

8. 持股比例 3%

根据《中华人民共和国公司法》第一百一十条："连续一百八十日以上单独或者合计持有公司百分之三以上股份的股东要求查阅公司的会计账簿、会计凭证的，适用本法第五十七条第二款、第三款、第四款的规定。公司章程对持股比例有较低规定的，从其规定。"

本规定仅适用于股份有限公司，有限责任公司不适用。

9. 持股比例 1%

在公司中持股比例1%以上者，具有代位诉讼权，也称为派生诉讼权。

根据《中华人民共和国公司法》第一百八十九条："有限责任公司的股东、股份有限公司连续一百八十日以上单独或者合计持有公司百分之一以上股份的股东，可以书面请求监事会向人民法院提起诉讼；……监事会或者董事会收到前款规定的股东书面请求后拒绝提起诉讼，或者自收到请求之日起三十日内未提起诉讼，或者情况紧急、不立即提起诉讼将会使公司利益受到难以弥补的损害的，前款规定的股东有权为公司利益以自己的名义直接向人民法院提起诉讼。"

（六）投资人眼里最佳的股权架构形式

实操经验总结发现，股权投资人普遍更喜欢有"老大"的企业，也就是说由最重要的那个人持有绝对控制权的企业更容易获得专业投资人的青睐。

那么，持有多少股权比例算得上掌握绝对控制权呢？

持股 51%？

持股 66.7%？

还是持股 67%？

熟悉资本运作的老板就意识到，企业的发展需要不断融资，尤其需要不断进行股权融资，也就是说，股东手上的股权不是一成不变的，会在融资中被不断稀释。作为一个优秀的创始人，必须具备高瞻远瞩的能力，也就是说多轮融资后自己最好还能掌控着企业，这样的老板才是真正有远见的老板。

假设持股比例为67%确实是绝对控股了，但是，多轮融资后会怎样呢？

企业第一轮融资出让10%～20%股权是比较常见的情况，第二轮融资出让20%～30%股权也是普遍现象。以此为例，假设第一轮融资出让股权10%，意味着持股67%的大股东需要同比稀释10%，融资后持股比例变成了60.3%；假设第二轮融资出让股权20%，意味着第一大股东需要同比稀释20%，融资后持股比例变成了48.24%。也就是说，两轮融资后，绝对控股股东就失去了控股权。

那么持股多少才是最佳的绝对控股比例呢？答案是71%及以上。按第一轮融资出让10%，第二轮融资出让20%的普遍惯例，第二轮融资后，第一大股东依然占有二分之一以上股权，在大部分事项的股东会决议中依然可以自己说了算。

为什么只关心第二轮融资到位后是否还具有控股权呢？答案是，企业只有完成A轮融资后才算跨过"死亡谷"，此时企业已经有了相对成熟的产品，建立了一定的市场基础，拥有了比较好看的数据，团队也磨合得差不多了，此后进入高速发展关键期。第三轮融资到位之后，意味着此时的企业已经拥有相对完善的管理制度和治理流程，这个时候的企业已经有了成熟的团队，进入了系统化、规范化流程管理，"老大"的个人作用需要进行弱化，更多地需要靠团队协作解决问题。所以第三轮融资之后，第一大股东就算失去了控股权，也已经不会影响到企业的发展，或者影响不会太大。

所以，对于初创期的企业，种子轮之后第一大股东持股比例最好是71%以上，天使轮之后第一大股东持股比例最好64%以上；进入培育期的企业，A轮之后B轮之前第一大股东持股比例最好51%以上；完成B轮之后，第一大股东持股比例可以低于51%。这样的股东架构会比较让投资人放心，有利于提高企业的股权融资力。

六、引入靠谱股东

靠谱的股东对企业的影响非常重要，如果股东实力雄厚，拥有足够的资金和资源，可以为企业提供良好的资金和资源支持；如果股东背景强大，可帮助企业拓展业务和扩大市场，为企业引进高水平的技术和人才，从而提升企业的核心竞争力；如果股东具有丰富的企业运营经验，在战略规划和重大决策中，能够提供可靠的支持和建议，避免企业犯错误；如果股东拥有较高的声誉和较好的品牌，其投资意向和举措可以成为企业的信心支持，进而吸引更多优秀的投资人参与投资。

所以，企业在股权融资选择中，除了考虑用多少股权获得多少投资额度外，还要考虑投资人的背景、信用、实力等。

（一）有助于提高企业融资力的股东类型

企业融资是企业发展和扩张的必要手段之一，股东作为企业的所有人和资源支配人，在企业融资中影响深远。尤其股权融资中，股东结构和股东背景对融资成败具有决定作用。什么样的股东类型有助于提高企业融资力呢？

股东的背景、能力、诚信度和行为规范等是影响企业发展的关键因素之一。经验丰富的股东会经常关注企业发展和治理，积极参与董事会会议和决策，确保企业合法合规经营。有良好声誉和背景的股东可以提高企业的声誉，提高投资者信任度，有助于推广品牌；有实力的股东倾向于长期投资和长期发展战略，可以稳定企业的财务状况。股东的背景、资源和能力等也间接形成企业的市场地位和竞争优势，从而提高企业的价值，进而影响企业融资。

1. 信用好的股东

具有良好信誉记录的股东，一般有丰富的商业经验和人脉资源，能够为企业提供有用的商业指导和支持，帮助企业发展更加稳健和有序，进而能够增加企业的商业合作机会，增加企业在行业和市场中的影响力与知名度，提高品牌价值。信用好的股东在企业治理中通常倾向于支持合法合规经营，秉持诚信正义的价值观，促进企业良好治理结构的建立和发展，防范企业治理上的风险和问题，可以帮助企业提高信誉、增加影响力、改善财务状况、保持稳健发展。

从所有权角度理解，企业就是股东的资产，企业的意志就是股东的意志，所以股东的信用情况直接影响金融机构对企业信用的评估。信用好的股东可以提高企业的信誉评级，所以更容易得到投资人的认可和信任，在融资过程中，企业可以更快地获得资金支持，提高融资效率，缩短资金周转周期。

2. 实力强的股东

所谓实力强，主要是指拥有较强大的资金实力和资源优势。企业可以从实力强的股东处获得资金支持、市场资源、经验指导和管理经验。

实力强的股东通常具有较长远的目光和丰富的经验，能够为企业提供战略支持和决策，帮助企业避免风险、抓住机遇、实现长远发展；可以提供更多的投资和融资支持，帮助企业获得资金，用于研发、扩张、合并收购、升级设备等方面；可以帮助企业提高管理水平，完善组织架构，优化经营策略；可以为企业提供相关的市场资源、客户资源和商业机会，帮助企业开拓市场和拓展业务；增强企业的品牌形象，对于企业的发展、拓展新业务、增加市场份额具有积极影响。

实力强的股东通常能够通过自身信誉和实力，向银行等金融机构争取更优惠的融资条件，如更低的利率、更灵活的还款方式等，从而降低企业借款成本，增加融资效率。

比如，小鹏汽车是一家新能源汽车制造商，成立于 2014 年，主要致力于研发、设计、制造和销售高品质电动车。小鹏汽车注重技术创新和用户体验，将人工智能、互联网、大数据等新兴技术应用于车辆设计、制造、智能驾驶、智能互联等方面，以提升用户体验。作为没有太多品牌优势和历史沉淀的新创企业，由于其主要股东为多家实力强大的著名投资机构，所以其先后获得了近百亿元的创业融资，并于 2020 年 7 月在美国纳斯达克上市，首次发行成功募集资金超过 10 亿美元。

3. 资源广的股东

资源，是一个很宽泛的概念，对企业发展有利的股东资源主要包括能够为企业提供资金支持，促进企业发展的财务资源；能够为企业生产和经营提供专业知识、成熟经验和创新能力的技术资源；能够为企业提供产品销售、市场拓展和品牌推广等支持的市场资源；能够为企业引进和培养优秀人才和管理经验的人才资源；能够为企业提供更多合作机会和人脉网络的社会资源。

企业发展需要不断的资金、高水平人才、成熟的经营管理经验，需要不断地创新研发和技术变现、品牌建设、市场拓展、客户维护等系列的资源。所以资源广的股东对企业来说非常重要。

资源广的股东代表着企业的实力和信誉度，在企业收购、融资和商业合作等方面，能够为企业提升信誉度和影响力，进而增强企业的谈判能力和竞争优势，从而更容易获得融资。

4. 有创业成功经历的股东

在股权融资中，股东拥有创业成功的经历是一个加分项。这是因为创业成功的经历代表着创业者拥有丰富的经验和能力，对企业的发展能够提供巨大的支持与帮助。投资人更愿意相信，能把一家企业做成功，就有可能把第二家企业做成功。好比一个画家，只有见过老虎，才有可能把老虎画好，靠凭空臆想不大可能把老虎画好。

所以，股东拥有创业成功的经历可以为企业带来更多投资人的关注和认可，这种信任感可以转化为更多资金支持企业发展，可以为企业提供更多的战略指导和长期规划。在创业过程中，需要经历各种风险和挑战，而拥有创业成功经历的股东可以在这个过程中提供更加专业和有价值的建议与指导，这有助于企业在面对困难时能够更加从容并理性地处理和决策。

此外，拥有创业成功经历的股东，在创业过程中一般积累了丰富经验和资源，可以吸引更加优秀和合适的人才加入，这样可以更加快速和高效地提升企业的核心竞争力，从而提升企业的价值和影响力。

另外，股东拥有创业成功的经历可以为企业带来更加良好的口碑和声誉。这种声誉可以带来更多的关注和支持，提高企业在市场的影响力和竞争力，促进企业长期稳定发展。

5. 来自行业头部企业的股东

在企业发展的过程中，引入行业头部企业作为股东的好处和重要性是不容忽视的。这种战略性的合作可以为企业带来更好的发展机会和市场影响力，同时也有助于增强企业的核心竞争力和提升企业价值。这种合作不仅可以为企业提供更多的资金、技术和人才支持，也可以为企业带来更高的品牌价值和质量控制水平，实现企业的快速发展和稳健增长。

行业头部企业的实力通常都比较雄厚，规模也较大，它们可以通过持续地投入资金进行支持，为企业提供更强的后盾，也可以助力企业扩张发展，减缓企业财务压力。行业头部企业通常在行业内有很高的声誉和影响力，这样的企业在市场上有更强的资源和渠道。因此，与行业头部企业合作可以为企业带来更多的战略合作伙伴，为企业的发展打开更多的机会和渠道。

同时，行业头部企业通常在技术和人才方面有着很强的优势，这样的企业可以为企业提供更多的技术和人才支持，可以进一步提高企业的核心竞争力，从而实现企业的高速发展。

另外，行业头部企业通常在企业治理和风险管控等方面有更完善、更专业、更严谨的管理模式和经验。引入行业头部企业作为股东，可以为企业带来更高的质量控制水平和更高的持续发展目标，促进企业可持续发展。

6. 海归股东

海归，一般指海外留学回来的人才，大部分拥有国际化的视野、较广的人际网络、较好的语言能力和文化素养，企业有这样的股东，对企业拓展市场和申请融资都有助益。

由于见识和阅历的不同，海归股东往往更具有创造力、改革意识和创新能力，能为企业带来新思路、新理念和新方法。西方管理学更注重效率、质量和创新，接受过先进管理理念的海归股东，有利于企业实现规范化、标准化和专业化管理，提高企业的管理水平和核心竞争力。

同时，接受过先进管理类教育的海归更适应多元化的文化和商业环境，更善于使用世界前沿的技术和管理模式，通过海外的人脉资源可以获得最新的市场变化和趋势，有利于推动企业快速升级，更好地适应市场需求和变化。

海归股东的更大价值在于其背后的专家资源和同学会资源。随着经济全球化的深入发展，企业之间的竞争不再局限于国内市场，更多的企业开始走出国门，开拓国际市场。这时，拥有海外经验和语言交流便利的海归股东就发挥了重要作用，能够帮助企业开拓海外市场，了解海外文化和商务礼仪，优化国际业务流程。此外，海归类股东还可以为企业提供拓展国际关系的资源。

（二）可能对融资不利的股东类型

企业融资，尤其从银行贷款时，一般会查询企业法定代表人、董事会成员、监事会成员、财务负责人等人员的征信；部分金融机构会要求查询全体股东征信，股东个人信用不好会对企业融资产生负面影响。

除了股东个人征信会对企业融资产生影响之外，信用差、口碑不好的股东，负债累累的股东，有违法犯罪记录尤其有经济侵犯诈骗等犯罪记录的股东。价值观和企业价值观相悖的股东都会对企业融资产生不良影响，甚至会导致融资失败。

1. 信用差、口碑不好的股东

信用差、口碑不好的股东会直接影响企业融资，会导致金融机构、投资人和其他潜在股东对企业的信任度降低，进而影响企业的融资结果。因此，企业要想提升融资力，需谨慎选择股东，避免引入信用差、口碑不好的股东。

（1）信用差、口碑不好的股东的常见行为习惯

信用差、口碑不好的股东可能会做出一些违背商业道德和法律规定的行为。比如，出具不诚信的财务报告。企业的财务报告是投资者评估企业运营状况的重要参考，不诚信的财务报告会误导投资者的决策，所以当企业经营状况不好时，有的股东可能会故意操纵财务报告，隐瞒或扭曲财务数据，虚增或减少收入和利润，以此来迷惑投资人，获取不正当利益。

信用差、口碑不好的股东还可能为了争夺控制权而对内竞争激烈，不惜使用各种手段，包括强制合并、吞并企业，恶意攻击其他股东等，影响企业的正常运营，也损害企业的声誉。

信用差、口碑不好的股东可能会违反与员工和供应商的合同，如恶意拖欠工资、拖延付款等，这些行为伤害了企业与员工和供应商之间的合作关系，也破坏了企业的声誉。

在履行社会责任方面，如保护环境、关注员工福利、支持慈善事业等，信用差、口碑不好的股东往往会呈现不负责任的态度或做出不负责任的行为。

（2）信用差、口碑不好的股东对企业融资的影响

正常情况下，银行会对申请贷款的企业进行综合评估和审查，避免违约风险。如果企业的股东存在信用差、口碑不好的情况，银行可能会对企业的信用度产生怀疑，甚至会对企业提交的相关文件产生怀疑，进而降低授信额度或者拒绝授信。如果企业的股东声誉不佳，就会影响其融资渠道，从而对企业融资造成重要影响。

由于公众普遍认识到信用差、口碑不好的股东对企业的负面影响，其他股东和投资人一旦意识到企业某位股东信用差、口碑不好，尤其大股东，将会影响投资人和其他股东对企业投入资金、资源和技术的决策。

2. 负债累累的股东

股东个人负债累累可能会对企业融资产生负面影响。因为股东需要偿还个

人债务，可能会占用或者抽取企业资金，导致企业经营资金紧张。另外，参与经营管理的股东个人债务风险可能会耗费其大量时间和精力，从而影响企业正常经营。上市企业大股东的债务问题，还可能引发监管机构的关注和问询，从而削弱投资人和其他股东的信心，使企业的股价下跌，制约企业的融资策略和方向，使融资难度增加。

（1）负债累累的股东对企业的影响

股东之所以负债累累，很可能是其自我约束能力较差、过度享受或过度消费所导致；也可能是因为股东的知识储备不足、能力经验不足、执行能力和判断能力差，或者是因为投机心太重等导致投资经营失败；还可能是因为股东身体状况较差，高额医疗支出致使财务危机；甚至可能是因为沾染了赌博等恶习。

但无论什么原因导致其负债累累，都能折射出该股东存在或多或少的个人处理问题能力不足的一面，这样的人参与企业经营管理，很可能因为心智模式惯性加大企业的不确定性和企业风险，因此不利于企业融资。

（2）负债累累的股东对企业融资的影响

企业在进行融资时，金融机构和投资人会非常关心股东个人是否负债、负债程度、负债原因等信息。尤其是企业在进行大额融资时，每位股东的负债状况将会影响到企业的信用评级。

其原因是，从金融机构和投资人的角度理解，如果股东负债过高，当企业面临外部风险，比如业绩下滑、突发事件或者发生自然灾害等导致企业资金链断裂时，企业又不能马上获得外部融资，股东不得不通过增资来解决企业资金困境，而股东个人已经负债累累，很难及时、足额地增资来缓解企业困境，进而影响企业的正常发展。

也就是说，如果企业的股东面临着过高的债务压力，就会降低企业的投资力度，限制企业的发展空间，从而在市场竞争中处于劣势。股东的负债状况，会直接影响到企业的经营稳定性，进而必然影响金融机构和投资人的信心，融资成功率和融资额度会因此大打折扣，甚至可能融资失败。

3. 有违法犯罪记录的股东

股东个人的犯罪记录可能会使企业声誉受损，影响金融机构、投资人和消费者对企业的信任。尤其是大股东存在违法犯罪记录时，金融机构和投资人会担心企业的管理层可能无法保持有效的道德品质。如果是已经上市或者企业将要上市，股东个人的犯罪记录会受到监管机构的格外关注，可能会导致更多的审查和调查，增加企业公关成本，甚至可能导致企业上市失败。

股东违法犯罪记录对企业融资活动带来的影响是不可忽视的，因此企业应采取必要措施，尽可能减轻股东违法犯罪记录对企业的影响。

一是建立完善的企业治理机制。要想规避或者减少股东违法犯罪记录对企业融资的影响，企业需加强和完善企业治理机制，包括企业内部结构、管理机制、经营理念、行为规范等；建立规章制度和管理细则，明确各个职务的职责和权限，实行严格的内部监管、控制制度；减少的违规因素，合法运营企业，从而减少股东个人原因对企业的影响，进而增强投资人、债权人、政府及其他利益相关方对企业的信任。

二是提升企业内部管理，积极开展风险管理。注重企业内部管理，识别并弥补内部缺陷和风险，在经营管理的各个环节，确保进行适当的风险管理和控制；建立起有效的风险管理体系，从而有效减少企业的风险；积极开发新的收益渠道和增加利润，增强企业的盈利能力，使企业处于可持续发展的状态，进而降低股东个人不良记录对企业融资的影响。

三是进行风险隔离。金融机构和投资人之所以在乎股东的个人违法犯罪记录，主要是担心股东会利用企业参与违法犯罪，导致融资主体陷于违法犯罪的旋涡，从而造成自身的投资风险。所以，为了让金融机构和投资人减少类似担忧，可以通过协商和股东会的方式让不良记录股东退出管理层，甚至不参与企业的具体经营管理，由此减少该股东对企业的直接影响，进而让金融机构和投资人放心。

（三）怎样引进有利于企业融资的股东

引入有利于企业融资的股东，对于企业发展具有重大意义。

1. 通过什么途径寻找有助于企业融资的股东

俗话说，"物以类聚，人以群分"。能够为企业带来融资的人，一般来自投资圈，只有与各种投资人经常性接触，才可能真正帮助企业更高效地融资。

通常情况下，投资银行拥有丰富的金融人脉资源。要寻找能为企业带来融资的准股东，可以在金融人脉广的投资银行中寻找，借助投资银行提供专业服务和资源的同时，争取对方投资加盟机会。

　　参加金融相关峰会和会展也可以发掘到有能力帮助企业融资的人才。这些场合往往聚集着大量的金融界精英，通过类似场合可以认识更多准股东资源和建立金融人脉社交圈，为发掘有助于企业融资的股东奠定基础。

　　另外，行业协会和相关组织也是拓展人脉的重要渠道，可以加入金融行业协会和组织，参与其组织的业务和活动，有助于认识更多的金融界精英。比如，参加这些组织的研讨会、主题会员活动、年会活动等，建立人脉资源储备，为引入相关股东打基础。

2. 用什么吸引有助于企业融资的股东成为企业股东

　　一流的人才往往只愿意为一流的企业服务，优秀的行业精英一般也只愿意加盟优秀的企业，具备企业融资能力的人才亦是如此。企业要想吸引有能力帮助企业持续融资的股东加盟，其本身就需要具有吸引该类人才的地方。

　　比如，优秀的企业文化。企业文化是一家企业核心价值和精神面貌的展现。首先，优秀的企业文化可以让员工有强烈的归属感和认同感，使得员工更加舒适地在企业内部工作和发展。同样，对于精英人才加盟成为股东，优秀的企业文化也具有极强的吸引力。因为他们不仅想要一个可以赚钱的机会，也需要一个可以持续发展的平台和一个值得信赖的企业品牌。所以，建立一个优秀的企业文化，是吸引拥有广泛金融人脉资源的精英加盟的必要基础。

　　其次，优质的产品和服务也是吸引优质股东的关键。优质的产品和服务是企业持续发展的基础，也是吸引具备企业融资能力的精英投资成为股东的重点。优质的产品和服务是企业核心竞争力与长期商业发展的外在呈现。拥有企业融资能力的精英眼光独到，在决定是否成为企业股东时，会对企业进行深入的商业分析和调研。如果企业在产品研发、市场定位、管理创新等方面具有卓越的业绩表现，同时在未来商业规划和发展潜力方面具备可靠的保障，那么就足以吸引这些精英成为股东。企业应该主动向潜在的股东展示自身的发展历程、优势特点和未来规划，以便为其信心和决定提供足够的依据。

　　最后，优秀的股东架构和科学的企业治理制度也是吸引优秀精英投资加盟成为企业股东的关键。一个良好的股东架构能够平衡管理层和股东之间的权力，保障股东权益，确保企业的稳健运营。因此，建立透明、公正、细致、规范、可行的内部控制监管机制，以及科学的股东投票和决策机制、完善的股东权责和红利制度、符合法律规范市场规则的入伙和退伙制度等，是吸引精英投资加盟成为企业股东的关键。

七、保持健康的财务状况

说一千道一万，企业到底好不好，来一次财务尽职调查就能一目了然。企业的经营状况、发展前景、投资回报率等都能通过财务状况反映出来。所以，企业财务状况是企业融资对最重要的考察项。

如果企业的财务状况良好，比如拥有充足的流动资产和稳定的现金流，并且有稳定的收入和盈利能力，那么企业通常能够通过银行贷款、债券发行、股票发行等途径获得融资。如果企业财务状况较差，比如有大量的债务、缺乏流动资产、现金流不足，或者持续亏损，那么企业融资可能会面临困难。

因此，企业应该密切关注财务状况，并采取适当的措施来改善财务状况，以提高企业融资的成功率。

（一）财务状况健康的几种表现

财务状况是否健康，通过企业的现金流、净资产、资金周转率、负债、应收账款、应付账款等情况可窥见一斑。健康的财务状况往往体现在应当拥有庞大的现金流、大量的净资产、高频的本金周转率、合理的负债、可控的应收账款、适量的应付账款。

1.庞大的现金流

现金流即现金流量的简称，是现代财务学中的一个重要概念，是指企业在一定会计期间按照现金收付实现制，通过经营活动、投资活动、筹资活动和非经常性项目所产生的现金流入、现金流出及其总量情况的总称，即企业一定时期的现金和现金等价物的流入与流出的数量。

现金流是企业财务分析中至关重要的参数，可以体现出一家企业的财务健康状况、成长性、盈利能力、现金管理能力、偿付能力和预测性。如果一家企业的现金流净额持续增长，意味着企业的收入和利润也在增加，企业处于健康的成长状态。如果企业现金流充裕，意味着这家企业的偿付能力较强；相反，则可能出现不足以偿付负债和支付股息。

拥有庞大的现金流可以保证企业的日常运作有序，提高企业的经营效率和效益。企业在发展壮大的过程中需要不断投资、并购或发展新的业务来保持竞争力，拥有足够的现金流可以让企业更加自由地进行这些举措，拥有足够的现金储备可以让企业避免因资金流动性问题而陷入困境。

股权投资人通常倾向于为进项现金流充沛的企业给予更高估值、更大额度的投资和更灵活的合作方式。因为，这些企业如果需要贷款，更容易获得银行等金融机构支持，金融机构也更倾向于为进项现金流充沛的企业提供更高授信额度，以更优惠的贷款利率和更灵活的还款方式给予支持，因为这样的企业更有可能如期还清贷款本息。

2. 大量的净资产

净资产，是指所有者权益或者权益资本。拥有大量净资产的企业通常是指在企业账面上，其资产总额减去负债总额后的余额很高。这些企业往往具有良好的财务状况和稳定的盈利能力，在业内享有很高的信誉和知名度。这些企业可以利用其净资产作为保证，吸引投资人和融资方，为企业的发展提供更多的资金支持。同时，大量的净资产也可以作为企业抵御市场风险和经济波动的重要保障，能够提高企业在市场上的竞争力和影响力。

3. 高频的本金周转率

本金周转率，泛指预定用于某项投资的某个固定额度在一定周期内的重复使用次数。本金周转率越高，企业盈利能力越强，资金成本就越低，从而更赚钱。

本金周转率是衡量企业资金利用效率的一个重要指标，它反映了企业利用本金的能力。高频的本金周转率意味着企业能够高效地利用本金进行经营活动，并获得更高的经济效益。本金周转率高，可以反映出企业的应收账款较少、库存周期更短、现金流量更充裕、财务风险更小，资金链得到保障之后，企业将更有信心和底气去承担更大的商业风险，实现资金利用最大化，从而提高企业的经营效率和盈利能力。

假设企业的本金来自银行贷款，利息年化率是 6%，这笔资金用于投资净利润为 5% 的项目，如果本金一年只能周转一次，那么该项投资是亏损的；而如果该本金每个月可以周转一次，一年的重复使用次数为 12 次，投资净利润5% 不变，一年的本金回报率就高达 60%，该项投融资行为就是盈利的。

高频的本金周转率表明企业的资金使用能力和经营能力较强，这可以提高投资人对企业的信心和信任，进而吸引更多的投资。

4. 合理负债

合理的负债可以帮助企业获得额外的资金投入，从而扩大生产规模、增加销售收入，提高企业的市场占有率和竞争力。同时，合理的负债也可以降低企业的税收负担，因为利息支出可以抵扣企业的税收。另外，可以提高企业的财务稳定性和流动性，确保企业有足够的资金应对突发事件或经济周期的波动。

过度负债则会增加企业的财务风险，因为企业需要支付更多的利息费用，并可能面临还款压力。债务过多将导致企业信誉度下降，加之经营不善等因素，可能引起财务困境。因为负债必须在一定期限内偿还，否则就需要承担罚款和利息等费用。因此，高额的负债将增加企业的经营压力。

负债多少视为合理呢？企业负债的度是否合理，应根据企业的特点、行业情况、财务状况等因素来确定。从投资回报角度来看，企业资产负债率低于 50% 可视为合理负债；从政策融资角度来看，资产负债率低于 70% 可视为合理。

负债越多，银行等融资机构对企业的信用评级越低，就越难通过审核获得新的贷款。所以，企业一定要优化融资策略，确保资产负债率保持在合理范围内。

5. 可控的应收账款

应收账款是指企业在正常的经营过程中因销售产品、提供劳务等业务，应向购买单位收取的款项，包括应由购买产品的单位或接受劳务的单位负担的税金、代购买方垫付的各种运杂费等。应收账款是伴随企业的销售行为发生而形成的一项债权。

可控的应收账款是指企业能够有效控制、管理和收回的应收账款。这些应收账款一般源于企业的销售活动，包括销售产品或提供服务时的应收账款。应收账款的可控性需通过有效的销售策略、合理的信用政策、准确的客户信用评估、及时的账款催收和收回等措施得以实现。企业需不断提高可控的应收账款比例，降低不良账款比例，减少坏账损失，提高企业的资金流动性和偿债能力。同时，管理好应收账款可以帮助企业提高与用户的关系，增强用户忠诚度和口碑，促进企业的营销和品牌建设。

无论从银行等金融机构的角度还是从风险投资机构的角度，企业的应收账款越少越好。某些行业或者进出口企业不得已产生的账期，该应收账款也应做到可控，最差的情况是最好能做到可以通过商业保理的方式将应收账款变现。

可控的应收账款是企业的一种资产，具有一定的融资价值，企业可以通过将应收账款质押或转让给金融机构融资，以获得资金支持。但是，过高的应收账款可能意味着企业的客户支付能力和信用风险较大，这可能会降低企业的信誉和融资能力。此外，应收账款数量过多可能会消耗企业的资金和资源，导致资金流动性不足，进而影响企业的融资力。

6.适量的应付账款

应付账款是会计科目的一种，用以核算企业因购买材料、产品和接受劳务供应等经营活动应支付的款项。

从乐观的角度理解，拥有适量的应付账款，能够反映出企业拥有较好的社会认可度，在供应链中比较被信任，也就是说这家企业信用较好。另外，应付账款本身是一种融资行为，适量地争取到账期，是企业融资力的一种表现。

从悲观的角度理解，之所以有较多的应付账款，或者是因为企业面临经营困难、现金流紧张，或者资金链断裂等可能，导致无法及时支付应付账款。较多的应付账款可能会影响企业的信用评级和融资能力，从而间接影响银行的融资业务，因为银行在审查企业的贷款申请时若发现该企业有大量未支付的应付账款，可能会认为这家企业经营状况不佳，风险较高，从而可能拒绝该企业的贷款申请。而从风险投资机构角度看，较多的应付账款可能意味着企业存在经营风险，可能因为企业无法按时支付应付账款，最终导致供应商出现信任危机，进而对企业的现金流和运营产生不利影响。这会让风险投资机构对企业的财务状况和经营风险产生担忧，进而影响其继续投资或增加投资额的意愿。

当然，应付账款是企业日常运营中不可避免的一部分，适度的应付账款对企业的运营也是必要的。但是，如果企业的应付账款长期积压、迟迟无法兑付，就会影响企业的财务状况和信誉，进一步影响企业的发展和融资。

（二）加强进项现金流

企业的进项现金流是指企业收到的来自渠道商或客户的现金流入，包括销售收入、预收款、商业贷款和退款等。这些现金流对于企业的经营活动至关重要，因为它们可以赋予企业财务灵活性，提高企业的盈利能力。企业只有保持充足的、强大的进项现金流，才能确保正常的运营和投资。

1. 进项现金流的重要性

进项现金流是企业生存和发展的重要基础与重要源头。企业有充裕的进项现金流意味着企业拥有充裕的现金储备和可观的运营收入，表明企业在一定程度上具备了稳健性和成长潜力。

企业需要支付供应商货款、员工工资、房屋费用、水电费用等，进项现金流是保持企业正常运营的重要来源，只有拥有稳定的进项现金流，企业才能保证按时支付这些费用，保持正常运营。如果有稳定的进项现金流，企业更有能力抵御不利的市场形势，可以帮助企业提高供应商、客户和银行的信誉度，赢得市场的信任，从而更容易获得更多资金和更多市场份额。反之，如果缺乏稳定的进项现金流，会直接影响企业的正常运转，甚至可能导致现金流断裂，最终影响产品生产、产品交付，甚至影响还款能力，从而给企业带来倒闭风险。

在投资人眼里，企业可以暂时不赚钱，甚至可以亏钱，但是得有可观的进项现金流。因为进项现金流是运营团队变现能力的表现，是商业模式可行的表现，是产品受欢迎的表现。投资圈有句名言："离钱越近的项目，越有可能取得成功。"所以，保持充裕的进项现金流对于提高企业融资力具有举足轻重的作用。

企业的现金流状况直接影响企业融资行为。为了提高融资成功率、降低融资成本并获得更多的融资资金，企业必须稳定并增加其进项现金流。

无论是股权融资还是债务融资，都会通过分析企业的进项现金流状况来确定企业的盈利能力或偿还能力，若现金流不足或不稳定，申请融资的成功率将降低。好的现金流状况会为企业争取到更低的融资成本，而不良的现金流状况则会导致更高的融资成本。企业进项现金流状况良好时，可选择多种融资方式，如股权融资、信用贷款、企业债券、股票发行等。而如果企业进项现金流不足，则会变得被动，甚至无法获得融资。

现金流就好比人体内的血液循环系统，进项现金流枯竭等同于造血功能衰竭，结果就是"玩完"。在现实生活中，大部分企业之所以倒闭，就是进项现金流枯竭所致。所以增加进项现金流是每家企业都必须作为重心对待的工作，现金流是企业的生命线，是应对市场变化和面对风险挑战，保障企业存续和稳定发展的重要保障。

2. 进项现金流的主要来源

现金流的来源主要包括销售收入、股权融资、负债、资产转化、减少存货和降低成本等。企业可以调整这些来源来增加进项现金流。

销售产品或提供服务是企业获得进项现金流的首选方式。其次是通过向银行、投资人或其他渠道融资。最后是将资产转化为现金，如出售闲置资产。另外，可以通过适当提高应付账款额度，增加负债的方式获得现金流。还有就是及时收回应收款项，缩减应收账款额度也是提高企业现金流的办法之一。

3. 影响现金流稳定的主要因素

影响企业现金流稳定的因素较多，如固定资产投入、订单数量和价格波动、应收账款增减、经营管理不善和财务风险等都会直接影响现金流的稳定。

增加固定资产投入。增加固定资产投入会影响财务流动性，进而影响企业的盈利能力，在市场需求较差时可能会导致无法覆盖成本，从而影响现金流的稳定性。

订单数量和价格波动。订单数量和价格波动可能会导致产品或服务收入波动，从而影响现金流的稳定性。

应收账款的增减。应收账款的增加会导致现金流的延迟和缺失，可能会对企业的现金流造成不利影响。相反，应收账款的减少则可能增加现金流的数量。

经营管理不善和财务风险等。经营管理不善、运营问题、供应链中断、法律诉讼等各种风险，都会导致企业现金流的不稳定。尤其财务管理不善、缺乏预算、过度依赖短期贷款等也会导致资金流动不畅，进而影响企业现金流的稳定性。

宏观经济环境变化和政策法规的变动。宏观经济环境的变化会影响企业的经营环境和市场需求，因此影响企业现金流的稳定性。政策法规的变动也可能导致企业财务压力增加，从而影响现金流的稳定性。

4. 增加企业进项现金流的几个建议

要想有效增加进项现金流，企业首先应当优化供应链管理、精简库存、减少存货占用资金的比重。适当降低开支和控制成本，谨慎采购、优化流程、减少浪费。并改进市场营销策略、提高产品或服务的质量，提高企业获取订单的能力，通过提高自我"造血"能力改善现金流问题。

其次，优化账单和款项结构，积极跟进欠款，加快收款速度，并合理管理和控制资本支出，减少资金占用，为企业提供更多的现金流。

最后，积极寻找各种融资渠道，如银行贷款、发行债券、融资租赁、股权融资、市场融资、政策融资等，为企业提供额外的资金支持，通过外部"输血"保障现金流的充裕和稳定。

其中，通过市场订单增加进项现金流，是一个特别有效的方法。

订单，泛指买家购买产品或服务后与卖家之间建立的一种约定关系，其中卖家承诺向买家提供产品或服务，买家则承诺按约定付款。订单一般包含产品或服务的详细信息（数量、型号、价格等）、交付方式、付款方式、收货地址等内容。在现代商业中，订单通常通过电子商务平台或传统渠道进行创建和管理。

（1）订单的主要来源

通常情况下，订单的主要来源无外乎广告宣传、展会或活动、转介绍等。

通过广告投放、市场营销活动、社交媒体宣传等广告宣传方式，让潜在用户了解企业、品牌和产品，提高品牌知名度和美誉度，吸引用户下单是比较有效的获取订单的方法。

再者就是以参加行业展销会、行业论坛、户外促销活动、粉丝见面会、公益活动等展会或活动的方式触达用户，并建立互信关系，了解用户需求，促成订单的生成。

还有就是老客户口碑推荐、合作伙伴推荐、中介推荐等转介绍等方式让企业信息和产品信息触达用户，经过了解产生消费需求，进而获得订单。

（2）影响订单成交的几个因素

营销是影响订单成交的重要因素。比如，广告是用户了解产品特点、性能、优势的主要途径。广告通过宣传产品功效创造用户需求，其精美画面、音乐、消费主张等刺激消费者的视觉和情感，引起用户购买兴趣和需求，激发其购买欲望。广告还可以提高用户对产品和品牌的认知，增进品牌形象，提高品牌信任度，进而提升需求度。

文化契合度也是影响订单成交的主要因素。用户所处的社会环境和文化背景，包括文化传统、风俗习惯、社会价值观念、社会认同等，以及用户个人认知、思想、态度、消费观念、人格特征等，都会影响其购买决策。品牌和产品传播的文化越契合用户的文化认知，越容易获得订单。比如，你不能向吃素的人推销肉质品，否则非但无法销售成功，还可能因为触怒对方而遭遇没必要的麻烦。

另外，需求强度和契合度也是影响订单成交的一项因素。产品本身的品质、功能、价格、设计、包装等要素和用户的需求越契合，需求强度越高，越容易获得订单。

（3）提高订单量的几个建议

提高市场曝光度、提供优质用户体验、加强品牌建设、推出优惠活动、做好市场调研、培养优秀市场人员，都是有效提高订单量的方法。

首先，通过广告投放、推广活动、社交媒体宣传和搜索引擎优化等方式，提高企业产品或服务的曝光度，吸引更多的潜在用户。

其次，充分了解自己的用户，了解用户的需求和采购习惯，就产品和服务有关的问题与用户沟通，通过了解用户的需求和预算，提供最适合用户的产品和服务，并提供相关解决方案来解决用户需求中的问题。

最后，提高市场人员的工作素质和技能，增加客户的信任度，提供高品质的产品和服务，以合理的价格，为用户创造超值体验，提高用户满意度和忠诚度，从而提高成交率。

八、设计一份能打动投资人的商业计划书

商业计划书（Business Plan，BP）是创业者的创业计划书，同时也是创业者向投资人寻求融资的敲门砖。一份好的商业计划书是敲开投资人大门的敲门砖，是打动投资人的"表白书"，是自我商业模式的推演沙盘。所以，一份能打动投资人的商业计划书有助于提升企业融资力。

（一）商业计划书的作用

商业计划书的主要功能是向潜在投资人展示企业的商业模式、市场定位、竞争优势、营销策略、财务数据等关键信息，展示企业的战略规划和发展前景，预示自己项目的市场、盈利潜力，帮助投资人更好地了解企业的状况。

但是，商业计划书首先是给自己看的，其次才是给投资人看的。所以，无论是否需要融资，创业者都应该认真对待，实事求是地把商业计划书写好。好的商业计划书可帮创业者提炼和梳理创业思路，指导分析市场和用户、找到好

的定位和切入点、明确产品逻辑和业务走向、规划发展路径、搭建团队、制定资金规划和市场策略等。商业计划书一定要战略远大、目标明确、计划严谨、条理清晰，商业模式应具备创新性和可行性。

通过梳理商业计划书，落实想法和计划，可以迫使创业者检查项目的运作构思到底是否可行，改正不切实际的想法，降低试错的代价。同时，还能够让创业者加深对项目核心要点的记忆，如发展目标、市场竞争、解决方案等，对整个项目逻辑和战略规划胸有成竹。很多创业者开启创业之旅时，只是心血来潮，凭感觉自以为是地就开干，几乎没有系统思考过该怎么干、怎么赚钱、什么时候该干什么、找什么样的人一起干等问题，这样的创业成功可能性极低。当创业者认真完成商业计划书，很大程度上就已经知道自己的项目是好或是差，进而调整方向或中止创业，挽回不必要的损失。

因为在编制商业计划书的过程中，创业者往往需要查阅大量资料，从而更详细了解创业项目所处环境的前景、机遇、竞争、自我优势和不足，并根据市场环境、竞争对手、技术瓶颈、边际效益等问题寻找对策，进而形成一套具有远景战略、明确目标、详细执行步骤的创业地图，进而提高管理企业的能力和获得足够的时间为未来做打算，做到防患于未然。

一份完美的商业计划书可以增强创业者的自信，可以吸引优秀人才、凝聚团队、获得供应商的支持，创业项目更容易控制、对经营更有把握。因为商业计划书提供了企业全部的现状和未来发展的方向，也为企业提供了良好的效益评价体系和管理监控指标，使创业者在创业实践中有章可循。

另外，商业计划书是用于融资的。既然要找别人出资陪你担惊受怕，与你共担风险，别人肯定要了解你是谁，你能做什么，与你合作有什么好处和存在什么风险，你的创业项目怎么样。所以，这份商业计划书至少应该包括项目简介、产品或服务介绍、市场分析、竞争对手分析、核心团队介绍、发展计划和步骤（里程碑）、财务计划、股权情况、组织架构、已投资情况、已获得业绩（合约和订单）、盈利模式、估值、资金用途等内容。

（二）商业计划书的几个原则

原则一：真实可信。商业计划书需要真实地反映企业的情况，包括市场情况、财务情况、团队情况、竞争对手、用户需求等。同时，需要确保商业计划书中所提到的数据和信息是可信的，需要有可靠的数据来源和证明。

原则二：全面具体。商业计划书需要全面地呈现企业的规划和目标，并具体地阐述实现这些目标的方案和步骤；需要涵盖市场、财务、人力资源、运营等方面的内容，并给出具体的数据和预测。

原则三：突出亮点。商业计划书需要突出企业的亮点和优势，强化产品的需求度和解决痛点的必要性，提高投资吸引力；需要突出企业的独特性、创新性以及前景。

原则四：合理可行。商业计划书需要以实际情况为基础，需要切实可行，符合市场需求；需要充分考虑企业自身和市场竞争的实际情况，并给出可行的解决方案。

原则五：清晰简明。商业计划书需要采用清晰简明、易于理解的语言和结构，使读者能够快速了解企业的情况和目标，同时方便理解和审阅；需要避免过度华丽的辞藻和复杂的表述，尤其要避免使用容易被误解或产生歧义的表达方式。

原则六：言简意赅。商业计划书的表达一定要言简意赅，能用一个词说明白就不要用一句话，能用一句话说明白的就不要用一段话，一定要避免重复、啰唆、烦琐。职业投资人是以分钟计算工作效率的，废话连篇的商业计划书只会浪费纸张，不会有投资人耐心看下去。

（三）商业计划书的几个重点

关于商业计划书的写作，网上和各种书籍中都有不同的教程，可以说是资料丰富但良莠不齐，因此很多创业者非常困惑，究竟哪个版本的商业计划书才是正确的呢？实际上，商业计划书并没有所谓的"正确版本"，但有共性。

原则上，一份优秀的商业计划书，应该是一个令人信服的故事；并以此设定论点，然后科学、谨慎、合理地对论点进行预测。

梳理商业计划书的过程，就是对企业未来商业计划设定目标、解释目标，然后制订一个可行性的计划，让经营团队可以顺利完成这些目标。

本质上，商业计划书就是要表明，为什么你的想法是一个好的想法或提供了一个好的机会？计划的实现需要什么资源？谁具有执行和完成该计划的视野和领导力？你如何完成该目标？商业计划书就是将企业的商业模式进行了精要、关键的介绍，让投资人了解你的商业计划之后能够获取有效缓释和管理风险的机会。

1. 商业计划书起草前需搞明白的问题

◇我是谁?

◇我在做什么?

◇我如何赚钱?

◇我能解决什么问题?

◇谁是我的用户?

◇我的用户如何向我付款?

◇我的业务能走多远?

◇我需要什么?

◇我能够满足你的什么需求?

◇我的团队由谁组成?

◇我如何知道我的解决方案是如何实现的?

◇现在是否还有其他人在从事同样的业务?

◇在不远的将来，谁能够从事同样的或类似的业务? （预测和鉴别未来可能的竞争对手）

◇相比于竞争对手，我的优势是什么?

◇我如何说服目标用户作出购买决定?

◇我如何让新用户变成回头客?

◇获得一个新用户的成本是多少?

◇获得一个付费用户的成本是多少?

◇让用户感到满意的成本有哪些?

2. 投资人最关心的问题

（1）关于团队

企业团队成员由哪些人组成? 哪些是内部成员? 哪些是外部成员? 他们是否知道如何正确地处理问题?

（2）关于盈利

企业是如何赚钱的? 产品是什么? 商业机会、价格、用户和竞争对手是什么情况?

（3）意外事件

企业可能发生最坏的事情有哪些？有没有哪些超乎你控制范围的事情会让整个事情变糟糕？你的应对措施有哪些？

（4）关于融资

你想要多少钱？你真实需要多少钱？为什么？还有没有可替代的方法来获得这些资源？你的计划具备哪些创造性？运营成本是否已经达到最优化？具体的节约行为体现在哪？该项目的优点是什么？缺点又是什么？你预计多久可以完成下一轮融资？我们的退出策略方式有哪些？

（四）股权融资必备的三份商业计划书

在笔者的多年融资顾问生涯中，接触到的商业计划书近万份，从中发现了一个共同的问题，那就是很多商业计划书几乎都是十几二十页的PPT，这是创业者缺乏股权融资实操经验的一致表现。这也是绝大部分商业计划书投递出去后如石沉大海，没有任何下文的根本原因。

有经验的融资团队，在股权融资时，一般会准备三份商业计划书——一页纸的商业计划书、10页纸的商业计划书、30页纸纸的商业计划书，根据和投资人接触的不同程度，使用不同的商业计划书。这样才能取到更高效的融资效果。

1.一页纸的商业计划书

一页纸的商业计划书是针对第一次接触的投资人，或者针对有兴趣的投资人进行的简要介绍。其内容长度最好能让你在30秒，最多不超过1分钟的时间内，清晰表达你商业计划书的核心内容，确保让听众明白你是谁？你在做什么？这件事情有多大的意义？你希望和他发生什么关系？这件事情对他有什么好处？

这份商业计划书虽然只有一页纸，但是最考验笔杆子功底，常常被业内戏称为"迷你商业计划书"，或者"电梯演说稿"，可见其难度。这份商业计划书中的每一个关键主题都只能浓缩于一两句话，表达出来的意思要准确、明了、容易理解和具备完整性。

其内容建议如下。

◇用一句话清晰描述项目的商业模式，如你的产品或服务是什么、这些产品或服务谁需要、怎么样让产品或服务触达你的用户等。

◇用一句话说明为什么你的产品或服务及时解决了用户的痛点和填补了市场的空白。

◇用一句话描述项目的前景，最好用具体数字来描述巨大的市场规模和潜在的远景。

◇用一句话概括创业项目的竞争优势。

◇用一句话概括创始团队是一个怎样的最佳拍档。

◇用一句话，包括具体数字和时间来概述项目将如何在最短时间内让投资人的投资获得最大化回报。

◇用一句话来陈述你希望融多少钱、主要用来干什么。

2.10 页纸的商业计划书

10 页纸的商业计划书，并不是指必须只有 10 页纸，一般情况下 8 ~ 12 页纸之间都属于此范围内。这份商业计划书主要用于路演，或者提供给已经看完一页纸商业计划书希望进一步了解项目的投资人，作用是对一页纸商业计划书进行解释，帮助目标投资人清晰了解项目和加深项目印象。原则上，到了这个阶段，融资人需要配合一些工具、模型、产品来辅助介绍或展示，让投资人准确了解项目。

这份商业计划书的每一个关键性主题可以用一两段话的篇幅进行介绍，并尽量提供相关佐证，以便投资人更高效、直观地理解。

（1）项目简介

此部分内容可直接用一页纸商业计划书代替。

（2）产品或服务介绍

产品或服务就是人们常说的商业模式，也就是你的企业打算靠什么去赚钱。

建议坦诚地说明产品或服务能解决谁的什么问题，也就是产品和服务有什么价值，产品或服务解决的问题用户是否真的愿意掏钱，有什么样的成本优势，产品可不可以自动化、规模化生产，边际效益怎样，技术壁垒怎样，说白了就是别人如果要模仿你需要多少时间。

（3）市场分析

市场，是老板们必须时刻惦记的一点，因为产品或服务的市场机会和市场空间决定项目的死活。只有把握住市场机会，才是企业成功之王道。

市场部分建议从宏观、微观，以及你将如何开发自己的市场等三个方面进行具体说明。

市场宏观数据概括性地说明即可。其中需要着重讲述的是与企业产品或服务息息相关的市场数据，即微观市场、你力所能及的市场，这些数据越详细越好。

然后，要说明你如何行之有效地做市场。包括谁为产品或服务付费，这个人群规模有多大，他们的核心需求是什么，什么东西最能吸引这类人群，这类人群和其他人群有什么区别，用户通过什么渠道和方式获得你的产品或服务，产品或服务信息通过什么途径和方式可以联系并触达到用户，竞争程度怎样，等等。

一个好的创业项目，产品或服务应该处在正在或者即将崛起的市场阶段，应该在不远将来可以形成较大的市场规模，目前暂无强大的竞争对手。

（4）竞争对手分析

有经验的股权投资人一般不会相信企业没有竞争对手，更不会相信谁家的产品是唯一的、没有竞品的。比如，你研发了一种全新的新能源汽车，投资人不会仅凭你一面之词就决定投资，他们会去行业头部企业那里打听，问问有没有同类产品，问问这些头部企业为什么不研发该类产品，再让它们谈谈对该类汽车的评价。

当然，如果竞争对手也还处于创业期，而且你的技术和产品比竞争对手强，说不定投资人会帮助你把项目做好了然后把对手兼并了。所以，商业计划书一定要真实、准确地陈述当前的竞争状态，这样投资人才知道怎么支持你。

关于竞争对手分析，最好详细地说明你所处的赛道有没有行业寡头，细分市场竞争份额是怎样分布的，竞争对手的企业介绍、企业实力、产品种类、产品定价、产品优缺点、产品包装、营销方式、市场占有率等情况如何，同时应该包括潜在竞争对手的情况和市场变化分析，自家项目产品竞争优劣势分析等。

（5）核心团队介绍

团队是项目的实际操盘手，决定了项目的成败。三流的团队操盘一流的项目可能会是三四流的结果，但一流的团队操盘三流的项目却可能做成一二流的结果，这就是团队和项目的关系。正所谓"没有卖不动的产品，只有卖不动产品的人"，核心团队的重要性不言而喻，所以团队介绍是投资人非常重视的内容。尤其要重点介绍创始人，"火车跑得快，全靠车头带"，创始人是团队的主心骨，是项目的灵魂。因此，创始人的毕业院校、曾经是否在知名企业任职、是否主导过项目成功案例、创始人与创业项目的经历及梦想情怀等都是投资人关心的内容。建议单独用一页纸介绍创始人。

关于创始人，一个有远见能看到企业未来且能整合资源的人，一个能够把远见转变成产品的技术专家，一个能将产品卖给任何陌生用户的销售高手，是一家初创企业团队领导者的最佳人选。

关于核心团队，不是指那些花高薪就能招聘来的员工，核心团队成员应该是那些拥有共同奋斗目标，愿意为同一个目标赴汤蹈火，共进退、共荣辱、共担风险的心灵伙伴。好的是核心团队是企业最好的金字招牌，能为企业吸引更多的投资人，带来更多的融资。

如果团队成员既没有进过名牌的大学，也没有在著名大企业工作过的经历，也不用灰心，可以具体挖掘一下他们的真实才能。比如，学习的是什么专业，该专业与所在创业项目岗位的契合度；曾在什么企业里担任什么职务，该任职经历与当前工作内容的关联度，全程参与过哪些项目；等等。要重点体现团队分工的合理性、团队间的能力互补情况、团队成员关系的密切程度、团队组成的经历等。企业核心团队是投资人重点关注的内容，必须给予足够重视。

投资人眼中的核心团队的最佳组合在前文已有论述，但更重要的是，投资人希望从核心团队身上看到，他们每个人都能在自己的领域看到未来的机会，每个人都想要企业有一个好的商业模式，对企业的发展目标都坚信不疑，他们非常自信、好学，对周围更聪明、更有经验的人非常谦逊，能够吸引优秀员工、用户、供应商、销售商、战略合作伙伴、顾问和投资者。

重要的事情说三遍，核心团队是融资成败的关键！核心团队是融资成败的关键！核心团队是融资成败的关键！如果核心团队曾经做过什么成功案例，或者团队成员某人曾经主导过什么成功案例，一定要着重介绍。因为绝大部分人（包括投资人）都会相信，一个曾经成功把企业做上市的人，也有可能把另一家企业做上市。

（6）发展计划和步骤（里程碑）

商业计划书的发展计划和步骤即为新创企业设立的未来的里程碑，甚至可以理解成创业团队向投资人的一种承诺。因此，里程碑不能拍拍脑袋想当然地标示，一定要结合企业实际情况并经团队探讨后严谨制定。要明确什么时候产品能够顺利通过各种测试推向市场？什么时候企业账上开始有进账？什么时候可以批量生产上市？什么时候达到盈亏持平？什么时候开始赚第一块钱？一年之后会怎么样？三年之后会怎么样？五年之后又会怎么样？里程碑一旦制定，就要严格地执行落地，逐一实现。投资人允许实际执行与既定计划的时间节点略有出入，比如，里程碑计划3个月内产品能顺利量产，实际达成目标花了3个半月，却很难容忍里程碑计划3个月实现的目标，大半年了还没实现。

仔细想好你将迈出的每一个重要的脚步，确定你的企业在走向成功和辉煌道路上的每一个重要的时间节点。在投资人眼里，梦想只是创业的起点，只有计划才是圆梦的开始，一切没有可行性执行计划的梦想都只是空想。

（7）财务计划

财务计划以及对它的分析、预测是商业计划书中最重要的部分之一，但是在很多商业计划书中，这也是比较容易被忽视的内容。

除了在商业计划书中有大概的财务计划介绍外，通常投资人对有兴趣的项目一定会要求详细的 Excel 文件。而且需要注意的是：至少做3年的财务计划，最好做5年，把重点放在第1年，并写清楚三张表——财务假设（Accounting Assumptions）、收入预测表（Income Statement）、现金流表（Cash Flow），并形成利润表（Income Statement）。

① 财务假设。财务假设首先要设定假设的立足点，明确前提条件，一般包括会计主体、持续经营、会计分期和货币计量四个基本前提。搭建财务模型，要把所有的假设都放在一个3～5年的时间轴上，其中第1年按照月份做预测，第2年按照季度做预测，第3～5年，按照年度做预测。

② 收入预测表。收入预测分析的关键是要确定收入的主要驱动要素，最重要的有七点：

一是产品和服务的单价。

二是用户数量和交易量。同时还要考虑收费模式，分销渠道的折扣，产品和服务推出的时间，新产品和新服务，市场覆盖率，用户占有率、重复率和流失率，不同月份的增长率及季节性因素等因素。

三是确定产品和服务的成本驱动因素。比如，材料成本、直接人工成本、设备折旧、成品率、网站成本、配套生产设备成本、仓库及运输成本、设备维护费用、租赁费用、生产能力利用率等因素。

四是确定各项费用的驱动因素。比如，市场和营销费用中的人员费用、销售提成、广告展览、品牌建设、宣传材料、用户服务、技术支持等因素；研发费用因素中的人员费用、测试费用、产品上市的时间、专利及版权申请、样品生产、研发分包等因素；管理费用因素中的人员费用，电脑和办公设备折旧，法律、财务和其他服务费用，招聘、信息系统费用，办公室租金及配套费用等。

五是确定关键岗位人员，如市场及营销人员、研发和技术人员、管理人员，还可能包括生产人员和服务人员。对于每个人员都要明确岗位和职务、数量、雇佣时间、薪酬水平等。如果企业发展非常快，关键人员的薪酬要与市场同类可比企业相当。

六是确定企业在未来五年的主要资本输出，如厂房设备、电脑、办公设施等，还要确定不同类型资产的折旧年限。为方便起见，假设所有的固定资产投资都发生在每年的第一天，这样第一年和第二年的折旧，按月份和季度均摊。

七是确定企业需要承担的税收类别和税率，还要考虑税收优惠政策等因素。

③现金流表。现金流表可以反映企业的现金流量，评价企业未来产生现金净流量的能力，评价企业偿还债务、支付投资利润的能力，谨慎判断企业财务状况，分析净收益与现金流量间的差异，并解释差异产生的原因。通过对现金投资与融资、非现金投资与融资的分析，可全面了解企业的财务状况。设置现金流量表的公式为现金净流量＝现金收入－现金支出，包含经营活动的现金流量、投资活动的现金流量、筹资活动的现金流量等。

④利润表。利润表也被称为损益表，有了前面的三张表，就可以形成一张预测出的利润表。利润表出来之后，根据表中的各项指标评估收入、利润增长是否合理，是否能满足投资人对创业企业的发展需求，毛利率、净利润是否合理，净利润逐年提高是否合理。如果有问题，回头看看是预测环节中的哪个财务假设指标出现了问题，然后逐步调整，直到预测利润表看起来既合理又恰当。

一份经得起推敲的商业计划书，财务计划部分是关键。有了财务计划，在路演或面对投资人的提问时，创业者就能底气十足地描述未来3年乃至5年的发展规划和财务预测模型，能让投资人认为该项目的负责人胸有成竹，对项目有充足的准备和信心，也有成熟稳妥的经营计划，这样获得融资的把握会更大。

（8）股权结构

股权融资就是引进新股东，既然要拖人家进企业当股东，那人家必然要知道自己将来可能要和哪些人共事。所以，商业计划书中应当对当前的股东结构进行说明，最好以图表演示。内容主要包括谁认缴出资多少钱，实缴出资多少钱，占有企业股权多少比例等。

（9）组织架构

企业的组织架构包含企业注册地，是在海外还是国内，有哪些分公司、子公司、关联企业，投资人的钱从哪里注入等。企业的组织架构关系到股东利益是如何体现的，因此最好画一张图表来表达清楚。同时，也要介绍企业是如何运转的，有哪些部门，各部门的管理者是否分工明确、是否各就各位等。最好也用一张图表详细表达出来。

（10）已投资情况

作为创始人，你有伟大的梦想和宏大的愿景，那么你在自己的创业项目里资金，又有谁已经投资了你的企业，各投资了多少，也要在商业计划书中详细说明。只有知根知底，投资人才会放心地把资金交给你去打理。

（11）已获得业绩（合约和订单）

说一千道一万，再漂亮的 PPT 和再好听的故事，都不如已经签回来的合同、意向书、订单等已获得的业绩更有说服力。所以，要想更快拿到投资，最好的办法是，多签点合约和订单回来。

（12）盈利模式

投资人并不在乎你未来能不能成为亿万富翁，他们更关心投资你的企业后，你的企业什么时候能赚到第一块钱，第一块钱是怎么来的、从什么地方来、什么时候来，这些对于盈利模式的描述需要清晰的、可信的、明确的，以一种令人看得见、摸得着的方式展现出来。

（13）估值

估值是一个创业者和投资人不可回避的问题。想要多少钱，准备出让多少股份，不管心理价位是多少，在商业计划书中都应该明确提出要价。比如，你想融资 500 万元，计划出让 10% 股权，相当于投后估值 5000 万元，不管是多少，都得白纸黑字写明，不能稀里糊涂地让投资人先出价。虽然投资人肯定会有自己的心理价位，但也得作为卖方的你先报价。

（14）资金用途

即使已经有详细的财务预测，建议在商业计划书里还是应该专门用一页纸清晰地将资金用途罗列出来。比如，办公室租金、员工工资、水电、技术研发、产品生产、市场拓展等费用分别是多少，认真地把这些数据明确出来。

3.30 页纸的商业计划书

30 页纸的商业计划书也并不是指必须有 30 页纸，"30"只是一个概数。这份商业计划书需要对融资项目的整个发展战略、目标、计划、执行方案、可行性推演模型等进行完善，尤其要详细描述说明企业如何满足发展目标需求。对于每一个关键性的主题，可以用两到三页的篇幅来进行详细介绍。

其内容架构建议如下。

（1）项目概述

◇历史概述

◇任务阐述（为什么你要从事这项业务）

◇关于你的收入和商业模型的讨论

◇你的产品和服务概要

◇你的管理团队背景（总括性的）

◇你的市场的主要特征

◇当前企业财务状况总结（在合适的地点）

◇你需要融入多少钱？为什么？

（2）企业概况

◇组织和管理结构

◇运营和管理策略

◇产品和服务描述（当前的和预期的）

◇行业和你所竞争的市场（或者你计划去竞争的市场）的发展趋势简介

◇企业的关键性优势与劣势

（3）产品和服务扩展性的讨论

◇当前能提供的关键性的产品和服务

◇每一项产品和服务所专有的优势与劣势

◇期待的产品和服务（对于未来产品的开发和研究将会如何影响你的融资行为）

（4）市场分析

◇对你所竞争的市场的扩展性描述（规模、趋势、增长预测以及其他）

◇对关键的竞争者和未来可能的竞争者的分析（以及在面对新的竞争者时你的商业模式应如何变化和改进）

◇对于关键客户和代理商的分析与描述（当前的和预期的）

◇对于当前的和预期的产品线的市场研究

◇对于市场进入障碍的分析，以及你的可持续竞争优势

（5）营销和广告策略

◇当前的策略和预期的用户

◇定价政策和策略

◇广告和公众联系计划以及战略联盟

（6）财务计划和策略

◇对过去 3 年到 5 年的财务表现作出总结

◇当前的财务状况（包括以附件形式出现的最近的收入报表和资产负债表）

◇规划的财务状况（对未来 3 年到 5 年的预计，附上 Excel 财务模型）

◇对工作目标的深入讨论，以及如何让资金有效分配和使用来实现这些目标

（7）建议的展示内容和附件

◇管理团队核心成员的简历

◇组织章程

◇实现目标的时间安排表

◇关键文件和合同的复印件

◇最近的媒体形象的复印件

◇关键产品的照片或所提供服务的广告材料

◇用户和专业顾问列表

九、借力财务顾问提升股权融资力

财务顾问，西方国家称为 Financial Advisor（FA），是指为企业提供财务咨询服务的专业机构或人士。财务顾问可以帮助企业作出理性的财务决策，优化财务管理，提高投资回报率等，尤其在企业股权融资方面，发挥着举足轻重的

作用。财务顾问通常熟悉企业财务、投融资、资本运作、金融法学等相关专业知识，而且具有庞大的金融圈人脉，面对企业与钱相关的各种问题能够提供多种服务和咨询。

财务顾问在企业股权融资中发挥着不可替代的作用，大量的股权融资案例中都能看到财务顾问的身影。他们能够帮助企业确定合适的融资方式和融资规模。通过对企业进行深入的财务分析和调查，了解企业的实际融资需求和实力，从而为企业量身定制最适合的融资方案，并匹配对口的投资机构和确定融资规模，提高融资效率。

财务顾问往往具有丰富的行业经验，能够在企业融资前进行风险评估和预测。通过对行业市场和经济环境的研究分析，对企业的融资份额、出资条件、退出规则等方面进行评估和设定，为企业选择更有利于企业发展的投资人，避免企业在融资过程中和之后的发展可能遭受的风险。

总的来说，帮助企业做好风险控制和管理，提供全程咨询服务，为企业创造最大价值是财务顾问能为企业提供的服务。

（一）财务顾问的作用

融资是一项技术，更是一项自愿整合业务，学习融资技巧很容易，但是要想真正地融到资金很难。因为融资的本质是获得投资人的认同，而获得认同的前提是你能够接触到。很多企业之所以融不到资，很大原因就是无法接触到投资人，这个和技术无关，主要是人脉的问题。财务顾问的最大竞争力不在于他们有多专业，而在于他们拥有什么样的人脉。所以，财务顾问的桥梁作用就显得尤为珍贵。

影响股权融资成败的还有一个很容易被忽视的因素，那就是融资项目团队的表达能力，同样一个事实，说什么、怎么说，结果完全不同，很多企业老板是不了解这些的，而经验丰富的财务顾问可以充当其导师，为融资项目团队进行话术设计和演说训练，确保项目方能够以正确的姿势出现在投资人面前，进而提高融资成功率。

1.财务顾问的桥梁作用

很多投资人曾公开表示，他人只投熟人推荐的，自己熟悉的领域。那么问题就来了，作为创业者，你认识这些投资人吗？你不认识他，他也不认识你，那你怎么融资？这时，财务顾问就发挥了桥梁的作用。

很多时候项目不能融到资不是项目的问题，而是融资人的问题，要么选错了融资模式，要么找错了投资人，要么用错了负责融资的人，所以融资才会失败。试想一下，你的项目是三农项目，你要融资买肥料，但你去找投资互联网项目的投资机构融资，那能融资成功吗？再如，你只做了个样品，厂房和生产设备啥也没有，就去找银行用公司贷款，贷款能批下来吗？而如果你聘请了专业的财务顾问，他们会根据你的项目情况，设计出最可行的融资方案，用什么融资模式、找谁融资、融多少钱等问题，他们都会量身定制、科学规划，然后再匹配对应的投资人，成功融资就变成可以实现的事情。

2. 财务顾问的导师作用

财务顾问能够帮助企业规划好融资方案，能够帮助企业对接好投资人，但是无法代替项目方接受投资人的面谈，因为项目的实际执行团队是投资人决定是否投资某项目的重要考核对象。所以，项目的核心成员必须亲自面对投资人，向投资人做项目路演，接受投资人的质询和尽职调查。如果项目团队没有任何融资经验，或者对于项目的蓝图勾勒、商业计划、财务模型、执行要点等关键信息的表达不知如何取舍，不会扬长避短，不懂得突出卖点，就很容易导致投资人丧失信心和信任，最终影响融资结果。

这时，财务顾问的导师作用对项目融资成败有着至关重要的影响。能从事财务顾问的机构，一般是由有着丰富融资经验的人创办的，对于怎样应对投资人，怎样做好一场路演等问题，财务顾问一般能提前进行融资训练与彩排，确保项目团队在投资人面前应对自如，真实、准确地表达出自己的优势。

（二）财务顾问的服务内容

财务顾问可以为企业提供全领域的财务咨询服务。有人将财务顾问片面地理解成融资中介，事实上，融资中介服务只是财务顾问提供的服务之一，财务顾问还可以通过对企业具体需求和投融资目标的综合分析，拟订最优的财务管理方案，帮助企业解决资产管理、财务规划、投资银行服务、税务服务、财务分析咨询等多种与钱相关的事宜。

1. 资产管理

财产顾问所提供的资产管理服务是指对企业拥有的各类资产，如固定资产、流动资产、无形资产等进行收益和风险管理的一项业务。企业资产管理是一个全面的、系统的工作，与企业的财务管理、人力资源管理、运营管理等众多个方面息息相关。企业的资产管理能力强弱直接体现为企业财务状况的好坏，会直接影响企业的融资力，所以要提升企业融资力就要做好资产管理。财务顾问在企业资产管理中扮演着重要的角色，可以帮助企业实现资产管理的效益最大化。

财务顾问一般具有较为丰富的专业知识和行业经验，可以为企业提供专业的资产管理方案和服务，使企业能够科学合理地进行资产规划和管理；协助企业制定资产策略和目标，并根据企业的实际情况实施，以帮助企业达成财务目标。通过管理企业资产，优化企业资产配置，控制投资风险，企业能获得更多的经济效益，提高竞争力。

财务顾问在企业资产管理中能够提供的服务内容，包括对企业的各种资产进行全面评估，并根据评估结果，制定相应的管理策略；帮助企业根据风险承受能力和财务目标，科学合理地控制企业资产的风险；拟订合适的投资方案，明确投资目标和策略，帮助企业进行资产配置和投资决策；为企业提供资产负债风险管理服务，帮助企业降低风险，把握投资机会；拟订最佳的资产组合方案，并根据市场情况和客户需求，进行调整和优化；提供有针对性的建议和解决方案，帮助企业实现长期盈利最大化和价值最大化。

2.财务规划

财务规划是指企业根据自身情况如何融资、储蓄、投资，以满足和确保企业长期发展所需要的财务保障。财务顾问可以根据企业的需求制订综合的财务管理计划，针对不同的生命周期阶段，出具相应的财务策略。

比如，帮助企业归纳出财务报表、财务分析、税务、采购、人力资源等重要数据。通过分析数据，提出企业发展的建议，从各个方面协助企业进行财务规划，避免企业在财务决策中的偏差，控制和管理企业的风险，保证企业资产的安全。

财务顾问具有丰富的专业知识和行业经验，可以协助企业优化资本运营，包括管理资产、管理现金流、收购和融资等运作，从而提高企业的效益和资产价值。进而有效地保护股东权益，保障企业利益最大化，通过为企业提供最优质的解决方案，为股东提供最大的利益。

3. 投资银行服务

投资银行服务包括企业融资、并购和重组等服务。财务顾问可以帮助企业拟订最优的融资方案，帮助企业进行股权或债权融资。同时，还可以帮助企业开展对外并购、资产重组、企业出售等业务。

在企业股权融资上，财务顾问可以帮助企业对现金流、盈利模式及其他相关财务数据进行分析整理，提供融资建议，提高融资方案的可行性；协助企业拟定合适的资本结构和确定融资成本结构，包括确定适当的债务水平、股权比例、股权价格、融资费用等；并在企业需要的情况下，代表企业寻求投资机构、设计融资路演、配合尽职调查、落实投资款等。

在企业对外并购方面，财务顾问可以帮助企业对被收购标的进行尽职调查，评估合并目标的财务状况和潜在风险。在谈判过程中提供财务建议，包括定价、支付方式、对价方案等，以及提供并购融资服务等，以保证企业并购业务顺利进行。并购后根据企业的规模和结构，调整并确定合适的资本结构，评估并监督并购后的企业财务绩效，为管理层提供有效的财务建议等。

在企业出售方面，财务顾问可以发挥专家作用，对出售的标的进行评估和确定适当的出售价格，以及寻找潜在买家和提供关于交易结构、入资方案、资本结构、税务筹划等有关的财务建议，确保原股东收益最大化。

4. 税务服务

税务筹划对于企业的重要性和必要性不言而喻，税务问题是法律层面的问题，企业不容小觑，切不可因为心存侥幸而触犯法律。

从社会义务和法律角度理解，合法纳税是每家企业，乃至每个人应尽的义务。所以，为了避免错误行为或者无心之过导致涉法律风险，企业必须完善税务申报和遵守税收法规，避免造成财务损失、信用损失和法律风险。合理、合法地优化税务结构可以降低企业的税负，提高企业盈利能力。定期自我审查可以帮助企业规避税收风险，避免产生高税务罚款和违法行为。遇到涉税纠纷或者非法胁迫，通过合法手段进行检举、申诉和诉讼可以维护企业合法利益，避免给企业带来二次损失。所以，有效的税务服务可以提高企业的竞争力和可持续发展能力。

财务顾问可以帮助企业制定最优化的税务策略，协助企业进行资产的税务规划和风险控制，以减少税收成本，提高税务效益。比如，帮助企业合理规划税务结构，优化税务方案，充分享受国家税收政策；可以为企业审核纳税申报情况，拟订完善的纳税申报方案，及时、准确地向税务机关提交所涉税种的纳税申报表；可以为企业员工提供税务知识培训，帮助员工更好地理解并适应税务法规变化，确保企业合法、合规健康发展。

5.财务分析咨询

财务分析咨询是指财务顾问通过对企业财务状况进行分析，并结合行业和市场情况来制定财务策略和规划，优化企业的财务管理，提高企业的盈利水平和价值。

通过对企业财务数据的分析，可以了解企业自身的优势和劣势，评估自身的风险和潜在利润，确定经营方向，了解企业当前经济状况和未来发展趋势；追踪企业经营、财务、投资、核算等相关键数据的变化，及时发现问题并采取措施，保证企业的正常运营；在必要的时候进行调整，以优化资金使用效益，提高财务效益；为企业向外界披露财务信息提供数据支持，给出真实、精准、有说服力的财务报告。

财务顾问可以为企业财务分析工作制定适合、全面、科学的财务指标体系，以便对企业财务状况进行分析和评估；帮助企业收集、整理、汇总企业的各项财务数据，为财务分析工作提供必要的参考支持；根据企业的需求和要求，制定并提供详细的财务分析报告，解读财务数据和信息，为企业决策提供支持；可以协助企业建立良好的财务管理制度和流程，提供一系列管理方案和建议，帮助企业进行财务管理工作；为企业财务决策提供专业的意见和建议，帮助企业制订合理的财务计划和决策，提高企业的财务效益和运营能力；为企业提供财务知识培训和咨询服务，帮助企业加强财务管理能力和提高工作效率，进而提高企业运营能力、降低风险，为其创造更大价值。

（三）聘请财务顾问须知

事实证明，通过聘请财务顾问可以提高企业融资力和提高融资效率，尤其是聘请有经验的财务顾问，对企业融资甚至起到决定成败的作用。所以在聘请财务顾问时须谨慎选择。

1.怎样选择财务顾问

具体挑选什么样的财务顾问要根据企业的实际情况而定，关键要看企业真实需求是什么、属于什么行业、处在什么样的发展阶段等。正所谓"人有所长必有所短",财务顾问也是如此,有的财务顾问资源和经验在 IT 领域、有的在生产制造业、有的在电子商务领域……各有所长,不尽相同。

所以,在聘请财务顾问时,必须根据自身企业的情况聘请对口的机构或个人。重点要看该财务顾问在你所属行业是否有成功案例,其团队在该领域深耕了多久,专业程度怎么样,拥有该领域的投资人脉情况如何,该机构在业界的口碑怎样等,这些问题的答案与你的企业需求匹配度越高越好。

2. 合作方式

选择出与企业自身情况和需求相匹配的财务顾问后,还要根据企业的财务实力和市场规模等因素,确定一个合适的合作方式。企业可以选择独立财务顾问或是团队财务顾问。独立财务顾问一般是指个人财务顾问,具有较高的专业性和执业经验,可以提供有针对性的服务和建议;团队财务顾问则是一些具有专业团队的机构,可以提供有更全面的财务管理服务和支持。

企业可以根据自身的需求选择长期稳定合作或短期项目合作的方式。长期稳定合作可以保证财务顾问为企业持续优质服务,提高运营效率;短期项目合作则更适合解决特定问题或完成某项任务。比如,企业针对某一轮股权融资聘请财务顾问帮助融资,融资目标达成后合作结束。

3. 合作流程

企业首先需要确定自身的需求和目标,以此为基础与财务顾问进行联系和沟通。双方确定合作意向后,签订顾问协议,协议内容应详细明确双方的权利和义务、服务范围、服务方式、收费标准等。

财务顾问会根据约定的服务条款,为企业提供必要的数据分析和评估,并制订相应的财务方案和优化建议。然后,根据双方确定的方案和建议执行落实,比如为企业起草商业计划书,拟订资金募集方案,对接投资人,进行财务管理、风险评估等工作。

4. 费用

企业聘请财务顾问需要支付一定的费用,费用的多少一般以行业标准为基础由双方协商决定。财务顾问一般会根据企业需求、业务难易程度、工作量等收取固定的费用。

费用从几万元到几千万元不等,外加超额部分可能会提成一定比例,或者根据企业要求超量部分另外收取一定费用。如果只是帮忙融资，一般计费方式是以融到资金的额度支付一定比例的佣金。行业内常见的费率为融资到账总额的 1% ~ 5% 不等，个别特殊情况可能会达到 15%。

第三章

债务融资力

让银行愿意贷款的引力

如果要选出天底下最难办的一件事，你觉得是什么事？有人曾在互联网上发起过相关调查问卷，80%以上的答案是"借钱"。确实，无论是对个人而言，还是对企业而言，借钱都是一件相对难办的事。那么，如何才能让银行愿意贷款给企业呢？答案便是打造企业的债务融资力。

第一节　什么是债务融资

所谓债务融资，简单而言就是要还本金的一种融资方式。企业债务融资，泛指企业通过银行、企业、自然人等渠道借入资金，到期偿还的一种融资模式。

对于债务融资，有人称之为借钱，有人称之为贷款。借钱和贷款表面看似没区别，也经常被混淆，但严谨地理解，两者有着本质的区别。从称谓习惯上看，向自然人或企业、单位融资通常称为借钱；向金融机构融资常被称为贷款，如银行贷款。

借钱，也被称为借贷，在法律意义上，是指由出借人与借款人成立一项"借贷协议"，出借人将资金使用权移转给借款人，到期由借款人返还等额的资金的行为。借钱有的只需要偿还本金，不需要支付资金占用费用（利息），如亲人、朋友之间相互拆借时通常只需要偿还本金。也就是说，借钱不必然产生利息。

贷款，通常是指个人或者企业向银行或者具有发放贷款资格的金融机构融资的行为。贷款一般会有严格的还款日期限制和资金用途限制，同时，除了需要偿还本金，还需要支付一定额度的资金占用成本，即利息，而且必然产生利息。

债务融资与股权融资有所不同，因为债务融资的投资人是债权人，融资的企业是债务人；股权融资的投资人是股东，融资企业是股东的共同财产；债务融资的企业须承担相应的偿还义务和利息支付责任，股权融资的企业没有偿还义务。

那么，债务融资有哪些分类和渠道呢？

一、债务融资的分类

关于债务融资的分类，站在不同角度和不同立场，可能分类的方式有所区别。但是，归根结底只有两种类型：一种是无担保融资，另一种是有担保融资。其他分类一般是在此基础上进行的细分，并不影响其本质。

（一）无担保融资

无担保融资，主要是指企业在融资过程中，无须提供任何担保物或担保人，仅凭出借人对企业或者对企业股东的信任，就给予资金融通的一种债务融资方式。

无担保融资包括银行的信用贷款、熟人借贷、公司债券、商业汇票等。

银行信用贷款属于短期贷款，一般借款期限在 1 年以内，借款额度相对较小，企业信用得到认可后，可以获得信用贷款。

熟人借贷，借款时长和借款额度取决于双方关系的密切程度、出借人的经济实力、出借人的出借意愿以及借款人在出借人心中的地位等。

公司债券，主要是指通过政府审批后，在债券市场进行融资，向公众发行债券获取资金的一种无担保融资方式。

商业汇票，是企业之间的信用工具，是一种提供给产品和服务销售过程中的付款方式，企业可以通过签署汇票获得融资，而无须提供担保。

（二）有担保融资

有担保融资，主要是指企业在融资过程中，需要向出借人提供担保物或担保人才能获得资金的一种债务融资方式。有担保融资也是银行融资产品中的核心产品。

企业有担保融资常见的担保主要包括有形资产抵押、权益资产质押、担保人等。

有形资产抵押融资，主要是将企业名下的土地、矿产、房产、汽车、生产线、原材料、产品成品等有形资产作为担保物，抵押给出借人，以此来获得融资。

权益资产质押，主要是指企业将名下的有价证券、有价凭单、知识产权等财产作为担保，质押给出借人，以此获得融资。

担保融资，主要是指企业寻求融资性担保公司或者第三方担保人为其融资进行担保，担保人对借款人的贷款违约承担偿还责任义务，以此来获得融资。

有担保融资相对于无担保融资来说，出借人更容易出借，通常额度较大、借款期限较长、利率也相对较低。

二、债务融资的渠道

根据《最高人民法院关于审理民间借贷案件适用法律若干问题的规定》相关条款，自然人、法人、非法人组织都属于合法出借人。据此，企业债务融资的渠道非常广泛，几乎涵盖了所有合法存续的机构和个人。常见的融资对象包括银行、信托公司、证券公司、典当行、消费金融公司、小额贷款公司、一般法人、非法人机构，以及个人等。如果一定要做个渠道分类，那可以大致分两种：一种是有牌照，即向金融机构融资；另一种是没有牌照，即向民间融资。

（一）向金融机构融资

银行是企业债务融资的主要金融机构，企业可凭信用、抵押物等条件向银行贷款。银行贷款的费用主要由利息和保险金构成，相对于民间融资而言，银行贷款的利息较低，但有一定的办理难度，对申请人的信用要求较高或必需担保物。

对于信用评级高的企业，可以通过商业票据进行融资，优点是融资额度大，手续较为简单。对于资质较好的企业，可以通过证券公司协助发行企业债券，发债可以短时间内获得较大规模的融资，而且资金使用周期相对较长。一般资金使用周期都在 3 年以上，甚至可以高达 10 年之久，对企业财务优化更有利。企业债券能有效控制借款成本，一般利率稳定，擅长资本运作的企业还可能以低于发行价回购债务。

如果企业无法通过银行贷款和发行企业债券等通道获得融资，企业还可以考虑寻求小额贷款公司、典当公司和其他具有放款资质的金融机构寻求融资。

（二）向民间融资

民间融资，主要是指借款人向不具备金融牌照的自然人、法人、非法人机构等借贷的一种统称。

常见的民间融资渠道包括高净值自然人以及借款人的亲戚、朋友、同学、同事等熟人。企业向自然人融资时务必在遵守国家相关法律法规的前提下进行。比如，应特别注意借款的对象、借款的年利率和借款的用途，否则可能会被认定为非法吸收存款罪或者涉嫌非法集资。

除了向个人拆借之外，企业与企业之间也可以在一定条件下相互拆借。

第二节　企业债务融资实操指引

债务融资根据其出借人、获得资金的方式、适用法律的不同，拥有不同的称谓，如银行贷款、民间借贷、信托融资、债权融资、贸易融资等。不同债务融资模式的出借人会有不同的要求和规定，所以企业在选择债务融资时，需要先具体了解相关规则。

一、银行贷款

贷款是企业债务融资中最常用的一种，泛指企业向银行或金融机构进行债务融资。根据中国人民银行发布的《贷款统计分类及编码》（JR/T 0135—2016），贷款是指："个人或机构在保留资金或货币所有权的条件下，以不可流通的借款凭证或类似凭证为依据，暂时让渡或接受资金使用权形成的债权或债务。"据此，贷款产品包括中国人民银行的再贷款、普通贷款、拆借、透支、垫款、回购/返售、证券借贷、贸易融资、融资租赁、打包信贷受让资产、转贷款、并购贷款、其他贷款等。

从银行角度而言，企业贷款可以分为企业流动资金贷款和固定资产贷款两种。流动资金贷款主要用于企业经营周转或临时性、季节性的资金需要，保证生产经营活动的短期贷款。固定资产贷款主要用于企业固定资产项目的新建、扩建、购置、改造及其相应配套设施建设的中长期贷款。按照贷款用途，固定资产贷款又分为基本建设贷款和技术改造贷款两种。

（一）银行贷款的相关要求

银行贷款虽然审批流程相对烦琐、对借款人信用要求较高，但其资金来源相对稳定、贷款速度快、利率成本较低，是企业最主要的融资方式之一。

1.银行贷款的基本流程

银行贷款的基本流程通常包括提出贷款申请、金融机构评估贷款申请、签订贷款协议、发放贷款、贷后管理等。银行会重点评审企业的财务状况、经营状况、行业环境等因素，以及作为授信依据，确定授予贷款与否，并核定贷款授信额度。

2. 企业需要准备的材料

申请银行贷款时，企业需要准备贷款申请书、营业执照正本、公司章程、本次贷款的股东会决议、还款计划书、企业的信用记录、资金用途说明、资金效益说明、企业商业计划书、还款来源说明、还款能力证明、法定代表人和股东的身份证等。其中，银行还会重点关注企业的担保人实力、抵押物或质押物价值和流通性等。所以有必要时，企业需提交担保物或担保人详细资料，个别银行会有别的材料要求，企业配合银行要求提供即可。

3. 对借款人的主体要求

企业融资，首先，借款人必须是经市场监督管理机关或主管机关核准登记注册具有独立法人资格的企业、其他经济组织或者个体工商户。

其次，借款人生产、经营范围须是国家法律法规和政策允许的。经营管理制度健全，财务状况良好，资产负债率符合银行的要求，具有固定生产经营场地，经营情况正常，资金运转良好，产品有市场，生产经营有效益，不挤占挪用信贷资金，具有按期偿还贷款本息的能力。

最后，借款人须在银行开立基本账户或一般存款账户，并领有中国人民银行当地分支机构核发的贷款卡，恪守信用。

4. 贷款资金用途限制

根据相关法律法规，从银行等金融机构贷款的资金不得用于投机性、高风险的行业，如投入股票市场、期权市场等，也不能用于国家限制性行业，只能用于经银行允许的本企业正常生产经营周转或购置有明确用途的固定资产或设备。

（二）银行贷款的产品类型和条件

银行贷款的产品类型很多，对企业而言主要分为五大类，包括企业抵押贷款、企业质押贷款、第三方担保贷款、企业信用贷款、票据融资等。不同的产品，对贷款申请人（借款人）要求略有差距。

1. 企业抵押贷款

企业抵押贷款是指企业作为借款人，以有价担保物作为抵押，通过银行等金融机构获得资金使用权的一种融资方式。抵押贷款的抵押物一般需要符合易保存、不易损耗、容易变卖等特点，如地皮、房产、地上有价附着物等。贷款期满后，如果借款人不按期偿还贷款，银行等金融机构有权将抵押物出售，用抵押物出售所得资金偿还贷款，出售款不足以清偿贷款的，由借款人继续清偿。

企业抵押贷款由于有担保物，大大降低了银行等金融机构收回本息的风险，所以更容易获得金融机构的授信和放款，成为贷款模式中的主流方式。

（1）可以作为担保物用于企业抵押贷款的财产

根据《中华人民共和国民法典》第三百九十五条规定，建筑物和其他土地附着物，建设用地使用权，海域使用权，生产设备、原材料、半成品、产品；正在建造的建筑物、船舶、航空器，交通运输工具，以及法律、行政法规未禁止抵押的其他财产等债务人或者第三人有权处分的财产可以抵押。

此外，抵押物可以是动产或者不动产。在实操中，企业名下的土地、房产、汽车等有形资产，机械类或者电器类的大型设备、工艺设备等生产设备，债券、股票、票据等有价票据，原材料、半成品、产品等流动资产都可以用于抵押贷款。

（2）企业抵押贷款的特点

企业抵押贷款过程中，其抵押物不转移占有。原则上，在不造成抵押物价值贬损或毁灭的前提下，借款人可以在达成抵押贷款到偿还完贷款的过程中，继续使用抵押物。比如，企业以自有厂房用于抵押贷款，企业依然可以继续在该厂房内生产经营，不因为财产抵押出去了而失去使用权，不影响借款人的正常生产经营。

另外，抵押贷款属于超额担保融资，比较容易获得授信和放款，可以大大缩短融资难度和融资时间。

（3）企业抵押贷款的办理流程

向金融机构咨询是否有可贷额度→确认抵押物是否符合贷款担保条件→按照放款单位的要求对抵押物进行评估→与放款单位工作人员沟通并按建议提出贷款申请→配合放款单位进行信用审查→进行抵押登记和等待放款。

2. 企业质押贷款

企业质押贷款是指企业作为借款人，以动产或财产权利质押作为担保，获得贷款的一种融资方式。在实操中，大部分可用于抵押贷款的资产也适用于质押贷款。两者的区别是抵押贷款的抵押物无须转移，债务人还可以继续使用该抵押物；而用于质押贷款的质押物需要转移由债权人监管，债务人原则上不能再使用该质押物。

（1）可以作为质押物进行企业质押贷款的权利。根据《中华人民共和国民法典》第四百四十条，汇票、本票、支票，债券、存款单，仓单、提单，可以转让的基金份额、股权，可以转让的注册商标专用权、专利权、著作权等知识产权中的财产权，现有的以及将有的应收账款，法律、行政法规规定可以出质的其他财产权利等，债务人或者第三人有权处分的权利可以作为质押物进行质押贷款。

债务人或者担保人为出质人，债权人为质权人，交付的动产为质押财产。

质押是指债务人或者担保人将其动产或权利移交债权人占有，将该动产或权利作为债权的担保的法律行为。当债务人不履行债务时，债权人有权依照法律规定，以其占有的财产优先受偿。其中，债务人或第三人为出质人，债权人为质权人，移交的动产或权利为质物。

（2）企业质押贷款的特点。企业质押贷款的特点是，质押物会转移占有，即质押物要转移给债权人保管。其他申请流程和抵押贷款大同小异，此处不再赘述。

（3）几种常见的企业质押贷款。

① 有形动产质押贷款。有形动产质押贷款是指将企业的有形动产作为质押物，获得贷款的一种融资方式。企业将有形动产作为担保物向银行申请贷款，银行在核实担保物的价值后，发放贷款给企业。企业需要按照协议规定的期限和利率进行还款。如果企业无法按时还款，银行可以通过拍卖担保物来收回贷款。

有形动产是指有实物形态的，可以为人切实把握控制的，具备财产利益属性的物。有形动产相对于不动产而言的主要特征在于可移动，相对于无形财产的主要特征为实物性。

目前，可用于质押贷款的有形动产主要有车辆、船舶、飞机、列车、生产设备设施、生产原材料和存货、珠宝艺术品等。

② 知识产权质押贷款。知识产权质押贷款指企业把自己所拥有的知识产权，如专利、商标、版权、著作权等作为担保物，获得贷款的一种融资方式。

知识产权质押贷款被认为是一种比较新型的融资方式，对于技术领域企业、文化创意企业等知识产权密集型企业而言，具有一定的优势和潜力。

在发达国家，利用人类智慧、思想、技术或是创意产生的知识产权已经超越土地、劳动力、机器设备、原材料等资产，成为企业获利的主要来源。知识产权不仅可以作为融资担保的标的，还可以通过评估作价等手段作为企业注册资本的实缴出资，这种出资还可以通过资本运作发行有价证券向二级市场融资。

常见的知识产权质押贷款的模式有三种。

第一种是以知识产权权利本身作为担保，就是将知识产权本身为借款人的借款行为提供担保，当借款人不能清偿债务时，债权人可以按约定取得担保物的所有权抵偿，或者将担保物拍卖所得的资金偿还欠款。在融资实务中，能够单独作为融资担保的知识产权，通常限于该知识产权能具有充分的价值，即能够对企业的生产、销售，以及相关经营产生巨大影响，是企业赖以生存的基础。还有就是，通过担保契约将基于该知识产权授权他人使用所产生的利益，以及基于该知识产权所制造商品的销售利益纳入担保范围。

第二种是以知识产权授权的收益作为担保，该方式以基于知识产权所产生的收益，即将授权金作为担保物。对于出借人来说，授权金是预期可见的权利资金，比一纸薄薄的知识产权权利证明更令出借人放心。

第三种是以知识产权换取第三人提供信用增强或信用担保。比如，企业直接以知识产权作为担保向出借人融资，再由第三人提供保证担保，在借款人不能清偿债务时，由担保人做出赔偿，或者以预先保证的价格购买作为担保物的知识产权。

③ 有价证券质押贷款。有价证券质押贷款是指借款人将自己持有的股票、债券、基金等有价证券作为质押物，向银行或其他金融机构申请获得贷款的一种融资方式。有价证券质押贷款通常用于短期资金周转或临时性、季节性的资金需要，为保证生产经营活动正常进行而发放的短期贷款。

有价证券质押贷款的借款程序相当简单，手续相对较少，贷款时间较快。相对于其他普通抵押品，有价证券的市场流通性较高，正常交易市场流动性很好，因此可以获得更高的授信额度。与信用卡或小额消费贷款等高风险贷款相比，有价证券质押贷款利率较低。

有价证券质押贷款的好处是，该证券不需要出售，还可以继续持有，如果市价上涨了，借款人可以赚到更多的钱。其不足在于，借款期间，如果市场发生波动，质押的证券出现贬值，现行市价低于出质时的价格，金融机构可能会要求借款人补足差价部分担保物，否则将进行强制平仓，即卖出质押物，借款人可能会因此蒙受损失。

A. 可以质押贷款的有价证券包括商品证券、货币证券和资本证券等。

a. 商品证券。商品证券是证明持券人有商品所有权或使用权的凭证。取得这种证券就等于取得这种商品的所有权，持券者对这种证券所代表的商品所有权受法律保护。商品证券包括提货单、运货单、仓库栈单等。

b. 货币证券。货币证券是指本身能使持券人或第三者取得货币索取权的有价证券。货币证券主要包括商业证券和银行证券，商业证券主要指商业汇票和商业本票，银行证券一般指银行汇票、银行本票和支票等。

c. 资本证券。资本证券是指由金融投资或与金融投资有直接联系的活动而产生的证券。持券人对发行人有一定的收入请求权，它包括股票、债券及其衍生品种，如基金证券、可转换证券、期货合约等。

B. 有价证券质押贷款操作流程。首先，选择一家合适的银行或金融机构，准备和提交贷款申请相关文件，如身份证明、财务报表、证券账户信息、贷款申请书等。其次，银行或金融机构对借款人的信用情况进行审查，以及对质押的证券进行评估。如果借款人满足贷款资格要求，双方签订贷款协议，并办理证券质押手续。再次，银行或金融机构将按照约定的条件向借款人放款。最后，借款人按约定还款付息。偿还完本息后，双方办理质押物解押手续。

C. 有价证券质押贷款担保范围。有价证券质押贷款担保的范围包括债务本金、利息、手续费、违约金、损害赔偿金、保管费用、实现质权的费用。

D. 不同证券质押贷款的实操指引。有价证券的品种比较多，不同有价证券的价值波动幅度和频率也有所不同，所以，并不是任何有价证券质押贷款都能被银行接受。在此介绍三种常见的有价证券质押贷款的要点。

a. 债券质押贷款。债券质押贷款是指借款人以未到期的债券作为质押，从银行获得贷款，到期一次性还本付息的一种融资业务。能用于质押贷款的债券普遍以国债为主，大部分银行只接受凭证式国债作为质押物，只有少部分银行办理记账式国债的质押贷款。

如果使用不同期限的多张凭证式国债作质押，以距离到期日最近者确定贷款期限。

其操作流程为：借款人向银行提出债券质押贷款申请→银行对借款入进行审查，并确认质押物对贷款债权的保障程度→银行审批同意后，通知借款人→借款人、质押人与贷款银行签订贷款合同、质押合同，同时将质押物移交贷款银行→银行发放贷款→借款人到期偿还贷款本息→银行退还质押物。

b.存单质押贷款。存单质押贷款是指借款人以贷款银行签发的未到期的定期储蓄存单作为质押，从银行取得一定金额融资，并按期归还贷款本息的一种信用业务。

其操作流程为：借款人提出贷款申请，并提交相关授信资料→贷款银行与借款人完成存单的开立、确认、质押手续→审查审批通过后发放贷款→借款人按照约定归还贷款本息→到期后，银行解除质押存单，并归还存单于借款人。

c.股票基金质押贷款。股票基金质押贷款是借款人以交易所上市公司的股票或者公募基金作为质押，从银行获得融资的业务。股票基金质押贷款的期限最长为6个月，且不办理展期。质押率一般不超过60%。申请时除了提交借款人的材料，还需要提交用于质押的股票上市公司或基金公司的基本情况。

其操作流程为：借款人向银行提出股票基金质押贷款申请→银行对借款人和质押物情况进行调查、审查、审批，在核定授信额度内确定贷款方案→与借款人通过协议方式明确主办行关系，并签订相关合同，办理质押物登记，获得证券登记机构出具的股票质押登记书面证明→通过银行在证券交易所的特别席位和特别资金结算账户办理质押物的管理和处分→银行发放贷款→贷款到期，借款人归还贷款，银行书面通知证券登记机构解除质押；若借款人违约，处理质押物以变现偿还银行贷款。

3.第三方担保贷款

第三方担保贷款也称融资性担保贷款，是指担保方会为借款方（被担保方）向出借方（受益方）融资提供本息偿还担保。这里的担保主要分两种情况：一种是信用贷款中以担保方的信誉和逾期代偿承诺的方式提供担保，另一种是以担保方的资产作为担保。根据担保主体和担保形式，常见的第三方担保贷款又细分为如下五种。

（1）第三方信誉担保

在贷款行为中，当借款人自身信誉不足以保证贷款偿还的情况下，可以由第三方为其提供担保，这种担保方式也被称为连带担保或保证担保。这类担保人通常由身份或财务状况较好的亲属、朋友、其他志愿者提供连带责任保证担保，承担在借款人无法还款时的代偿债务。也就是说，如果借款人违约，担保人须为其承担还款义务。

以人作为担保的贷款有两种情况：一种是只有一个担保人，另一种是由多位担保人联合担保。只有一个担保人的情况下，一般贷款额度较小，贷款期限较短。常见的贷款额度在100万元以内，贷款期限以1年期较多，少数会放宽至3年，具体由银行根据自身风险考量而定。多人联合担保的贷款额度较大，如商圈联保贷，有些商圈授信额度可以高达亿元。

（2）第三方资产担保

第三方资产担保是指在贷款过程中，由拥有资产的第三方将其资产作为担保物为借款人提供担保，承担借款人违约时的还款责任。第三方资产担保可以土地、建筑物等不动产，也可以车辆、船舶、飞机、火车、机械设备、成品、半成品、原材料等有形动产，或者以合约权利、公司银行账户、证券、知识产权等无形动产作为担保物。如果债务人不履行还本付息义务，债权人有权将该担保物进行处置来满足自己的债权。

第三方资产担保的好处是可以降低借款人的信用风险，提高贷款的通过率和贷款金额。此外，贷款人可以通过第三方资产担保来获得更优惠的贷款利率和还款条件。其不足是，借款人往往需要向担保方支付一定额度的担保费用，间接增加贷款成本。

（3）担保公司担保贷款

担保公司担保贷款一般以具有相关资质的融资性担保公司作为主体的担保方，为需要融资的企业提供担保服务的融资模式。通过融资性担保公司提供贷款担保，债权人可以降低出借风险，借款人获得贷款的概率更大、授信额度更高、利率更优惠。

融资性担保公司的主要职责是为借款人提供担保服务，承担借款人违约时代偿的风险责任。一般情况下，融资性担保公司会要求借款人在贷款的同时，支付相应的担保费用。当借款人违约不能按时还款时，融资性担保公司将承担违约责任，并对债权人承担代偿义务。

① 担保公司担保贷款适用对象。此种贷款要求借款企业的经营模式清晰，

有一定的经营规模，能够提供较好的反担保。最为常见的是生产制造类企业，这类企业在此融资模式中占据大多数。还有就是中小型民营进口企业、燃料油进口企业、煤炭进口企业、化工品经销商等，钢铁经销商、汽车经销商、煤炭经销商、有色金属贸易商等中小贸易企业。另外，中小施工企业、中小工程承包商、中小设计公司等也是担保公司担保贷款的主要对象。

②业务流程。融资性担保公司担保贷款业务，一般从企业咨询、担保申请，到银行受理、现场调查、信用评审，再到签订三方协议、银行放款、担保公司跟踪监督，直至企业偿还贷款，环环紧扣。

（4）商圈担保融资

商圈担保融资是一种以商圈管理方作为担保方，以商圈内经营户为借款人的融资模式。商圈管理方通过为商圈内的企业提供担保服务，银行为商圈内企业提供银行融资的一种批量授信业务。

适用商圈担保融资的商圈，主要体现形式为交易市场、商业街、物流园、商贸城等集聚于特定区域或产业内的经营户群体。很多商圈管理方会以协会、商会、管委会、公司等组织形式存在，商圈内的成员多为熟人圈子组成，成员之间彼此熟悉和信任。

这种融资模式一般会设置一个总的授信额，比如总授信1亿元，商圈内的单一经营户则设置一个最高上限授信额，只要总的贷款申请额度不超过总的授信额、单一借款人贷款申请额度不超过单一授信额，正常情况下都可以通过贷款申请。为了合理管控风险，原则上，单一经营户的借款额度不应超过500万元，借款人贷款后其融资性债务敞口不超过上年度销售收入的50%。

商圈担保融资所得资金原则上只能用于生产经营周转，不得用于国家明令禁止的投资领域和用途，不得用于偿还债务，也不得用于转贷或出借。

商圈担保融资可以形成多赢局面。对于商圈管理方而言，可以提高商圈招商吸引力，还可以通过担保行为收取担保费来增收。理论上，商圈管理方风险较小，因为自身在管理过程中对经营户比较了解，而且经营户会缴存一定的押金，由此可以根据经营户的实际情况决定授信额度。此外，银行给该经营户批多少额度的贷款需要征得担保方的同意，所以风险基本可控。

对于经营户而言，通过商圈担保贷款，银行可以放宽审批条件，可以提供较大额度融资，经营户可以扩大采购，进一步增强经营能力，增加效益。

对于银行而言，银行在商圈担保贷款模式中实现了批发贷款的效果，减少了人工成本和工作量、降低了贷款风险、提高了贷款绩效。同时，由于担保方熟悉借款人情况，并负有监督管理责任，可以更好地控制贷款风险。

（5）企业联保贷款

企业联保贷款是指由多家企业自愿组成联保小组，为一家或者多家企业提供贷款担保，银行根据联保小组具体情况给予综合授信，联保企业之间承担相互担保和连带保证责任的一种融资模式。

企业联保贷款的优势在于可以通过多家企业共同担保来提高被担保企业的授信额度和融资力，降低普通中小企业的融资难度和风险，同时也可以在多个企业之间分散风险，减低各企业单独担保的财务压力。

①一般联保贷款模式。一般联保贷款模式是指由多家企业通过协议的方式形成联保小组，在协议范围内，当其中一位借款人不能按时还款付息时，联保小组其他成员负有按比例代替偿还的义务。一旦联保贷款出现风险，所有成员集体负责偿还，联保体内成员之间相互监督制约，承担连带赔偿责任。

②特殊联保模式。特殊联保模式的特殊性在于，由联保小组成员共同出资设立贷款风险基金，建立风险基金补偿长效机制。当借款人不能按时还款时，首先由风险基金补偿，再由借款人、担保人各自资产清偿。

具体操作方式是，提出联保小组成员实际贷款额度的10%左右共同建立贷款风险基金，通过银行设立专户托管，一旦某位成员发生违约，风险基金将被优先用于偿还违约部分的贷款本金和利息，不足清偿的，再由借款人、担保人各自资产清偿。为了确保整个操作的公平、公正、合法，联保小组所有成员应签订相关协议并制定完善的风险基金管理、使用、处置、损失补偿相关制度，获得银行审批后实施。

③适用对象。企业联保贷款模式一般常用于商圈贷款，商圈内的成员企业多为熟人组成，彼此间比较熟悉和信任，比较容易为彼此在银行贷款中提供担保。

另外，该模式也适用于产业集群、国家级高新区、专业化市场、工业园区、孵化器等优质生产制造型企业较集中的聚集圈。

④联保企业的条件和要求。要组建联保小组，除了各位成员自愿外，还需符合银行授信业务客户基本条件，授信用途符合国家法律、法规及有关政策规

定。原则上，参与联保的企业应至少正常经营两年以上，成长性较好，现金流及利润稳定增长，企业所属行业符合银行信贷投向指引。

参与联保贷款的企业，须满足产业政策要求，优先支持节能环保类企业、高新技术企业、新能源企业、重大技术装备企业等；银行信用风险评级至少 B级，生产型企业资产负债率低于 60%，流通型企业资产负债率低于 70%；企业本身及其股东和核心管理人员，最近 3 年没有不良信用记录或负面记录。

联保小组内部的企业不能是子母关系或者关联方，比如三代以内直系亲属和二代以内旁系亲属名下的企业，原则上不能参与联保小组，或者资金、经营、购销等存在着直接或者间接交叉关系或控制关系的企业也不能成为联保成员。

4. 企业信用贷款

企业信用贷款是指企业以其信用状况作为借款依据向银行等金融机构申请贷款的一种融资方式。这种方式无须抵押或担保，只针对企业及其法定代表人和股东的信用状况进行评价，取决于企业的财务状况和经营情况，而具体的贷款金额、期限和利率取决于企业的还款能力。

比较常见的企业信用贷款参考依据包括企业纳税额、开票额、财务流水、企业资质等，它们所对应的贷款模式有以下几种。

（1）税贷

税贷泛指银行以企业每年缴纳税款总额作为授信依据，给企业提供贷款的融资方式。企业税贷的贷款额度以企业已经缴纳的税款额度为基础，综合考虑贷款用途、还款能力等因素确定。企业税贷的额度一般是企业缴纳税金的 6 倍至 8 倍。比如，你的企业上年度缴纳税金 1000 万元，则本年度可能获得的贷款授信额度可达 6000 万元至 8000 万元。

这种融资方式的申请流程比较简单，成本也较低，办理时间一般在一周左右。办理时按要求填写材料，提交材料，贷款通过审批后，再按要求带上相关纸质材料到银行公司业务柜台办理签字确认即可。

（2）开票贷

开票贷就是银行以企业已经开出的发票金额总量作为授信依据，给予企业发票总额一定比例的贷款的融资方式。这种融资方式的办理速度与税贷差不多，但利息相对高于税贷，授信额度一般为开票金额的 50% 以内，常见幅度为 30% 至 40%。

开票贷仅适用于依法纳税的法人机构。申请流程比较简单，一家企业的最高贷款限额 500 万元以内，不同金融机构的利率有所差距，年化利率一般在 5% 到 8% 之间。

（3）流水贷

流水贷泛指银行以企业的银行对公账户一定时期内的进账金额为依据，给予企业一定额度的贷款的融资方式。随着税贷和开票贷的诞生，流水贷渐渐淡出，一般企业比较难申请。近年来进项流水比较大、信用分较高、各项指标较好的企业才有可能获得流水贷的支持。

需要注意的是，流水贷仅限于向企业对公账户所在银行申请，一般跨行很难通过流水贷审批。而且这种贷款须到银行公司业务柜台办理，具体操作方式及流程规定以银行柜台最新规定为准。

（4）资质贷

资质贷是指银行基于企业已经通过政府评审并给予特定资质认定的企业的一种特殊融资方式。政府为了推动高科技企业发展，对于满足相应条件的企业给予科技型中小企业、高新技术企业、专精特新企业、国家"小巨人"企业、国家重点"小巨人"企业等资质认定，银行为了响应国家号召和政策指引，以较低的贷款利息和相对宽松的条件，给予这类企业一定额度的信用贷款。

申请资质贷时可以通过政府的中小企业服务中心协助办理，或者自行到企业所在辖区银行公司业务柜台申请办理。办理流程和要求因银行而异，具体以银行柜台最新规定为准。

另外，全国很多省份的资质贷都可以享受政府贴息政策，申请贷款前应向政府的中小企业服务中心或相关部门咨询申请。

5. 票据融资

票据融资主要指企业通过合法使用某种票据作为支付手段，提前获得产品的一种融资方式。常见的用于票据融资的票据包括银行承兑汇票、商业承兑汇票、远期支票等。

（1）银行承兑汇票

所谓银行承兑汇票，顾名思义是由银行承诺到期无条件兑付的一种票据。这种票据经银行审查同意并承兑，持票人到期后，可以在银行兑换成现金。

银行承兑汇票常被用于大宗商品贸易，买方购买卖方的物品，只需以银行承兑汇票作为支付对价即可，不需要给卖方支付现金。由于银行承兑，所以持票人无须担忧兑付风险，因此被广泛运用。

那么，企业是怎样通过银行承兑汇票融资呢？正常情况下，运用票据融资的一方多以买方为主。买方企业可以向银行申请汇票授信，银行会根据企业的信用等级情况，要求申请人在银行存入一定比例定期存款作为保证金，存款定期原则上要大于汇票有效期，保证金的比例因企业信用等级不同而不等。

纸质银行承兑汇票从签发日到兑付日最长期限为 6 个月，电子银行承兑汇票从签发日到兑付日最长期限为 12 个月。

（2）商业承兑汇票

商业承兑汇票属于企业间商业信用行为。理论上，任何企业都可以签发商业承兑汇票，条件是供货方愿意接受。但是，在实操中只有中央企业、国有企业和实力强信用好的企业签发的商业承兑汇票比较好使。一般小微企业在没有信用背书的情况下签发商业承兑汇票，供应商不一定愿意接受，因为会存在到期无法兑付的风险。商业承兑汇票其实就相当于企业间的"欠条"，承兑方虽然承诺到期无条件兑付，但是如果到期承兑方银行账户没有足额的资金兑付，就会出现"欠债不还"的扯皮情况，所以小微企业签发的商业承兑汇票比较难得到商品供应商接受。因此，要想使用好商业汇票，企业需要具备一定的实力和社会信用及品牌知名度。

商业承兑汇票的操作流程和产品赊销相似。比如，A 公司买了 B 公司一批产品，但 A 公司暂时没有资金支付，经过商议，A 公司通过签发商业承兑汇票的形式向 B 公司结算，到期承兑。

商业承兑汇票和欠条的区别在于，签发商业承兑汇票的企业必须依据《中华人民共和国票据法》相关规定使用汇票，企业须在银行开立对公账户，要以合法的商品交易为基础，而且汇票签发后，承兑人（付款人）便负有到期无条件支付票款的责任。另外，汇票在没有注明"不得转让"等流通限制情况下，持票人可以向银行申请贴现或者流通转让。在商品交易中，供货方向购买方索取货款的商业汇票时，承兑人必须在汇票的正面签"承兑"字样，加盖银行预留印鉴。在汇票到期前，承兑人须向开户银行交足票款。商业汇票到期后，银行凭票从承兑单位账户划转给收款人或划转给贴现银行。如果承兑人账户资金不足以兑付票面金额时，开户银行将把商业汇票退回持票人，由持票人与承兑人自行解决兑付事宜。承兑人须承担比照空头支票相关法律责任，并处以票面金额 1% 的罚金。

商业承兑汇票的付款期限和银行承兑汇票相同，一般纸票最长不超过 6 个月，电子票最长不超过 12 个月。

使用商业承兑汇票，相当于获得了一定期限的赊销账期，起到了资金融通的作用。所以，商业承兑汇票是一种很好的信用融资的手段。

（3）远期支票

所谓远期支票，就是支票裁定的日期比实际开票日延后的支票。比如，你今天就签发支票，但是支票上面写的日期却是未来的某一天，这类支票便是远期支票。根据支票的相关使用规范，原则上不允许企业开具远期支票，但在实操中远期支票经常被企业使用，进而达到间接融资的目的。

比如，A 公司向 B 公司采购了一批产品或服务，总款项金额为 100 万元，A 公司在 B 公司同意的情况下，A 公司开具了一张 100 万元的支票给 B 公司，但开票日期填写的是 6 个月之后的某一天，这就是远期支票。从这个案例中，A 公司相当于获得了 100 万元 6 个月的融资。

值得注意的是，远期支票虽在贸易实操中被默许，但是并不符合支票的使用规范，存在很大的法律风险，使用双方必须慎重。另外，开票方必须确保到期银行账户有足额资金，如果到期银行账户金额不足以支付支票额度，须承担开空头支票的法律责任和相应的罚款，同时会在银行信用记录中留下负面记录。

二、民间借贷

所谓民间借贷，泛指向非持牌金融机构进行债务融资的一种融资行为。

企业民间借贷包括企业向自然人借贷和企业向企业借贷等两种情况。企业向自然人借贷需要注意借贷对象和借贷人数，否则可能涉嫌非法集资。企业向企业借贷常见于上下游之间，主要体现为两者之间没有股权投资关系，建立于彼此信任的基础，借贷金额、利率和期限等由双方协商达成。

（一）企业民间借贷的优缺点

民间借贷作为银行贷款的一种融资辅助形式，有其存在的合理性和必要性。

相比其他类型的债务融资而言，民间借贷有其优点所在，但也有缺点，企业要通过民间融资一定要结合自身情况慎重选择。

1. 企业民间借贷的优点

相对于银行贷款，民间借贷的门槛相对较低，申请流程也相对简单，极大地降低了企业获得资金的门槛，特别对于一些规模较小的小微企业而言，更容易获得资金支持，进而解决资金困局。

2. 企业民间借贷需要注意的事项

民间借贷虽然手续相对简单，下款速度比较快，可以作为企业短期应急融资的一种辅助，但是，企业在享受民间借贷便利的同时，需要注意自身的承受能力，民间借贷成本往往会高于银行贷款。所以，企业一定要根据具体业务情况和自身资金使用回报率等因素综合考虑慎重抉择，切不可冒进和过度乐观，切勿造成资不抵债的窘境，甚至因此导致企业倒闭。

笔者警示：企业可以通过民间借贷解决资金困境，但是一定要遵纪守法，不能踩法律红线，否则企业非但不能起死回生，反而会加速败亡。

（二）民间借贷实操指引

民间借贷适用于企业的融资模式常见的有企业向自然人借贷、企业间借贷、企业内部集资式借贷等几种途径，有的需要担保物，有的可以纯信用贷，不同借贷对象情况略有区别。

1. 向自然人借贷

企业向自然人借贷常常被很多老板当成企业融资的手段之一，尤其是随着生活水平的提高，老百姓的闲置资金增多，也开始有了投资的意愿。

企业向自然人借贷的主要对象通常以股东的亲戚朋友为主，因为熟人间建立有信用基础，在合理的利息回报下，比较容易获得信任，融资难度较低。更为关键的是，大部分情况下向自然人借贷不需要抵押物，更多的是以信用贷为主，手续简便，所以成了部分老板融资首选。

但在此需要特别注意的是，企业向自然人借贷时也同样要注意操作的规范性，切勿触犯国家法律法规，如《中华人民共和国刑法》第一百七十六条规定的"非法吸收公众存款或者变相吸收公众存款"罪。

2. 企业间借贷

企业之间相互资金拆借是常见的事情，但也要特别注意其中的条件。2015年8月，最高人民法院公布了《最高人民法院关于审理民间借贷案件适用法律若干问题的规定》，强调民间借贷是指自然人、法人、其他组织之间及其相互之间进行资金融通的行为。企业之间为了生产、经营需要签订的民间借贷合同，只要不违反合同法相关规定，法院应予以认定。企业为了生产经营的需要而相互拆借资金，司法应当予以保护。

3. 企业内部集资式借贷

企业内部集资式借贷就是以债务的形式向企业内部集资，一方面是向股东集资；另一方面是向职工集资，资金主要用于生产经营。常见的借贷形式有两种，一种是纯粹的借贷，还本付息；另一种是用可转换债券的形式集资，到期出借人可以自由选择按债权的方式收回本金和利息，也可以将该本息转换成公司股权。

企业内部集资，属于向特定群体融资，法律风险不大。如果募集的资金额度特别大，涉及人员特别多，则需要向地方政府金融办或者金融监管局申请备案通过后才能实施，否则可能会触犯"非法吸收公众存款或者变相吸收公众存款"罪。

关于企业内部集资式借贷，本书后面会有专门章节详细介绍。

三、信托融资

信托融资，主要是指企业通过与持有信托牌照的机构合作，将某资产作为信托资产，然后将该信托资产打包发行信托产品，进而达到企业融资目的的一种融资模式。信托融资包括信托股权融资和信托债务融资两种，本章节主要围绕信托债务融资（信托贷款）展开，信托股权融资可以参考"股权融资实操指引"的章节，结合本章节内容即可全面了解其实操技巧。

（一）信托贷款的底层原理

信托债务融资即信托贷款，是指一种利用信托计划募集资金，向企业发放贷款的模式。信托机构作为持牌金融机构，将资金从投资者处募集，再以贷款的形式借给企业，实现了资金的有效运用和合理配置。在这个过程中，信托公司扮演的是融资中介和投资理财管理者的角色，其作用是发行和管理信托计划，确保投资人的资金安全和回收收益，同时为企业提供财务咨询和融资服务。

1. 信托贷款的产品原理

信托贷款模式与银行贷款类似，企业相当于贷款申请人，信托机构相当于银行，购买信托产品的投资人相当于储蓄户。信托机构在这个融资业务中起到金融中介的作用，也可以理解为信托机构起到了合规合法加持作用。信托机构把有理财需求的投资人的资金融给需要资金的企业，最终达到了资金融通目的。

信托贷款与银行贷款的区别是，信托贷款是先有贷款申请人和抵押物（信托资产），再发行信托产品，然后再募资给借款人，也就是说，信托机构不能先找到一笔钱然后再找需要融资的项目；银行贷款则不同，银行可以先吸纳存款然后将资金贷款给需要资金的企业，也可以收到贷款申请后再利用时间差去吸纳存款。

信托机构的收益主要来自信托产品利差，比如信托机构收取你企业的贷款利率是15%，实际给购买信托产品的投资人的利率可能是8%~10%，给银行或第三方理财机构发售产品佣金1%~2%，再扣除支付银行账户托管费、律师费、产品保险等，剩余部分就是信托机构的毛利润，一般是2%~5%不等。

2. 为什么选择信托贷款

众所周知，除了可能避开隐性成本外，信托贷款的利息一般比银行贷款利息高，那么企业为什么要选择信托贷款呢？

其原因主要在于，信托贷款的风险控制机制相对银行而言比较宽松，银行贷款除了看抵押和担保，还受到授信额度局限，有些企业虽然有足额担保，但是信用额度已经用完，贷款批不下来。比如，房地产企业受政策限制无法从银行获得贷款时，通过信托贷款可以帮助房地产企业解决资金问题。

信托机构对于信托资产形态要求的灵活度更大，除了常规的有形资产以外，无形资产和应收账款等都可以作为信托资产。比如，某公司要建产业园区，可是没有足够建设资金，也缺现成的抵押物。这种情况通过银行获得贷款的可能性较低，但是可以通过信托贷款操作。信托贷款可以将建好后的产业园产权和未来若干年房子出租收入作为信托资产，设计一个资产信托管理计划，进而为企业解决当下资金需求。信托期满后，或者借款人将贷款还清后，该信托资产重新归属借款人。

（二）信托贷款实操指引

信托贷款虽类似银行贷款，但在实操上略有差别。信托贷款是信托机构依据《中华人民共和国信托法》通过制订信托发行计划募集资金，然后将资金放贷给项目已经审核通过的企业。银行贷款是银行依据《中华人民共和国中国人民银行法》以及相关国家政策，将储蓄户的存款放贷给满足贷款条件的企业。

信托贷款和银行贷款相比，银行贷款属于相对标准化的产品，利率也相对标准；而信托贷款更具个性化，利息定价也比较灵活，利息的高低往往与风险和操作成本挂钩，弹性较大。

1. 信托贷款产品

根据不同的分类方法，信托贷款产品的种类很多，但归根结底主要包括信托固定资产贷款和信托流动资金贷款，其他的都是在此基础上的衍生产品。下面主要围绕信托固定资产贷款和信托流动资金贷款展开。

（1）信托固定资产贷款

信托固定资产贷款是一款主要针对国家重点扶持产业相关项目和产品短缺的项目，或者产品出口前景良好的项目，用于挖潜、革新、改造和项目相关的扩建、改建、新建、续建的固定资产投资贷款。

项目主体可以是国有企业，也可以是民营企业，但项目必须经国家相关部门批准，并已纳入年度技术改造或基建计划；项目可行性报告通过了国家相关部门评审批准，投资概算准确，不留缺口；有专业建设施工方案和切合实际的建设进度计划及用款计划；征地、主要设备、建筑材料、原材料供应、交通运输、燃料动力等均已落实；自筹资金部分来源已经落实，流动资金已经有保障；经济效益高，还款计划落实，还款来源有保证。

符合条件的项目，通过银行还无法获得贷款的情况下，可以通过信托机构申请信托固定资产贷款。一般此类贷款期限 3 ~ 7 年。利息在中国人民银行统一标准执行。需要说明的是，信托固定资产贷款除了要支付利息，根据项目不同还可能涉及一定比例的项目管理费和保险费，综合成本可能比银行贷款略高。

借款人提交信托固定资产贷款申请后，信托机构会派出专业风险控制团队对项目深度调查,审查企业相关材料,经评估达标后才能进入放款环节。整个工作流程和所需资料与向银行申请技术改造贷款基本一致。

(2)信托流动资金贷款

信托流动资金贷款主要是指企业通过信托机构申请用于解决企业中短期生产经营流动资金的贷款,如用于购买生产原材料。根据相关法律法规,信托流动资金贷款主要以定向用途贷款为主,比如,该贷款限于购买某批原料,或者用于生产某批产品。一般会要求借款人配备一定比例的自有流动资金,常规比例为总项目资金额度的30%左右,比如,计划投入1亿元用于生产某批产品,借款人需配套自有资金3000万元,信托贷款7000万元。

信托流动资金贷款申请必须载明资金的实际用途和原因,出具还款计划和资金来源证明或者还款实力证明。流动资金的贷款期限一般为一个生产周期,或者一个商品流转周期。贷款利息以中国人民银行标准为基础,根据企业状况略有浮动。其申请流程和申请银行贷款流程基本相同,可参照银行贷款或者致电当地信托机构咨询。

2. 信托贷款的资金使用限制

根据国家最新颁发的法律法规,信托资金不能违规投向房地产、股市、地方政府融资平台、产能过剩等限制或禁止领域。所以涉及此类相关项目无法通过信托贷款申请,或者获得的贷款资金不能用于这些领域的直接或间接投资。

3. 信托贷款实操流程

企业向信托机构申请贷款,借款人需恪守诚信原则,提交真实、完整、有效的贷款申请材料,包括借款人名称、企业性质、经营范围,申请贷款的种类、期限、金额、用款计划、还款计划、还款来源证明等;并根据信托机构要求提供其他必要资料,如企业章程、股东决议、最近三年财务报表、资产证明材料、银行流水单等。

信托机构接到借款人贷款申请后,由分管信贷员和风控团队分别对借款人的基础材料、资质、信用状况、财务状况、经营情况等进行调查分析,资信等级评估完成后,推演和测算出借款人的项目效益与偿还能力。如果涉及担保或者抵押物的,还会对担保人的资产信用状况、经营及财务状况进行审查分析。涉及抵质押物的,会围绕抵押物的权属状况、市场现值、变现难易程度等进行评估分析。根据借款人的以上情况,提出具体放款方案,双方正式针对方案面谈。

风控团队的调查结论和初步贷款意见形成书面报告后，提交审批部门；审批部门完成风险评价后，针对借款人情况、还款来源、担保情况等进行复核，最终对贷款金额、资金投向、贷款期限、利息等贷款内容作出决策，逐级签署审批意见。

贷款申请通过审批后，信托机构与借款人签订书面借款协议，内容大致包括贷款的金额、期限、利率、种类、用途、支付方式、还款保障及风险处置等要素和细节。对于需要担保人或者抵押物的贷款，还需另外签订书面担保协议和抵质押担保协议，并到相关部门办理登记备案。完成所有手续后，信托机构给借款人开具支票或者通过银行转账，将发放的贷款金额汇入借款人的银行账户。

需要注意的是，为了确保借款人按约定使用贷款资金，信托机构一般会要求借款人定期汇总资金使用情况和附带凭证报告给信托机构，甚至会不定期派人现场调查贷款资金用途。所以，借款人必须严格按照贷款申请书保证的用途使用贷款资金，否则可能会因涉嫌违约而被提前收回贷款或者要求借款人承担违约责任。

4.怎样找到信托机构申请贷款

信托机构和银行的业务比较接近，原则上不允许跨地域经营。所以，要想申请信托贷款，只能找企业所在地的信托机构，或者找设立在当地的信托分支机构提交申请。绝大部分信托机构都会有自己的官网，官网上都有联系方式，通过电话预约后，一般会有业务负责人上门对接。

四、债券融资

债券融资是指企业或政府机构通过发行有固定利息和期限的债务证券来达到融资目的的一种融资模式。债券的偿还期限一般为 1 ~ 30 年，常见的债券偿还期限以 10 年以内居多。债券融资的最大特点是融资额度大、利息相对较低、资金使用期较长等，还有就是债券持有人可以通过二级市场交易提前收回投资。所以，发行债券是企业或者政府机构获得融资的重要途径之一。下面主要围绕企业债券融资展开。

（一）什么是企业债券

企业债券又称为公司债券，是由企业通过发行债务证券的方式进行融资，以筹集企业经营和发展所需资金的一种融资工具。企业债券是指企业依照法定程序发行、约定在一定期限还本付息的有价证券，其发行对象一般是机构投资人和个人高净值投资人，通常可以分为普通债券和可转换债券两种。

1.债券融资的优势

债券融资和信贷融资虽然都是债务融资，但是有很大区别，债券融资属于直接融资，信贷融资属于间接融资。

企业债券融资之所以称为直接融资，是因为企业直接通过二级市场发行债券融资，投资人和借款人直接发生借贷关系，没有中间商赚差价。而企业信贷融资，借贷业务是通过银行或者相关金融机构进行，首先由银行或者金融机构向社会公众吸收存款，然后再将钱借贷给需要钱的企业，银行等金融机构通过低进高出的方式盈利，赚取了中间差价。

企业债券的优点在于，相对于银行贷款和股票发行等方式，可以提供固定的优惠利率、比银行贷款更长的融资期限、规模更大的融资规模等。同时，企业债券的时效性和灵活性都比较高，获得发债资格的企业，可以根据市场需求随时发行和上市。在西方金融市场相对成熟的国家，债券融资更受企业青睐，企业债券融资总额常常是股权融资和银行贷款的5倍到10倍。之所以会这样，是因为企业债券融资在实操中优势很多。

比如，在税收方面，债务利息和股票红利支出顺序不同，全球大部分国家的税法允许利息支出在税前列支，但股票红利支出在税后支付。也就是说，债券融资的成本相当于有部分是国家负担，债券融资能节约企业赋税，降低企业融资成本。

比如，在财务杠杆方面，企业通过发行债券负债经营，可以起到放大成果的作用。债券融资与股票融资不同，股票融资虽然增加了资本存量，但同时也摊薄了股东收益。债券融资则只需按已确定的票面利率支付利息（衍生品例外），剩余的经营成果都属于原股东，股东收益更多，从而达到财务杠杆作用。

2.企业债券融资产品

随着金融市场的日渐成熟，法律法规的日渐完善，企业债券的衍生产品越来越多，但核心产品主要包括普通债权和可转换债券，掌握好这两种产品的融资方式，即可熟能生巧地使用其他衍生品。普通债券是指在债券期限内，投资者主要获得固定的票息收益，到期收回成本；可转换债券则是在一定期限内，持有人可以根据约定自由选择将债券转换成股票或者按债券收回本金和利息。

（1）普通企业债券

所谓普通企业债券，主要是指比较传统的债券类型。借款企业发行债务证券给有投资理财需求的机构或者个人，约定好票面利息和本金偿还方式，该债务证券对于借款企业而言就相当于欠条，相对于投资者而言就是债权凭证。债券存续期间，不论借款企业经营状况如何，盈利与否，都必须按时支付债券利息，并如约偿还本金。

从市场角度理解，企业发行的债券是要式有价证券，也可以理解成金钱证券或者融资证券，属于证权证券，具有可流通、可以转让、可抵押等特性。

对于借款企业即发行人而言，发行企业债券是向社会公众出售信用和增加负债。所以，根据《中华人民共和国公司法》规定，企业发行债券须经过股东大会和董事会批准，没有设立董事会的须经过执行董事批准，企业经营管理层无权决定债券发行事宜。特别需要提醒的是，企业发行债券募集的资金不能用于偿还企业债务，否则将面临法律风险。

对于政府监管部门而言，企业发行债券存在一定的社会信用风险，对社会经济秩序的稳定性和维护投资者权益都存在影响，因此企业发行债券必须遵循《中华人民共和国证券法》相关规定，并向国家相关主管部门申请报备，通过核准后才能发行，否则，属于违法行为。

企业要发行债券，国家对企业的信用评级、财务审计、法律认证、信息披露等方面有严格要求，企业必须严格遵守。

（2）可转换债券 [①]

可转换债券又称可转换企业债券，简称可转债，英文为 Convertible Bond，

---

① 本章节所介绍的可转换债券是经过国家金融监管总局相关部门审批后才能发行的债券，此类债券可以通过二级市场自由买卖流通，与前面所述种子轮融资所使用的可转换债券有一定区别。前文所说的种子轮可转换债券是创业企业和投资人之间私下约定的一种融资行为，其功能和兑现逻辑遵循了可转换债券的规则，但是并不能算是真正意义的可转换债券，那只是投融资双方的一种契约。

或 Convertible Debenture，或 Convertible Note。它是一种到约定期限，在事先约定好的条款下，持有人可以自由选择换成股票或者按债权方式收回本金和利息的一种融资工具。如果到约定可换成股票的时间，债券持有人没有将债券转换成股票或股份，则默认为持有人选择了继续持有债权，到约定的还本付息日收回本金和利息，债券持有人也可以将债券通过二级市场提前抛售变现。

可转换债券具有债权和股权的双重特性。与其他债券一样，可转换债券也有规定的利率和期限。投资人可以选择持有债券，到期后收取本息，这个阶段它是纯粹的债券，债券持有人是企业的债权人。但是，持有人选择将债券转换成股票后，原债券持有人就由债权人变成了企业的股东，可参与企业的经营决策和红利分配。这种债转股的特性只有可转换债券有，普通债券没有这样的选择权。债券持有人按照约定条款和转换价格要将债券转换成为股票的，发行人必须无条件按事先约定执行。由于可转债的可转换性，一般发行的利率会低于普通债券的利率，可以有效降低企业融资成本。

可转换债券之所以比较受市场欢迎，是因为可转换债券的价格和股票的价格联动。在股票上涨时，该企业的可转换债券二级市场交易价格会随之上涨；而当股票价格下跌，该企业可转换债券会因为债券的保底性质而不会发生亏损现象。也就是说，可转换债券的风险比股票小，却能够享受股价上涨的价格红利。

比如，A 公司发行的 10 年期可转换债券，每张债券面值为 1 元，约定第 5 年每 10 张债券可以换成一股股票，债券的换股成本就是每股 10 元。2 年后，A 公司股票每股价格涨至 15 元，那么 A 公司的债券在二级市场交易价格就会超过 1 元票面价，每张债券交易价格就可能高于 1 元低于 1.5 元，如果这个时候提前抛售，就可以获得高于债券的债权性收益。但是，假设 5 年内 A 公司股价每股价格都低于 10 元，债券持有人却不会因此造成损失，因为持有人可以不将其转换成为股票，到期按债权收回本金和利息即可。

由于可转换债券的可转换性，二级市场交易价格对标股票价格，一旦股价上涨，债券价格也会上涨，债券价格与股价之间存在套利空间。所以，可转换债券广受投资人青睐，是企业债务融资的重要产品。

需要说明的是，虽然非上市公司和上市公司都可以发行可转换债券，但是市场紧俏的可转换债券主要还是以上市公司和国有背景公司发行的可转换债券为主，民营大型企业也偶有发行。但是，小微企业要想通过发行可转债融资，难度仍然较大，一方面是审批通过可能性极低，另一方面是缺乏信用基础，投资人不容易接受。

3. 企业发行债券的条件

根据《中华人民共和国证券法》和相关法律法规，企业要发行债券，需要具备以下几个条件。

◇股份有限公司的净资产不低于人民币 3000 万元，有限责任公司的净资产不低于人民币 6000 万元。

◇累计债券余额不超过公司净资产的 40%。

◇最近 3 年平均可分配利润足以支付公司债券 1 年的利息。

◇筹集的资金投向符合国家产业政策。

◇债券的利率不超过国务院限定的利率水平。

◇经资信评级机构评级，债券信用级别良好。

◇国务院规定的其他条件。

4. 企业债券的发行方式

企业发行债券的发行方式主要包括面值发行、溢价发行、折价发行三种。如果各种条件不变，在债券的票面利率高于同期银行存款利率的情况下，可以溢价发行，即债券发行价格高于债券面值。比如，债券面值为每张债券 1 元，溢价发行则是投资人认购价格高于 1 元。如果发行的债券票面利率低于同期银行存款利率，可以折价发行，即以低于债券面值的价格发行。比如，债券面值为每张债券 1 元，折价发行则是投资人认购价格低于 1 元。如果发行的债券票面利率和同期银行存款利率相等，可以按照面值发行，即发行价格和债券票面价格一致。比如，债券面值为每张债券 1 元，投资人认购价格也是 1 元。

具体采取什么样的发行方式，需要结合企业自身情况、债券承销方、监管部门的三方意见而定。

（二）债券融资的实操指引

债券的发行虽然比股票发行的审批条件稍微宽松，但也是诸多融资模式中要求比较严格的融资产品之一。

1. 决策机构作出发行债券决定

不同性质的企业需要由相应的决策机构作出发行债券决定。比如，股份公司发行债券，需要由董事会拟订企业债券发行方案，提交股东会审议作出股东决议。有限责任公司发行债券，需要由总经理拟订企业债券发行方案，执行董事和法定代表人签字认可，提交股东会审议作出股东决议。国有独资公司发行债券，必须经由国家授权投资的机构或者国家授权的部门作出决定。

2. 选择合适的中介

企业发行债券，申请前需要由有资质的第三方机构进行资产审计和资信评级，还需要有资质并且经验丰富的证券机构的支持，一方面是因为证券发行必须由有证券经营牌照的机构承销；另一方面是债券发行是一项专业性很强的业务，需要专业的第三方机构支持，发行工作才可能顺利高效。尤其是发行可转换债券，必须有保荐人，所以和证券机构合作是绕不开的道。

3. 进行资信评级

企业在进行债券融资时，需要通过信用评级机构对企业进行信用评级。信用评级是指通过对企业的财务状况、经营状况、行业发展等进行综合评估，确定企业的信用等级，用以引导投资人对企业信用程度的评价。企业信用评级的等级通常分为 AAA、AA、A、BBB 等级，企业信用评级越高，对投资人的吸引力越大。

4. 提交债券发行申请

企业发行债券，必须向国家金融监督管理总局地方分局提出发行企业债券的申请，经过相关部门的调查评审批准后，企业才能正式发行债券。

申请登记需要提交的基础材料包括企业登记证明、章程、股东决议、企业债券募集办法、资产评估报告和验资报告、债券发行登记申请书等。详细资料包括企业的经营情况、过去 3 年的资产负债状况、企业负责人的主要情况、企业的主要业务范围、企业在行业中的竞争地位、资信状况等，以及债券的发行条件及发行数量、债券类型、发行方式、发行地区、发行对象、承销商的基本情况、法律顾问的基本情况、申请发行企业债券的理由等。

5. 经主管部门批准

国家金融监督管理总局对企业提交的债券发行登记申请材料进行审查，对符合相关法律法规定的，予以批准；对不符合条件的不予批准。

6. 公告企业债券募集方法

发行债券的申请获得批准后，企业需公告债券募集办法。内容包括企业名称、债券总额、债券的票面金额、债券的利率、还本付息的期限和方式、债券发行的起止日期、企业净资产额、已发行的尚未到期的企业债券总额、企业债券的承销机构。发行公告上还应载明企业债券的发行价格和发行地点。

7. 投资人认购企业债券

社会公众认购企业债券的行为称为应募。应募的方式可以是先填写应募书，而后履行按期缴清价款的义务，也可以是当场支付现金购买。当认购人缴足价款时，发行人负有在价款收讫时交付企业债券的义务。

8. 企业还本付息

企业严格遵照发行承诺，准时足额给投资人偿本付息。

（三）怎样降低债券发行成本

企业发行债券融资除了考虑融资额度，还需充分考虑债券发行价格、票面利率、偿还期、发行费用等重要内容。因为这些会影响企业资金使用计划、融资实际成本、还款压力等诸多方面。尤其要重视融资成本，以便作出更有利于企业的融资决策。

1. 债券发行成本的构成

债券发行价格、票面利率、承销费用是构成债券成本的核心要素，还有信用风险溢价、流动性溢价、评估审计费、律师费、宣传费、宣传费、材料费等，在发行前必须充分了解并精算对比，进而制订出一个最合适企业自身的发行方案，实现以更低的代价获得预期的融资效果。

债券发行价格就是指债券初始募资时的市场价格，有可能与债券面值相等（平价发行），也有可能低于债券面值（折价发行），或者高于债券面值（溢价发行）。如果平价发行，发行价格和债券面值一致，则不造成成本增加；如果折价发行，发行价格低于债券面值，则直接增加成本，比如9折发售，发行1亿元面值的债券，实际只募集到9000万元，而企业要支付的各种费用是按1亿元支付的，所以成本直接增加；如果溢价发行，意味着募集获得资金多余发行债券总面值，则可能发行成本偏低。

票面利率是指发行债券的企业每一年向持有债券的人支付的利息占债券面

值总额的比率。债券票面利率通常以年为单位计算，以固定的利息支付金额表示。比如，债券面值为 100 万元，票面利率为 5%，则债券发行人需向持有人每年支付 5 万元的利息。债券票面利率的确定通常受到市场利率水平、发行人信用等级、债券期限、债券类型等多种因素的影响。通常情况下，投资风险越高和债券期限越长，票面利率也越高。

承销费用是指在债券发行过程中，帮助企业将债券销售给投资人的中介机构向债券发行人收取的费用。债券承销费用通常由约定的费率或按所筹资金额的百分比来计算，具体费率取决于市场条件、发行规模、债券种类等因素。费用的高低直接构成债券融资成本。

信用风险溢价也是构成债券发行成本的主要部分，如果债券发行人的信用评级较低，市场对其违约风险的担忧较高，监管机构可能会要求企业提供担保人，或者投资人要求更高的利率来补偿风险，进而增加了债券融资成本。

债券融资成本还受到流动性溢价的影响，如果市场流动性不足，投资者可能要求更高的成本来承担流动性风险。

债券融资成本还包括企业信用评估审计费、律师费、宣传费、材料费等。

2. 影响债券票面利率的要素

影响债券票面利率的因素较多，主要的影响要素包括同期可比债券的发行情况、投资者偏好、市场供需、承销商实力、发行市场等。同时，宏观经济环境及货币政策走势预期、短期内的资金面和信用产品供给量波动等都对债券票面利率造成影响。

债券发行主体所处行业、企业信用等级、担保方式、债券品种、期限长短等要素会影响投资者偏好。通常情况下，发行主体资信越好、所处行业越有前景、项目所在地区经济越发达、企业发展前景越好，投资者越乐于投资；反之亦然。

还有就是债券的品种，中短期品种的时间风险相对较低，所以更有利于发行，综合成本也较低。中长期品种由于时间跨度较大，时间风险较大，不可预见风险较多，所以发行难度较高，综合成本也较高。

在市场供需方面，除了考虑同期债券发行单位数量、募集规模、品种数量等因素外，市场还会受到宏观经济环境和货币政策走势预期影响。比如，近期的资金供应量充足，则有利于债券发行；而如果资金政策收紧，资金流通量减少，则不利于债券发行，所以短期内的资金面和信用产品供给量波动会直接影响债券市场供需关系。

债券的发行还会依赖承销商的实力。比如，承销商的人脉关系、专业水平、从业经验、执行能力、销售能力等都很强，则可能根据市场情况迅速设计出更贴近市场的发行方案，并且在更短时间内完成发行工作，以更低成本募集到预期资金。相反，承销商如果承销实力较弱，则可能因为发行方案设计不合理、募集通道匮乏、人脉关系不到位等原因导致发行工作进展不顺，发行时间拉长，综合成本偏高。

选择合适的发行市场对于债券发行很重要，比如，有些债券适合在银行间发行，有些债券适合在二级市场发行，有的债券适合定向私募。由于银行间市场的吞吐规模较大、流动性好、利率追求较低，但风险偏好也较低，所以类似城投债等政府背景的债券在银行间更受欢迎，综合成本也更低。比如，定向私募的投资人普遍都是高净值人群或者专业投资机构，他们对投资收益预期较高，所以也有较高的风险偏好，所以较适合能够接受较高利率的发行人。比如，中小规模民营企业在无法通过银行间市场和二级市场发行的情况下，可以考虑定向私募。而这些不同的募集通道，成本也相差较大。所以，发行市场也是影响债券票面利率的关键要素之一。

3. 通过设计发行条款降低债券发行成本

发行条款是构成债券发行成本的关键，合理设计发行条款，可以有效降低债券发行成本。

（1）设置担保

企业债券根据是否有担保物分为两种：一种是抵押债券，另一种是信用债券。前者比后者更受市场欢迎，票面利率也较低。

所谓抵押债券，就是指有抵押物作为风险担保的债券。根据抵押物的不同，大致可以分为一般抵押债券、不动产抵押债券、动产抵押债券和证券信托抵押债券等几种。以企业的全部财产作为担保物的债券，称为一般抵押债券；以房屋等不动产作为担保物的债券，称为不动产抵押债券；以车辆、原材料库存、商品库存等动产作为担保物的，称为动产抵押债券；以股票、基金、国债等有价证券作为担保物的，称为证券信托抵押债券。如果发行债券的企业违约，担保物将被变卖处置，处置担保物所得将用于支付债券持有人应得的利息和本金。

所谓信用债券，就是指没有任何财产作为担保，完全凭借发行人的信用发行的债券，政府债券就是典型的信用债券。企业要想发行信用债券，需要具备绝对信用和强大的信任基础，如品牌影响力极大、是某个赛道的头部企业、有家喻户晓的产品基础等。除此之外，一般性企业要想发行信用债券，投资人会觉得持有该债券承担的风险太大，比较难接受，或者会要求较高的利率。

所以，通过设置担保物或者担保人的方式，可以提高债券的受欢迎程度，减少发行阻力，进而降低债券发行成本。

（2）设置转股条款

关于可转换债券，前文已经有比较详细的介绍，此处重点说明设置可转股条款对债券发行成本的影响。可转换债券由于可以在特定时期内按约定比例转换成股权或者股票，具有债券和权益的双重属性，持有人具有较低风险情况下享受更高收益的可能，所以可转换债券比较受市场欢迎，发行成本和票面利率也比较低。因此，如果企业可以结合自身情况和政策法规，考虑通过设置转股条款来达到降低发行成本的目的。

（3）设置付息条款

付息条款是影响投资人购买债券意愿的重要因素，企业可以结合当下市场供需情况和利率情况设计出更吻合投资人兴趣的付息条款，从而降低债券的发行难度，进而达到降低发行成本的目的。常见的付息方式包括零息、定息、浮息、累进利率等几种。

零息并不意味着企业不用支付利息，而是通过贴现的方式间接给投资人回报，泛指债券券面上不附有息票，票面不标明利率，主要通过低于债券面值的价格发行，即折扣发行，到期按债券面值兑付。债券持有人通过低价买入、高价卖出的方式盈利，相当于间接赚到了利息。

定息即固定利息，是一种相对于零息的付息方式，泛指债券票面直接标注利息率，该利率不受市场利率浮动的影响而发生变化，发行人每年须按照票面载明的利率向债券持有人支付固定利息。

浮息是指债券的利率会随行就市，当市场利率上涨时，持有人获得的利息会变多；市场利率下跌时，持有人获得的利息也会随之变少。这样的付息方式对对抗通胀具有一定作用，所以部分投资者比较热衷此类浮动利率的债券。但由于不确定因素较多，所以保守型投资人会避开此类债券。

累进利率主要根据债券的持有期限长短而定，持有时间越长，利息越高；持有时间越短，利息则相对较低。这个逻辑和定期存款的利息方式有异曲同工之处，3个月定期、6个月定期、12个月定期、24个月定期、36个月定期的利息会有所差距，定期时间越长，利息越高。

（4）设置不同的付款方式

付款方式的不同，会影响投资人投资热情，也会影响债券发行成本，所以企业发行债券时一定要根据当前市场投资人的偏好设置合适的付款方式。

债券的付款方式一般有两种：一种是到期一次性偿还本金，另一种是分期分批偿还本金。不同的付款方式会对企业实际使用资金的期限和调度计划产生影响，进而影响生产经营，发生隐性成本。

（5）设置投资人可回售选择权和发行人利率调整权

根据债券市场利率情况和发行难易程度，企业为了以较低成本顺利实现债券融资，可以通过设置投资人可回售选择权和发行人利率上调选择权，以达到灵活调节债券发行进度的目的。

五、贸易融资

贸易融资是指贸易型企业在商品交易中，以存货、预付款、应收账款等资产向银行和相关金融机构融资的一种模式。贸易融资中的借款人，一般以商品交易所得作为主要还款来源，较少有其他生产经营活动，基本没有实质资产，少有独立的还款能力。贸易融资可分为国内贸易融资和进出口贸易融资，而两者根据融资主体不同又分别包含买方融资和卖方融资。

（一）国内贸易融资

国内贸易融资主要是指贸易行为只在国内发生，买卖双方都在国内经营业务，融资主要用于经营国内业务的一类融资工具。其贸易融资产品虽然不多，但是针对性很强，有的针对卖方融资，有的针对买方融资，企业一定要学会对号入座。当然，从严格意义上理解，任何企业都不会是单纯的卖方或者单纯的买方，当下的卖方可能是某个流通环节的买方，当下的买方也可能是某个流通环节的卖方。所以，融资之前要先弄明白当下的融资身份。

1.国内贸易卖方融资

卖方融资可以理解为供应商融资，融资主体的主要身份特征是开展商品的生产与销售活动，而融资的目的是扩充供应能力。适合卖方融资的融资产品除了常规的不动产抵押贷款和动产质押贷款之外，还可以选择卖方票据融资、应收账款融资、存货质押融资等几种。

（1）卖方票据融资

此处的票据融资的票据仅指银行承兑汇票和商业承兑汇票，这两种票据在大宗贸易中无法避免地会接触到。很多大型采购是以票据作为交易支付手段，实力较弱的企业多用银行承兑汇票，实力强势的企业则多用商业承兑汇票。这两类票据会有一定的账期，企业在急需资金周转时，可以将票据质押给银行申请短期贷款，或者将票据处理贴现。

票据质押贷款手续前文有详细介绍，此处重点介绍票据贴现。

票据贴现是指企业在票据到期之前，将票据进行变现的一种融资方式。其中分为有追溯和无追溯两种。无追溯票据贴现一般适用于银行承兑汇票贴现，企业将票据的金额以一定的折扣出售给金融机构或投资人，以获取即时的现金流，到期由贴现机构自行解决兑付事宜，出售票据的人不再对该票据负责。有追溯票据贴现，普遍发生在商业汇承兑票的贴现交易中。因为商业承兑汇票是由企业承兑的，会存在逾期无法兑付的风险，所以在此类票据的交易中，贴现机构一般要求原持票人承担连带责任，万一承兑方不如约兑付，贴现机构有权追溯原持票人"退回"或者要求原持票人"清偿"。

企业要进行票据贴现时，首先应选择合适的商业银行或有资质做票据贴现的机构，商议好贴现利率，即常说的折扣，这个比例一般采用年化方式计算，通常由贴现机构根据市场利率、票据到期日、票据金额和企业的信用状况等因素确定。

企业需要准备好以下申请材料：票据原件、贴现申请书、企业营业执照、法定代表人身份证、企业的财务报表和信用证明等。贴现机构会对企业的信用状况、票据的真实性和合规性进行审查评估，同时还会对票据承兑方的还款能力、经营状况和信用状况进行调查评估，符合条件的情况下正式进入提供贴现服务流程。

持票方与贴现机构需签订贴现合同，明确贴现金额、贴现利率、票据到期日、贴现手续费等。贴现机构根据合同约定的贴现金额和贴现利率，计算和支付实际贴现款项给企业。

如果有追溯贴现出现到期承兑方不兑付的情况，售票企业须按照合同约定支付贴现机构已贴现款项和对应的利息。

（2）应收账款融资

应收账款是企业已经交付了产品或者提供了服务，但由于分期付款约定或者账期约定等，还没收回的款项。企业可以将应收账款向银行或金融机构申请融资，以便更好地满足生产和经营需求。

① 应收账款质押融资。应收账款质押融资是指企业将自身名下的应收账款的收款权利作为融资担保物，将该权利质押给金融机构，金融机构根据借款人的资信情况和应收账款质量评估授信，并给予融资的一种融资方式。

这类融资产品适用于长期有较大规模应收账款的制造型或者贸易型企业，它们平时需要较大现金流用于扩大生产或销售、市场发展良好、发展潜力较大，尤其适用于正处于高速发展期，不动产较匮乏，但拥有一定规模的稳定应收账款的企业。

应收账款质押融资的特点是，能够提前回笼销售款，增加流动资金量，加速资金周转率，进而提高经营效率和创造更大利润。这种融资方式的最大优势是，无须企业提供其他担保，最高可获得应收账款总额 80% 的融资支持。

有应收账款质押融资需求的企业，须准备好贷款申请资料和贸易合同，向当地银行提出贷款申请，银行到企业走访、完成尽职调查和对贸易情况及应收账款完成审核评估后，开立监管账户、办理质押登记手续、签订贷款协议等，银行按合同约定发放贷款。

② 应收账款保理融资。应收账款保理融资是指企业将未到期应收账款折价转让给银行或者有资质的商业保理机构，进而提前获得未到期应收账款对应资金的一种融资方式。从不同角度理解，保理的分类比较复杂，常规操作主要分为买断型保理和回购型保理，或者有追索权保理和无追索权保理。

买断型保理的常见做法是以无追索权保理为主，但是在应收账款欠款人资信较差情况下，保理商会要求保留追溯权。常规操作是，如果是无追索权保理，其操作方式比较简单，买卖双方商议好交易价格，签订好协议，应收账款买方给卖方支付款项，交易完成；如果是有追索权保理，应收账款欠款人如果到期违约，没有如约支付对应款项，则转让应收账款的企业有义务帮助保理商追讨欠款，或者保理商会要求企业按当时交易金额加上一定的利息回购该标的。

回购型保理类似应收账款质押贷款和回租式融资租赁的混合体。常规操作是，企业与保理商议定，保理商按应收账款合同债权金额的 5 ~ 8 折买下，约定好回购期和回购利率，到期企业需以融资总额加上对应利息买回之前用于融资的应收账款债权合同。比如，应收账款总额为 1 亿元，保理商按 5 折收购，即保理商给企业融资 5000 万元；约定到期年化利率 8%，融资期限为 1 年，那么 1 年后到期，企业需支付保理商本金 5000 万元和利息 400 万元回购原卖给保理商的应收账款债权合同。

③代收货款授信融资。代收货款授信融资常见于企业将货款交由金融机构代收代付，银行根据企业一定时期的进出账流水情况，给予企业一定额度的信用贷款授信。该类授信一般为循环式，即在一定周期内，该授信额度可以循环使用。假设授信额度为 1000 万元，授信期限为 3 年，即企业在授信额度范围内 3 年间可以根据需要循环贷款。

（3）存货质押融资

贸易型企业比较难避免库存，绝大部分企业仍然离不开库存，而库存存的是货，押的是真金白银，贸易量越大押的资金就越多。存货质押融资就是专门针对此类情况设计的融资产品。

存货质押融资的常规操作是，企业将存货质押给银行，银行指派第三方对该质押仓库进行进销管理，银行根据存货总量的一定比例贷款给企业；企业在销售已质押存货时，需获得银行批准并授意第三方仓管放行，卖出货物的货款由买方必须汇入企业在银行开设专项收款账户，银行账户由银行托管；企业未清偿贷款期间内，不能支取专项账户内的资金，或者只能支取银行允许支取的部分资金。

存货质押融资可以让企业提前获得资金加大贸易投入，实现更大经营杠杆。

2.国内贸易买方融资

国内贸易买方融资主要是指贸易型企业用于支付采购货款的一类融资产品。可参考前文介绍的银行承兑汇票、商业承兑汇票、远期支票等支付手段达到融资目的。

（二）进出口贸易融资

进出口贸易融资是企业在进出口贸易过程中，将银行融资工具和信用手段作为贸易支付的一种融资模式，从而达到财务杠杆和资金融通目的。进出口贸易融资是为了支持跨国贸易而提供的融资产品，具体的融资产品比较多，主要包括出口卖方融资、出口买方融资、进口买方融资、进口卖方融资四大类。下面主要介绍出口卖方融资和进口买方融资。

1. 出口卖方融资

出口卖方融资是指注册在中华人民共和国大陆境内（不包括港澳台地区），具有独立法人资格的企业或具备借款资格的事业法人，出口技术或者产品到海外，通过利用金融产品实现资金融通的方式。

出口卖方融资可以理解为，出口卖方有新的出口订单需要资金投入再生产，出口卖方仓库中有原材料、半成品、成品，或者出口卖方有货卖出去了钱没收回来，所以可以用存货或者应收账款质押给银行申请贷款，或者通过延迟支付、杠杆支付、转移支付等方式达到资金融通的目的。

适合出口卖方融资的金融产品主要包括出口卖方信贷、出口订单融资、出口保理融资、出口打包贷款、出口押汇融资、出口退税账户托管贷款、出口信用保险保单融资、出口贴现融资等。

（1）出口卖方信贷

信贷是一切债务融资的基础，出口融资也不例外，出口企业（卖方）可以通过银行申请出口卖方信贷。理论上，凡在中国境内注册的出口企业都具备申请出口卖方信贷资格，但重点围绕一般机电产品、成套和高技术含量产品、船舶以及农产品、文化产品等产品出口业务。

申请出口卖方信贷的借款人，需要具备良好的资信和稳定的还款来源，最好能提供银行认可的还款担保，出口的产品或服务经国家相关部门审批，并满足银行认为必要的相关条件。

出口卖方信贷主要有两种情况。一种是以出口企业信用情况给予授信，重点评估出口商的还款能力，这类授信一般最长可达5年循环适用，额度也因出口企业的资信情况而定，这种信贷产品和国内的信用贷款基本相同。另一种情况是项目信贷，即以某个出口订单为项目作为信贷基础，这类信贷模式重点评估进口企业的信用能力和付款意愿，一般要求订单必须已经收到 15% ～ 30% 的预付款，没有预付款的订单比较难通过信贷审批。

（2）出口订单融资

出口订单融资是指出口企业以汇款或托收结算方式，收到海外进口企业的有效订单，销售回款等方式为主要还款来源，向具有跨境外汇支付牌照的银行，申请该订单项下原材料采购、商品生产和储运等环节周转资金的短期贸易贷款业务。

出口订单融资相比其他短期贸易融资业务，手续更简便，授信额度较高，出口企业可以提前获得采购款，缓解财务压力。出口企业可以利用出口订单融资合理规避远期市场汇率风险，同时可以通过提供延期付款作为贸易谈判筹码，扩大订单机会。

实操流程：出口企业（卖方）与海外进口企业（买方）签订购销合同后，向银行申请办理出口订单贸易融资业务，同时向银行申请核定本企业授信额度，必要时投保出口信用险以争取更低门槛的授信便利；银行审核材料通过后，出口企业与银行签订相关协议，银行放款。

业务要点：企业拟定好材料供应商后再向银行申请贷款，贷款资金进入借款人账户后，由银行代为划拨给相应供应商账户，这么操作可以大大提高贷款申请的通过率和下款速度。

（3）出口保理融资

出口保理融资是指出口企业将其与海外进口企业订立的商品购销合同所产生的应收账款转让给经营商业保理业务的机构，最终实现提前回笼资金补充经营流动资金的一种融资方式。保理机构提供保理融资后，将由其代为进行商业资信调查、应收账款管理和催收、信用风险担保等服务。除了银行可以提供出口保理融资业务，部分具有跨国业务能力和资质的商业保理公司也会提供保理融资业务。

出口保理融资的优势是，此种融资方式基于出口企业和海外进口企业的信用状况、真实贸易记录，出口企业无须抵押担保，不占用原有的授信额度，手续极为简便就能获得融资。出口保理融资一般以 3 ～ 6 个月作为一个周期，可以大大提高企业资金周转率。

实操流程：出口企业向保理机构提出融资申请，保理机构对海外进口企业进行资信调查评估，然后确定融资授信额度，双方协商一致后签订商业保理协议，保理机构向企业支付融资款。

比如，A公司是一家外贸企业，通常货物出运后3个多月买方才支付货款。由于公司财务压力较大，平时无法承接账期太长的订单，业务受到了很大限制。后来，A公司得知银行保理业务可以将应收账款提前变现，于是通过与银行合作，大大扩充了现金流量。由于可以给买方较长账期，A公司第二年的业务量就翻了一番。同时，A公司借力保理融资，大大提高了本金周转率，本金周转率从原来一年3.5次提高到了8次，利润翻了将近两番。

业务要点：买卖双方的合作历史记录和买方的企业资信及还款能力是决定保理融资成败或融资额度多少的关键。

（4）出口打包贷款

出口打包贷款是指企业在出口商品时，将出口订单和相关合同作为质押物，向金融机构申请融资的一种融资方式。

实操流程：出口企业与海外进口企业签订购销合同，出口企业所在地银行已经收到进口企业所在地银行开立的信用证，由出口企业向收到信用证银行申请用于信用证项下商品采购、生产加工和物流运输等相关用途的专项贷款。

出口打包贷款可以保证出口企业在流动资金短缺，又争取不到预付款的出口订单时，也能够进行正常业务。该方式无须占用出口企业自有现金流去应对原材料采购、商品生产、备货阶段的各项开销，能有效缓解企业资金压力，增加订单量，提高经营收入。

出口打包贷款一般期限较短，常见的贷款期限以3～6个月为主，可以满足大部分出口企业备货和装船运出的需求。出口打包贷款的授信额度一般为出口总额的50%～70%。

比如，某乐公司是一家办公椅生产商，近期争取到欧洲企业1900万欧元采购订单，结算方式为货物入关后T/T（Telegraphic Transfer的缩写，中文含义为电汇，是指一种通过电报、电信或其他系统实时实现资金转移的汇款方式）60天。某乐公司急需8000万元在国内采购原材料用于生产订单对应办公椅，于是找到账户托管银行阐明意图。经协商银行调查评估，决定按出口订单总额的75%给予某乐公司贷款授信，授信额度超过1亿元。某乐公司顺利完成了该订单产品生产，并及时将商品装船运出。取得进口企业开具的承兑汇票后，银行凭汇票和相关贸易交易单据为出口企业把打包贷款改为出口押汇，打包贷款业务完结。

（5）出口押汇融资

出口押汇融资是指企业在出口产品或服务后，将出口收汇权利作为抵押物，向金融机构融资的一种方式。

实操流程：出口企业装运发出后，凭全套出口票据、贸易合同和相关出口证明等材料向银行申请出口押汇融资；银行对借款申请人完成调查评审后发放有追索权的短期贷款；海外进口企业到期将货款支付到由银行托管的收款账户内，扣除本息后余额归出口企业自由支配。

出口押汇融资包括跟单信用证、跟单托收、汇入汇款项下出口押汇三种业务类型。此类融资可以加快企业资金周转和提前收汇结汇，规避汇率风险；融资手续简化，融资成本较低，不占用企业常规授信。

（6）出口退税账户托管贷款

出口退税账户托管贷款是指出口企业将出口退税专用账户托管给银行，以退税专用账户中的退税款作为还款保证的一种短期贸易融资方式。此类融资方式可以直接贷款资金，也可以此为基础申请银行授信开立信用证用于贸易支付。

一般情况下，具有出口退税资格，有出口退税应收款，出口退税所需时间较长的企业都可以向银行申请出口退税账户托管贷款。该方式申请手续简便，没有额外担保要求，可以有效缓解出口企业资金占用压力。

实操流程：出口企业通过对外贸易产生应退未退税款，按规定进行出口退税申报，然后以出口退税申报相关材料、对应已开具的增值税发票、贷款申请书和企业申请贷款必需的基础材料等向银行提交出口退税专用账户质押贷款申请；银行审核材料并核实确认出口应退未退税款金额后，进入贷款审批流程，最高贷款授信可达应退未退税款总额的95%。

出口退税账户质押业务可以用于出口企业流动资金贷款、贷款承诺、信用证、银行承兑汇票等表内外授信和融资业务，提前盘活应退未退税款资金，提高出口企业资金使用率。

（7）出口信用保险保单融资

出口信用保险保单融资是指出口企业已投保中国出口信用保险公司或中国人民财产保险公司，以其保险额度和完整的出口贸易手续向银行申请的短期贷款。正常情况下，出口企业需等货物出运、已缴纳保费和完成权益转让，并办理相关出口结算业务后，再凭其短期出口信用保险单据、出口商业单据和权益转让凭证等向银行申请融资。

出口信用保险保单融资特别适合流动资金有限，银行的授信额度不足，希望扩大融资规模，想通过加快应收账款变现来加速本金周转率的出口企业。此类融资产品门槛较低，申请手续相对简便，比常规流动资金贷款更容易下款，而且不占用企业原有授信额度，还可以有效规避进口企业信用风险和其国家风险。

实操流程：出口企业购买短期出口信用综合险，保险公司为海外进口企业申请买方信用限额，凭保单额度向银行申请出口信用保险项下融资，银行对借款申请人的资信状况和保险公司核准的保险额度进行审核，审批贷款额度，借款申请人、银行、保险公司三方签订《赔款转让协议》，将保单权益转让给银行；贸易订单出货后，凭保险公司确认的申报单和发票、提单等票据向银行申请额度内融资，进行押汇申请并通过审批后，银行发放贷款。

（8）出口贴现融资

出口贴现融资办理手续及逻辑，和前面章节介绍的国内贸易卖方票据融资基本一致，本书在此不再赘述。

（9）福费廷

福费廷（forfaiting）也被称为单据包买，是一种国际贸易融资方式，指的是出口企业将对外出口商品的收款权转让给开展福费廷业务的银行或者其他机构，以获取即时变现的一种融资方式。福费廷可以理解为将远期汇票或应收账款打折通过无追索权方式转让变现的一种金融业务。

出口企业除了可以通过福费廷提前将远期应收账款变现，还可以利用福费廷的产品特性给海外进口企业提供延期付款，从而提高商务谈判筹码，提升获取订单的竞争力。

福费廷的最大特点是不需要核定出口企业的授信额度，也不需要提供担保。融资款在财务报表上体现为现金销售收入，减少应收账款存量，可以优化财务报表，增加投资人信心。同时，福费廷交割完成后，即可办理出口收汇核销，提前获得出口退税，可以有效规避汇率变动风险。因为福费廷属于买断业务，信用证开具行到期不付款，出口企业不用为此负责，也不用偿还银行本息。

实操流程：出口企业向银行提交福费廷业务申请；银行经调查评估通过后，双方签订福费廷业务协议书，出口企业将债权转让函、信用证正本及其项下出口单据等资料交予银行，银行向信用证开具行或指定行寄单索汇；银行收到承兑单后，将福费廷款项支付给出口企业，远期信用证项下收汇款项，专项用于归还福费廷融资款项。

2. 进口买方融资

本章节主要围绕注册在中国境内（不包括港澳台地区）的企业和具有融资资格的其他机构，向国外进口设备、产品、原材料、技术等贸易行为涉及的融资业务。

进口买方融资可以理解成，你是一家注册在中国境内（不包括港澳台地区）的进口企业，有销售网络和销售能力把进口产品在国内销售出去，需要资金到海外采购产品，据此通过抵押/质押等信用手段向银行融资，进而获得采购所需资金款项的融资行为。

进口买方融资常规的手段是票据融资，通过信用证、银行承兑汇票、商业承兑汇票等票据开展融资，其业务逻辑及手续和前面章节介绍的票据融资相似，企业可根据该方法咨询银行即可办理，本书在此不再赘述。

本书在此重点介绍内保外贷、进口预收款融资、进口代付融资、货到付款融资、进口仓单质押融资、进口托收押汇融资、进口保理融资等几种更具针对性的融资产品。

（1）内保外贷

内保外贷是指由注册在中国境内（不包括港澳台地区）的企业提供担保，其在境外注册的全资、控股、参股企业或其他关联企业在境外向银行贷款的一种贸易融资产品。该业务包含两个重要部分，即"内保"和"外贷"。"内保"就是国内企业通过国内银行申请开立担保函；"外贷"即注册在境外的全资、控股、参股企业或其他关联企业向境外银行申请贷款。常见的模式是，国内某银行开具融资性担保函提交到离案中心，再由该银行的海外分行提供贷款。

申请内保外贷的企业首先必须是在中国境内（不包括港澳台地区）依法注册的企业，且资信状况良好，符合融资类保函申请人的相关条件要求，具备与担保责任匹配的收入来源和相对应的担保物，担保物一般以银行存款单和银行理财产品为主。申请内保外贷的资金使用范围必须符合国家关于境内机构对外担保的有关规定，境外企业必须已依法注册。申请人必须具有可准确预计的充足还款来源，无实体经营的空壳公司、没有真实贸易背景的公司、组织机构和财务管理制度不健全的公司皆不符合内保外贷申请资格。

实操流程：符合条件的申请人可根据需要向国内银行申请开立保函；国内银行审查申请人资信情、被担保人的基本状况和担保物落实情况，海外银行对贷款进行审查；国内银行向海外银行开具融资性保函，海外银行向借款人提供融资。

内保外贷除了能够解决海外企业融资难的问题外，还能赚取汇率差。比如，K恩公司是一家有色金属进口企业，其部分业务是从某国进口铜矿，因此在该国设立有子公司B，支付货币可以选择该国本币或者美元。K恩公司发现该国本币贷款年化利率长期在1%以下，而其国内银行理财产品较高的年化收益率最高可达9.5%，具有很大的率差。于是在国内具有跨国业务的某银行购买了5亿元银行理财产品，年化收益率6.2%。K恩公司将该理财产品作为质押，向该银行申请内保外贷业务，国内银行给K恩公司名下的B公司开具融资性保函，B公司在某国银行申请该国本币贷款，贷款年化利率为0.82%。K恩公司享有的率差高达5.38%，扣除远期锁汇和其他相关费用，率差仍然超过3.5%。也就是说，K恩公司通过内保外贷业务不但解决了B公司的资金问题，还通过内保外贷净赚超过3.5%，5亿元则净赚超过1750万元。另外还有铜矿贸易的利差，K恩公司可谓收益颇丰。

（2）进口预收款融资

进口预收款融资是指进口企业在预付款的前提下，通过向银行质押提货权而获得银行贷款的一种贸易融资方式。与存货融资和应收账款融资等"卖方"融资不同，预收款融资是针对进口企业提供的"买方"融资产品。

① 先票后货式融资。进口预收款融资虽说是买方融资，但模式是从存货融资借鉴而来，所以常规的预收款融资方式基本上采取"先票后货"。即进口企业从银行获得授信，支付货款，海外供货方按照购销合同与合作协议书中约定的条跨发运货物，收货人是银行。

实操流程：进口企业（买方）向银行缴纳一定比率的保证金后（保证金额度通常为货款总额的30%左右），银行进行审核；审核通过后，银行根据授信和合同条款直接向海外供货方（卖方）支付进口产品的全款；卖方依照买卖双方签订的合同，结合买方与银行签订的合同约定，向银行指定的物流公司发货；货物抵达之后，该货物自动转为进口企业此项融资的质押物；进口企业在规定的时间内通过追加保证金的方式赎回质押给银行的产品，银行通知物流公司放行货物，产品由进口企业自由流通。

对于进口企业而言，选择先票后货式融资的优点在于，可以用较少的钱撬动更大的业务，一般只需贷款总额30%左右的保证金就可以启动整个业务，而且银行手续比较简单，是一种直接、高效的短期融资；对于海外供货方而言，有银行预付款，可以大大降低进口企业和海外供货方的谈判成本，几乎适用于所有付款方式，无论是全款付清、分期付款、赊销都比较容易被供货方接受。但其缺点是，进口企业需要有较好的信用基础，如果在银行的信用较差，而赎货比较困难，货物本身又有保质期，就很麻烦；更为关键的是，海外供货方的履约能力会影响整个融资结果，如果海外供货方履约能力较差，货物不能按时交付或者在途中和库中损失则会引发责任认定纠纷，因为银行急于取得质押品，而进口企业则倾向于在赎货的时候再检验，其中的风险敞口是存在的。

②保兑仓授信融资。保兑仓授信融资是一种以银行信用为基础，以银行承兑汇票为结算工具，货权由银行控制，货物保管由银行认可的第三方仓储机构负责监管，银行承兑汇票保证金之外的金额由海外供货方承诺以货物回购作为担保措施，由银行向买卖双方提供银行承兑汇票作为结算方式的贸易融资产品。

保兑仓授信融资需由海外供货方（卖方）、进口企业（买方）、银行、仓管四方共同参与。融资成功的前提是卖方承诺在买方不能如约履行偿付银行融资款的情况下无条件回购该业务项下产品，买方向银行申请贷款须以卖方在银行指定仓库的既定仓单为质押物，提货权由银行控制，买方提货必须取得银行同意。

保兑仓授信融资比较适用于进口的产品是一种供不应求的产品，或者卖方的产品具有强大的市场需求。卖方在整个买卖关系中具有强势地位，卖方是整个供应链的焦点企业，其信用往往高于买方信用，所以该融资方式可以理解为卖方为买方提供融资担保。当然，该担保和常见的融资性担保略有不同，如果买方违约的话，卖方只需同意银行退货即可，无须实际为买方偿还融资债务的责任义务。因为货物供不应求，所以买家会急着要提货，违约的可能性不高，就算违约，卖方对还没有出库的货物赎回的意愿一般也比较高。所以无论是银行还是卖方，对于买方的这个融资一般乐于支持。

实操流程：进口企业向银行申请用于向指定海外供货方采购产品的既定仓单质押贷款额度；银行对海外供货方进行资信审查和回购能力审查，银行和海外供货方签订产品回购及质量保证协议，银行与认定的仓储监管机构签订仓储监管合同；海外供货方收到银行同意给进口企业融资的通知后，将进口企业采购的产品发到银行指定的仓库并取得仓单，进口企业向银行缴存货款总额30%左右的承兑保证金，海外供货方将仓单质押给银行，银行开立以进口企业为出票人、以海外供货方为收款人的银行承兑汇票并交予供货方；进口企业根据每次提货量缴存保证金，银行释放相应比例的产品提货权给进口企业，以此类推，直至保证金账户余额等于银行承兑汇票金额，业务结束。如果银行承兑汇票到期，进口企业缴存的保证金账户余额不足时，海外供货方则在到期日回购仓单项下保证金差额部分的质物。实操中极少出现需要海外供货方回购的现象。

（3）进口代付融资

进口代付融资是一种基于进口信用证对外付款，进口企业（付款人）可在付款日前通过其办理业务的银行（开证行、代收行或汇出汇款银行）向提供此项业务的银行（代付行）询价；双方协商一致后，在付款日由代付行先行垫付款项向出口企业（收款人）付款；待代付到期日，再由进口企业将应付款项、利息和相关银行费用偿还给代付行的贸易融资产品。

进口代付融资可以满足进口企业短期资金融通需求，相当于即期获取货物、远期支付货款，以缓解流动资金不足的压力，加速资金周转；其贸易融资利率普遍比较优惠，相比占用常规融资的融资成本更低。

办理进口代付融资需要在付款日之前提前办理，需和银行签订进口代付业务协议，提交信托收据和银行要求的其他资料。进口代付融资期限一般不超过120天。

（4）货到付款融资

货到付款融资也被称为进口T/T融资，以进口发票融资或者进口汇出汇款融资两种形式为主。它泛指在T/T结算方式下，进口企业收到海外供货方发来的货物后，进口企业在该货物销售货款回笼之前，以该批次货物的进口票据/凭证质押给进口地银行（汇出行），由银行向海外供货方垫付货款的一种贸易融资产品。

进口 T/T 融资满足了进口企业采用货到付款方式进口产品时，产品到岸后临时资金短缺的资金融通需求，避免了进口企业不能及时支付海外供货方货款，而造成进口企业商业信誉受损的情况；还款期限比较灵活，成本不高，可以满足大部分进口企业及时对外履行付款义务的融通需求，有助于提升进口企业对外谈判议价能力、盈利能力、商业信誉。

申请进口 T/T 融资需要向银行提交进口 T/T 融资协议、进口 T/T 融资业务申请书、汇出汇款业务申请书、汇出汇款业务对应的付汇单据，包括贸易合同、报关单等、借款借据和银行要求的其他资料。

获得融资的前提条件是，进口企业信誉好，能够通过银行信用等级评定，核准的授信额度余额足额，并且具备银行认可的对应担保，而且仅限于货到付款项下货款的结算。通常情况下，其融资期限 1 个月以上，最多不超过 120 天。

（5）进口仓单质押融资

进口仓单质押融资是一种进口企业将进口的产品存储在银行指定的物流企业中，由物流企业监管产品，进口企业凭借仓库开具的存储凭证（仓单）向银行和相关金融机构申请贷款，银行根据产品的价值给予一定比例的贷款的贸易融资产品。

对企业而言，进口仓单质押融资能帮企业提高综合信用评级，提升银行对企业的授信额度，极大地降低融资成本，增加生产经营所需的现金流，保证企业正常经营运作。

标准仓单质押融资时，融资企业（借款人）以自有的按期货交易所规定入库后由指定交割仓库签发所得或自交易所交割所得的标准仓单作为质押物，银行基于一定质押率向企业发放信贷资金，授信额度一般不超过仓单货值的70%，多用于满足短期流动资金需求，或用于满足交割标准仓单资金需求。

进口仓单质押融资的操作略有不同，一般情况下，进口企业将货物存放在银行认可的仓储企业指定仓库，仓储企业出具仓单，进口企业以该仓单在银行进行质押作为融资担保，银行依据质押仓单向企业授信。这种融资产品适用于购销渠道稳定，主要资产为存货的进口企业。

此类融资产品的优势是，可获得仓单或抵质押物价值较高比例的融资额度，期限较长；当企业需要货物时，可以补充敞口，随时提取质押物，增加了企业经营与资金管理的灵活性。

比如，某海公司是一家长期从事原油贸易的进出口贸易公司，名下有价值3000万元的商品原油存放在第三方独立仓库内。为加大贸易量，某海公司拟通过仓单质押的方式向银行申请贷款。银行经实地考察调研评估后，决定引入其长期合作的仓储监管公司对该批质押标的项下的原油存货进行监管，仓库方为某海公司出具非标准仓单质押给银行。银行按仓单货值结合市场行情等因素给某海公司授信2100万元银行贷款，即按仓单货值的70%给予授信，某海公司赎货期为180天。某海公司同步销售情况向银行补充保证金，银行同步通知仓储监管公司释放相应货物。某海公司通过仓单质押融资的方式有效盘活了企业存货，解决了存货占用资金导致现金流紧张等问题，大大提高了资本周转率，扩大了业务量，提高了本金收益。

（6）进口托收押汇融资

进口托收押汇融资是一种进口企业在具有还款能力和担保条件的情况下，通过代收款银行进行该业务，并以此为授信基础的贸易融资产品。根据交单方式不同，进口托收押汇分为进口托收付款交单押汇和进口托收承兑交单押汇两种。此融资产品可以满足进口企业在进口托收项下的短期现金流需求。

进口托收押汇融资比较适合在委托银行代收进口企业销售款，遇到短期流动资金缺口、不能及时付款赎单，或者进口企业在付款前有短期需要资金的新项目，而且该项目预期收益率高于押汇利率的进口企业。

申请进口托收押汇融资的主体必须是国内市场监督管理部门或主管机关核准登记的法人或其他经济组织，具有订立合同和履行合同的资格及能力；进出口经营资格和货物进口必要手续齐全；有抵押/质押物，或具有银行认可的其他担保方式，与银行保持稳定结算业务往来，有按期还本付息的能力，贸易背景真实。

进口托收押汇融资无论对于银行或者进出口贸易企业而言，优点和进口押汇融资相比，大体一致。区别在于，进口托收押汇融资属于商业信用，进口押汇融资属于银行信用。

实操流程：进口企业向银行申请进口代收押汇额度；银行对申请人核定授信额度后，签订相应的额度和担保合同；进口企业在授信额度内向银行提交进口押汇申请书，并签订进口代收押汇合同；银行代进口企业对外垫付款项，并将单据交付进口企业；进口企业到期归按合同约定向银行偿还押汇款项，业务结束。

（7）进口保理融资

商业保理业务属于应收账款买卖业务，进口保理属于反向保理，即进口企业通过赊销的方式从海外采购产品，海外供货方为了提前收回货款，提出商业保理意愿。进口企业所在地银行或者保理公司在进口企业授信余额充足的基础上，受让海外供货方的应收账款，承担进口企业的付款风险，满足海外供货方提前回笼资金的需求。

进口保理适用于进口企业资金短缺，但又急需进口产品或服务，同时，海外供货方又急于回笼货款的情况。于是由进口企业向国内银行或者保理公司申请进口保理融资，进口企业获得融资授信后，银行或者保理公司受让该融资项下海外供货方的应收账款，进口企业到期再偿还银行或者保理公司的欠款。进口保理可以帮助出口企业在赊销交易的情况下提前收回货款，进而提高了进口企业海外采购的议价能力和杠杆经营收益，有助于进口企业和海外供货方建立长期稳定的贸易伙伴关系。

办理进口保理的企业须先通过银行或保理公司的信用等级评定和授信额度核准，并能够提供足额担保。

第三节　怎样提升债务融资力

债务融资是企业融资模式中最具普遍性的一种，占据企业融资市场的半壁江山。股权融资、债务融资、融资租赁被称为企业融资的三大"火车头"，可以说所有的企业都避不开债务融资，所以提高企业债务融资力是企业做大做强的必要工作。

一、什么是债务融资力

债务融资力，简单而言就是债权人能够感知到的企业（借款人）的还款意愿和还款能力，那是让债权人获得安全感和形成信任的基础。影响企业还款意愿和还款能力的要素有很多，但债权人重点关注的是企业的信用记录、还款来源、融资担保等三大债务融资力的支柱。

（一）企业的信用记录

债权人没有任何渠道，也不可能确切地知道企业是否具有到期还款的意愿，因为未来的事情谁也说不准，唯一能做的是尽可能地去了解企业过去是否具有诚信，是否按时偿还欠款，以此来提高对企业之后也可能会按时还款的信任感。

所以，企业想要顺利获得债务融资，可以出示中国人民银行的征信报告、市场监督局的"重信用守合同"牌匾、税务局和社保局的按时缴费记录等权威信用佐证，证明本企业是守信用的企业。有必要的话，还可以提供过往向债权人偿还债务的支付记录，或者邀请过往债权人帮忙佐证等。

（二）企业的还款来源

还款来源是债务融资到期，企业有没有能力还款的关键要素。如果企业没有任何还款来源，很难获得债务融资。企业的还款来源可以用或有收益和经营能力佐证。

1. 或有收益

或有收益是企业还款来源的重要组成部分，泛指未来可能获得的收益，也被称为或有利得，比如大概率会赢的理赔判决、某项投资可能获得的预期收益等。或有收益一般不纳入正式的会计核算，仅作为补充材料在编制资产负债表和损益表时以附注、说明等形式披露，仅用于使用者决策参考。

但是，企业的或有收益可以让债权人看到收回欠款的希望，所以对于提升债务融资力具有一定的积极作用。

2. 经营能力

经营能力是企业还款来源的核心。债权人会重点关心企业的产品生产能力和销售能力，因为这两大块是企业资金来源的根本。

产品是一种现货资产，所以产品生产能力就意味着企业有足够的现货资产。现货资产在合理价格内可以随时变现用于债务偿还。

销售能力是企业获得现金的能力，也就是企业的变现能力，有生产力不如有销售能力，有销售能力就有还款能力，这是债权人的逻辑。

（三）企业的融资担保

融资担保是债权融资很重要的内容，因为企业的信用记录和还款来源都存在一定的不确定性，而融资担保可以有效降低不确定性的风险。

所以，在各种债务融资活动中，债权人都习惯性地要求企业提供担保，可以是用既有资产作为担保，也可以是第三方提供担保。

1. 资产担保

资产担保主要是指既有资产担保，就是企业将有价资产作为还款担保物，万一到期不能按时还款，该资产则被用于抵债或者变现抵债。具体可用于借款担保的资产可参考银行贷款相关的章节，大部分债权人选择担保物时主要参考银行的规定。

具体来说，价值易于衡量且相对恒定，或者贬损的可能性较低，利于保存和变现的资产都可以作为担保物。

2. 第三方担保

第三方担保一般有两类：一类是以有一定个人资产的人或者企业法人，以及影响还款决策的利害关系人作为担保人；另一类是以专业的融资性担保机构作为担保人。

采用第三方担保的债务融资业务比较常见。大部分情况下，企业申请债务融资时都会被要求提供适当的第三方担保，如股东担保、法定代表人夫妇担保、经济效益较好的其他企业的法人或者个人担保等。

二、积累有价资产提升债务融资力

有价资产，在债务融资中具有举足轻重的地位，因为在诸多企业债务融资案例中，企业所选择的渠道普遍以银行为主、持牌金融公司为辅。而银行和持牌金融公司对于风险管控比较严格与谨慎，所以在企业的绝大部分债务融资申请中，会被要求提供足额的担保。有价资产在融资中便发挥了融资担保作用，如以土地、房产、车辆、船舶和其他资产作为抵押物提供融资担保，如以股票、基金、商业票据、商标、专利等作为质押物提供融资担保。

因此，企业要想提高债务融资力，通过囤积持有一定量的有价资产很必要。其中土地、房产、有价证券、高价值无形资产等是比较受金融机构欢迎的资产。

（一）土地

众所周知，土地可以作为抵押物用于融资。当企业需要资金融通时，可以将名下持有的土地作为抵押物，向银行、公司、个人融资。这是因为土地具有公允价值，并且可以被评估和定价。借款人将土地作为抵押物，如果无法按时还款，债权人可以通过拍卖或出售土地来收回资金。

另外，名下持有土地资产，就算不用于抵押贷款，也可以增加企业的银行信用和社会信用。企业名下有土地资产，通常被认为更具有履行约定的能力，所以信用评级更高，能融资的额度更高，获得融资速度更快。

因此，如果条件允许，企业最好适当买入土地资产，这样可以提升企业债务融资力。

1. 什么性质的土地有助于提升企业债务融资力

能够提升企业债务融资力的土地必须产权明确、具有明确用途、法律法规允许交易、市场流动性强且估值稳定，并且具备一定的权益保障和增值潜力。原则上能够被银行接受为抵押物，能够进行产权转让，或者使用权能够流转，抑或使用权不能转让和流转但有效期内可以进行建设开发利用、耕种经济作物、其他可以产生经济效益用途的土地都有助于提升企业债权融资力。比如，工业用地、商业用地、住宅用地、农业用地、粮食保障用地，甚至荒山、荒沟、荒丘、荒滩等荒地的土地使用权都可以提升企业债权融资力。

（1）工业用地

工业用地也可以理解为生产场地，是指《中华人民共和国国有土地使用证》地类用途栏核定为"工业用途"或者"工业"的土地。工业用地原则上仅限于工业用途，主要包括独立设置的工厂、车间、手工业作坊、仓库、建筑安装的生产场地、排渣（灰）场地等用地。工业用地在特殊情况下可以变性为其他用途。持有此类土地有助于提升企业债权融资力。

（2）商业用地

商业用地泛指用于商业目的的土地，如商业建筑、办公楼、购物中心等使用的土地。《中华人民共和国国有土地使用证》地类用途栏核定为"商业用地"或者"商业"的土地。这类土地通常具有较高的价值和潜在的收益。

（3）住宅用地

住宅用地泛指用于居住建设的土地，包括住宅楼、别墅等。《中华人民共和国国有土地使用证》地类用途栏核定为"住宅用地"或者"住宅"的土地。这类土地通常是人们最常见的资产形式之一，由于其市场需求和投资价值，具有较好的流动性。持有此类土地有助于提升企业债权融资力。

（4）农业用地

农业用地是指直接或间接为农业生产所利用的土地，包括耕地、林地、园地、牧草地、养殖水面。这类土地由于其农、林、渔、牧业收入具有一定的经济价值。持有此类土地有助于提升企业债权融资力。

（5）水产用地

水产用地泛指用于水产养殖生产的土地，包括水库、池塘、湖泊、河流、海洋等，具有一定的经济价值。持有此类土地有助于提升企业债权融资力。

（6）其他用地

其他用地泛指具有特殊用途的土地，如企业具有产权或者土地使用权的道路与交通设施用地、交通服务场站用地、工矿用地、运输生产用地、辅助生产用地等。此类土地具有一定的经济价值，持有此类土地有助于提升企业债权融资力。

2.什么性质的土地无助于提升企业债务融资力

某块土地是否有助于提升企业债务融资力，前提要看该土地是否能进入市场流通，是否能用于银行抵押贷款，是否能在其地表进行有经济价值的使用等，如果这些答案是否定的，那么该土地就无助于提升企业债务融资力。一般情况下，公益性质的土地、限制性土地、产权争议的土地等，被认为不具备提升企业债务融资力功能。

（1）公益性质的土地

公益性质的土地也可以称为公益事业用地，主要包括科教用地、医疗用地、图书馆用地、公园用地、公共设施用地等。这类土地通常是供公众和社区使用的，属于政府划拨的专项社会配套公益事业用地，土地所有权归属国家，土地使用权归属政府，不可出售或抵押，所以无助于提升企业债务融资力。

（2）限制性土地

限制性土地主要是指具有特殊用途的地块。例如，保护区、历史古迹、文化遗产等被法律保护的土地，以及军事用地和国境附近的土地等，通常都不可出售或抵押，所以无助于提升企业债务融资力。

（3）特殊性质的土地

集体所有的土地、基本农田、保障性耕地、宅基地、自留地、自留山，水源保护用地、水源林用地，所有权、使用权不明或者有争议的集体土地，被依法查封的集体土地，均不可出售或抵押，所以无助于提升企业债务融资力。

（4）基础设施用地

地表或者地下存在重要基础设施的土地，如高压电线、光缆电缆、石油管道、燃气管道、水井、下水管道、自来水管道等，因为需要保持可供访问，以确保公共利益和服务的连续性，因此，此类土地不可出售或抵押，所以无助于提升企业债务融资力。

3.通过土地提升债务融资力的必要手段

土地对债务融资力的影响源自其产权的确定性、价值的大小、趋势潜力等，所以要想通过企业持有的土地提升企业债务融资力，就必须做好产权确认、提高土地的利用价值、提高未来价值的预期。

（1）土地确权

能够提升企业债务融资力的土地必须确权，只有产权或者使用权清晰无争议的土地才具有增益作用。所以，企业必须想方设法办理不动产取证或者农村土地承包经营权证，只有产权证在企业名下，该土地才能提升企业的债务融资力。

土地的所有权属于国家，企业或者个人只有土地使用权。土地使用权可以通过招标、挂牌、拍卖等方式取得，也可以通过政府划拨的方式取得，或者通过他人转让的方式取得，如出售、交换、赠与等方式。

土地承包经营权可以通过原始承包、转包、互换、转让等方式流转取得，也可以通过招标、拍卖、公开协商等方式取得。

（2）夯实价值

夯实企业名下的土地价值对于提高企业债务融资力具有直接助益。这可以通过提高土地利用价值来实现，即提高土地的利用率和单位产出。

假设持有的是一块商业用地或者住宅用地，首先可以根据国家核定的土地性质，结合地块所在区位、交通条件、周边业态、市场需求等情况，规划出更具竞争力、更受市场青睐、更有前景的开发方案。还可以在此基础上充分发挥建筑密度，比如在空间复合运用方面充分考虑，尽最大可能地将土地利用率发挥到极致。其次是运用借力定位、名人效应、媒体传播等手段拉高地块项目知名度，通过营造项目受欢迎度和稀缺性拉高人们对项目的预期，推高单位价格，进而提高单位产出。

以一块商业用地为例，地面商业体的租赁价格和出租率与商业体的日常人流量、人群消费水平、消费积极性、消费频率等息息相关。商业体内的商户东西越好卖，赚钱的商户越多，场地租金越高，出租率也越高；反之亦然。而场地租金越高、出租率越高，该商业体所在地块则越值钱，单位产出也越高。

假设持有的是一块农业用地，可以通过改变地面作物来实现提高单位产出价值，可以通过复合立体耕作或者合理轮耕等方法提高单位利用率，进而提高地块产值。同样一块地，用来种植牧草和种植人参相比，必然是种植人参的产值更高；同样一片鱼塘，用来养殖普通四大家鱼和养殖金钱龟相比，必然是养殖金钱龟产值更高。

夯实地块价值的前提，就是定位地块的用途，提高地块利用率和产出值。

（3）提高附加值

土地的附加值来自其地理位置优势、公共设施和公益性社会配套资源的完善程度、功能规划和定位，以及其他独一无二的竞争力。

以一块住宅用地为例，方圆3千米内是否有，或者有哪些学校、医院、商场、公园、游乐场所、农贸市场等配套条件，决定了该地块的附加值高低。而同样的公共配套条件，地块本身的定位和配套投入也是形成附加值的重要因素。同样的地块，同样都是住宅用途，但别人定位做一般住宅，你定位做高档住宅，你的地块附加值自然更高。

所谓附加值，就是附加上去的价值，对于城市地块的最大附加值是人，比如什么人开发、什么人使用、什么人付费，有多少人知道、有多少人需要、有多少人来往，这些关于人的因素是构成地块附加值的关键。而对于农村地块而言，用来做什么、怎么做、谁来做、谁买单等，这些因素构成农村地块核心附加值。附加值越高，议价能力越强，其估值空间就越大。

4. 土地资产提升企业债务融资力的案例

通过持有土地来提升企业债务融资力的案例很多，无论是上市公司还是非上市公司都有不错的案例。本书在此列举两个真实发生过的案例供读者参考。为了避免举例对案例相关企业造成影响，因此在不影响案例参考价值的前提下，案例中的企业名称皆为化名，涉及的数据也进行了一定比例的调整。

（1）上市公司土地提升融资力案例

上市公司A以每亩460万元拍下某城市7号地块，该地块总面积为220亩。第二年，7号地块周边有一地块以每亩610万元拍出，经第三方评估机构对7号地块进行新的估值，最终得出7号地块现值每亩510万元，即每亩增值50万元，220亩地则增值了1.1亿元，A公司该年度账面增加利润1.1亿元。由于A公司经营效益良好，盈利能力强，其股票在财报公示后，股价持续上涨，短短2个月内每股涨了15元。A公司借势提出并获批了现金增发申请，获得了5亿元新一轮融资。

此案例中，企业通过估值的方式提高地块现值，提高账面利润，通过盈利能力增强市场对企业的信心，进而推高企业股票价格，并争取到现金增发机会，顺势以发行更少股票获得更多融资，达到了提升企业债务融资力的目的。

（2）非上市公司土地提升银行抵押融资案例

某亚集团是一家农业技术企业。农村承包土地流转政策颁布后，该企业以每年每亩500元的价格，通过流转的方式取得了某村3700亩一般农田20年的承包经营权。该地块原来用于种植玉米和大豆，每年亩产值6000元左右。某亚集团取得承包权后，将该地块打造成为当地唯一的仔姜种植基地。由于采用先进的绿色无公害种植技术和优良种苗，每亩年产无公害绿色仔姜高达11000斤，每斤收购价格到达4.5元，每亩年产值从原来的6000元变成了49500元，单位产出值是原来的8倍多。由于该项目是当地县域内最具规模且唯一的无公害绿色仔姜种植基地，被当地政府列为重点农业示范项目，成为各级政府到该县考察的重点考察对象，并被媒体争相报道。为了扩大发展，某亚集团向银行申请土地经营权抵押贷款，该地块原来银行抵押贷款授信值为每亩3000元，由于某亚集团对该地块进行了全新的经营定位，所以银行对其进行了重新评估，给予该地块每亩1万元的授信额度，某亚集团成功获得了3700万元贷款。

此案例中，企业通过改变经营品类，提高地块的单位产出值；通过对地块进行重新项目定位和包装（打造成为无公害绿色仔姜种植基地），提高了项目影响力和地位，进而提高产品的附加值，并获得银行的高度认可，达到了提升企业债务融资力的目的。

（二）房产

所谓房产，泛指带有墙面和立体结构，能够遮风挡雨，可为人们提供生活、学习、工作、娱乐、居住、生产、储藏物资的场所。房产包含住房、厂房、仓库、商铺、写字楼、商业综合体等多种形态，是诸多有价资产中最受欢迎的一种。因为房产既是实用资产又是流动性较强的资产，具有持有可用、卖出容易变现的特点，所以房产成为银行抵押贷款中最优质的抵押物之一。

因此，企业可以通过合理增持房产来提升企业债务融资力。

1. 以企业名义持有房产的好处

众所周知，企业利润要想分给股东，需要缴纳20%～45%不等的个人所得税。而如果直接以企业名义购买房产，可以省掉把企业利润分红给个人再买房子的税收部分。或者企业利润较好，股东不愿意过多分红，资金存量较大，又没有更好的投资，以企业名义购买房产是个不错的选择。

同时，以企业名义购买房产，可以享受较多的税收优惠政策，如企业所得税、土地增值税等，可以降低购房的成本，还可以有效提升企业的信用度和品牌形象，增强企业的综合竞争力和社会影响力。

更为重要的是，以企业名义购买房产，不受限购政策的影响，而且可以抵扣9%的增值税。比如，1000万元的购房费用就能抵扣90万元，结合折旧等财务手段，1000万元最终可以综合抵扣250万元。房产升值后，以股权转让的方式过户，还能避免二手房产买卖过户产生的高额税费。

另外，如果企业是上市公司，还可以通过资产评估的方式将每年房产升值的额度计入当年企业净利润，进而优化财务报表，提振市场信心，推高股票价格和获得股票现金增发的机会。非上市公司名下持有房产的，该房产在企业需要融资时可以提高企业的信用度，对提升企业债务融资力有直接助益。

2. 哪些房产有助于提升企业债务融资力

在实操中，大部分企业名下的房产可以用于抵押贷款，换个角度理解，法律允许用于抵押贷款的企业房产都可以提升企业债务融资力。

其中，厂房、仓库、写字楼、商铺、宿舍楼、其他商业房产等，是目前市场流动性较好的房产，企业名下的这类房产对企业债务融资力的提升有直接助益。

3. 哪些房产无助于提升企业债务融资力

根据《城市房地产抵押管理办法》相关规定，权属有争议的房地产；用于教育、医疗、市政等公共福利事业的房地产；列入文物保护的建筑物和有重要纪念意义的其他建筑物；已依法公告列入拆迁范围的房地产；被依法查封、扣押、监管或者以其他形式限制的房地产；依法不得抵押的其他房地产，均不能用于抵押贷款。也就是说，这些房产原则上无助于提升企业债务融资力。

需要着重说明的是，不能用于银行抵押贷款的企业房产虽然无助于提升企业债务融资力，但是，在股权融资、政策融资、市场融资、内部融资等模式下，是可以提升企业融资力的。

4. 以房产提升企业债务融资力的底层逻辑

债务融资的底层基础是"有借有还"，也就是说借款人的还款能力，是出借人决定借或不借的关键。而房产是保值性较强、流通性较好、资产额较大的资产之一，名下有房产的企业，往往被认为是一家有实力、更稳定、更可靠的企业，给人的可信度更高，所以对出借人判断是否出借具有积极的影响。因为，从出借人的角度思考，他们会觉得万一借款人现金流断裂，至少还有房产可以用于抵偿，不至于血本无归。因此，拥有房产在企业债务融资中具有提升企业债务融资力的作用。

（三）有价证券

有价证券、贵金属、房产被广泛认为是最优质的几种资产，关键是其流通性较好、易于变现，所以这几种资产在金融市场也被赋予较高的担保力。有价证券作为变现最便捷的资产，最受债权人青睐，所以适当增持有价证券，有助于提升企业的债务融资力。

1. 哪些有价证券有助于提升企业债务融资力

有价证券的种类较多，而有助于提升企业债务融资力的有价证券，常见的有股票、债券、基金、存款凭单等。其中，股票以上市公司股票为佳，债券以国债为佳，基金以货币基金为佳，存款凭单则以定期存款凭单为佳。

2. 增持有价证券的好处

增持有价证券既对提升企业债务融资力具有直接的助益，也对优化财务报表具有很好的帮助，同时可以优化资产组合、降低企业投资风险、提升闲置资金效益，在应对企业短期资金缺口时可用于质押融资、直接变现。

3. 增持有价证券的建议

有价证券作为企业资产组合的一部分，增持数量需量力而行，要确保不影响企业正常运营现金调度。尽管有价证券是一项变现能力较强、流通性较好的资产，但并不等于现金资产，在变现应急方面仍然受到一定的时效约束。

在若干有价证券中，股票的流通性较好但风险较大，企业持有量需适可而止。在债券类资产中，国债是安全性最好，收益稳定，在二级市场的流通性也非常好，可以作为闲置资金投资组合的主要选择对象；地方债和企业债券回报率较高，但会存在较高的风险，流通性不高，所以要量力持有。基金主要分为两类：一类属于保本型基金，如货币基金，此类基金安全性好、投资回报稳定、在二级市场的流通性也好，可以作为主要持有对象；另一类属于非保本基金，此类基金募集款主要用于证券投资，预期收益高，但风险也较大，虽然流通性也还不错，但是持有量要适可而止。存款凭单在诸多有价证券中，也是比较优质的资产，此类资产基本等同于货币资产，企业需要适当增持。

（四）高价值无形资产

无形资产也是资产，有时候无形资产的价值远超有形资产，尤其是高价值无形资产会随着使用频率、使用密度、产值、产品市场占有率的提高，而变得越来越值钱。无形资产的范畴较大，本书在此建议企业将重心放在培育高价值专利和打造著名商标上，这两者能够直接提高企业的债务融资力。

1. 培育高价值专利

专利作为企业的重要资产，具有很高的价值。而专利的价值并非与生俱有，也不是一成不变，专利的价值在企业运用的过程中会不断发生变化。也就是说，专利的价值可以通过培育来实现。

（1）什么样的专利价值高

国内专利主要分为三类，即发明专利、实用新型专利和外观设计专利。在这三类专利中，发明专利的价值最高，实用新型专利和外观设计专利的价值次之。在提升企业债务融资力方面，以发明专利和外观设计专利为主。当然，并不意味着发明专利就必然比实用新型专利值钱。

国际专利大致也可以分为三类。以美国为例，专利类型分别包括发明专利（Utility Patent）、外观设计专利（Design Patent）、植物专利（Plant Patent）三种。发明专利一般授予创造或者发现有新颖性和实用性的过程、机器、产品、成分，或者是对以上任何一项有所改进的发明人。外观设计专利一般授予创造一种有新颖性、创意性和装饰性的产品包装设计的发明人。植物专利一般授予创造或者发现并且可以无性繁殖任意一种新的或者独特的植物的发明人。三类专利的对象各不相同，所以其价值不分伯仲，但从实际商业化程度所产生的经济效益角度来看，发明专利价值要高于外观设计专利和植物专利。

从现代科学评估角度理解，能够影响企业生产经营命脉的专利、能够影响企业经济效益的专利、能够用于银行质押贷款的专利都属于高价值专利。作为防御性作用的专利价值次之。

高价值专利往往能解决难度大的技术问题或带来意想不到的技术效果。它在市场上能转化为高经济效益、高商业价值的资产，在法律上权利稳定、保护强度高、保护范围广。

从法律价值度判定，高价值专利应该具有稳定性、不可规避性、依赖性、侵权可判定性、有效期、多国申请、专利有效许可状态等特征。

从技术价值度判定,高价值专利应该具有技术先进性、符合行业发展趋势、不可替代性、成熟度较好等特征。

从经济价值度判定,高价值专利应具备市场应用价值、市场规模前景、市场占有率、市场竞争力、政策适应性等特征。

需要说明的是,专利的价值特征是一个相对要素,不同专利的价值会受到不同因素的影响,并且会随着时间和市场变化而变化。因此,在评估专利价值时,需要综合考虑多个因素。

综上所述,高价值专利应当具备技术创新性,能够解决某个重要和具有挑战性的技术问题,或者能实现某种独特和前沿的技术方法,这种技术创新性能够带来显著的商业优势和竞争优势,如商业潜力。高价值专利所涉及的技术需在市场上有广泛的应用和需求,并且具有较大的商业利润潜力,意味着专利能够为专利持有者带来可观的商业收益。

更为重要的是,高价值专利应当能够得到充分有效的法律保护,并且专利持有者有足够的法律手段来维护其权益。这意味着专利的专属权益能够得到有效的维护,降低侵权的风险。在市场竞争方面,高价值专利应具有较高的技术壁垒,限制了竞争对手的进入。这意味着专利持有者可以在技术领域中享有一定的市场垄断地位,并且能够为专利持有者带来持续的竞争优势。在商业化方面,高价值专利不仅是技术创新的结果,还应该具备商业化能力。专利持有者需要将专利转化为有商业价值的产品或服务,并且有能力将其成功推向市场。还有就是,高价值专利还应具有一定的扩展性和延伸性,能够应对未来技术发展和市场需求的变化,确保产品或服务的持续迭代更新,保持竞争力。

(2)怎样培育高价值专利

要培育高价值专利,首先要明白专利的价值源于何处,专利的价值支点是什么,哪些要素构成专利价值。严格来讲,培育一项高价值的技术专利是一个复杂的工程,不同领域的专利,需要在不同的要素和权重上下功夫。

①释放专利的技术价值。专利的技术价值体现在专利所涉及的技术创新程度和先进性。这包括专利的技术内容、技术所涉及的领域以及技术所解决的问题等。技术先进程度越高,竞争力越大,不可替代性越强,专利的估值越高。

技术是专利的载体,专利是技术的法律证明,挖掘专利技术价值就是将专利对应的技术应用到产品或服务中，通过产品或服务的市场竞争力来衬托专利技术的价值。

② 发挥专利的市场价值。专利的市场价值主要体现在专利项下的产品或服务对市场的影响力和商业潜力。这涉及市场竞争力、市场需求、市场份额，以及市场规模等。如果专利项下产品或服务对市场具有重大影响，能够为专利权利人带来较高的经济效益和市场占有率，该专利的估值会较高。

所以，培育和提高专利价值，就要充分发挥专利产品或服务的市场优势，通过经济效益来呈现专利的价值。

③ 加强专利的法律保护程度。专利是技术的法律证明，专利的价值在很大程度上受法律保护的程度所影响。专利的法律保护程度体现在专利的有效性和可执行性。这包括专利的有效期、专利的专属权益，以及法律保护范围和保护程度等。

所以，要打造高价值专利，要从设计专利陈述文本入手策划，要充分考虑专利涉及的维度、广度、深度，确保对专利的法律保护足够深入且全面。如果既有专利在法律保护程度上不够强，可以增加申请防御性专利，甚至构建知识产权矩阵，以组合的方式达到最佳的法律保护强度，这样专利才能在评估中获得更高的估值。

④ 提高专利的经济收益能力。任何知识产权的终极价值，都是为权利人提高经济效益，所以提高专利的经济收益能力是提高专利价值的重要手段。也就是说，呈现专利价值可以通过提高专利所带来的经济效益和商业利润实现。这包括专利的商业化能力、专利的技术转让或授权收益以及专利所带来的竞争优势等。如果专利能够为专利持有者带来较高的经济收益能力，那么专利就会获得更高的估值。

⑤ 专利营销。要使专利价值得到充分发挥，在企业融资中发挥提升融资力的作用，最重要的工作是让债权人认同专利与企业效益的关联性。比如，要证明专利 A 估值 1 亿元的可信度，不能仅凭评估企业自己的评估报告，还要通过企业的财务数据进行佐证，企业需要证明某个产品或设备是用专利 A 的技术生产制造，以及该产品或者设备市场销售利润巨大，并且具有数年的递增趋势。当专利与财务数据相结合，在评估报告的作用下，该专利的价值才具有可量化的可信度。

那么，怎样将专利与财务数据关联起来呢？首先要将专利号与对应产品或设备关联起来，比如将专利号印刻在产品或设备上，在财务报表归集时让财务人员专门标注对应项下收入属于某专利产品，适当利用媒体将某产品是利用某专利技术生产并产生了什么样的经济效益等信息报道出去，为烘托和证明专利价值进行适当营销，为专利估值提供支点。

（3）怎样通过高价值专利提高企业债务融资力

高价值专利是企业技术创新的重要结果，可以证明企业在特定领域具有较强的技术实力。同时，通过培育手段，可以将专利与企业财务关联，让专利的市场价值直接通过财务报表体现出来。在融资过程中，企业可以利用高价值专利来证明自己的竞争力和发展前景，并通过财务数据来证明专利的转化效果，从而增加投资人的信心。

企业在进行债务融资的过程中，债权人通常对具有技术壁垒的企业更感兴趣，因为这些技术壁垒可以保护企业的市场份额和盈利能力，企业的还款能力也会因此得到体现。专利作为企业重要的无形资产，可以通过专业评估将无形资产价值量化，为企业增加附加值，提高企业估值，增加投资人对企业的投资信心，进而提高企业融资力。此外，也可以将专利作为质押物进行直接融资。

2. 打造著名商标

商标，是产品的区分标志，是企业的外在脸面，是品牌的法律证书。著名商标则是企业的利润来源，是企业的资产，甚至是企业的"救命稻草"——美国可口可乐公司前董事长罗伯特·士普·伍德鲁夫曾说过，只要"可口可乐"商标还在，即便可口可乐的所有工厂不幸在一夜间被大火化为灰烬，第二天大家也会看到各大媒体的头条新闻是各银行争着给可口可乐公司贷款，被烧掉的工厂，一夜之间会在废墟上拔地而起。这就是著名商标对企业的重要性，打造著名商标是提升企业债务融资力的捷径之一。

（1）什么是著名商标

著名商标的定义主要有两类：一类是通过政府相关部门评估认定，并授予相关凭证的著名商标；另一类是没有通过政府相关部门认定，但实际已经赢得市场普遍共识和认可的商标。对于提升企业债务融资力而言，是否已经通政府部门认定不是关键，出借人或者投资人是否认同才是关键，因为出借人和投资人更为关心的是该商标对企业、消费者、市场竞争力的实际影响。

① 著名商标对企业的好处。著名商标的形成，往往需要经过多年的培育和保护，才会具有较高的信誉度和市场认可度，当企业遭遇商标纠纷时，著名商标能够得到更大的法律保护力度，降低企业的法律风险。

从消费者角度理解，著名商标就是好信誉、高品质、有保障的代名词，因此，拥有著名商标可以吸引并留住消费者。

从市场角度理解，著名商标意味着企业知名度高和美誉度高，消费者更倾向于选择购买著名商标相关产品，企业进而获得更高的市场占有率。因此，著名商标具有较高的商业价值，企业可以利用其进行融资或投资，进一步扩大企业规模。著名商标对于企业的长远发展具有重要的战略意义，可以为企业带来稳定且长期的商业利益。

② 著名商标的特征。著名商标的认定，不同的评估机构会有不同的评估模型，参照依据也有所不同。但对其特征的普遍共识是，著名商标应该在特定领域内具有较高的知名度和认可度，其标识或名称已在相关公众中树立了良好的形象，在较长的时间段内一直保持着较高的信誉。另外，著名商标通常在较大范围内被认知和使用，产品或服务在市场上拥有多种销售渠道和广泛的消费群体，具有广泛的市场覆盖，其商誉和价值已被广泛认可。

③ 著名商标的判断标准。政府和银行层面认同的著名商标，应是通过省级市场监督管理部门评估，并授予相关认定凭证的商标。评估认定主要从商标的使用时长、知名度、商标产品的市场情况、不良投诉率、纳税情况等多方面入手。

重要的评估参数包括：

◇申请认定的商标已注册并实际使用满3年；

◇申请认定的商标具有较高知名度，深受消费者（用户）喜爱；

◇使用该商标的商品销售量大、销售区域广、市场占有率较高；

◇使用该商标的商品或服务质量优良，消费者（用户）对其投诉率低，售后服务好；

◇使用该商标的商品或服务近3年来的年营业收入、净利润、税收在全省同行业中名列前茅；

◇该商标的广告宣传面广、覆盖地域大；

◇该商标所有人有较强的商标意识，有完善的商标管理机构和管理制度，重视商标的使用、管理和保护工作；

◇近3年商标所有人在实际使用该商标时未发生侵犯他人注册商标专用权行为；

◇该商标所核定使用的商品为出口商品的，该商标应当在相关国家（地区）注册，并有较广泛的销售区域。

（2）怎样打造著名商标

要将普通商标培育成著名商标，需要制定完整的商标战略，并提高产品的质量和服务水平，建立稳定的品牌形象。利用广告、促销、公关、社交媒体等多种手段扩大品牌知名度和影响力，加强防范侵权行为，不断创新产品、服务和营销方式，提高市场竞争力和占有率。通过收集和分析市场数据、消费者反馈等信息，关注竞争对手的动态和行业变化，调整战略和策略。

① 常见的几种商标战略。商标战略是指企业将商标工作及商标手段运用于企业的经营活动之中，以带动和影响整个企业的经营活动的战略。商标战略通常是企业经营战略的组成部分，并随企业经营战略的调整而调整。

A. 单一商标战略。所谓单一商标战略，就是一家企业生产及销售所有的产品或服务都使用同一个商标。这种战略可以大大节省推广宣传费用，当商标在市场上获得一定知名度后，有利于新产品的推广。

单一商标战略的优势在于，企业可以在所有产品或服务中塑造出一致的品牌形象，使得消费者能够轻松地识别和记忆该品牌。在品牌营销过程中，企业只需要对一个商标进行宣传，就可以让消费者了解到所有产品或服务的信息，从而节省了传播成本。如果单一商标下的某一款产品或服务获得了良好的市场表现，那么该商标的其他产品或服务也会因此获得信任和认可，从而提高整个品牌的信誉。比如，格力电器就是典型的单一商标战略成功典范，格力空调获得成功后，先后推出的冰箱、洗衣机、热水器、厨房电器、小家电等系列产品都受益于格力空调的成功光环。

单一商标战略虽然优势很突出，但是也存在不足，比如单一商标下的某一款产品或服务出现重大问题时，可能会对整个品牌的形象造成负面影响，甚至可能导致品牌的崩溃。同时，单一商标战略会限制企业产品品类的延伸，很难覆盖所有的产品或服务，因为不同的产品或服务可能存在较大的差异，比如一个很出名的杀虫剂品牌，用在饮料上会造成消费者误解或者抵触，不利于市场拓展。

B. 多商标战略。多商标战略是指企业根据市场定位和消费群体的不同，分别推出不同的系列产品或服务，这些产品或服务使用的商标也不同，它们同时进入市场，不分主次，共同竞争，以满足不同市场的消费者需求。比如，宝洁公司是全球运用多商标战略最具代表性的成功案例，该公司的洗发水根据用户定位不同分别有沙宣、海飞丝、潘婷、飘柔、澳丝袋鼠、发之食谱等多个商标，而香皂和沐浴露有舒肤佳，洗衣粉、洗衣液、肥皂有碧浪、当妮、汰渍等商标，诸如此类。该公司在多个领域的各类产品中都有独立的商标，甚至在同一类商品中，因为用户定位的不同，或者产品功效的不同而有不同的商标。

C. 国际商标战略。国际商标战略是企业商标战略的一种，指的是企业在国际范围内保护和管理自身商标权益的战略性措施。使用这种战略时，企业需要充分了解目标国家的商标法律和制度，同时需要积极应对可能出现的挑战和风险，以保护和管理自身的商标权益。在为商标取名时，需要考虑到通用原则，如果没有国际商标战略规划，有可能会出现在中国能用的名字，到某些国家不能用，或者翻译成某些国家语言时存在歧义，或者存在不好的暗示，或者早已经被他人注册等，所以国际化的筹划至关重要。比如，联想公司改名出海就是典型案例。联想最初的英文名是 Legend，后来真正要到海外发展了才发现"Legend"这个单词早就被其他企业注册了商标，联想想要进军国际市场就不得不重新改名，后来才有了现在的 Lenovo 商标。

②著名商标培育实操。无论是著名商标，还是高价值的商标，前提都必须是已注册商标，所以要培育著名商标必须向国家知识产权局商标局进行商标注册申请，等获得商标证书后再进行培育，以避免耗费大量人力、物力，到头来商标申请不下来而造成浪费。

获得商标证书后的首要工作是根据本企业制定的商标战略拆解培育计划和执行流程。不同的发展战略，其培育计划和执行流程略有不同，各企业应根据自身情况灵活应对，但其共通点在于关联产品、扩大影响力、财税关联这三个方面。

A. 关联产品。所谓关联产品，就是将商标运用到产品的包装和外观上，让商标和产品产生强关联，这是培育著名商标和塑造高价值商标最重要的一步。最佳方案是将商标印刻到产品的某个部位上，确保商标标识与产品同在，还有就是产品包装上一定要印上商标标识。这是将商标与产品强关联的重要手段。

B.扩大影响力。扩大影响力就是要提高商标的知名度和美誉度。

商标知名度来自一系列的宣传、营销等手段，使得品牌在大众中获得广泛的认知和认可。而培育著名商标并不意味着要疯狂烧钱砸广告，我们只需围绕著名商标的评审认定参数进行即可。根据官方"近三年的广告宣传有一定的连续性和较广泛的地域范围，并在省内主要媒体有一定的广告投入"的指导意见不难看出，在省级媒体进行"有一定的连续性"的广告宣传是必要参数。所以在提高知名度这方面，要把重心放在省级媒体上宣传。这里需要强调的是，广告宣传不等于烧钱做商业广告，这种方式只是广告宣传的一部分，新闻报道也是广而告之的一种宣传手段。在实操中，官方评审认定著名商标方面，新闻报道的评分远高于纯商业广告。有经验的老板都知道，新闻报道的成本较低，关键点是要有值得报道的新闻点，要培育商标知名度，企业就要善于创造新闻点，进而获得更多媒体的报道。比如，每个月都有省级媒体对品牌进行报道，就算商业广告没投入多少，也能满足"有一定的连续性"广告宣传的要求。

提高商标知名度的另外一个途径就是，提高商标强关联产品的市场覆盖面和市场占有率，这是扩大商标影响力不可忽视的核心环节。广告做得再好、宣传得再到位，如果消费者手中没有产品，其影响力也是空中楼阁、无根之木，所以在广告宣传的同时，要加大力度做产品销售，尽最大努力扩大商标产品的市场覆盖面和提高市场占有率。

产品的美誉度最终来自优质的产品和服务、良好的用户体验、诚信经营和良好的口碑、社会责任的担当和公益事业的贡献度。由于美誉度是由多方面因素综合作用而形成，所以需要企业或品牌在产品、服务、用户体验、创新、诚信、社会责任等方面持续积累。其评审判定依据主要参考12315的投诉率和投诉良性解决率，同时还会参考来自互联网对该商标关联的产品和服务的评价情况。所以，企业要高度重视和认真制定减少投诉和减少不良评价的有效办法，控制负面信息的数量。

C.财税关联。关联产品和扩大影响力对于培育著名商标非常重要，但仅此还不够，企业还需要提供一份能证明品牌影响力的数据、让人信服的佐证——财税清单。

财税清单包括财务报表和纳税凭证。财务报表可以反映企业内部情况，证明力稍弱，只有在纳税凭证的共同作用下，才能更具说服力。

怎么把商标与财税强关联呢？可以通过三个方面进行，首先，在现金流量表中，明确标注出某商标对应产品的详细收支情况；其次，在索要发票时让对方把商标名称加入产品明细中；最后，开具发票时，要把商标具体标注到对应的产品明细中。这样操作之后，该商标就真正和企业的财税产生强关联，当进行著名商标评定时，这些就是有力证明。

（3）著名商标可以提升企业哪方面的融资力

著名商标可以直接或间接地提升企业债务融资力、政策融资力、股权融资力，尤其是在提升债务融资力和政策融资力方面，著名商标的作用极为显著。

著名商标可以直接用于银行质押贷款，商标通过专业评估机构评估后，可以作为担保物向银行申请贷款。实操案例中，商标质押贷款的授信额度有几百万元、几千万元甚至高达亿元，浙江省就曾有"东钱湖"商标估值52.3亿元，在浙江稠州商业银行宁波分行获得了2亿元商标质押贷款。

著名商标在提升企业政策融资力方面效果也很明显，各省市对著名商标都有政策专项资金。一般情况下，首次被评为中国驰名商标，奖励100万元左右；首次被评为省级著名商标，奖励30万元左右；首次被评为市级著名商标，奖励10万元左右。企业在申请其他政策融资项目时，拥有著名商标可以加分或者享受绿色通道便利，甚至在企业上市融资时也有加分。

对于股权融资，拥有著名商标，投资人也会酌情优先考虑。

三、积累企业信用提升企业债务融资力

企业债务融资，尤其无担保无抵押融资，企业的信用分的高低对融资成败起着决定性作用；对于有担保或者有抵押融资，企业的信用分同样占据着很重要的位置。一般情况下，企业信用分低，就算有担保、有抵押物，银行也会在融资审批时提高风险措施，如降低授信额度、提高贷款利率。

企业信用是一种重要的资产，良好的信用记录可以提升企业在市场中的声誉和形象，增强消费者和合作伙伴对企业的信任及认可，从而在市场竞争中取得更大的优势。拥有良好的信用记录更容易从金融机构获得融资和投资，金融机构更愿意为信用记录良好的企业提供金融服务。

那么，怎样积累企业信用？哪些信用指标对提升融资力有助益呢？

（一）影响债务融资力的五项参数

形成企业信用的参数有很多，真正影响债务融资力的主要有企业的财务状况、信用记录、经营效率、长期偿债能力、风险系数等。

1. 财务状况

财务状况主要通过企业的资产负债表、利润表和现金流量表等体现，这些财务报表可以直接反映企业盈利能力、偿债能力和营运能力，可以显示企业的整体经营状况和财务健康程度。

资产负债表反映了企业在某个时间点上的资产和负债情况，包括现金、应收账款、存货、固定资产等资产项目，以及负债和所有者权益等负债项目。通过分析资产负债表，可以评估企业的资产质量和偿债能力。

利润表反映了企业在某个时间段内的收入、成本、费用和利润情况。通过分析利润表，可以评估企业的盈利能力、经营效率和利润质量。

现金流量表反映了企业在某个时间段内的现金流入和流出情况，包括经营活动、投资活动和筹资活动的现金流量。通过分析现金流量表，可以评估企业的现金流状况和资金管理能力。

2. 信用记录

信用记录是指企业履行商业承诺、合约和法律法规的情况，以及企业在商业交易中的行为表现。这些记录通常由政府机构、银行、商业合作伙伴等提供，可以反映企业的信用状况。

从信用记录可以看出企业是否积极履行商业承诺，是否具备保持良好信用水平的能力，是否严格遵守国家和地区的法律法规，比如是否合法纳税，是否合规经营等。企业过去的信用历史，还包括与银行和其他金融机构的借贷关系，以及与商业合作伙伴的交易记录。这是评估企业信用度的重要参考要素。

3. 经营效率

经营效率通常体现在企业的存货周转天数、应收账款周转天数、应付账款周转天数、总资产周转率等几个方面。这些指标可以反映企业的运营效率和资金管理能力。

存货周转天数能反映企业从购入存货，经过库存生产、加工到最终销售实现这一过程的平均所需天数。这个指标可以帮助了解企业存货的流通能力，以及企业的生产经营能力和效率。如果存货周转天数增加，可能说明企业流动资金使用效率低、变现能力差，或者企业存货积压、存货周转速度慢。这可能影响到企业的运营效率和盈利能力。

应收账款周转天数反映企业从销售产品或提供服务到收回款项所需的平均天数。这个指标可以帮助了解企业收款能力和资金运营效率。如果应收账款周转天数较长，意味着企业需要更长的时间才能从客户那里收回款项，这可能是企业的收款能力变弱，会造成企业流动资金的紧张。相反，如果应收账款周转天数较短，说明企业从销售到收款的速度较快，资金周转效率高，能够有效地降低企业的资金风险。

应付账款周转天数能够反映企业需要多长时间付清供应商的欠款，属于企业经营能力分析范畴。这个指标可以帮助了解企业应付账款的管理效率，以及供应商的信用状况。

总资产周转率是综合评价企业全部资产的经营质量和利用效率的重要指标。它体现了企业经营期间全部资产从投入到产出的流转速度，反映了企业全部资产的管理质量和利用效率。总资产周转率可以清楚地反映一家企业的生产运营效率，以及企业财务状况的大致情况。一般来说，总资产周转率越高，说明企业资产利用效率越好；反之，总资产周转率越低，说明企业利用资产的状况越不佳。

4. 长期偿债能力

长期偿债能力是构成企业信用评级的核心要素，主要体现在资产负债率、所有者权益负债率、或有负债比率、已获利息倍数、总有息债务与留存现金流等。这些指标可以评估企业在未来是否有足够的偿债能力。

资产负债率反映的是企业的总负债与总资产额之间的比值，能体现该企业的总资产当中有多少比例是经借债筹资的方式获得的。它被用来衡量一家企业如果遭遇清算时有多大能力去保护债权人的利益关系，是综合反映企业偿还债务能力的重要指标。

所有者权益负债率反映的是企业所有者权益与负债总额的比率。这个比率可以帮助了解企业自身资本结构的稳健程度，以及企业债权人和所有者提供资金的比例。这个数据还可以衡量企业的负债风险和经营风险。如果所有者权益负债率较低，那么企业所依赖的借款资金就相对较少，经营风险也就较低；反之，如果所有者权益负债率较高，那么企业的负债资金较多，经营风险可能就会相对较高。

或有负债比率是或有负债与所有者权益之比，该指标越高，反映企业承担的风险越大。这些负债包括已贴现商业承兑汇票、对外担保、未决诉讼等涉及的金额以及其他或有负债。这个比率说明所有者权益对或有负债的保障程度，如果比率较小，风险相对较低；如果比率较大，则风险相对较高。

已获利息倍数也被称为利息保障倍数，反映的是企业的经营收益支付债务利息的能力，它是企业偿债能力的重要指标，尤其是长期偿债能力。已获利息倍数是指企业生产经营所获得的息税前利润与利息费用相比的倍数。这个倍数越大，说明企业支付利息费用的能力越强。因此，债权人通常会分析这个指标，以衡量债权的安全程度。

总有息债务反映企业当前的总负债情况，包括长期负债和短期负债，如银行贷款、债券、商业票据等。了解企业的有息债务总额可以帮助评估企业的债务结构和偿债能力，以及企业的融资能力和资金流动性。

留存现金流反映企业内部资金和财务状况。现金流的状况对企业的生存和发展至关重要，如果企业的现金流出现问题，可能会导致企业无法正常运营，甚至有破产的风险。而留存现金则是企业通过经营活动所获得的、可以用于再投资或再生产的资金。它能直接反映企业的经营状况和资金管理能力，是衡量企业财务实力和未来发展潜力的重要指标。同时，也反映了企业的资金分配策略和风险控制能力。如果一家企业的留存现金流充足，那么该企业通常具有较强的财务稳定性和偿债能力，进而能够更好地应对市场变化和风险挑战。此外，留存现金流对于企业的投资决策、扩张计划和股利政策等方面也有着直接的影响。如果一家企业拥有充足的留存现金流，那么它就可以更好地支持企业的战略发展计划，为未来的增长和发展提供保障。

5. 风险系数

风险系数是指企业在经营活动中面临的各种风险的量化指标。风险系数的计算通常涉及多个因素，包括企业的业务性质、行业特点、市场竞争状况、财务状况、经营策略和宏观经济环境等。

企业进行债务融资时，债权人会对企业的风险进行全面评估，包括对企业的治理结构、管理层素质、业务风险、市场风险等进行综合评估，进而判断出企业的整体风险水平。

（二）怎样提高企业信用分

前面章节已经详细阐述了影响企业债务融资力的核心要素，但企业很难驾驭所有的相关指标，本书在此将重点介绍提高企业信用分的几个关键。

1. 保持良好的缴费记录

保持良好的缴费记录，是提高企业信用评分很有效、很必要的工作，包括按时偿还贷款或欠款、准时足额缴纳员工工资和社保、按时缴纳水电费用和通信费用等。

按时偿还贷款或欠款是提高企业信用评分的基础要素。增加每次还款的金额也会有助于提高企业信用评分，这可以展示出企业的还款能力和意愿。企业应尽量避免逾期还款的情况，即使逾期还款的时间很短，也会对企业的信用评分造成负面影响。积极配合信用评级机构，也有助于提高企业的信用评分。

准时足额支付员工工资和社保是企业的基本责任，体现了企业对员工劳动成果的尊重，同时也有助于维护企业的形象和声誉。如果企业能够及时、准确地支付员工工资，那么这将向员工传达出积极的信息，增强员工对企业的信任和忠诚度。同时，也能减少劳动纠纷和劳动仲裁风险，对提高企业信用有很大影响。为了建立良好的信用档案，企业可以通过银行代扣代缴员工工资和社保，该银行代缴扣费用记录也会被债权人当成守信用的重要依据。

水电费用和电信运营商的通信费用的缴纳记录，也逐渐被纳入企业信用参考依据。因此，按时缴纳水电费用和通信费用，对提高企业信用分也有一定的助益，尤其通过银行代扣代缴的缴费记录，会成为企业守信用的重要依据。

总之，通过按时还款、增加还款金额、减少逾期还款、保持良好缴费记录和积极配合信用评级机构，都有助于企业提高信用评分，从而提高企业债务融资力。

2. 增加企业现金流量

现金流的健康程度是企业信用分的重要组成部分，提高企业债务融资力有必要重点改善企业现金流状况。增加企业现金流量需要多方面的努力和支持，需要从产品或服务、销售渠道、营销宣传、成本控制等多方面进行优化和改进。

产品或服务是企业的核心竞争力，也是企业盈利的重要载体，只有优化产品或服务，才能获得更多的客户和市场份额。不断地改进和创新，提高产品或服务的品质和性价比，让客户产生更多的消费欲望和黏度，从而提高企业的销售额。

除了优化产品或服务，拓宽销售渠道也是提高企业流水的重要途径。可以通过建立线上和线下销售渠道，如电商平台、门店、代理商等，让产品或服务更加便捷地接触到客户，从而提高营业收入。

加强营销宣传也是提高企业知名度和销售额的重要手段。可以通过广告宣传、促销活动、公关活动等方式，让更多消费者了解企业的产品或服务，从而吸引更多潜在客户，提高销售额。

除了做好开源工作，还需要做好节流工作，所以控制成本也是提升企业盈利能力的关键。可以通过降低采购成本、优化生产流程、提高效率等方式，控制企业的成本支出，从而提高企业的利润水平。

另外，提高产品质量和服务水平，改进产品的设计和质量，提高客户的满意度和忠诚度，加强员工的服务意识，做好的售前、售中和售后服务，塑造良好品牌形象和口碑，提高新老客户消费意愿等都是增加现金流量的重要工作内容。

值得注意的是，企业的投融资活动也是现金流形成的重要组成部分。所以企业要保持良好信誉，遵守法律法规，及时履行财务义务，建立良好的企业形象，从而为企业的融资业务提供有力的支持，构建健康的现金流。

3. 提高纳税额度

提高纳税额度对提高企业债务融资力有直接作用。

首先，依法纳税是企业诚信经营的表现之一，按时足额缴纳税款有利于提高企业的信用等级和信誉度。

其次，更高的纳税额度意味着企业的税后利润更高，反映企业的资金实力，意味着企业的销售收入和利润都较高，偿债能力较强。同时，还反映企业拥有更多资金进行再生产、技术改造、提高服务质量等，这将有助于提升企业的竞争力。债权人更愿意相信这样的企业拥有更强的履约能力和信誉度，所以会给予企业更高的授信额度和更合理的利息。

目前已经有很多银行推出了税贷，它们根据企业的纳税额度和纳税历史直接给予企业信用贷款额度。还有就是，各地政府都有税收奖励政策，符合条件的企业可以享受地方税退税政策，最高退税比例可高达 80%，也就是说，缴纳的税款可以依据政策再退回来。科技型企业还可以申请加计扣除等政策融资。

第四章 □

政策融资力

企业发展壮大的绿色通行证

政策融资即政策性融资，不仅利率低甚至为无息贷款，还可以同时获得政府的政策赋能、荣誉加持、公信力背书等好处。拥有政策融资力，等同于企业获得了发展壮大的绿色通行证。

第一节　什么是政策融资

政策融资，在企业发展的整个生命周期中都会涉及，所以作为企业的股东或者经营团队，一定要高度重视和正确理解政策融资。那么，什么是政策融资？政策融资对于企业而言意味着什么呢？

一、政策融资的定义

政策融资也称为政策性融资，泛指以政策为导向实现企业资金融通目的的行为。政策融资主要可以分为两种：一种是通过申请或者申报，获得符合政策鼓励的资助、补贴、奖励资金，这种融资方式的优点是无成本，所得资金无须偿还，可以直接计入企业利润；另一种是根据国家的政策，获得以政府信用为担保，低利息甚至无利息的银行贷款，比如获得国家开发银行、中国进出口银行、中国农业发展银行等政策性银行的低息贷款，或者由财政贴息向商业银行贷款，这类融资的好处是融资成本低，甚至没有成本，风险小、还款期限长等。

（一）政策融资的特点

政策融资，大部分情况属于锦上添花，而不是雪中送炭。也就是说，企业只有进行了一定的投资，并且获得一定的业绩和成就后，才有可能获得政策融资，这类型的政策融资项目可以称为事后奖补。只有少部分政策融资产品属事前资助类，即政府对企业的申请进行专家评审通过后，就直接拨付资金，企业可以等拿到资金后再启动项目。

1.政策融资的优点

政策融资的优点在于成本低、风险小。奖补和资助类政策融资所得资金，不需要企业偿还本金和利息，也不需要企业付出股权。从某个角度上理解，奖补和资助类政策融资获得的就是净利润。贴息贷款和免息贷款类政策融资，融资成本较低，甚至没有成本，资金使用周期较长，常见的政策性贴息贷款或免息贷款资金使用周期高达1年至5年。

2.政策融资的缺点

政策融资的缺点是适用面窄，金额相对较小，时间较长，环节众多，手续繁杂，对企业有一定的规模限制。

（二）政策融资的产品使命

政府之所以推出政策融资产品，是因为想通过提供经济支持，推动相关行业或领域的发展，促进经济增长和社会进步。具体来说，政策融资产品可以有效地弥补企业的发展短板，提升企业的发展竞争力，让企业更好地适应市场和开拓市场，有利于带动区域经济的健康发展。

在某些情况下，政府补贴企业实际上是一种反哺行为，通过"输血"行为增强企业的"造血"能力，促使企业朝更好的方向发展。政策融资产品还可以在一定程度上带动社会资金，扩充财政资金的经济效益，通过改变需求结构和供给结构，稳定社会经济。

二、政策融资的重要性

政策融资可以为企业增加资本体量，有助于企业扩大规模、改造技术、更新设备、培养人才，进而提高生产效率、研发新产品、推广市场等，从而提高企业的整体素质和水平。比如，税收减退、财政补贴、低息贷款等，可以降低企业成本，增加企业利润空间，从而增强企业的市场竞争力。

（一）补充现金流

充裕的现金流对于企业而言至关重要，而融资就是为了补充现金流量。政策融资金额一般在 10 万元至 5000 万元之间，个别项目可以申请超过 2 亿元。

（二）政策赋能

企业一旦成功通过政策融资申请，就会得到相关政府单位的关注和扶持，同时成为媒体的焦点。比如，数字车间、智能工厂、未来工厂等政策融资产品，除了获得资金，还会获得对应的荣誉，这些荣誉在企业申请其他政策融资产品时，可以享受加分或开放绿色通道。另外，在企业参与政府项目、事业单位项目、央企国企项目竞标时，可以在享受同等条件下优先中标。如果通过了高新技术企业认证，企业在申请成为"专精特新"（具备专业化、精细化、特色化特征）企业时，可以享受绿色通道便利。而如果通过了"专精特新"政策融资，企业想挂牌"新三板"，就可以享受通绿色通道便利；同时，"专精特新"中小企业、专精特新"小巨人"企业。制造业单项冠军企业等挂牌"新三板"可享受审核"快车道"，最快公示 20 个自然日没有接到异议的即可挂牌，无须发出审核问询。

因此，成功申请政策融资意味着企业的实力和竞争力得到了政府的认可，企业将更容易获得政府其他配套政策的支持和帮助，如市场准入、税收优惠、工业用地划拨等。还会引起媒体的关注和报道，这将增加企业的曝光度和知名度，有利于提升企业的市场地位，改善企业形象。

第二节　政策融资产品介绍

我国的政策融资产品覆盖各行各业，根据第一产业、第二产业、第三产业三大板块划分，一共 20 个门类、97 个大类都有涉及。国家重点扶持围绕实现"十四五"规划纲要相关的各领域企业，因此政策融资产品比较丰富，有国家级的产品、省级的产品，还有地方市级的产品，由于篇幅有限，本节只重点介绍较为常见和通用的资助及奖补类政策融资产品，如研发资助、荣誉奖励、投资奖补的部分产品。企业可根据自身所在行业向相关部门或者政府官网了解具体信息。

一、研发经费资助

研发经费资助，即科技项目研发经费资助，分为前资助和后资助两种情况，前资助是指研发项目通过报备评审后即可获得资助经费；后资助是指研发项目已经完成并通过了结题评审，然后再给资助经费。

研发经费资助的科技项目主要有三个方向：国家自然科学基金、重点研发计划和科技重大专项。

研发项目以"十四五"规划纲要为基础，以政府每五年一次的五年发展规划的发展方向为（课题）对象，分为国家级研发项目和省级研发项目，国家级研发项目主要根据国家发展纲要设定，省级研发项目主要根据地方资源禀赋和战略定位设定。

（一）研发经费构成

从我国相关法律法规和各类各级研发经费管理办法中可以了解到，研发经费主要由直接费用和间接费用组成。

1. 直接费用

直接费用是指在项目实施过程中发生的与之直接相关的费用。它主要包括在项目实施过程中购置或试制专用仪器设备，对现有仪器设备进行升级改造，以及租赁外单位仪器设备而发生的费用。

计算类仪器设备和软件工具可在设备费科目列支。研发团队须严格控制设备购置，鼓励开放共享、自主研制、租赁专用仪器设备以及对现有仪器设备进行升级改造，避免重复购置。直接费用包括项目实施过程中消耗的各种材料、辅助材料等低值易耗品的采购、运输、装卸、整理等费用，发生的测试化验加工、燃料动力、出版 / 文献 / 信息传播 / 知识产权事务、会议 / 差旅 / 国际合作交流等费用，以及其他相关支出。同时，还包括在项目实施过程中支付给参与项目的研究生、博士后、访问学者和项目聘用的研究人员、科研辅助人员等的劳务性费用，以及支付给临时聘请的咨询专家的费用等。

2. 间接费用

间接费用是指承担单位在组织实施项目过程中发生的无法在直接费用中列支的相关费用。比如，承担单位为项目研究提供的房屋占用，日常水、电、气、暖等消耗，有关管理费用的补助支出，以及激励科研人员的绩效支出等。

3. 申请研发经费资助对企业的意义

企业可以根据自身条件，以及创业项目的发展方向，结合本地省级或者国家级科技计划要求，申请承担科技项目（课题）研发。研发经费资助是无偿资助，而且部分资助经费属于事前资助，也就是说立项评审后会先拨付经费，企业获得的资金不需要偿还，研发成果属于企业。承担科技项目（课题）研发，等于是在政府的全力支持下开展企业的事业，最后实现国家和企业的"双赢"，是创业团队首选的政策融资方式。

（二）常见的研发经费资助项目

在诸多研发经费资助类政策融资产品中，国家自然科学基金、国家重点研发计划、国家科技重大专项、省级科技重大专项、省级重点研发计划等是涉及面较广，覆盖研发对象较全面的几项产品，有技术实力的团队都可以根据自己的情况提出申请。

1. 国家自然科学基金

国家自然科学基金主要资助基础研究和科学前沿探索，支持人才和团队建设，增强源头创新能力，加大资助力度，向国家重点研究领域输送创新知识和人才团队，加强基金与其他类科技计划的有效对接。

（1）资助领域

国家自然科学基金资助的领域包括基础科学板块、技术科学板块、生命与医学板块、交叉融合板块等四大板块。

基础科学板块由国家自然科学基金委员会下设的数学物理科学部、化学科学部和地球科学部整合而成，着重面向世界科技前沿，强化基础科学发展，贡献人类知识体系，为各领域前沿技术创新培育先发优势。

技术科学板块由国家自然科学基金委员会下设的工程与材料科学部和信息科学部整合而成，着重面向国家重大需求和经济主战场，加强前沿技术基础研究，解决需求背后的核心科学问题，提供重要技术源头供给，强化技术科学的知识基础并形成技术科学体系。

生命与医学板块由国家自然科学基金委员会下设的生命科学部和医学科学部整合而成，着重面向世界科技前沿和人民生命健康，在不断认识生命本质的同时，加强临床医学和农业科学基础研究，为保障人民生命健康和国家粮食安全提供有力的科技支撑。

交叉融合板块由国家自然科学基金委员会下设的管理科学部和交叉科学部整合而成，以重大交叉科学问题为导向探索新的科学研究范式和支持交叉研究的新机制，培育新兴交叉领域的重大原创突破，在解决实际问题的同时，拓展共性知识和原理，统筹学科发展和服务社会经济发展，重视国家治理体系和治理能力现代化的重大需求，促进自然科学知识应用，形成学科发展特色。

（2）项目分类与资助额度

国家自然科学基金科目庞大，不同科目资助金额略有差距，而且每年要求略有不同。本书在此只列举常规部分项目，企业在申请前还需登录国家自然科学基金委员会官方网站，进入"项目指南"和"申请资助"栏目详细了解最新资助办法和申报要求。

① 面上项目。面上项目也可以理解为一般项目，每项资助金额约为50万元。具体事宜以当年最新的项目指南及申请注意事项为准。

② 青年科学基金项目。青年科学基金项目支持青年科学技术人员在科学基金资助范围内自主选题，开展基础研究工作。资助期限为1年的，每项资助金额为10万元；资助期限为2年的，每项资助金额为20万元；资助期限为3年的，每项资助金额为30万元。具体事宜以当年最新的项目指南及申请注意事

项为准。

③重点项目。重点项目支持从事基础研究的科学技术人员针对已有较好基础的研究方向或学科生长点开展深入、系统的创新性研究，促进学科发展，推动若干重要领域或科学前沿取得突破。重点项目每项资助金额为100万元至300万元之间，资助期限为5年。具体事宜以当年最新的项目指南及申请注意事项为准。

④重大项目。重大项目面向科学前沿和国家经济、社会、科技发展及国家安全的重大需求中的重大科学问题，超前部署，开展多学科交叉研究和综合性研究，充分发挥支撑与引领作用，提升国家基础研究源头创新能力。重大项目的资助金额为200万元至300万元之间，每年略有调整；资助期限为5年。具体事宜以当年最新的项目指南及申请注意事项为准。

⑤重大研究计划项目。重大研究计划项目围绕国家重大战略需求和重大科学前沿，加强顶层设计凝练科学目标，凝聚优势力量，形成具有相对统一目标或方向的项目集群，促进学科交叉与融合，培养创新人才和团队，提升国家基础研究的原始创新能力，为国民经济、社会发展和国家安全提供科学支撑。每项资助金额为30万元至200万元之间。具体事宜以当年最新的项目指南及申请注意事项为准。

⑥优秀青年科学基金项目。优秀青年科学基金项目支持在基础研究方面已取得较好成绩的青年学者自主选择研究方向开展创新研究，促进青年科学技术人才的快速成长，培养一批有望进入世界科技前沿的优秀学术骨干。每项资助金额为200万元，资助期限为3年。具体事宜以当年最新的项目指南及申请注意事项为准。

⑦国家杰出青年科学基金项目。国家杰出青年科学基金项目支持在基础研究方面已取得突出成绩的青年学者自主选择研究方向开展创新研究，促进青年科学技术人才的成长，吸引海外人才，培养和造就一批进入世界科技前沿的优秀学术带头人。每项资助金额为400万元（数学和管理科学每项为280万元），资助期限为5年。具体事宜以当年最新的项目指南及申请注意事项为准。

⑧创新研究群体项目。创新研究群体项目支持国内外优秀学术带头人自主选择研究方向、自主组建和带领研究团队开展创新性的基础研究，攻坚克难，培养和造就在国际科学前沿占有一席之地的研究团队。创新研究群体项目每项

资助直接费用为 1000 万元，资助间接费用为 200 万元（数学和管理科学每项资助直接费用为 800 万元，资助间费用为 200 万元），资助期限为 5 年。具体事宜以当年最新的项目指南及申请注意事项为准。

⑨ 基础科学中心项目。基础科学中心项目旨在集中和整合国内优势科研资源，瞄准国际科学前沿，超前部署，充分发挥科学基金制的优势和特色，依靠高水平学术带头人，吸引和凝聚不同领域和不同学科方向的优秀科技人才，着力推动学科深度交叉融合，相对长期稳定地支持科研人员潜心研究和探索，致力科学前沿突破，产出一批国际领先水平的原创成果，抢占国际科学发展的制高点，形成若干具有重要国际影响的学术高地。基础科学中心项目每项资助直接费用为 6000 万元（数学和管理科学每项资助直接费用为 5000 万元），资助期限为 5 年。具体事宜以当年最新的项目指南及申请注意事项为准。

⑩ 数学天元基金项目。数学天元基金是为凝聚数学家集体智慧，探索符合数学特点和发展规律的资助方式，推动建设数学强国而设立的专项科学基金。每项最高资助金额为 1500 万元。具体事宜以当年最新的项目指南及申请注意事项为准。

⑪ 国家重大科研仪器研制项目。国家重大科研仪器研制项目面向科学前沿和国家需求，以科学目标为导向，资助对促进科学发展、探索自然规律和开拓研究领域具有重要作用的原创性科研仪器与核心部件的研制，以提升中华人民共和国的原始创新能力。国家重大科研仪器研制项目（自由申请）直接费用预算每项最高资助金额为 1000 万元，国家重大科研仪器研制项目（部门推荐）的直接费用则会大于或等于 1000 万元；资助期限为 5 年。具体事宜以当年最新的项目指南及申请注意事项为准。

（3）申请方式

有技术实力的企业或者团队，可以自行登录国家自然科学基金委员会官方网站（https://www.nsfc.gov.cn/）点击进入"项目指南"网页了解本年度项目申请相关信息，根据自身条件选择符合的项目。进入"申请资助"页面，点开"申请受理"，再点开"项目申请用户手册"，严格按照手册中的要求和模板准备《项目申请书》《项目计划书》，登录"科学基金网络信息系统"按步骤提交申请。申请受理和评审通过后，项目获得立项后拨付资助资金。

2. 国家重点研发计划

国家重点研发计划主要针对事关国计民生的重大社会公益性研究，以及事关产业核心竞争力、整体自主创新能力和国家安全的战略性、基础性、前瞻性重大科学问题、重大共性关键技术和产品，为国民经济和社会发展主要领域提供持续性的支撑和引领，突破国民经济和社会发展主要领域的技术瓶颈。

（1）项目资助经费的额度

项目经费的额度原则上是立项后，由项目承担单位做费用测算后，提交牵头单位审定，然后提交三部门联席会议审定，再由财政部和地方财政划拨研发经费。

（2）申请要求及流程

国家重点研发计划项目申报过程分为预申报、正式申报两个环节。首先，项目申报单位根据相应的项目指南的相关要求，通过国家科技管理信息系统公共服务平台填写并提交3000字左右的项目预申报书，详细说明申报项目的目标和指标，简要说明创新思路、技术路线和研究基础。项目牵头申报单位及所有参与单位要加强对申报材料审核把关，杜绝夸大不实，严禁弄虚作假。

预申报书经推荐单位对申报材料审核把关，按时将推荐项目通过国家科技管理信息系统公共服务平台统一报送。专业机构受理预申报书并组织首轮评审，根据专家的评审结果，遴选出3～4倍于拟立项数量的申报项目，进入答辩评审。

然后，通过首轮评审和直接进入答辩评审的项目申请，通过国家科技管理信息系统公共服务平台填写并提交项目正式申报书。专业机构受理正式申报书并进行形式审查和组织答辩评审，根据专家评议情况择优立项。

3. 国家科技重大专项

国家科技重大专项是为了实现国家目标，通过核心技术突破和资源集成，在一定时限内完成的重大战略产品、关键共性技术和重大工程。科技重大专项的组织实施将注重与国家重大工程的结合，与国家科技计划的安排协调互动，集成各方力量和资源，广泛调动科技界、企业界、经济界等各方面的积极性，突破事关国计民生和国家安全的重大关键技术，着力培育具有自主知识产权的战略产业，有效提升我国核心竞争力和国际地位。

（1）申报单位要求

申报单位必须在中国境内登记注册满 1 年，5 年内未发生申请和承担国家科技计划项目不良信用记录的高等院校、科研机构、企业。课题负责人必须中国国籍，具有高级技术职称，或取得博士学位，年龄不超过 55 周岁。

（2）资助经费的额度及费用组成

国家科技重大专项的资助经费实行前资助和后资助相结合的方式。单项资助金额原则上不超过 3000 万元，具体资助金额根据项目实际投入的直接研发费用和间接研发费用总额的一定比例给予研发资助。

（3）项目申报流程

申报单位登录国家科技管理信息系统公共服务平台，找到"重大专项"栏目查阅最新的计划介绍和近期的申报指南，根据要求确定申报专项和技术方向。查阅申报说明可以了解到所有具体的申报流程和实操教程。

4. 省级科技重大专项

省级科技重大专项是建立在国家科技重大专项基础上，根据地方资源禀赋、发展战略、规划目标，通过核心技术突破和资源集成，在一定时限内完成的重大战略产品、关键共性技术和重大工程。省级科技重大专项旨在于深入实施创新驱动发展战略，加快创新型省市建设，促进当地产业高质量发展。

（1）项目方向与评审方式。省级科技重大专项的项目方向主要围绕本省（自治区／直辖市）五年规划和三年行动方案制订，然后按年度规划每年的申报方向。一般是按照"全年开放申报、分批集中受理（评审）"的原则，分季度择机组织项目评审，在集中评审前通过形式审查的项目可参加该次评审，每次评审时间另行通知。

创业团队可根据自身条件，结合创业项目技术方向，以及第二年的项目发展目标，认真研读所在省（自治区／直辖市）科技重大专项申报指引，按照申报指引要求填报相关内容。

（2）资助经费的额度。省级科技重大专项资助经费的额度和当地的财政实力息息相关。发达省份和高度重视科技发展的省份，资助经费会略高，多在 300 万元至 1500 万元之间；部分省份由于财政能力较弱或者对于科技创新的重视程度较弱，经费则较低，多在 30 万元至 300 万元之间。资助经费的额度每年略有调整，具体以本省最新的科技重大专项申报指引为准。

省级科技重大专项，应以科学技术厅（省／自治区）或者科学技术委员会（直辖市）等省级科学技术部门官方最新公布的指引为准。

5. 省级重点研发计划

省级重点研发计划是建立在国家重点研发计划基础上，聚焦本省（自治区／直辖市）国民经济与社会发展的重点公共需求和民生科技优先领域，凝练形成若干目标明确、边界清晰的重点专题，遵循研发和创新活动的规律特点，从基础研究、重大共性关键技术到应用示范进行全链条创新设计、一体化组织实施，为当地经济社会发展提供持续性的支撑和引领。省级重点研发计划一般按照重点专项、项目、课题分层次进行管理，核心聚焦本省重大战略任务、围绕解决当前地方发展面临的主要科技瓶颈和突出问题、以目标为导向的重大项目群。

省级重点研发计划资助经费的额度以当地的财政实力为准，一般单个项目或课题资助经费为 100 万元至 1000 万元之间。资助经费的额度每年略有调整，具体以本省最新的重点研发计划申报指引为准。

省级科技重大专项，应以科学技术厅（省／自治区）或者科学技术委员会（直辖市）等省级科学技术部门官方最新公布的指引为准。

二、荣誉奖补融资

荣誉奖补类政策融资产品属于成果奖励，根据企业的不同规模和发展状况，给予对应的荣誉和奖金。全国性的荣誉奖补相关政策融资产品有高新技术企业、企业技术中心、"专精特新"中小企业、瞪羚企业或企业工程技术研究中心、制造业单项冠军、智能工厂／数字化车间／未来工厂等。

荣誉奖补相关政策融资产品主要针对已经获得某种成果的项目，或者已经在某个领域获得相应成就的项目。依据政策要求，企业提交相应材料后，经对口政府机关单位指派专家组评审通过后，给予企业颁发证书、牌匾和奖励。

（一）高新技术企业认定奖补融资

高新技术企业是指在《国家重点支持的高新技术领域》目录内，持续进行研究开发与技术成果转化，形成企业核心自主知识产权，并以此为基础开展经营活动，产生了一定的经济效益，经省级科学技术部门评审认定的居民企业。

1. 高新技术企业奖励办法

获得高新技术企业认定会获得一笔 20 万元至 50 万元不等的奖励，部分省市甚至会根据企业研发费用投入规模给予百万元以上的奖励，具体的奖励金额是根据当地财政能力和对高新技术企业重视程度不同而有所区别。一般的奖励办法是省级财政给一笔奖励，市级财政相应配套一笔奖励，市区、开发区或县级财政再配套一笔奖励，即企业获得高新技术企业认定后，会获得三级财政分别给予现金奖励，奖金直接汇入企业账户。

2. 申请高新技术企业认定必备条件

申请高新技术企业认定，须在中国境内（不包括港澳台地区）注册满 1 年以上的居民企业，并通过自主研发、受让、受赠、购买等方式，获得对其主要产品（服务）在技术上发挥核心支持作用的专利、软件著作权、集成电路布图设计专有权等知识产权；企业从事研发和相关技术创新活动的科技人员占企业当年职工总数的比例不低于 10%；企业近 3 个会计年度的研究开发费用总额占同期销售收入总额的 3% 以上，实际经营期不满 3 年的按实际经营时间计算；近 1 年高新技术产品（服务）收入占企业同期总收入的比例不低于 60%；申请认定前 1 年内未发生重大安全、重大质量事故或严重环境违法行为。

高新技术企业的认定条件是诸多政策融资产品中要求较低的一种，如果企业的技术方向符合国家引导方向、具有一定的创新性、知识产权数量满足条件、财务指标达标，一般情况下都有机会成功认定。

3. 获得高新技术企业认定的好处

获得高新技术企业认定的好处很多，高新技术企业在申请其他政策融资产品时，同等条件下会优先通过。在向银行融资时，也会获得信用加分。同时，还可以享受研发费用加计扣除、研发奖补、企业所得税优惠等好处。

所以，符合条件的企业一定要充分争取认定高新技术企业。

4. 符合申请高新技术企业认定条件的企业类型

符合申请高新技术企业认定条件的企业，其核心技术产品（服务）须在电子信息、生物与新医药领域、航空航天领域、新材料领域、高技术服务领域、新能源与节能领域、资源与环境领域、先进制造与自动化领域等八大领域之内。具体的认定规则和适用类型每年都会有新的变化，企业应根据当地省级科技部门本年度最新的认定指南进行申报。

（二）企业技术中心认定奖补融资

企业技术中心是指企业根据市场竞争需要设立的技术研发与创新机构，负责制订企业技术创新规划、开展产业技术研发、创造运用知识产权、建立技术标准体系、凝聚培养创新人才、构建协同创新网络、推进技术创新全过程实施。国家鼓励和支持企业建立技术中心，发挥企业在技术创新中的主体作用，建立健全企业主导产业技术研发创新的体制机制。国家根据创新驱动发展要求和经济结构调整需要，对创新能力强、创新机制好、引领示范作用大、符合条件的企业技术中心予以认定，并给予政策支持，鼓励引导行业骨干企业带动产业技术进步和创新能力提高。

企业技术中心认定设有市级企业技术中心、省级企业技术中心、国家企业技术中心，递进式逐级认定。

1. 市级企业技术中心认定要求及奖励办法

市级企业技术中心一般由地级市发展和改革委员会、工业和信息化局、财政局等会同相关部门联合制定认定标准及扶持政策，由市工业和信息化局负责政策宣导、材料收集、组织专家评审和颁发奖励。

申请认定市级企业技术中心的企业要求经济效益良好，在全市同行业或同领域具有明显的竞争优势和规模优势，重视技术创新工作，具有较强的创新意识和知识产权管理能力，能为企业技术中心的建设及运行提供良好的条件；组织体系完善，技术创新体制和投入、运行、激励机制健全，规划目标明确，产学研合作稳定，具有较完善的组织机构及研究、开发和试验条件；企业产品技术附加值高，或应用新技术、新工艺改造建设行业成效显著，企业具有较好的经济社会效益；具备相应的研发场所，较完善的研究、开发、试验条件和稳定的技术创新投入；企业年销售收入不低于5000万元，其中，战略性新兴产业或欠发达地区的企业不低于3000万元；技术开发仪器设备原值不低于500万元，欠发达地区的企业技术开发仪器设备原值不低于100万元；技术开发经费总额不低于企业销售收入的2%，从事研究与试验发展人员总数不低于30人，欠发达地区的不低于20人；企业与一家以上大专院校或科研院所建立长期合作机制，并具有2名以上专职从事技术开发的高级专业技术人员为技术依托。

首次通过市级企业技术中心认定的，一次性奖励10万元至30万元，并授予"××市认定企业技术中心"或"市级企业技术中心"牌匾。

企业申报时，须登录本地级市"工业和信息化局工业创新管理系统"注册账号，联系市工业和信息化局予以权限审核，获授权后进入"技术中心申报认定和年度评价"，在"技术中心管理"栏目进行申报，在填写完申报材料后联系辖区经济和信息化局进行审查。

2.省级企业技术中心认定要求及奖励办法

省级企业技术中心由省（自治区/直辖市）工业和信息化厅负责遴选，并指导监督省级企业技术中心认定工作。省级企业技术中心认定职能转移承接单位依据管理办法、工作指南以及当年度通知等对省级企业技术中心认定申请材料进行评审。

申请认定省级企业技术中心的法人须在本省行政区域内登记注册，具有独立法人资格，持续经营时间3年以上，且年销售收入在2亿元以上（软件和信息技术服务业以及专业技术服务业企业年销售收入8000万元以上），或企业年销售收入未达上述最低标准，但属于省十大新兴产业领域，研发经费支出占年销售收入的比重高于10%；企业市场定位和发展目标明确，在行业中具有明显的发展和竞争比较优势，具有较强的技术创新能力和水平；企业已建立技术中心并正常运行2年以上，具有健全的技术创新组织体系和较好的技术创新机制，技术创新绩效显著；企业重视技术创新，具有技术创新基础条件，以及开展高水平技术创新活动的能力；具有较高的研究开发投入，年度研究与试验发展经费支出额不低于300万元；拥有技术水平高、实践经验丰富的技术带头人，专职研究与试验发展人员数不少于30人；具有比较完善的研究、开发和试验条件，技术开发仪器设备原值不低于500万元。

其中需要注意的是，企业在申请受理截止日期前3年内，不得存在违反税收征管法及有关法律、行政法规，构成偷税、骗取出口退税等严重税收违法行为；不得存在因违反海关法及有关法律、行政法规，构成走私行为，受到刑事、行政处罚，或因严重违反海关监管规定受到行政处罚；不得存在司法、行政机关认定的其他严重违法失信行为。

首次通过省级企业技术中心认定的，一次性奖励20万元至50万元，并授予"××省企业技术中心"或"省级企业技术中心"牌匾。

3. 国家企业技术中心认定要求及奖励办法

国家企业技术中心认定是为了推进企业技术中心建设，确立企业技术创新和科技投入的主体地位；对国民经济主要产业中技术创新能力较强、创新业绩显著、具有重要示范作用的企业技术中心，国家予以认定，并给予相应的优惠政策和奖补，引导企业不断提升自主创新能力。由国家发展改革委、科技部、财政部、海关总署、国家税务总局负责国家认定企业技术中心的认定工作。国家发展改革委牵头对企业技术中心建设进行宏观指导，并牵头负责国家认定企业技术中心认定的具体组织工作和评价工作，每年组织 1 次认定，受理认定申请的截止日期为每年 5 月 15 日。

（1）国家企业技术中心认定条件

企业在行业中具有显著的发展优势和竞争优势，具有行业领先的技术创新能力和水平；具有较好的技术创新机制，企业技术中心组织体系健全，创新效率和效益显著；有较高的研究开发投入，年度研究与试验发展经费支出额不低于 1500 万元；拥有技术水平高、实践经验丰富的技术带头人，专职研究与试验发展人员数不少于 150 人；具有比较完善的研究、开发、试验条件，技术开发仪器设备原值不低于 2000 万元；有较好的技术积累，重视前沿技术开发，具有开展高水平技术创新活动的能力；具有省级企业技术中心资格两年以上。

（2）国家企业技术中心认定程序

符合条件的企业向省（自治区 / 直辖市）发展改革委官方网站申报平台提交申请，省发展改革委组织专家评审，按照国家要求推荐上报国家发展改革委，国家发展改革委会同科技部、财政部、海关总署、国家税务总局依据国家产业政策、国家进口税收税式支出的总体原则及年度方案、初评结果、专家评审意见等进行综合审查后，择优确定国家认定企业技术中心名单。通过评审认定的企业给予"国家企业技术中心"或"国家认定企业技术中心"牌匾和相应的资金奖励。

（3）申请材料

①填写《国家认定企业技术中心申请报告》并盖章提交至申报系统。

②填写《企业技术中心评价材料》并盖章提交至申报系统。

③按申报指引提交对应的证明材料。

（4）国家企业技术中心奖励办法

首次通过国家企业技术中心认定的，一次性给予企业 200 万元资金奖励。被认定为国家中小企业公共示范平台的，再奖励 100 万元。

（三）"专精特新"中小企业认定奖补融资

2021 年 1 月 23 日，财政部、工业和信息化部联合印发《关于支持"专精特新"中小企业高质量发展的通知》，启动中央财政支持"专精特新"中小企业高质量发展政策。

"专精特新"中小企业是指具备专业化、精细化、特色化、新颖化特征的中小企业的简称。在各行各业市场竞争白热化、产品趋同化、技术同质化的大背景下，"专精特新"也是中小企业脱颖而出、冲出红海进入蓝海市场的最佳出路。目前，"专精特新"中小企业已经成为全国各级政府重点发展对象，因此就有了市级"专精特新"中小企业、省级"专精特新"中小企业、国家级"专精特新"中小企业之分。培育梯度将创新型中小企业作为起点，晋级为"专精特新"中小企业，再晋级为专精特新国家"小巨人"，最后晋级为重点"小巨人"。

1. 市级"专精特新"中小企业认定条件

市级"专精特新"中小企业由地级市工业和信息化局设定评审条件和奖励办法，一旦认定成功，奖励金额 10 万元至 30 万元不等，同时享受多项税收优惠政策。

申报市级"专精特新"中小企业认定时，该企业须在本市注册登记，从事特定细分市场 2 年以上，具有独立法人资格的中小工业企业及生产性服务业企业。上年度企业营业收入 2000 万元以上，主营业务收入占营业收入 70% 以上，企业资产负债率不高于 70%，主导产品享有较高知名度，且细分市场占有率原则上位于本市前 5 名。近 2 年企业研发经费支出占营业收入比重不低于 3%，从事研发和相关技术创新活动的科技人员占企业职工总数的比例不低于 8%。截至上年底，拥有与主要产品相关的有效发明专利 2 项或实用新型、外观设计专利 5 项及以上。

满足条件的企业可以向所在城市工业和信息化局咨询相关申报事宜，不同省份的地级市的要求略有差别，企业应以当地本年度最新的申报指引为准。

2. 省级"专精特新"中小企业认定条件

省级"专精特新"中小企业由省（自治区/直辖市）工业和信息化行政主管部门设定评审条件和奖励办法，被认定为省级"专精特新"中小企业的，奖励金额30万元至50万元不等，同时享受多项税收优惠政策。

申报省级"专精特新"中小企业认定时，申报企业须在本省（自治区/直辖市）注册登记，在特定细分市场时间达到2年及以上，具有独立法人资格的中小工业企业及生产性服务业企业。上年度企业营业收入在2000万元以上，企业资产负债率不高于70%，主营业务收入占营业收入70%以上，主导产品享有较高知名度，且细分市场占有率原则上位于全国前15名或本省前10名。近2年企业研发经费支出占营业收入比重不低于3%，从事研发和相关技术创新活动的科技人员占企业职工总数的比例不低于8%。截至上年底，拥有与主要产品相关的有效发明专利2项或实用新型、外观设计专利5项及以上。

满足条件的企业可以向所在省级工业和信息化行政主管部门咨询相关申报事宜，不同省份要求略有差别，企业应以当地本年度最新的申报指引为准。

3. 国家级专精特新"小巨人"企业认定条件

专精特新"小巨人"企业属于国家级荣誉，从省级工业和信息化行政主管部门组织认定的省级"专精特新"中小企业中产生，企业自愿登录培育平台提出申请，省级工业和信息化行政主管部门对申请材料进行审核，向工业和信息化部报送推荐名单，工业和信息化部组织对被推荐企业进行审核、抽查和公示。公示无异议的，由工业和信息化部认定为专精特新"小巨人"企业，奖励金额100万元。

申报专精特新"小巨人"企业认定时，申报企业须在中华人民共和国境内工商注册登记，从事特定细分市场时间达到3年及以上，具有独立法人资格的中小工业企业及生产性服务业企业。上年度企业营业收入在1亿元以上，近2年主营业务收入或净利润的平均增长率达到10%以上，企业资产负债率不高于70%，主营业务收入占营业收入70%以上，主导产品享有较高知名度，且细分市场占有率位于全省前3位。近2年企业研发经费支出占营业收入比重不低于3%，从事研发和相关技术创新活动的科技人员占企业职工总数的比例不低于15%。截至上年底，拥有与主要产品相关的有效发明专利2项或实用新型、外观设计专利5项及以上。

满足条件的企业可以向所在省级工业和信息化行政主管部门咨询相关申报事宜，每年的申报要求略有差别，企业应以本年度最新的申报指引为准。

4.国家重点"小巨人"认定条件

重点"小巨人"全称为重点国家级专精特新"小巨人"，从专精特新"小巨人"中产生，由国家工业和信息化部重点扶持。通过认证的，可获得1000万元以上奖励。

申报重点"小巨人"企业认定时，申报企业须已经获得专精特新"小巨人"企业认定，产业导向属于《工业"四基"发展目录》所列重点领域或制造强国战略十大重点产业领域，或主导产品属于关键领域"补短板"、关键核心技术攻关、填补国内空白（国际空白），或与重点行业龙头企业协同创新。企业主营业务收入占营业收入比重70%以上。还应同时满足创新能力、经营管理、成长性要求。在创新能力方面，截至上年年末的近2年研发经费支出占营业收入比重4%以上，拥有与主营产品高度契合的有效发明专利2项以上、自建或与高校和科研机构联合建立研发机构、主持或参与制（修）订国际国家或行业标准1个以上。在经营管理方面，取得相关质量管理体系认证（如ISO 9000质量管理体系、ISO 14000环境管理体系认证等）。在成长性方面，上年主营业务收入增长，未上市但已有上市计划（已递交申请书或已完成上市辅导登记）。

满足条件的企业可以向所在省级工业和信息化行政主管部门咨询相关申报事宜，每年的申报要求略有差别，企业应以本年度最新的申报指引为准。

（四）瞪羚企业认定奖补融资

瞪羚企业是指创业后跨过"死亡谷"，以科技创新或商业模式创新为支撑，进入高成长期的中小企业。企业可向所在地省、自治区、直辖市、计划单列市科技行政主管部门提出申请，经审核后，由省科技行政主管部门上报科学技术部，科学技术部组织专家评审认定，认定范围主要是产业领域符合国家和省战略新兴产业发展方向，涵盖新兴工业、新一代信息技术（含大数据、物联网与云计算、高端软件、互联网）、生物健康、人工智能、金融科技、节能环保、消费升级等领域。

首次通过瞪羚企业认定的，可获得50万元奖励；二次认定为瞪羚企业的，可获得30万元奖励。瞪羚企业属于国家级荣誉，部分省市会有配套奖励，奖励金额由各省市财政实力不同而略有差距。

瞪羚企业具有成长速度快、创新能力强、专业领域新、发展潜力大、人才密集、技术密集等特点。对企业的具体要求包括注册满 3 年，具有独立法人资格，财务制度健全、实行独立核算，近 3 年内未发生重大安全事故、重大质量事故或严重环境违法行为的高新技术企业。在企业增长指标方面，要求最近 1 年度销售收入在 500 万元到 2000 万元（含）的企业，近 3 年销售收入平均增长率达到 25% 以上；最近 1 年度销售收入在 2000 万元至 1 亿元（含）的企业，近 3 年销售收入平均增长率达到 20% 以上；最近 1 年度销售收入在 1 亿元以上的企业，近 3 年销售收入平均增长率达到 15% 以上。在研发经费投入强度方面，要求最近 1 年度销售收入在 1 亿元以上的企业，研究开发费用总额占同期销售收入总额比例不低于 3%；最近 1 年度销售收入在 1 亿元（含）以下的企业，研究开发费用总额占同期销售收入总额比例不低于 5%。企业至少拥有 1 项发明专利以上，至少已经被认定为市级（含）以上技术创新中心，或者新型研发机构、重点实验室、工程技术研究中心、企业技术中心、工程研究中心、工程实验室等任意一项。同时，近 3 年主导或参与编制国家标准、行业标准、检测方法、技术规范等。

满足条件的企业可以向当地省级科技行政主管部门咨询并提交认定申请。

（五）制造业单项冠军认定奖补融资

国家级制造业单项冠军是中国制造业的一项荣誉。制造业单项冠军是指长期专注于制造业某些细分产品市场，生产技术或工艺国际领先，单项产品市场占有率位居全球或国内前列的企业。对国家工业和信息化部认定的制造业单项冠军示范企业给予 500 万元一次性奖励；对国家工业和信息化部认定的制造业单项冠军培育企业给予 200 万元一次性奖励；培育企业成长为示范企业，则按差额补足的方式给予共 500 万元奖励；对国家工业和信息化部认定的制造业单项冠军产品，给予企业每项 100 万元一次性奖励。

申请制造业单项冠军认定时，企业须具有独立法人资格，具有健全的财务、知识产权、技术标准、质量保证和安全生产等管理制度；近 3 年无环境、质量、安全等违法记录，企业申请产品能耗达到能耗限额标准先进值，安全生产水平达到行业先进水平；长期专注并深耕于产业链某一环节或某一产品领域 10 年及以上，属于新产品的应达到 3 年及以上；企业申请产品的市场占有率位居全球前三，或者国内第一；企业生产技术、工艺国际领先，重视研发投入，拥有核心自主知识产权，主导或参与制定相关领域技术标准；企业申请产品质量精良，关键性能指标处于国际同类产品领先水平；经营业绩优秀，盈利能力超过行业企业的总体水平；重视并实施国际化经营和品牌战略，全球市场前景好，建立完善的品牌培育管理体系并取得良好成效。

制造业单项冠军培育遴选重点领域包括新一代信息技术、装备制造、新材料、新能源汽车和智能网联汽车、新能源、节能环保、航空航天与海洋装备、数字创意技术设备、冰雪装备器材、文物保护装备等。

（六）智能工厂／数字化车间／未来工厂认定奖补融资

根据国家的"十四五"规划纲要，全国以省为单位，全面推进中国制造业高质量发展。智能工厂、数字化车间、未来工厂成为政府重点鼓励扶持制造业的发展方向，达到条件要求的企业可以申请认定，并获得 50 万元至 200 万元不等的资金奖励。获得智能工厂、数字化车间、未来工厂认定的企业，在其他融资渠道中也可加分。

申报的基本条件：企业应具备独立法人资格，运营和财务状况良好，符合国家和本省产业政策；申报的项目已建成，智能化和数字化发展水平在同行业中处于领先水平，具有较强的示范带动作用，在降低生产成本、缩短产品研制周期、提高劳动生产率、降低产品不良品率、提高能源利用率等方面取得明显成效。

申报的认定程序：符合申报条件的企业填写对应申报书，由各市工业和信息化局对企业上报材料的真实性、完整性进行初审，出具初审意见，正式行文上报省级工业和信息化部门→省级工业和信息化部门委托合格机构组织专家对企业上报材料进行初审→对通过初审的企业，组织专家组前往企业开展现场审查→对通过审查认定的企业将在省级工业和信息化厅官方网站公示 5 个工作日，接受社会监督→对通过公示的企业给予认定并授牌。

1. 智能工厂认定要求

申报智能工厂的企业，在数控设备、智能制造装备以及软件系统等相关投入需达到 600 万元以上，上一年度企业销售收入达 2000 万元以上（部分省份此指标略有差别，应以企业所在省份的指标为准）。获得认定的企业授予"智能化车间"牌匾一块，省财政给予企业 100 万元的一次性资金奖励。

（1）离散型智能制造模式车间认定的关键要素

车间采用离散型智能制造模式的，第一，工厂的总体规划设计、工艺流程及布局均已建立数字化模型，并进行模拟仿真，实现规划、生产、运营全流程数字化管理；应用数字化三维设计与工艺技术进行产品、工艺设计与仿真，并通过物理检测与试验进行验证与优化；建立产品数据管理系统（Product Data Management，PDM），实现产品数据的集成管理；实现高档数控机床与工业机器人、智能传感与控制装备、智能检测与装配装备、智能物流与仓储装备等关键技术装备在生产管控中的互联互通与高度集成；建立生产过程数据采集和分析系统，充分采集生产进度、现场操作、质量检验、设备状态、物料传送等生产现场数据，实现可视化管理。

第二，须建立车间制造执行系统（Manufacturing Execution System，MES），实现计划、调度、质量、设备、生产、能效的全过程闭环管理；建立企业资源计划系统（Enterprise Resource Planning，ERP），实现供应链、物流、成本等企业经营管理的优化；建立车间内部互联互通网络架构，实现设计、工艺、制造、检验、物流等制造过程各环节之间，以及与制造执行系统（MES）和企业资源计划系统（ERP）的高效协同与集成，建立全生命周期产品信息统一平台。

第三，建有工业信息安全管理制度和技术防护体系，具备网络防护、应急响应等信息安全保障能力；建有功能安全保护系统，采用全生命周期方法有效避免系统失效。

第四，通过持续改进，实现企业设计、工艺、制造、管理、物流等环节的集成优化，推进企业数字化设计、装备智能化升级、工艺流程优化、精益生产、可视化管理、质量控制与追溯、智能物流等方面的快速提升。

（2）流程型智能制造模式车间认定的关键要素

车间采取流程型智能制造模式的，第一，工厂总体规划设计、工艺流程及布局均已建立数字化模型，并进行模拟仿真，实现生产流程数据可视化和生产工艺优化；实现对物流、能流、物性、资产的全流程监控与高度集成，建立数据采集和监控系统，生产工艺数据自动数采率达到 90% 以上。

第二，须采用先进控制系统，工厂自控投用率达到 90% 以上，关键生产环节实现基于模型的先进控制和在线优化；建立制造执行系统（MES），生产计划、调度均建立模型，实现生产模型化分析决策、过程量化管理、成本和质量动态跟踪以及从原材料到产成品的一体化协同优化；建立企业资源计划系统（ERP），实现企业经营、管理和决策的智能优化；对于存在较高安全风险和污染排放的项目，实现有毒有害物质排放和危险源的自动检测与监控、安全生产的全方位监控，建立在线应急指挥联动系统。

第三，须建立工厂内部互联互通网络架构，实现工艺、生产、检验、物流等各环节之间，以及数据采集系统和监控系统、制造执行系统（MES）与企业资源计划系统（ERP）的高效协同与集成，建立全生命周期数据统一平台。

第四，建有工业信息安全管理制度和技术防护体系，具备网络防护、应急响应等信息安全保障能力。建有功能安全保护系统，采用全生命周期方法有效避免系统失效。

第五，通过持续改进，实现生产过程动态优化，制造和管理信息的全程可视化，企业在资源配置、工艺优化、过程控制、产业链管理、节能减排及安全生产等方面的智能化水平显著提升。

（3）网络协同制造模式车间认定的关键要素

车间采用网络协同制造模式的，第一，应建有工业互联网网络化制造资源协同云平台，具有完善的体系架构和相应的运行规则；通过企业间研发系统的协同，实现创新资源、设计能力的集成和对接；通过企业间管理系统、服务支撑系统的协同，实现生产能力与服务能力的集成和对接，以及制造过程各环节和供应链的并行组织和协同优化。

第二，利用工业云、工业大数据、工业互联网标识解析等技术，建有围绕全生产链协同共享的产品溯源体系，实现企业间涵盖产品生产制造与运维服务等环节的信息溯源服务；针对制造需求和社会化制造资源，开展制造服务和资源的动态分析和柔性配置。

第三，车间须建有工业信息安全管理制度和技术防护体系，具备网络防护、应急响应等信息安全保障能力。

第四，通过持续改进，工业互联网网络化制造资源协同云平台不断优化，企业间、部门间创新资源、生产能力和服务能力高度集成，生产制造与服务运维信息高度共享，资源和服务的动态分析与柔性配置水平显著增强。

（4）大规模个性化定制模式车间认定的关键要素

车间采用大规模个性化定制模式的，第一，产品采用模块化设计，通过差异化的定制参数，组合形成个性化产品；建有工业互联网个性化定制服务平台，通过定制参数选择、三维数字建模、虚拟现实或增强现实等方式，实现与用户深度交互，快速生成产品定制方案；建有个性化产品数据库，应用大数据技术对用户的个性化需求特征进行挖掘和分析。

第二，工业互联网个性化定制平台与企业研发设计、计划排产、柔性制造、营销管理、供应链管理、物流配送和售后服务等数字化制造系统实现协同与集成。

第三，通过持续改进，实现模块化设计方法、个性化定制平台、个性化产品数据库的不断优化，形成完善的基于数据驱动的企业研发、设计、生产、营销、供应链管理和服务体系，快速、低成本满足用户个性化需求的能力显著提升。

（5）远程运维服务模式车间认定的关键要素

车间采用远程运维服务模式的，第一，智能装备或产品配置开放的数据接口，具备数据采集、通信和远程控制等功能，利用支持 IPv4、IPv6 等技术的工业互联网，采集并上传设备状态、作业操作、环境情况等数据，并根据远程指令灵活调整设备运行参数。

第二，建立智能装备 / 产品远程运维服务平台，能够对装备 / 产品上传数据进行有效筛选、梳理、存储与管理，并通过数据挖掘、分析，提供在线检测、故障预警、故障诊断与修复、预测性维护、运行优化、远程升级等服务；实现智能装备 / 产品远程运维服务平台与产品全生命周期管理系统（Product Lifecycle Management，PLM）、客户关系管理系统（Customer Relationship Management，CRM）、产品研发管理系统的协同与集成；建立相应的专家库和专家咨询系统，能够为智能装备 / 产品的远程诊断提供决策支持，并向用户提出运行维护解决方案；建立信息安全管理制度，具备信息安全防护能力。

第三，通过持续改进，建立高效、安全的智能服务系统，提供的服务能够与产品形成实时、有效互动，大幅度提高嵌入式系统、移动互联网、大数据分析、智能决策支持系统的集成应用水平。

2. 数字化车间认定要求

申报数字化车间的企业，在相关车间的数控设备、智能制造装备及软件系统等相关投入需达 300 万元以上，上一年度企业销售收入达 1000 万元以上（部分省份此指标略有差别，应以企业所在省份的指标为准）。获得认定的企业授予"数字化车间"牌匾一块，省财政给予企业 50 万元的一次性资金奖励。

（1）离散型数字化车间认定的关键要素

数字化装备占比、全自动化生产线数量、数控设备协同生产、工业机器人应用等数字化装备应用程度；基于三维模型的产品设计与仿真，建立产品数据管理系统（PDM），关键制造工艺的数值模拟等产品设计数字化应用；车间制造执行系统（MES）、车间可视化管理等生产数字化应用。数据自动采集，设备高度互联等。

（2）流程型数字化车间认定的关键要素

数字化设备占比、中央控制室、DCS 自动化控制系统、APC 优化控制系统等数字化装备应用程度。规划设计、工艺设计、工程数字化建模、物流仿真等设计数字化应用水平。车间制造执行系统（MES）、车间可视化管理等生产数字化应用；数据自动采集，设备高度互联等。

3.未来工厂认定要求

未来工厂是指广泛应用数字孪生、物联网、大数据、人工智能、工业互联网等技术，实现数字化设计、智能化生产、智慧化管理、协同化赋能、绿色化制造、安全化管控和综合绩效大幅提升的现代化工厂。

申报未来工厂的企业，须已经通过智能工厂认定。获得认定的企业授予"未来工厂"牌匾一块，省财政给予企业 200 万元的一次性资金奖励。

（1）数字化设计方面的要求

数字化设计方面的要求包括工厂 / 车间设计、产品研发与设计、工艺设计和试验设计。通过仿真分析、数字孪生技术对工厂规划、生产、运营全流程的数字化管理，通过采用系统软件建立研发设计能力，采用协同设计平台，利用参数化对象建模，采用仿真技术对产品进行试验验证。

（2）智能化生产方面的要求

智能化生产方面的要求包括采购管理、计划与调度、生产作业管理、装备管理、仓储配送等。通过建立工厂网络系统，运用 5G、人工智能、大数据等技术，广泛应用智能生产设备、检测设备、物流设备，依托企业数据采集与监视控制系统（Supervisory Control and Data Acquisition，SCADA）、资源计划系统

（ERP）、产品全生命周期管理系统（PLM）、高级计划排程（Advanced Planning and Scheduling，APS）、制造执行系统（MES）、仓储管理系统（Warehouse Management System，WMS）等信息化系统，实现物资采购、计划调度、生产作业、仓储配送的数据自动采集、在线分析和优化执行，提高生产计划准确性和生产过程的可控性，工厂或车间实现少人化、无人化。

（3）智慧化管理方面的要求

智慧化管理方面的要求包括系统集成与数据互通、企业资源管理、行政管理、质量管理、客户管理、物流管理、销售管理、决策管理等。通过建立工业互联网平台和数据中心，通过企业资源计划系统（ERP）、产品生命周期管理（PLM）、供应链管理系统（Supply Chain Management，SCM）、客户关系管理系统（CRM）等系统集成应用，实现数据共享共用，在销售、生产、物流、质量等方面实现协同管理，推进企业生产、运营和决策的智慧化管理。

（4）协同化赋能方面的要求

协同化赋能方面的要求包括产业、供应链协同和个性化定制。通过建设的工业互联网平台，实现人员、设备、数据等信息要素共享，打通企业之间的物流、资金流、信息流等，实现设计、供应、制造和服务资源的在线共享和优化配置；整合行业内中小企业产供销资源，打造云上产业链，突破工厂物理界限，实现制造资源的动态分析和柔性配置；结合市场需求开展个性化定制，实现产品设计、计划排产、个性化定制、柔性制造、物流配送和售后服务的整体集成和协同优化。

（5）绿色化制造方面的要求

绿色化制造方面的要求包括建立综合能源管理系统（Energy Management System，EMS），对主要耗能设备实现实时监测与管理；建立产耗预测模型，实现能源资源的优化调度、平衡预测和节能管理；建立环境保护监测系统，实现从清洁生产到末端治理的全过程环保数据采集、实时监控及报警，开展可视化分析。

（6）安全化管控方面的要求

安全化管控方面的要求包括信息化系统安全和生产安全信息化系统。通过使用安全可控的软件、系统和设备，建立工业信息安全管理制度，构建具备网络防护、应急响应等数据安全保障能力的数据存储与网络防护技术体系；设立安全管理机构，制定风险管控准则和风险管控流程；开展安全预警，实现生产过程中人员、物料、过程、设备、环境、信息等六类安全风险要素的智能化管控，定期开展风险评估。

（7）综合绩效方面的要求

综合绩效方面的要求包括综合效益和示范推广两个方面。企业提质增效成果显著，生产效率、资源综合利用率大幅提升，研制周期、运营成本、产品不良品率显著降低；突破一批关键技术，形成一批专利、标准和经验成果，培育一批专业人才队伍，示范带动效应明显。

三、投资奖补融资

所谓投资奖补，就是根据企业投资金额给予一定比例的奖励或者补贴的一种政策融资行为。目前，全国各省（自治区/直辖市）扶持对象主要集中于竣工投产奖补和技改奖补两大板块。

投资奖补的额度比较高，一般可达1000万元，个别项目奖补额度可高达亿元。

（一）竣工投产奖补融资

竣工投产奖补，顾名思义就是企业在相关部门立项备案的项目，已经完成投资建设，已投入生产并产生了一定经济效益，政府为了鼓励和扶持新项目更好、更快、更稳地实现高质量发展而给予企业的一项激励政策。该奖补旨在于推进工业项目早建成早投产，鼓励引导民营企业加大工业投入和优化投资方向，加快推动新旧动能转换，实现工业创新、绿色、高效发展。

1.申请条件

申请竣工投产奖补的企业须在本省（自治区/直辖市）注册，具有独立法人资格，实行独立核算、诚信经营、依法纳税，实施符合国家产业政策和本省工业高质量发展要求的工业项目，包括招商引资项目和技术改造项目，且项目建成投产的规模以上民营工业企业和民营企业控股的混合所有制企业。

项目已完成项目备案（或核准）等审批手续，实际完成固定资产投资1000万元以上，并按审批文件的批准时间或投资协议规定的时间建成投产；项目建成投产时间为最近3年内；项目的环境保护等设施与主体工程同时建成使用，并达到相关规定要求。

2. 奖励额度

设立奖励额度时，应根据民营企业项目投产情况，测算提出年度奖励资金预算安排额度，结合本省（自治区 / 直辖市）财政厅统筹核定奖励资金年度规模，综合考虑项目实际完成的固定资产投资、当年奖励资金预算安排等情况核定民营企业投产奖励资金额度。对有效期内的瞪羚企业，可适当提高奖励额度。原则上，单个民营企业当年获得的奖励资金最高不超过 1000 万元。

组织实施部门一般由地方工业和信息化部门及财政部门共同组织与实施投产奖励资金的申请、审核、拨付和监督管理工作。

3. 申请办理程序

符合条件的民营企业根据本省（自治区 / 直辖市）每年申报通知要求，在规定期限内提交项目批准文件、项目投资协议、瞪羚企业证明文件、项目环评文件及环保验收监测报告或排污许可证、会计报表、完税证明、企业营业执照等申报材料，按属地原则向所在辖区工业和信息化部门、财政部门提出申请。

4. 资金划拨流程

本省（自治区 / 直辖市）财政厅根据投产奖励资金安排计划文件将本级资金下达至企业所在地财政部门，由其及时拨付至企业。

5. 案例

某家具厂唐老板贷款 7000 万元投资建设自动化生产车间，不巧应收账款收不回来，新订单压在手里需要资金买材料，每月还要给银行分期还款，资金压力很大。唐老板在了解了相关政策与要求后，向当地工业和信息化局反映了情况，并提交了竣工投产奖补申报材料，经专家评审，获得了 500 万元的奖补资金，缓解了企业的资金压力。

（二）技改奖补融资

技改奖补，顾名思义就是指对企业技术改造的奖励补贴。技术改造主要包括生产制造企业的技术升级、技术改造、生产设备升级换代、生产车间扩建改建等。

1. 目的和意义

技改奖补是一项激励性无偿奖补，旨在于鼓励企业加快技术升级改造，加大技术投入，打通产业链供应链堵点、卡点，挖掘市场需求潜力，优化发展环境，提升企业产品竞争力，振作工业经济运行，推动工业高质量发展。

2.扶持对象

技改奖补一般由发展和改革委员会、工业和信息化部门制定相关政策，协同财政部门确定专项资金，核心扶持产业包括原材料工业、机械装备工业、消费品工业、通信业、电子信息制造业、软件业、互联网、网络安全等领域设计生产制造的企业。在确定具体扶持对象时，各省份会根据当地资源禀赋和工业发展战略规划制定更具针对性的扶持政策。

3.奖补额度

技改奖补主要以企业固定资产总投资额的一定比例给予奖补，一般要求已完成投入达到总投资额的30%以上，已投入资金要高于获得的奖补额度。原则上，奖补额度比例不超过固定资产总投资额的10%，奖补总额最高不超过1000万元，个别享受一事一议的项目最高可享受亿元以上的奖补。

4.案例

A公司进行技术改造，总投资额备案为2亿元。目前，该项目已经投入6001万元，申请技改奖补，应得奖补金额为2亿元的10%，但受到"奖补总额最高不超过1000万元"限定，A公司实际可争取到奖补额度顶格是1000万元。

四、财政贴息融资

财政贴息融资存在两种情况：一种是通过国家开发银行、中国进出口银行、中国农业发展银行等政策性银行获得无息或者低息贷款；另一种是获得政府贴息贷款政策文件后通过中国工商银行、中国农业银行、中国银行、中国建设银行等商业银行进行融资。

根据贴息程度，亦可分为全额贴息和差额贴息两种。全额贴息就是政府承担全部贷款利息，企业只需偿还本金；差额贴息就是约定一个固定利息由企业承担，超出部分的利息由政府财政或者银行承担。

（一）政策性银行贴息贷款

政策性银行是指由政府创立，以贯彻政府的经济政策为目标，在特定领域开展金融业务，不以营利为目的的专业性金融机构。政策性银行专门为贯彻、配合政府社会经济政策或意图，在特定的业务领域内，直接或间接地从事政策性融资活动，充当政府发展经济、促进社会进步、进行宏观经济管理工具。

1994年，中国政府设立了国家开发银行、中国进出口银行、中国农业发展银行三大政策性银行，均直属国务院领导。

政策性银行的贷款主要投向基础设施、基础产业和支柱产业等"两基一支"项目和人才密集、知识密集、技术密集、资金密集、风险密集、信息密集、产业密集、竞争性和渗透性强，对人类社会的发展和进步具有重大影响的高科技项目，这些项目或是具有较好的社会效益但经济效益较差，或是风险较高。一般来说，政策性银行贷款利率较低、期限较长，有特定的服务对象，其放贷支持的主要是商业银行在初始阶段不愿意进入或涉及不到的领域。

1. 国家开发银行

国家开发银行成立于1994年，是国家出资设立、直属国务院领导、支持中国经济重点领域和薄弱环节发展、具有独立法人地位的国有开发性金融机构。它主要通过开展中长期信贷与投资等金融业务，为国民经济重大中长期发展战略服务，聚焦增强国力和改善民生两大方面。

（1）服务方向。国家开发银行服务于基础设施、基础产业、支柱产业、公共服务和管理等经济社会发展领域，如工业互联网、一体化大数据中心等信息基础设施、融合基础设施建设，推动互联网、大数据、人工智能等与各类产业深度融合的相关项目；新型城镇化、城乡一体化及区域协调发展的领域；传统产业转型升级和结构调整，以及节能环保、高端装备制造等提升国家竞争力的领域；保障性安居工程、扶贫开发、助学贷款、普惠金融等增进人民福祉的领域；科技、文化、人文交流等国家战略需要的领域；"一带一路"建设、国际产能合作和装备制造合作、基础设施互联互通、能源资源、中资企业"走出去"等国际合作领域；配合国家发展需要和国家经济金融改革的相关领域；符合国家发展战略和政策导向的其他领域。

（2）业务范围。国家开发银行的业务涵盖高铁主干线及其联络线、重点区域城际铁路及市域（郊）铁路、铁路集疏运系统建设、既有铁路电气化改造及扩能改造、运输设备购置及大中修等相关铁路项目，如新建南宁至玉林铁路项目。

涵盖重大引调水、防洪减灾、供水灌溉等国家水网重点工程，以及农村供水保障、河湖生态保护修复等地方重点水利项目，如陕西省引汉济渭工程项目。

涵盖城市的轨道交通项目，改善城市公共交通条件，助力区域互联互通相关城市轨道交通项目，如云南省香格里拉至丽江公路项目。

涵盖枢纽机场新建、迁建和改扩建相关项目，如杭州萧山国际机场三期项目新建航站楼及路侧交通中心工程。

涵盖垃圾、污水处理设施和配套体系建设相关项目，如泰安市全域垃圾分类体系建设项目。

涵盖新型电力系统、新能源、重大清洁能源、抽水蓄能电站、新型储能、跨区跨省送电通道建设等相关项目，如河北省丰宁抽水蓄能电站项目、广东省湛江徐闻海上风电项目。

涵盖国家储备林、大规模国土绿化、森林质量精准提升、公园城市等生态碳汇领域发展相关项目，如四川省成都公园城市龙泉山生态保护修复暨国家储备林项目。

涵盖乡村振兴、农业现代化、农村基础设施、特色产业、乡村产业和农业绿色发展、易地搬迁后续发展等重点领域建设等相关项目，如贵州省遵义市播州区乡村振兴辣椒产业补短板建设项目、湖南省花垣县城乡供水一体化项目、大地控股省级百万亩高标准农田建设项目等。

涵盖健康养老项目建设、中小微企业发展贷款、棚户房改造等。

2. 中国进出口银行

中国进出口银行为中央金融企业，是由国家出资设立、直属国务院领导、支持中国对外经济贸易投资发展与国际经济合作、具有独立法人地位的国有政策性银行。它致力于扩大机电产品和高新技术产品出口以及支持对外承包工程和境外投资项目。

（1）服务方向

中国进出口银行服务于国家对外贸易和"走出去"领域的短期、中期和长期贷款，含出口信贷、进口信贷、对外承包工程贷款、境外投资贷款、中国政府援外优惠贷款和优惠出口买方信贷等；办理国务院指定的特种贷款；办理外国政府和国际金融机构转贷款（转赠款）业务中的三类项目及人民币配套贷款；吸收授信客户项下存款；发行金融债券；办理国内外结算和结售汇业务；办理保函、信用证、福费廷等其他方式的贸易融资业务；办理与对外贸易相关的委托贷款业务；办理与对外贸易相关的担保业务；办理经批准的外汇业务；买卖、代理买卖和承销债券；从事同业拆借、存放业务；办理与金融业务相关的资信调查、咨询、评估、见证业务；办理票据承兑与贴现；代理收付款项及代理保险业务；买卖、代理买卖金融衍生产品；资产证券化业务；企业财务顾问服务；组织或参加银团贷款；海外分支机构在中国进出口银行授权范围内经营当地法律许可的银行业务；按程序经批准后以子公司形式开展股权投资及租赁业务；经国务院银行业监督管理机构批准的其他业务。

（2）融资产品

中国进出口银行依托国家信用支持，积极发挥在稳增长、调结构、支持外贸发展、实施"走出去"战略等方面的重要作用，加大对重点领域和薄弱环节的支持力度，促进经济社会持续健康发展。迄今为止，中国进出口银行已在国内设有 30 余家营业性分支机构和香港代表处；在海外设有巴黎分行、东南非代表处、圣彼得堡代表处、西北非代表处。其融资产品丰富，涵盖进出口贸易各方面，业务覆盖全球各主要国家。

3.中国农业发展银行

中国农业发展银行成立于 1994 年，是国家出资设立、直属国务院领导、支持农业农村持续健康发展、具有独立法人地位的国有政策性银行。其主要任务是以国家信用为基础，以市场为依托，筹集支农资金，支持"三农"事业发展，发挥国家战略支撑作用。经营宗旨是紧紧围绕服务国家战略，建设定位明确、功能突出、业务清晰、资本充足、治理规范、内控严密、运营安全、服务良好的农业政策性银行。

（1）资金来源。中国农业发展银行注册资本为 2000 亿元。中国农业发展银行运营资金的来源包括国家出资、企事业单位的存款、发行金融债券、财政支农资金、向中国人民银行申请再贷款、同业存款、协议存款、境外筹资等。资金储备充裕，可满足政策规划内调拨，具备可持续发展能力。

（2）办理流程

借款人向中国农业发展银行提出借款申请，并提供相关材料，中国农业发展银行受理借款申请后，履行调查、评估、审查和审批程序。借款申请审批通过后，双方签订借款合同，并办理合同约定的抵质押的登记、资金监管等有关手续。中国农业发展银行有权放款部门对通过审批的项目进行放款。贷款对象按照国家规定的法律法规和中国农业发展银行相关政策制度要求使用中国农业发展银行提供的贷款。

（3）融资产品

中国农业发展银行的融资产品主要围绕涉农项目，产品丰富，涉农覆盖全面，业务涵盖办理粮食、棉花、油料、食糖、猪肉、化肥等重要农产品收购、储备、调控和调销贷款，办理农业农村基础设施和水利建设、流通体系建设贷款，办理农业综合开发、生产资料和农业科技贷款，办理棚户区改造和农民集中住房建设贷款，办理易地扶贫搬迁、贫困地区基础设施、特色产业发展及专项扶贫贷款，办理县域城镇建设、土地收储类贷款，办理农业小企业、产业化龙头企业贷款，组织或参加银团贷款，办理票据承兑和贴现等信贷业务。

（二）商业银行贴息贷款

贴息贷款是指用于指定用途并由国家或银行补贴其利息支出的一种银行专项贷款。它是一种优惠贷款，以鼓励某种事业或项目的建设。贷款利息可以是全部补贴或者是部分补贴。对贷款的利差，一般实行"谁安排谁补贴"的原则。国家安排的贴息贷款，由中央财政补贴；中国人民银行同意发放的贴息贷款，由中国人民银行补贴；各专业银行的贴息贷款，由专业银行自己负责。财政贴息贷款是国家支持无利、微利行业、企业发展的常用方法。各省（自治区/直辖市）根据当地阶段性发展目标，出台对应的贴息政策，创业者可以通过政府地方金融办、财政厅企业处、商务厅、人力资源和社会保障部门处了解最新政策。

1.商业银行财政贴息贷款对象

小微企业：鼓励小微企业发展，帮助其解决资金问题。

创业企业：支持创业企业实现发展，帮助其解决资金难题。

科技型企业：支持科技型企业实现技术研发，促进技术创新。

环保型企业：鼓励环保型企业的发展，帮助其解决资金问题。

龙头企业：政府鼓励企业做大做强，为了实现"扶持一个龙头就能带动一个行业、带旺一批企业、带活一片区域，形成集群式发展"，政府给予农业龙头企业、工业龙头企业一定额度的贴息贷款政策。

其他企业：如农业、农村、教育、文化、卫生等相关企业。具体申请贴息贷款的资格要求因银行而异，建议企业在申请前详细咨询银行。

另外，由城镇登记失业人员创办企业、复员转业退役军人创办的企业、高校应届毕业生和符合创业优惠扶持对象的往届高校毕业生创办的企业、残疾人创办的企业、返乡创业农民工创办的企业，或者这几类人群数量达到企业总人数30%的企业、特大传染性疾病期间生产疫情急需物资的企业（如新冠疫情防控期间生产口罩、消毒液、疫苗、防治药品和相关物资等企业）都可以享受创业贴息贷款政策。

其他政府规定可享受贴息优惠政策的法人主体也是商业银行财政贴息贷款的对象。

2. 商业银行贴息贷款操作流程

商业银行贴息贷款是指银行为了鼓励企业发展，通过向企业提供低息贷款的方式来支持企业。下面是一般的贴息贷款操作流程。

贷款申请：企业需要向银行申请贴息贷款，并提交相关资料，如营业执照、税务登记证明、财务报表等。

资格审核：银行对企业的财务状况、经营状况、信用状况等进行评估，以确定企业是否符合贷款资格。

合同签订：如果企业符合贷款资格，银行将与企业签订贴息贷款合同，并明确贷款的相关条款，如贷款金额、贷款期限、利率等。

放款：在合同生效后，银行将向企业放款，企业可以利用贷款资金进行生产经营活动。

还款：企业需要在规定的还款期限内按照合同约定的方式进行还款，并承担相应的利息费用。

这些是一般的商业银行贴息贷款的操作办法，具体的操作过程可能因银行而异，建议企业在申请时详细咨询银行工作人员。

第三节　怎样提升企业政策融资力

政策融资是所有融资模式中最独特的一种，因为政策融资获得的是资金，是无偿的奖补，这些资金企业不需要偿还或利息较低，也不需要出让股权。所以，如若条件允许，企业都应该尽最大努力争取政策融资。

诚然，申请政策融资难度不小，大部分企业很难争取到。但是，如果深入了解政策融资的方式方法，积极提升企业的政策融资力，政策融资也没有想象中那么难。本节就怎样提升企业政策融资力给予若干建议。

一、扩大高级人才队伍

高级人才队伍是企业发展壮大必不可少的重要组成部分，是企业政策融资成败的关键，尤其在科研类项目上，高级人才具有举足轻重的作用。我们要按照党和国家的要求，深入实施新时代人才强国战略，健全技能人才培养、使用、评价、激励制度，打造一支爱党报国、敬业奉献、技艺精湛、素质优良、规模宏大、结构合理的高技能人才队伍。高级人才队伍建设已成为政策融资申请企业重要的考核要素。

（一）哪些人才对提高企业政策融资力有帮助

人才是企业发展的根本，尤其是高级人才对于企业发展而言更为重要，对于提高企业政策融资力亦是如此。高级人才主要有三种类型：第一种类型是高荣誉、高贡献类高级人才，第二种是高职称类高级人才，第三种是高学历、高学位类高级人才。这三类高级人才相互之间会有交叉重叠，能力越强、知名度越高、社会贡献越大的人交叉重叠身份的可能性越大。

1.高荣誉、高贡献类高级人才

高荣誉、高贡献类人才即获得较高荣誉、作出较大贡献的人才。按照能力水平和贡献度，这类人才大致可分为五个层次，包括国内外顶尖人才、国家级领军人才、省级领军人才、市级领军人才、优秀专业人才等。有助于提高企业政策融资力的高级人才主要集中在国内外顶尖人才、国家级领军人才、省级领军人才这三类人才中。

（1）国内外顶尖人才

国内外顶尖人才属于 A 类人才，主要包括诺贝尔奖获得者、国家最高科学技术奖获得者、中国科学院院士、中国工程院院士、中国社会科学院学部委员、"国家级人才工程"杰出人才、发达国家科学院院士或者工程院院士等。

（2）国家级领军人才

国家级领军人才属于 B 类人才，主要包括"国家级人才工程"除杰出人才之外的人选、教育部"长江学者奖励计划"特聘教授、国家杰出青年科学基金获得者、国家科学技术进步奖特等奖获得者、国家自然科学奖一等奖前两位完成人、技术发明奖一等奖前两位完成人、科学技术进步奖一等奖前两位完成人、中国政府"友谊奖"专家、百千万人才工程国家级人选等。

（3）省级领军人才

省级领军人才属于 C 类人才，主要包括国家自然科学奖、技术发明奖、科学技术进步奖一等奖除前两位之外的完成人，国家自然科学奖、技术发明奖、科学技术进步奖二等奖前两位完成人，中国国际科学技术合作奖获得者，省、部、军队、国家自然科学奖、技术发明奖、科学技术进步奖一等奖前两位完成人，中国科学院率先行动"百人计划"入选者，中华技能大奖获得者、全国技术能手，国家卫生健康有突出贡献的中青年专家，国家重点实验室、国家工程实验室、国家工程（技术）研究中心、国家认定企业技术中心主任，担任过中国 500 强企业、中国民营企业 300 强企业地区总部总经理（董事长）、首席技术官，享受国务院政府特殊津贴专家，本省有突出贡献的中青年专家及核心人才等。

2.高职称类高级人才

根据国家人力资源和社会保障部公布的《职称系列（专业）各层级名称》，我国的职称大致分为 27 人类，初级、中级、高级三个等级（见表 4-1），有助于提高企业政策融资力的高级人才主要以高级职称人才为主、中级职称为辅。

表 4-1 我国的职称分类与等级

序号	名称	各级职称名称				
		高级		中级	初级	
1	高等学校教师	教授	副教授	讲师	助教	
2	哲学社会科学研究人员	研究员	副研究员	助理研究员	研究实习员	
3	自然科学研究人员	研究员	副研究员	助理研究员	研究实习员	
4	卫生技术人员	主任医师	副主任医师	主治（主管）医师	医师	医士
		主任药师	副主任药师	主管药师	药师	药士
		主任护师	副主任护师	主管护师	护师	护士
		主任技师	副主任技师	主管技师	技师	技士
5	工程技术人员	正高级工程师	高级工程师	工程师	助理工程师	技术员
6	农业技术人员	正高级农艺师	高级农艺师	农艺师	助理农艺师	农业技术员
		正高级畜牧师	高级畜牧师	畜牧师	助理畜牧师	
		正高级兽医师	高级兽医师	兽医师	助理兽医师	
		农业技术推广研究员				
7	新闻专业人员	高级记者	主任记者	记者	助理记者	
		高级编辑	主任编辑	编辑	助理编辑	
8	出版专业人员	编审	副编审	编辑	助理编辑	
9	图书资料专业人员	研究馆员	副研究馆员	馆员	助理馆员	管理员
10	文物博物专业人员	研究馆员	副研究馆员	馆员	助理馆员	
11	档案专业人员	研究馆员	副研究馆员	馆员	助理馆员	管理员
12	工艺美术专业人员	正高级工艺美术师	高级工艺美术师	工艺美术师	助理工艺美术师	工艺美术员
13	技工院校教师	正高级讲师	高级讲师	讲师	助理讲师	
		正高级实习指导教师	高级实习指导教师	一级实习指导教师	二级实习指导教师	三级实习指导教师
14	体育专业人员	国家级教练	高级教练	中级教练	初级教练	
		正高级运动防护师	高级运动防护师	中级运动防护师	初级运动防护师	

序号	名称	各级职称名称			
		高级		中级	初级
15	翻译专业人员	译审	一级翻译	二级翻译	三级翻译
16	播音主持专业人员	播音指导	主任播音员 主持人	一级播音员 主持人	二级播音员 主持人
17	会计人员	正高级会计师	高级会计师	会计师	助理会计师
18	统计专业人员	正高级统计师	高级统计师	统计师	助理统计师
19	经济专业人员	正高级经济师	高级经济师	经济师	助理经济师
		正高级人力 资源管理师	高级人力 资源管理师	人力 资源管理师	助理人力 资源管理师
		正高级知识 产权师	高级知识 产权师	知识产权师	助理知识 产权师
20	实验技术人才	正高级实验师	高级实验师	实验师	助理实验师　实验员
21	中等职业学校教师	正高级讲师	高级讲师	讲师	助理讲师
		正高级实习 指导教师	高级实习 指导教师	一级实习 指导教师	二级实习 指导教师　三级实习 指导教师
22	中小学教师	正高级教师	高级教师	一级教师	二级教师　三级教师
23	艺术专业人员	一级演员	二级演员	三级演员	四级演员
		一级演奏员	二级演奏员	三级演奏员	四级演奏员
		一级编剧	二级编剧	三级编剧	四级编剧
		一级导演 （编导）	二级导演 （编导）	三级导演 （编导）	四级导演 （编导）
		一级指挥	二级指挥	三级指挥	四级指挥
		一级作曲	二级作曲	三级作曲	四级作曲
		一级作词	二级作词	三级作词	四级作词
		一级摄影 （摄像）师	二级摄影 （摄像）师	三级摄影 （摄像）师	四级摄影 （摄像）师
		一级舞美 设计师	二级舞美 设计师	三级舞美 设计师	四级舞美 设计师
		一级艺术创意 设计师	二级艺术创意 设计师	三级艺术创意 设计师	四级艺术创 意设计师
		一级美术师	二级美术师	三级美术师	四级美术师

续表

序号	名称	各级职称名称				
		高级		中级	初级	
23	艺术专业人员	一级文学创作	二级文学创作	三级文学创作	四级文学创作	
		一级演出监督	二级演出监督	三级演出监督	四级演出监督	
		一级舞台技术	二级舞台技术	三级舞台技术	四级舞台技术	
		一级录音师	二级录音师	三级录音师	四级录音师	
		一级剪辑师	二级剪辑师	三级剪辑师	四级剪辑师	
24	公共法律服务专业人员	一级公证员	二级公证员	三级公证员	四级公证员	
		正高级司法鉴定人	副高级司法鉴定人	中级司法鉴定人	初级司法鉴定人	
		主任法医师	副主任法医师	主检法医师	法医师	
25	船舶专业技术人员	正高级船长	高级船长	中级驾驶员	助理驾驶员	驾驶员
		正高级轮机长	高级轮机长	中级轮机员	助理轮机员	轮机员
		正高级船舶电子员	高级船舶电子员	中级船舶电子员	助理船舶电子员	船舶电子员
		正高级引航员	高级引航员	中级引航员	助理引航员	引航员
26	民用航空飞行技术人员	正高级飞行员	一级飞行员	二级飞行员	三级飞行员	
		正高级领航员	一级领航员	二级领航员	三级领航员	
		正高级飞行通信员	一级飞行通信员	二级飞行通信员	三级飞行通信员	
		正高级飞行机械员	一级飞行机械员	二级飞行机械员	三级飞行机械员	
27	审计专业人员	正高级审计师	高级审计师	审计师	助理审计师	

3. 高学历、高学位类高级人才

我国的高等学历包括大专、本科、研究生，高等学位包括学士学位、硕士学位、博士学位等。有助于提高企业政策融资力的学历需研究生学历，或者以具有硕士学位、博士学位的人才为主。

270

（二）组建怎样的高级人才队伍有助于提高企业政策融资力

要提高企业政策融资力，需要组建一支由高级人才队伍，团队成员需具备跨学科合作能力、专业技能、实践能力、创新能力、协作精神、国际化视野以及有成果积累等。

1. 有跨学科合作能力

跨学科合作是指不同学科领域的专家和学者之间进行合作，以解决那些超越单一学科的问题。这种合作方式打破了学科之间的传统界限，促进了不同学科之间的交流和融合。

跨学科合作有多种优势。它可以促进不同学科之间的知识和方法共享，产生创新性的解决方案；可以促进学科交叉，推动科学研究的进步和发展；可以提高研究的质量和效率，更容易获得更好的研究成果。

所以，一个由多学科精英组成，并且能够默契合作的团队，对于提高企业政策融资力有很大的帮助。

2. 有专业技能

专业技能强的团队成员可以更高效、准确地完成工作任务，提高生产力和工作效率，在面对复杂的问题和挑战时，可以运用其技能和经验，提供更准确和更高效的决策建议。

专业技能不仅仅局限于执行既定任务，还表现在能够根据情况灵活运用知识和技能，提出新的观点和方法，从而推动团队的创新和发展。在团队协作中，专业技能强的成员可以更好地理解和协调各自的工作，形成更强大的团队合力。在激烈的市场竞争中，专业技能是保证企业立于不败之地的关键因素，尤其在科技创新和产品研发等领域，专业技能的重要性尤为突出。专业技能强对于提高产品质量和服务质量，以及提高客户满意度都有很大帮助，能够更好地满足客户需求，提升企业形象。

因此，提升企业政策融资力，团队需要有专业技能的成员。

3. 有实践能力

正所谓"实践出真知"，团队的水平怎样，还得通过实践来体现。团队的实践能力是项目执行成败的关键。具备实践能力的团队更可能发现潜在的风险和挑战，并采取相应的措施来优化项目计划，降低成本和减少风险。

实践也是创新和改进的基础。在实践中，团队成员可能会遇到预料之外的问题和挑战，需要创造性地提出解决方案。这种创新和改进的能力有助于提高项目质量与效率，同时也有助于提升团队的适应能力和竞争力。实践能力是确保项目最终交付的成果符合预期标准和质量要求。

此外，实践能力还可以帮助团队成员更好地理解和遵循相关的行业标准和规范，确保项目的合规性和稳定性。

4.有创新能力

科技日新月异，在高度竞争和快速发展的市场环境中，创新是企业发展进步永恒的话题，不分行业、不论工种、不管在哪里，团队成员具备创新意识和创新能力尤为重要。创新不仅是推动科技进步的关键因素，也是企业在激烈竞争中立于不败之地的法宝。

5.有协作精神

团队协作是项目成功的重要保障。协作可以有效地提高工作效率，因为多个团队成员可以同时处理不同的任务，减少了工作之间的等待和重叠，使工作流程更加顺畅。在团队协作中，不同的人和观点可以带来新的思路与想法，通过集思广益，促进创新和改进。有效的团队协作可以使组织更加灵活、高效，利于创新。团队协作可以促进跨部门合作，加强不同部门之间的联系和沟通，从而促进组织的整体发展。

6.有国际化视野

在全球化时代，团队若具有国际化视野，企业便能更好地适应国际市场竞争，更容易接受和应对不同的挑战。要想提高企业政策融资力，就需要具备国际视野和跨文化沟通能力的人才，要随时了解国际前沿技术和发展趋势，才能提高企业的国际竞争力和影响力。随着全球化的深入，国际交流与合作变得越来越频繁和重要。具有国际化视野的人更容易融入国际环境，能够更好地与来自不同国家和文化背景的人进行交流和合作，促进企业国际交流与合作，为国家的长远发展作出贡献。

7.有成果积累

有成果积累的团队成员，有助于提高政策融资的通过率，因为成果是能力的最好佐证。所以团队成员应积累一定数量的研究成果，以为项目申请提供有力的支持材料，证明其研究能力和水平。

（三）提升企业政策融资力的最佳人才架构

政策融资对团队成员的资历和能力有一定的要求，特别是对带头人的历史贡献度、成果积累、荣誉、职称、学位、信用、资源、资金实力等都有一定的要求。根据过去五年的要求归纳和总结，申请政策融资的项目团队最佳的人才架构主要有三种。

1. 专家顾问团架构

专家顾问团架构常见于团队带头人资历较浅、学术基础较弱、没有高职称、没有成果积累的情况。通过聘请多名行业知名专家作为项目顾问，以此弱化带头人不足的一面，有"我不行，但我的顾问行，他们能教会我行"的意思。专家助力可以为项目进行背书和赋能，进而提高企业政策融资力。

2. 顶尖人才架构

顶尖人才架构一般由一位国内外顶尖人才挂名作为项目带头人，然后由一批中级职称人才实际落地执行。这种架构普遍存在于各行业。由于顶尖人才的助力能让项目更容易顺利通过评审，大大提高企业政策融资力。

这个架构的目的同时也是培养中级职称人才，给中级职称人才提升机会，因为职称的提升除了靠资历还需要成果积累。

3. 高职称人才架构

高职称人才架构常见的模式是校企合作，由企业和高等院校联合申请政策融资项目，然后由高等院校的教授和企业负责人作为核心带头人，由教授的研究生与企业技术人员共同完成项目。这类架构目前占据政策融资项目一半以上，落地执行的可行性高，项目成功率更大，成果转化率更高，是提升企业政策融资力首选。

二、增加知识产权数量

知识产权数量对于政策融资具有举足轻重的作用。如果企业申请科技类政策融资项目，必须有专利、著作权、集成电路布图设计权，尤其是发明专利；如果企业申请的是非科技类政策融资项目，那企业必须有著作权、版权，或者植物新品种权等。知识产权是技术、作品、商业秘密等重要的法律凭证。

（一）什么样的知识产权能提高企业政策融资力

植物新品种、国家级农作物品种、国家新药、国家一级中药保护品种、专利、计算机软件著作权、集成电路布图设计专有权、技术诀窍、发明专利、实用新型专利、外观设计等都有助于提高企业政策融资力。其中，创新性、先进性、独特性、可行性等四大要素是重点。对知识产权的评审评分大致分为三大类。

1. Ⅰ类知识产权

Ⅰ类知识产权在政策融资中评分最高，以来自欧美发达国家注册的专利为主，其中美国、德国、欧盟、日本、韩国等授权的专利含金量最高，对提升企业政策融资力效果最好。但是，由于文化、语言、政策等方面的差异，申请国外知识产权的通过率极低，申请难度较大，申请费用也比较高。

2. Ⅱ类知识产权

Ⅱ类知识产权主要包括国内授权的发明专利、植物新品种、国家级农作物品种、国家新药、国家一级中药保护品种和集成电路布图设计专有权，此类知识产权对提升企业政策融资力作用巨大。其中，已经被运用到生产经营中，且已经产生一定的经济效益的Ⅱ类知识产权，在政策融资评审中可以享受加分。

更为重要的是，我国大部分企业的主要业务在国内，所以申请Ⅱ类知识产权比申请Ⅰ类知识产权更实用，也更有利于企业生产经营。因此，企业应当将申请Ⅱ类知识产权作为主要战略，将Ⅰ类知识产权作为战略布局的辅助。因为知识产权的作用不仅仅是为了提升政策融资力，其重点应是将其用于保护企业技术和商业机密、用于企业生产经营、用于企业资产优化。

3. Ⅲ类知识产权

Ⅲ类知识产权主要包括实用新型专利、外观专利、软件著作权、作品版权等，在政策融资评审中分数与前两类相比稍逊。但是，已经在生产经营中运用并产生较可观的经济效益的Ⅲ类知识产权，对提升企业政策融资力也有较好的助益。

Ⅲ类知识产权申请难度相对较小，在政策融资中作用也较弱，可是作为防御和经营背书具有很好的作用，所以企业可以将Ⅲ类知识产权作为企业知识产权矩阵的重要辅助。

（二）知识产权提升政策融资力的运用要点

知识产权对于政策融资极其重要，但不是所有知识产权都对政策融资有帮助。因此，必须在规划布局知识产权的时候就开始与企业的业务关联，或者取得知识产权证书后，将知识产权合理运用，让手上的知识产权与主营业务收入相关的技术、产品、财务相关联，才能真正起到提升企业政策融资力的作用。

1. 提升技术关联性

在申报政策融资时，并不是所有知识产权都能提升企业的政策融资力，知识产权必须与企业主营业务收入存在必然关联，才有助于提升企业的政策融资力。比如，A 公司是一家机械生产制造企业，其持有的是一项软件著作权，要想让该软件著作权对政策融资产生助力，就必须证明它对 A 公司的机械生产制造存在关联性，或者说该著作权相关的技术或软件对机械生产制造发挥了作用，否则该著作权对 A 公司的政策融资不会有任何帮助。

那么，怎样将知识产权与生产经营作技术关联呢？

最佳方案是，在知识产权申请前，就将企业主营业务收入相关的技术或者产品属性融到知识产权的名称、内容描述、运用范围里。

如果已经提交了申请，无法对申请的内容进行修改或融合，那么在取得证书后，需要将知识产权名称或者证书号尽可能全面地体现在企业的宣传册、官网、产品外观上。如果是专利类知识产权，一定要将技术体现在产品上，这是知识产权提高企业政策融资力的关键。

2. 提升财务关联性

知识产权与企业主营业务收入的财务关联程度，以及知识产权对企业主营业务的重要性，最终以创造了多少应收为量化衡量要素。所以，企业在进行收入分科和费用归集上，一定要注意将知识产权关联的产品收入注明，以备政策融资时核查。具体操作可参考第三章相关建议。

3. 提升知识产权的数量

政策融资会对知识产权数量有一定要求，比如大部分政策融资产品会要求企业拥有发明专利 2 项以上，或者 1 项发明专利和 6 项实用新型专利以上，所以企业需要储备一定数量的知识产权。知识产权的数量从某个角度上也体现出企业的实力，因为知识产权本身就是一份资产，可以直接变现，也可以用于质押融资。

建议企业根据自己的经济实力和业务需要，适当地布局专利、著作权、版权、商标等相关知识产权，全方位护航企业发展。

三、增加研发投入

根据国家政策导向和相关精神，实体经济是我国发展经济的着力点，"制造强国、质量强国、网络强国、数字中国"是国家坚定不移的发展方针。政府推出研发经费资助、荣誉奖励、投资奖补、贴息贷款等政策融资产品，其目的和初衷就是鼓励和帮助企业加大研发投入，进而提升企业的创新力、生产力、竞争力。

所以，适当增加研发投入预算，有助于提升企业的政策融资力。研发方向应在本企业主营业务基础上围绕政策导向，为实现中华民族伟大复兴的中国梦增添动力。

那么，什么样的研发投入有助于提升企业政策融资力呢？

（一）前沿性颠覆性技术相关

根据我国制定的"十四五"规划纲要，前沿性颠覆性技术研发将成为国家重点扶持对象。我国将坚持走中国特色自主创新道路，在关键共性技术、前沿引领技术、现代工程技术、颠覆性技术创新等方面进行突破，实现关键核心技术自主可控，进入创新型国家前列，把发展主动权牢牢掌握在自己手中。

因此，企业无论是为了提升政策融资力，还是为了提升自身的竞争力，都有必要加大前沿性颠覆性技术的研发投入。正所谓"一流的企业引领趋势，二流的企业跟紧趋势，三流的企业无视趋势"。企业要做大做强，必须紧随政策导向，在自身优势基础上不断研发创新，进而在某个行业或者细分产业形成引领趋势的产业链链主。

下面几种技术是全世界努力探索突破的、被人类公认为具有前沿性和颠覆性的技术。

1. 人工智能和机器人技术

国家要推动科技创新、促进经济转型、加速产业升级、实现社会进步和改善民生、应对国际竞争和挑战，企业要提高效率、降低成本、提高品质、增强市场竞争力、增强企业的可持续发展能力，积极探索与应用人工智能和机器人技术已经成为一项重要的战略。人工智能和机器人技术对人类的影响已经很明显，其重要性和必要性不言而喻，发展趋势已然势不可当。

比如，AR（Augmented Reality）类增强现实技术将计算机生成的图像和声音叠加在我们对现实世界的感知上，已经被用于帮助截肢患者，通过 AR 向患者展示自己运动的虚拟实时模型，帮助患者自我纠正，进而不断改进康复方案，最终达到更好的康复效果。

比如，区块链技术作为一种允许陌生人之间组织网络来存储可信记录的技术，通过去中心化网络，为各种可能的交易提供中立、公平、公正的结果，可以作为诚信经营的基础设施。

比如，聊天机器人（Chatbots）技术目前已实现通过文字及音频和人类进行实时对话，这种基于大模型构建的计算机程序，结合人工智能技术驱动，可以更加灵活、准确、高效地解决人们所需解决的问题。这类技术在将来必然会替代搜索引擎，成为人类重要的助手。

比如，计算创造力、无人驾驶、外骨骼、高光谱成像、语音识别、群体智能、无人机、人工智能、全息图、类人机器人、神经科学、精准农业、柔性机器人、非接触手势识别、飞行汽车等技术，正在影响人类文明进程，值得主营业务与之相关的企业加大研发投入，这有助于提升企业政策融资力。

2. 人机交互和仿生技术

人机交互和仿生技术无论是对于一家企业，或者对于一个国家，乃至对于全球社会的进步而言，都很重要。企业可以通过人机交互和仿生技术提高员工的生产效率，降低产品的后续支持成本，更快速、准确地完成任务，减少错误的发生。同时，推动着国家科技实力的提升，促进相关领域的发展。此类技术在制造业、物流、教育、娱乐、农业和医疗等领域都具有很高的应用价值，所以加大相关技术研发投入的必要性和重要性不言而喻。

比如，神经形态芯片能够更好地提高数据处理能力和机器学习能力，能效比传统中央处理器高出百倍。更为关键的是，神经形态芯片很节能，可用在移动设备、车辆和工业设备等诸多领域。

比如，仿生学技术目前主要运用于医学领域，可以更完美地让机械替代或增强人体各部位。人造的仿生四肢相比传统机械假肢，增强了生物功能，可以让使用者奔跑得更快、更稳。

比如，脑功能映射、脑机接口、情绪识别、智能文身、人工突触 / 大脑等技术都具有极高的研发价值。如果企业主营业务与之相关，可以在相关领域加大研发投入，这有助于提升企业政策融资力。

3. 电子与计算机技术

先进的电子与计算机技术是科技创新和发展的关键，是现代通信、计算机技术、互联网技术、智能制造、新能源开发等众多高科技产业的基础和核心，推动着工业制造过程的自动化和智能化，使得互联网和新媒体迅猛发展，让信息交流和传递更加便捷与快速；为各行各业的创新和发展提供了重要支撑，带来了新产品、新业态和新市场，为经济增长注入了强劲动力和活力。在全球化和信息化的今天，先进的电子与计算机技术已经成为各国竞争和合作的重要领域。国家在这个领域的领先地位，不仅意味着经济和技术上的优势，也代表着国家在科技创新和国际合作中的话语权与影响力。随着信息和网络空间的重要性日益提升，拥有先进的电子与计算机技术成为必要，因为它能够保障国家的基础设施、重要数据、信息安全、国防安全等免受攻击和威胁。对于国家的科技创新、经济发展、社会进步、国家安全等诸多方面都具有重要的意义。

因此，电子与计算机相关更高级的技术，是国家重点扶持方向，是企业加大研发投入的重要选择。如果企业主营业务和技术方向与之相关，可以将研发投入重心往柔性电子、纳米发光二极管、碳纳米管、计算内存、石墨烯晶体管、高精度时钟、纳米线、光电子学、量子计算机、量子密码学、自旋电子学等领域倾斜，这有助于提升企业政策融资力。

4. 生物交叉学科相关技术

生物交叉学科是指不同学科之间相互交叉、融合而形成的具有创新性的学科。这些学科通常涉及生物学、医学、工程学、数学、化学等多个领域。比如，生物医学工程是将工程技术以及解决问题的方法应用到生物和医学医药领域，通过应用不断更新换代的科技技术，应用于设计制造医疗设备和仪器。比如，3D影像、微诊断设备等，辅助于医疗诊断、分析、治疗、康复等环节，进而致力于改善人类健康水平。比如，生物工程学、生物信息学、生物医药信息学、生物物理学、生物化学、化学生物学等领域的交叉研究，有助于深入了解生命的奥秘，并为人类健康和发展提供更多的思路和手段。

如果企业主营业务和技术方向与之相关，可以将重心往生物降解的传感器、芯片实验室、分子识别、生物电子学、生物信息学、植物通信等领域加大研发投入，这有助于提升企业政策融资力。

5. 生物医学技术

生物医学是综合医学，是建立在生命科学和生物学理论及方法上，发展起来的前沿交叉学科，旨在运用生物学及工程技术手段研究和解决生命科学，涵盖了从分子到人体的各个层次，包括分子生物学、细胞生物学、人体解剖学、生理学、免疫学、病理学等多个学科。重点对人体疾病的预防和诊疗手段实现创新，比如，肿瘤的免疫治疗、人体抗衰老技术的研发、遗传缺陷的纠正，以及克隆、试管婴儿等基因工程技术的研究，人类染色体的合成等。

生物医学技术的研究成果可以应用于医疗诊断、治疗和预防等方面，提高医疗水平，改善人类健康，提高国民生命质量。促进医疗水平的同时，推动科技创新和进步、增强国家的国际竞争力。如果企业主营业务与之相关，可以围绕基因编辑、基因治疗、抗生素药敏试验、生物打印、基因表达的控制、药物输送、表观遗传技术、基因疫苗、微生物组、再生医学、重编程的人类细胞、靶向细胞死亡途径等领域加大研发投入，这有助于提升企业政策融资力。

6. 印刷与材料技术

此处所指的印刷与材料，主要指 2D、3D、4D 印刷技术和相关印刷材料，这是先进制造技术的重要代表，它们可以制造出具有复杂形状和功能的产品，并且具有快速制造、减少废料、提高效率等优点。这些技术的不断创新和发展，不仅推动制造业的技术进步和产业升级，也引领着其他相关领域的技术创新。

2D 打印技术主要是指激光打印机、喷墨打印机、针式打印机、热敏打印机、碳带打印机等打印技术。3D 打印技术可以实现定制化、个性化的生产，减少废料和节约能源。4D 打印技术可以通过智能材料的选用，实现物体的自我修复和改进，从而延长物体的使用寿命，减少废弃物产生，有利于环境保护和可持续发展。

这些技术的应用，不仅改善了人们的生活质量，也为社会的发展带来了新的机遇和挑战。作为新兴产业的重要组成部分，对于提升国家的整体竞争力具有重要意义。在全球经济一体化和科技竞争日益激烈的时代，掌握这些技术的国家将在国际竞争中具有更大的话语权和优势。提高此类技术水平和材料生产，无论对于一家企业、一个国家，乃至整个社会都极其重要，它们不仅可以推动技术创新和产业升级、实现可持续发展、促进社会进步，还可以提升国家的整体竞争力和国际地位。

如果企业主营业务与之相关，可以围绕 2D 材料、食物 3D 打印、玻璃 3D 打印、大型物体的 3D 打印、4D 打印、水凝胶、超材料、自愈材料等领域加大研发投入，这有助于提升企业政策融资力。

7. 突破资源边界的技术

突破资源边界的技术通常是指那些能够克服传统资源限制，实现资源高效利用、循环利用和替代利用的新兴技术。此类技术可以减少对环境的破坏和污染；可以实现资源的循环利用和高效利用，提高资源利用效率，减少浪费；可以推动科技创新，提高科技水平和技术创新能力；可以提高人们的生活水平和幸福感。对于国家来说，自主突破资源边界的技术可以减少对进口资源的依赖，提高国家的能源安全和国防实力。无论对于国家或者社会发展都具有重要意义，有必要加强研究和应用。

如果企业主营业务与之相关，建议在生物塑料、碳捕获与封存、海水淡化、地球工程与气候工程、超级高铁、塑胶食虫、分解二氧化碳、备灾技术、水下生活、废水养分回收、小行星采矿等领域加大研发投入，这有助于提升企业政策融资力。

8. 能源相关技术

此处所述"能源"主要是指先进能源，和各种利用与转换能源的方式，以及相关技术和设备的发展，如可再生能源、核能、节能技术等。先进能源可以促进可持续发展，降低二氧化碳排放和环境污染，有助于改善人民健康和生态环境。不仅可以带动相关产业链的发展，创造更多的就业机会和税收收入，还可以推动我国向创新型国家转型。更为重要的是，可以提高国家的能源安全性。我国的能源进口依赖度较高，能源供应和需求的平衡面临着较大的压力。发展先进能源可以降低对传统能源的依赖，提升能源自给能力，从而保障国家的能源安全。无论是对于国家还是整个社会，都具有重要的意义。

如果企业的主营业务与之相关，建议对生物发光、能量收集、甲烷水合物收集、氢燃料、海洋和潮汐能技术、微生物燃料电池、熔盐反应堆、智能窗、热电涂料、水分解、机载风力发电机、铝基能源、人工光合作用等领域加大研发投入，这有助于提升企业政策融资力。

9.社会领域的重大创新突破相关技术

社会领域的重大创新突破研究，旨在推动社会的发展和进步。通过在教育、医疗、科技、经济等多个社会领域的创新，帮助解决社会发展中遇到的问题和挑战，提高社会整体的福祉。通过在科学、技术、工程和数学等领域的深入研究，可以发现新的规律，提出新的理论，发明新的工具，推动科学的进步和技术的发展。总的来说，对社会领域的重大创新突破相关技术的研究目的在于推动社会的发展和进步，提高人民的生活水平和社会福祉，推动科学的进步和技术的发展，提升国家的竞争力和综合实力。

如果企业的主营业务与之相关，建议围绕协同创新空间、游戏化趋势、共享经济、多元化的信息控制、重塑教育、自我量化、无车城市、本地食物圈、拥有和共享健康数据、替代货币、基本收入、生命缓存等领域加大研发投入，这有助于提升企业政策融资力。

（二）"新四化"相关

"新四化"指新型工业化、信息化、城镇化、农业现代化。在未来十年间，国家必将加大新型工业化、信息化、城镇化、农业现代化相关领域的政策扶持，这也是主营业务与之相关的企业，加大研发投入的重要方向。

1.新型工业化

新型工业化是发展经济学的一个概念，指的是在知识经济形态下的工业化过程，其增长方式主要以知识为运营驱动，实现产业智能化、创新引领化、集群化、融合化、绿色化等，具有知识化、信息化、全球化、生态化的本质特征，是以科技含量高、信息化涵盖广、经济效益好、资源消耗低、环境污染少、人力资源优势得到充分发挥为主要内涵的工业化，对于一个国家或地区的经济发展和社会进步具有重要的作用，可以避免传统的工业化过程中可能出现的高污染、高能耗和高排放的经济活动。

企业在新型工业化大潮中，研发方向可以根据企业所处的行业领域、企业特点、技术趋势、市场需求等因素来确定；可以针对特定行业的产品进行技术升级和改良，以提高产品的性能、质量和可靠性，满足不断变化的市场需求；可以将智能化技术引入产品和生产过程中，以提高生产效率、降低成本、改善工作环境，同时提升产品的附加值；可以在产品研发过程中充分考虑环保和可持续发展，采用环保材料和绿色生产工艺，以实现企业的可持续发展目标；或者将互联网技术与传统产业相结合，实现产业升级和转型，在研发过程中引入互联网思维，注重用户体验和服务，打造具有竞争力的"互联网＋产品"；抑或是通过与其他领域的企业、高校和研究机构跨界合作，共同开发新产品和技术，拓宽新的市场空间，提高企业的综合竞争力；再或者通过不断改进和优化研发流程，降低成本、提高效率，实现企业的高效运营；还可以将国际化视野引入产品和技术研发中，关注国际市场需求和技术趋势，不断推进产品和技术的国际化发展，提高企业在国际市场的竞争力。企业可以根据政策导向，结合自身特点和发展需要，选择适合自己的研发方向进行重点投入和发展。

2.信息化

信息化是指以计算机为主的智能化工具为代表的新生产力，运用造福于社会的历史过程。信息化使得知识的获取和传递变得更加便捷，提高了工作效率，促进了全球化发展，改变了人们的生活方式。信息化已经成为现代社会不可或缺的一部分，它将继续在未来的发展中发挥重要作用。

信息化包括数字化、网络化、智能化等，提高了传统工业的生产效率和要素利用率，加快了以结构调整、增长方式转变等为特征的新型工业化。

企业在信息化研发投入方面，可以围绕企业的生产过程、物料移动、事务处理、现金流动、客户交易等业务过程，通过各种信息系统、网络加工生成新的信息资源，让企业内各个层次的人员清楚地了解"业务现在是什么情况""流程进展到哪里"等一切动态业务信息，从而作出有利于生产要素组合优化的决策，合理配置资源，增强企业应变能力，获得最大的经济效益。

3.城镇化

城镇化是指以城乡统筹、城乡一体、产城互动、节约集约、生态宜居、和谐发展为基本特征的新型城镇化，包括人口城市化、经济发展城市化、社会公共服务城市化等。城镇化是现代化的必由之路，是我国最大的需求潜力所在，对推动经济社会平稳健康发展、构建新发展格局、促进共同富裕都具有重要意义。

城镇化与工业化密切相关，是社会经济发展的必然结果，反映社会的进步。城镇是区域的中心，集中了大量的人口、工业、服务业和基础设施，能带动区域经济发展、社会繁荣、环境改善。区域经济水平的提高，又可为城镇的发展增添动力,推动城镇化进程。

企业可以在城镇化进程可能涉及的各种技术、学术、落地执行相关领域进行创新研究。

比如,对以工业为枢纽带动产城一体化方面进行研究,产业的聚集和产业链的完善,可以推动城市和工业的协同发展,既有助于解决就业问题,也能带动城市基础设施和生活配套设施的发展,进一步促进城镇化进程。

比如,在未来型持续成长产业方面进行创新研究,新型城镇化更注重选择未来型持续成长产业,可以从低污染、高就业、高附加值、本地资源优化、产业集群化五个方面进行产业规划研究;可以从信息产业、生物医药、环保节能新材料等国家重点支持的新兴战略型产业入手;针对不同区域,制定不同的产业发展策略;对于一般中小城市以及中西部比较落后的区域来说,可以在高科技产业上寻找突破口;基于东部的加工工业基础,可以继续将其作为城镇化发展的引擎。

比如,在提高城市信息化水平方面进行创新研究,以满足现代化治理的需求为目标,提高城市的信息化水平。可以从信息技术改善城市基础设施运维,提升城市功能和空间效率等方向入手;或者通过研发智能建造和智慧运维的核心技术装备,提高城镇化建设的效率和质量,实现建筑行业的现代化和智能化。

比如,从城市发展规律与城镇空间布局角度进行研究,探索城市发展的内在规律和趋势,研究城市空间布局的优化和调整,以指导城镇化进程中的规划和设计。可以研发适用于城市更新和品质提升的系统性技术,包括建筑设计、城市规划、环境整治、公共服务设施建设等;或者针对绿色建筑、健康建筑和韧性建筑等领域进行深入研究,为城镇化进程提供可持续和环保的建筑和基础设施方案;还可以通过研究科技创新促进文化、旅游和公共文化服务的深度融合方向,为城镇化进程提供丰富的文化内涵和特色。

4.农业现代化

农业现代化是指以现代科学为基础,以绿色生态安全、集约化、标准化、产业程度高为主要标志,以现代化基础设施、机械装备、服务体系、科学技术和农民素质为支撑点,高产、低耗、质优、环保的新型农业。

农业现代化的最终目的是实现乡村振兴,而实现乡村振兴的最终出路在于农业规模化、工业化、品牌化、产业化,企业可以围绕这几个方面进行创新研究。

比如，在生物技术领域，针对我国最紧缺的粮食品种和资源性农产品，通过技术创新挖掘增产潜力；或者在装备技术领域，提高农机装备及其智能化水平；抑或将数字技术应用于精准农业、智能农业、农业大数据和农业云计算等各个农业生产环节；再或者应用人工智能技术进行自动化种植、智能化管理、机器视觉检测等，解决农业生产中的各种问题；还可以立足耕地质量提高，强化黑土地保护、盐碱地改造和土壤污染修复等技术研发。

（三）强国战略相关

党中央对建设文化强国、教育强国、人才强国、体育强国、健康中国作出一系列重大战略部署，明确提出到2035年，我国将"建成文化强国、教育强国、人才强国、体育强国、健康中国"，丰富了基本实现社会主义现代化远景目标内涵。

1. 文化强国

企业在文化强国相关课题研究的方向上，可以从文化发展的战略目标、战略任务、战略措施等方向进行研究，探索如何推动文化繁荣发展，增强国家文化软实力。可以从文化传承与创新的方向进行研究，比如，研究中华优秀传统文化的传承与弘扬，探讨如何推动中华优秀传统文化创造性转化、创新性发展，以及如何吸收借鉴世界优秀文化，实现中华文化的创新发展。或者围绕文化产业与文化市场方向进行研究，比如，研究文化产业的发展规律和市场规律，探讨如何推动文化产业成为国民经济支柱性产业，以及如何加强文化市场监管和管理，维护文化市场秩序。抑或是围绕文化交流与传播方向进行研究，比如，研究中华文化的国际传播和交流，探讨如何向世界展示中华文化的独特魅力和价值，推动中华文化走向世界。再或者围绕文化安全与文化自信角度进行研究，比如，研究文化安全和意识形态安全，探讨如何维护国家文化安全和意识形态安全，增强文化自信和价值观自信。除此之外，还可以从文化政策研究、文化法治建设、公共文化服务、文化产业园区建设等方向进行研究。

2. 教育强国

要开展教育强国相关课题的研究，需要思考"培养什么人？""怎样培养人？""为谁培养人？"这几个角度。

企业在进行教育强国相关课题研究时，可以从教育数字化的角度进行探索，比如，如何利用大数据、人工智能等数字技术，精准分析学习者的学习需求和特点，提供个性化的教育服务；如何通过建设数字化教育资源库，实现教育资源的开放共享，为广大师生提供更加优质的教育资源；如何将虚拟现实、增强现实等新兴技术引入教育领域，打破传统的教育模式和时空限制，使学习更加情境化、体验化；如何通过数字技术打造数字教师，通过数字化教育资源的整合和优化，提高教育资源的公平分配，弥补部分学校优秀教师不足等问题，特别是对于边远地区和不同群体的教育资源的倾斜，缩小城乡和地区之间的教育资源差异等。

3. 人才强国

企业在进行人才强国相关课题研究时，可以围绕人才强国战略的制定和实施进行研究，比如，研究人才强国战略的背景、意义和目标，以及其实施过程中的政策措施和存在的问题；如何加强人才队伍的建设，包括人才引进、培养、使用和评价等方面，以提高人才的整体素质和创新能力；如何打破人才流动的壁垒，促进人才的合理流动和优化配置，如何推动不同地区、不同行业之间的人才交流等。

企业还可以围绕人才评价机制的完善、人才激励政策的制定、人才市场的发展等方向进行研究。比如，怎样建立科学、客观、公开、透明的评价机制，以评价人才的水平和能力，避免人才的浪费和滥用；如何制定有效的人才激励政策，包括薪酬、福利、奖励等方面，以吸引和留住优秀的人才；如何建立健全人才市场体系，包括人才招聘、求职、培训等方面，以提高人才的竞争力和市场价值；如何培养具有国际视野和竞争力的人才，包括推动中外合作办学、引进国际一流教育资源等方面，以提高我国教育的国际水平和影响力等。

4. 体育强国

企业研究体育强国相关课题方向时，可以从体育政策研究入手，比如，怎样制定和实施促进体育事业发展的政策，提高体育治理水平和效益，推动体育事业的全面发展；可以从体育产业发展方向进行研究，比如，怎样促进体育产业的发展，推动体育与经济的深度融合，提高体育产业对国民经济的贡献率；可以围绕体育文化建设的方向进行研究，比如，怎样弘扬中华体育精神，传承优秀体育文化，加强国际体育文化交流，推动体育文化的创新和发展等。

企业还可以从竞技体育人才培养、全民健身、体育社会学、运动科学与训练方法、体育国际交流与合作等方向进行研究，探索如何建立健全竞技体育人才培养体系，培养更多的高水平竞技体育人才，提升我国在国际竞技场上的竞争力和影响力；如何推动全民健身事业的发展，提高人民群众的身体健康素质和生活质量，促进社会的和谐稳定；如何运用社会学理论和方法，研究体育与社会的相互关系，探讨体育在社会发展和人们生活中的作用和价值；如何运用现代科学技术的成果，研究和改进运动训练方法，提高运动水平和效益，推动我国体育事业的科技创新；如何加强国际体育交流与合作，积极参与国际体育事务，推动我国体育事业的发展和进步。

具体的研究内容和重点应根据企业的主营业务和学术技术条件，以及政策的实际情况和需要来确定。

5. 健康中国

企业进行健康中国相关课题研究时，可以从健康政策与体系创新、健康产业发展、健康文化与教育宣传、健康行为与生活方式、健康环境与生态、健康国际交流与合作等角度进行研究。比如，探索如何研究和制定促进人民健康的政策，建立健全覆盖全民、城乡统筹、权责清晰、保障适度、可持续发展的基本医疗保障制度，为人民群众提供全方位全周期的健康服务；如何促进健康产业的发展，推动健康与经济的深度融合，提高健康产业对国民经济的贡献率，为人民提供更加优质、便捷的健康服务；如何弘扬中华健康文化，传承优秀健康传统，加强国际健康文化交流，推动健康文化的创新和发展，提高人民群众的健康素养和健康意识；如何推动人民群众形成健康的生活方式和行为习惯，提高人民群众的健康水平和生活质量，促进社会的和谐稳定和全面进步；如何研究和分析影响人民健康的生态环境因素，加强环境治理和生态保护，为人民提供更加优美、清洁、安全的生态环境；如何加强国际健康交流与合作，积极参与国际健康事务，推动我国健康事业的发展和进步，为构建人类健康共同体作出贡献。

具体的研究内容和重点应根据企业的实际情况与最新政策导向来确定。

（四）生态质量相关

生态质量泛指自然生态环境的整体状态，包括环境、空气、土壤等生态环境的质量。良好的生态环境可以提供清新的空气、清洁的水源、宜人的居住环境，保障人民的身体健康和生命安全。良好的生态环境有助于树立国家形象，提升国际地位和竞争力；有助于促进旅游业的发展和地方经济的繁荣；直接影响到工业生产、农业生产、百姓健康，关系到经济的可持续发展。

因此，提高生态质量无论是对于一个国家，还是对于人类社会而言都具有重要性和必要性。我国要建设人与自然和谐共生的现代化文明国家，目标是到2035 年，能源、水等资源利用效率达到国际先进水平，生态环境质量实现根本好转，大气、水、土壤等环境状况明显改观，生态安全屏障体系基本建立，生产空间安全高效、生活空间舒适宜居、生态空间山青水碧的国土开发格局形成，森林、河湖、湿地、草原、海洋等自然生态系统质量和稳定性明显改善，基本实现美丽中国建设目标。

因此，主营业务与之相关的企业，可以提高生态质量相关研究投入，有助于提高企业政策融资力。研究方向可以选择生态环境质量评价与修复、生态系统管理与工程、生态系统服务、生态系统多样性保护等，具体需结合企业实际情况及最新政策导向来确定。

1. 生态环境质量评价与修复

生态环境质量是人类赖以生存的基础，直接关系到人类的健康和生命质量。良好的生态环境可以提供清洁的空气、水源和食物，是人民生活、社会发展的必要条件。对生态环境质量进行评价和修复，是保障人民健康和生命质量的必要手段。良好的生态环境质量有助于促进经济社会的可持续发展，提高资源利用效率和环境保护效益。在经济发展过程中，如果对生态环境造成过度破坏，会导致资源枯竭、环境恶化，进而制约经济的发展。研究生态环境质量可以为环境保护提供科学依据，推动环境监测与管理的创新与升级。通过对生态环境质量的评价，可以了解环境问题的成因、发展趋势和影响范围，为环境管理提供决策依据。

我国政府高度重视生态环境问题，正在实施一系列的环保政策，加强生态环境保护和修复工作。通过科学研究和技术创新，不断提高生态环境质量评价和修复的水平，将有助于实现经济、社会和环境的协调发展，实现人与自然的和谐共生。

生态环境质量评价的指标体系和评价方法，会涉及遥感、地理信息系统

（Geographic Information System，GIS）等现代技术手段，对环境空气、水体、土壤等环境要素的质量进行监测和评价，对生态系统的结构、功能和动态变化进行综合评估，以客观地反映生态环境质量的状况。

生态环境修复涉及与其相关的物理、化学、生物和生态工程等技术和方法，针对不同环境污染物和污染类型，采取不同的修复技术，实现污染物的削减、转化和消除，从而改善和提高生态环境的质量。

生态环境修复的实践应用过程，会涉及土壤修复的工程实践、水体净化的生态工程实践、空气净化的生态工程实践等，进而涉及生态系统的结构与功能的关系、生态系统的演替与变化等。将生态修复与可持续发展联系起来，研究可持续发展的生态修复模式和方法，如生态农业、生态旅游等，通过生态修复促进可持续发展，提高生态环境的质量和社会经济的发展水平。

企业可以根据自身条件和政策导向，针对以上涉及生态环境质量评价与修复相关的一个环节或者多个环节进行研究投入，可帮助企业有效提升政策融资力。

2. 生态系统管理与工程

生态系统管理与工程有助于保护和改善人类的生产生活环境，人类在各种生产和生活中，对自然资源的过度利用和不合理开发，会对生态环境造成破坏和污染，影响人类的生存和发展；有助于实现自然资源的可持续利用，生态系统是一个复杂的系统，其资源的形成、分布、流转和利用都与环境条件密切相关。有助于推动经济社会可持续发展，生态系统是经济社会发展的基础和支撑，其状况直接影响到经济社会的发展水平和质量；有助于提高环境保护意识和文明素养。加强生态系统管理与工程的研究和实践，采取有效的措施来保护和改善生态环境，实现自然资源的可持续利用和经济社会可持续发展，意义非凡。

企业可以通过研究动植物种类、数量、分布、生态位等方面的信息，深入了解生态系统的结构和组成，为生态系统管理与工程提供基础数据；通过研究生态系统的能量流动、物质循环、信息传递等生态过程，为人类和其他生物提供各种生态服务，如水源涵养、水土保持、气候调节、碳汇等；通过研究生态系统的历史演变和现代变化，探究影响生态系统演化和动态变化的因素和机制，为生态系统管理与工程提供理论依据；通过研究生态系统管理与工程的理论和方法，包括生态系统监测技术、森林保护技术、森林治理技术、森林恢复技术等，为生态系统管理与工程提供技术支持。

企业还可以通过技术创新、理论创新、制度创新等手段，通过对生态系统的结构和组成、生态过程和生态功能、演化和动态变化等方面的研究，以及开发和应用新的管理与工程技术手段，不断创新和完善生态系统管理与工程的理论和方法，进而更好地保护和改善生态环境，实现自然资源的可持续利用及可持续发展。

3. 生态系统服务

生态系统服务泛指人类从生态系统获得的所有惠益，包括供给服务（如提供食物和水）、调节服务（如控制洪水和疾病）、文化服务（如精神、娱乐和文化收益）以及支持服务（如维持地球生命生存环境的养分循环）。人类生存与发展所需要的资源归根结底都源于自然生态系统，它不仅为人类提供食物、医药和其他生产、生活原料，还创造与维持了地球的生命支持系统，形成人类生存所必需的环境条件，同时还为人类生活提供了休闲、娱乐与美学享受。这些服务对人类生存和发展具有重要意义，因此对生态系统服务的研究非常必要。

企业可以根据自身的主营业务和发展需要，结合最新政策导向，围绕生态系统服务可持续经营生态学、生态系统服务保育与修复关键技术、生态系统服务可持续经营规划与设计等几个方向进行研发投入，有利于提高企业政策融资力。

4. 生态系统多样性保护

多样化的生态系统能够提供多样化的生态服务，如净化空气、水源，提供食物和栖息地，保持水土等。这些对人类的生存和生活至关重要。生态系统多样性是生物多样性的基础。丰富多彩的生物多样性为人类提供了食物、药物和其他许多必要的资源，同时也为人类的精神生活提供了重要支撑。多样的生态系统能够吸收和存储二氧化碳，减缓全球变暖的速度。同时，提供更多的适应未来气候变化的生存空间，提供各种生态产品和服务，如木材、纸张、药材、食物等，对于人类文明和社会的发展有着重要的支撑作用。生态系统多样性保护不仅是为了保护自然和生物，也是为了人类自身的生存和发展。所以国家每年都投入大量资金支持生态系统的保护，企业主营业务如果与之相关，可以适当加大研发投入和申请政策融资。

企业可以围绕生态系统的管理和保护、生物多样性的基础研究、生态系统服务评估与价值核算、应对气候变化对生物多样性的影响、生态恢复与重建等几个领域进行研究。其主要目标是保持生态系统功能完整、生态过程稳定，并保障生物多样性的持续演化和生态系统服务的满足，包括物种多样性、基因多样性、生态系统多样性和景观多样性的保护和持续利用。而研究如何评估和核算生态系统服务的价值，如何将生态系统服务价值纳入政府决策和资源分配过程，如何减缓气候变化对生物多样性的影响，如何在保护现有生物多样性的基础上，如何开展生态恢复与重建工作，则是为了弄清楚气候变化对生物多样性的影响机制，进而更好地修复受损的生态系统，制定适应性规划，以应对外界因素对生物多样性的挑战，更好地平衡人类经济活动和生态保护之间的关系。

（五）国家安全相关

国家安全是安邦定国的重要基石，维护国家安全是全国各族人民根本利益所在。建设平安中国，加强和创新社会治理，维护社会和谐稳定，确保国家长治久安、人民安居乐业，是我国政府和全国人民共同努力奋斗的目标。

国防安全涉及面较广，涵盖政治安全、国土安全、军事安全、经济安全、文化安全、社会安全、科技安全、网络安全、生态安全、资源安全、核安全、海外利益安全、太空安全、深海安全、极地安全、生物安全等诸多领域。与此相关的内容非常宽泛，企业可以根据自身情况，围绕主营业务和最新政策导向，参与国防安全相关研发投入，进而提升政策融资力。

（六）民生问题及生命健康相关

进行民生问题及生命健康研究，可以更好地了解和改善人们的生存状态与健康水平，从而提高整体国民的健康素质和幸福感。民生问题关系着人民生计和利益，而生命健康则是人们幸福生活的重要基石。比如，食品安全、医疗卫生、教育、住房、就业、社会保障、环境保护、社会治理、体育健身、旅游休闲等都是关系到民生和国民生命健康的核心要素。加强对相关领域的研究投入，对提高人民健康水平、推动医学和公共卫生事业发展、促进社会和谐稳定等具有重大意义。

1.民生问题

民生问题关系到每位老百姓的切身利益，是国家政治稳定、社会安全、经济发展的重要基础，如食品安全、医疗卫生、教育、住房、就业等问题，都是人民群众最关心、最直接、最现实的利益问题。民生问题解决不好，会导致社会不满情绪的积累，会影响社会的和谐稳定，也会影响经济的发展和社会的进步。所以，需要政府、社会各界和社会组织的共同努力。而只有全面、客观、系统地了解民生问题，才能更好地满足人民的需求和期望，使人民享受更高水平的幸福生活，才能打造一个长治久安的和谐国家。

企业可以根据自身实际情况，结合主营业务和最新政策导向，围绕健康管理、医疗保障、教育公平、住房保障、就业创业、环境保护、社会治理等方向加大研发投入。

2.生命健康

生命健康的相关研究，可以探索生命的奥秘，揭示生命活动的规律和本质，解决人类面临的一系列重大健康问题，如疾病防治、环境保护、资源利用等。通过研究人类免疫系统，能够发现有害细胞、病菌、病毒如何识别和攻击侵入身体的病原体，从而为诊断治疗提供有效依据。

生命健康的相关研究，有助于开发新型疫苗，防控传染病和慢性病；有助于利用基因工程和干细胞技术，进行组织再生和器官移植；有助于利用微生物和酶等，进行污染物降解和资源回收；有助于利用基因检测和个性化医疗，进行精准预防和治疗；有助于增进我们对自然界和自身的认识，提高人类健康水平、改善生活质量、推动社会发展，促进人类经济、科技、政治和社会的发展。

企业可以根据自身条件和主营业务方向，遵循最新政策导向，加大研发投入，进而提高企业政策融资力。比如，围绕脑科学与类脑智能、生物超大分子复合体的结构及其功能与调控、细胞命运决定的分子调控、病原微生物与宿主免疫、基于疾病分子分型的普惠新药、器官修复与再造、合成生物学和系统生物学等方向进行研究投入，为人类生命健康发挥重要作用。

四、加大技术创新力度

技术对于现代企业而言，越来越重要，尤其是对于生产制造企业和科技型企业更为重要。从某个角度理解，企业的技术创新能力就是企业的竞争力，加大技术创新力度是企业保持竞争优势的重要举措。

（一）加大技术创新力度的重要性

随着竞争的加剧，无论是中小型企业还是大型企业，不断提升企业技术实力都是保持竞争优势的关键，加大技术创新力度，可以提高企业的核心竞争力，提高企业市场地位和品牌影响力，帮助企业降低产品成本，提高运营效率，增加利润空间，为企业带来更高的经济效益和社会效益。

1.什么样的技术才可称为新技术

判断一种技术是不是新技术，重点要判断该技术是否前所未有、是否具有独创性、是否具有突破性，是否能够为用户带来空前的体验或价值。通常情况下，新技术应该具备突破性、高效性、能够提高生产力、能够实现智能化等特征。只有具备这些特征的新技术，才有可能赢得用户认可，才有开发的意义。

（1）新技术的特征一：具备突破性

作为新技术，应该在技术应用对象、技术研究方向、技术解决方案上具有突破性成果，相比传统技术，有着明显的超越和改进。

新技术的突破性一般表现在技术应用对象上的革新，将原本无法实现的技术应用到了新的领域，或者能够在传统技术解决不了的问题上取得突破性的进展。比如，在无线通信领域，6G 技术采用了区块链技术将数据分布在整个网络上的各个节点，避免了 5G 技术集中式系统的瓶颈问题，通过智能合约技术，将数据交互流程自动化，提高了数据交互效率，进而在传输速率和网络延迟上得到了突破性提升，可以比 5G 更快、更稳定地传输和处理数据。它加强了网络和数据的安全与隐私保护，采用更加安全可靠的加密技术，防范网络攻击和数据泄露或被篡改，解决了 5G 网络大规模应用会带来更加广泛的安全威胁问题。6G 技术还支持横向扩展，新增网络节点可以直接增加整个网络的容量和处理能力，通过分片技术手段，可以将数据和工作负载分散在不同的节点上，提高整个系统的扩展能力，突破了 5G 技术受到有限的频谱资源限制而影响数据传输速率瓶颈。让用户在视听体验，虚拟现实和增强现实等方面获得更加流畅高清的内容体验。

新技术不是现有技术的延伸，也不是既有方案的升级改进，而是开辟了全新的技术领域。比如，AI 技术凭借其在数据分析、语音识别、图像识别等领域的突破性应用，成功地开辟了对于智能机器人、自动驾驶、无人机等新应用领域的新方向。

（2）新技术的特征二：具备高效性

衡量一项技术是不是新技术，需要考评该技术是否具备高效性特征。该技术能否在实现某项任务或目标时，比原有技术提高效率、节省时间和资源，并且能够提供更准确、更可靠的结果。

新技术的高效性程度决定了技术是否具有开发应用的价值。新技术应该具备对传统技术优越性的替代能力和提速能力，比如，深度神经网络算法在人脸识别、自然语言处理等领域的应用，提高了传统技术的精度和速度，体现了该技术具有高效性特征，所以可以认定深度神经网络算法具有新技术的特征。

研发新技术，提高企业的生产力和效率，并降低出错的可能性，是企业最基本的追求。在经济全球化竞争的今天，高质量、高效率和低成本是企业生存和发展的基本条件。新技术必须能够提高生产力和效率，才能满足市场对产品和服务的需求，企业才能获得更高的竞争力。因为通过提高效率，企业能够降低成本，从而提高利润。

（3）新技术的特征三：能够提高生产力

生产力是技术水平、技术能力和技术创新对生产能力的影响。新技术应当在生产力方面有所提高，或者说提高生产力是技术创新的核心意义。

对于生产制造业而言，提高生产力的目的是用相同的时间和资源，产出更多的产品，更加高效地完成生产任务。对于服务型企业而言，企业主要靠人力和技能来提供服务，能提高生产力的技术相当于提高员工工作效率的方法，在相同的人员数量、相同的时间、同等水平的服务质量条件下，能够服务更多的人或者完成更多的服务任务。也就是说，新技术应当可以提高工作效率、规范管理、减少错误率。对于服务型企业而言，相当于引入创新服务，通过不断提升服务水平和品质，进而保持竞争优势，赢得客户口碑和市场份额。

能够在单位时间内提高生产量、提高质量或提高效益是新技术开发和应用的意义所在，如果新技术不能提高生产力或者服务能力，该创新毫无意义。也就是说，生产力提高与否是衡量技术是否有创新的重要标准。

（4）新技术的特征四：能够实现智能化

智能化作为技术变革的重要发展方向，企业能否实现智能化决策和智能化运作成为衡量现代技术创新与否和创新程度的核心标准。

智能化是新技术发展的重要方向，也是探索未来科技发展的重要方向，智能化让新技术有了更强的自主性和智能性。比如，人工智能技术是同时具备计算机科学、控制科学、心理学和现代哲学等多学科的交叉学科，目前已成为最具潜力和发展前景的重要新技术之一。

智能化是一种数字技术和信息化技术的重塑，跨越了软件、硬件和机器人技术领域，进行了人工智能、大数据、云计算、物联网、机器学习、自然语言处理、计算机视觉、智能智造、智能交通等多方面技术的聚合，可以为用户提供更加便捷、高效、精准、安全、自动化的服务和产品。比如，在医疗领域，可以实现精准医疗、远程医疗、智能医疗等；在教育领域，可以实现仿真人教学、个性化教学等；在物流领域，可以实现智能配送、无人驾驶、智能库房等；在生产制造领域，机器人和自动化智能设备不仅可以提高生产效率，还可以大大降低员工的劳动强度，减少安全隐患；在居家生活领域，有智能家居、智能助理等，可以帮助我们更加舒适地生活。因此，无论是生产还是生活，智能化技术都产生了重要的影响。智能化技术的应用范围十分广泛，它不仅可以改变各个行业的运作方式，还可以创造出新的产业。

随着人工智能、大数据、机器学习等技术的不断发展和普及，智能化的应用场景会越来越广泛，正在成为一种重要的生产力。因此，是否具备智能化能力是衡量技术创新与否和衡量技术创新程度的重要参考指标。

2. 技术创新对企业有哪些好处

首先，技术创新可以帮助企业生产实现自动化、标准化、流程化，从而降低企业的综合成本。

其次，技术创新可以为企业开发出更具竞争力的产品、服务和解决方案，有利于开拓新市场，带来更多的利润，从而提高企业的市场竞争力和经济效益。

再次，技术创新有助于改进企业的产品或服务质量，满足消费者的更高需求，从而提高企业在市场上的竞争力。优秀的产品或服务可以帮助企业获得更大的市场份额，增强企业在行业中的话语权，占据技术制高点，带来更先进、更高端的品牌形象，在消费者心中建立起更强的品牌信仰，进而增加产品的附加价值，创造更高利润。

最后，技术创新还可以激发员工思维，增强员工的参与感和动力。因为创新研发过程中需要员工面对许多未知的挑战，思考新的解决方案和创新方法，所以这个过程可以激发员工的创造力和创新思维，让员工更加积极、主动地参与工作。可以为员工提供表现自我的舞台和机会，为员工提供晋升和发展机会，增加员工的荣誉感。成功的创新研发可以让员工感受到成就感和工作的价值及意义，从而增强工作动力。

3.技术创新对企业融资的影响

技术创新能力强的企业出现不良资产的可能性较小，抗风险能力往往比较强，在企业经营中更稳健。银行更愿意相信，技术创新能力强的企业在未来市场上更具竞争力，企业的市场份额更大、盈利水平更高，所以更有能力按时还本付息。

投资者通常认为，只有持续创新的企业才能拥有更强的可持续发展能力。创新力能够帮助企业提高生产力、管理水平和运营效率，进而降低成本，增加企业竞争力。因此，更愿意投资此类企业。

技术创新能力强的企业在市场上更有竞争力，通过技术创新能不断提高产品和服务的质量及效能，为合作伙伴提供更好的支持和保障；能够增强企业与合作伙伴之间的信任度和信心，加强合作的互信基础，从而获得更多的合作机会和资源。

比如，某公司是中国的一家人工智能公司，主要为各种行业提供先进的人工智能解决方案，包括语音识别、自然语言处理、机器学习等服务。由于该企业持续技术创新能力较强，在自然语言处理（Natural Language Processing，NLP）和机器学习技术方面遥遥领先于竞争对手，从而吸引了来自国内外多家机构的投资，先后获得了超过10亿元的融资。

（二）技术创新需要注意哪些事项

企业拥有持续技术创新的能力，意味着拥有更强的竞争力、生存能力，以及发展水平，可以帮助企业赢得更多的市场份额和经济效益；可以帮助企业提高生产效率和质量，降低成本，提高产品的品质；可以促进新产品的研发和市场开拓，推动产品不断迭代更新；可以满足不同层次、不同领域的客户需求，从而扩大市场份额，带来更多的商业机会，走向更加广阔的未来。

然而，技术创新不能只专注于创新本身，还需要考虑政策、资源、成本、技术保障等诸多方面的因素，只有符合政策导向、更容易获得原材料、生产过程和使用过程符合节能环保规定、节约劳动成本、减少生产成本、能够通过专利申请等要求，才是有价值的创新技术。

1.技术创新需符合政策导向

从政府角度理解，产业由诸多关联企业共同成就，任何一家企业的崛起都会对整个产业带来影响。而只有符合国家政策导向的技术创新才是有意义的创新，才是值得鼓励和发展的创新。

技术创新的目的和意义是更高效、更安全、更便捷、更低成本地服务生产、服务社会、服务生活，而如果任由企业无节制、无导向、无规范地"创新"，就有可能浪费社会资源、危害国家安全、损害公众利益，毕竟不是所有技术都是有利于社会进步，只有符合政策导向的技术创新才可能产生良好的社会效益。

政策导向是基于社会发展需要而制定的规则，其基础是合法、合规，若技术创新能够与之相符，则相当于科技成果符合社会需要。只有保障了产品和项目的合法性，才能带动产业链的发展，提高行业整体技术水平，增加就业机会，促进社会经济发展，提高国家的创新实力，推动科技进步和发展。

技术创新需要大量的研发投入，可以推动产业升级、引发新的商业模式，带动研发和创新生态系统的形成，如产学研合作，科技园区建设等。这些生态系统可以形成长期的创新动力和支持体系。

技术创新的开展只有遵循相应的法律法规，才具有可持续发展的可能。在进行技术研发时，必须遵循相关的环保标准、安全标准、材料标准等约束；需要考虑设备的实际需求、成本、安全等，才能充分满足公众的需求；还需要充分考虑其可再生性、可持续性等属性，不应只追求技术创新的效率。

2.技术创新需结合企业资金实力

企业要想持续技术创新，就必须组建起一支强大的研发团队，并完善技术创新管理体系和流程，包括市场需求调查、技术研究和开发、测试、评估、驱动融资等，这样才能够不断地研发新技术、新产品。

同时，企业可以根据自己的实际情况投资自己的实验室、数据中心、技术支持平台等，为技术创新提供必要的物质和技术保障；构建开放的创新文化和合作精神，鼓励员工积极创新、交流技术；与技术生态系统内的其他企业或组织进行合作，分享技术资源，探索创新新模式、新领域。

最为重要的是，企业需要打通企业的融资通道，保证充裕的资金后盾。因为持续的技术创新需要大量的资金、资源和技术投入，只有强大的资金实力作为后盾，才能确保持续的技术研发。

再者就是，为员工提供持续的技术培训和职业发展支持，为员工提供良好的工作环境、优秀的学习和发展机会、具有竞争力的薪酬待遇，从而吸引优秀、高水平的技术人才，激发他们的工作激情和创新精神，促进企业创新能力和竞争力的可持续。

也就是说，技术创新需要企业持续投入资金，所以一定要结合自身的资金实力和综合能力，合理规划技术创新研发，才能确保技术创新的可持续发展。

3. 技术创新应考虑原材料和生产设备，尽量就地取材

先进的技术固然重要，但是生产原材料和生产设备的取得如果没有本地优势，也属于美中不足，甚至有可能因为原材料或者生产设备的制约而失去先进优势。

（1）原材料和生产设备就地取材的意义

原材料若能就地取材，不仅能够大幅降低采购和运输成本，提高企业利润，还在保证产品质量的同时，降低产品损耗率，通过合理利用当地资源，更好地保障企业的可持续发展。

如果原材料做不到完全本地化，至少应当本国化，使用的原材料尽可能都能在国内获取，这样更有利于保障企业的长久稳定发展。

除了原材料之外，生产设备的本地化制造也相当重要，如果做不到本地造，也尽量做到国产化，这样才能保证企业不受国际形势所左右。

设备本地制造和定制化程度越高，便可以更好地适应企业创新迭代的需求，降低设备运输成本和运输风险。同时，本地生产可以提供更快和更有效的技术支持与售后服务，还可以提供更多的就业机会，促进当地经济发展和产业升级。

（2）产品原材料和生产设备就地取材对企业融资的影响

企业就地取材可以与当地的供应商建立稳定的合作关系，建立长期战略合作，有利于原材料的供应保障，提高了生产效率和稳定性；有利于降低企业的财务风险，增强企业的稳健性；有利于减少原材料运输和存储成本，降低企业生产成本。这样，企业可以在保证产品质量的同时，提高产品的竞争力，增加销售收入，进而提高企业的竞争力和融资效率。

比如，中国科学院物理研究所研发的太赫兹成像设备，能够实现以太赫兹波束的方式，对物体进行三维扫描和成像。其中重要的原材料是太赫兹源。太赫兹源是一种发射太赫兹波的源头材料，其主要材料为高纯度晶体硅和硫。这种原材料在中国完全可以通过就地取材的方式获得。该团队利用当地资源，将晶体硅和硫制备成太赫兹源，制造出高质量的太赫兹成像设备。这种设备可以广泛应用于太赫兹通信、安全检测、医学诊断等领域。该项目获得科技部的创新基金支持，还得到了国内银行的贷款和数家投资公司数千万元的股权投资。

4. 技术创新需考虑节能环保

节能环保是国家对新技术的重要指标，所以产品生产过程和使用过程是否节能环保，是考量技术先进性和技术价值的重要内容。技术节能环保可以降低企业的能源消耗，从而节省用电、用水、用气等成本。通过降低企业的排放量、噪声和污染物浓度，不仅能够减少对环境的影响，也能有效避免环保相关处罚。

因此，技术在创新研发时一定要将使用技术本身或使用该技术生产产品的过程中是否节能环保作为重点考虑内容，这是获得国家认可和市场接纳的关键。

（1）什么样的技术节能环保

技术是否节能环保，主要体现在使用或生产产品的过程中是否能有效地减少能源的消耗，提高能源利用率，并降低企业生产成本；是否与现有生产设备兼容，以确保有效应用，降低设备投入浪费；是否会在生产过程中和成品使用过程中减少污水、粉尘、残废料、有害杂物、有害光照、有害气体、噪声等排放或污染，以保护和改善环境；是否符合国家安全标准，不会对人身、财产等造成损害。具体因生产行业、企业特点和地域环境条件不同而略有差距。

如果答案为"是"，说明该新技术具有节能环保特征；如果答案为"否"，则说明该新技术不具备环保特征。

（2）技术是否节能环保对企业融资的影响

节能环保是全球性的共识，尤其是我国有力争2030年前实现碳达峰，2060年前实现碳中和的计划，这些年，政府正在大力倡导企业高效绿色节能环保发展，加大对非节能环保技术的发展限制，以此推动企业往节能低碳环保路线发展。

比如，某能源集团设立于广州市，是广东省最大的能源开发和供应企业之一，主要业务涵盖发电、燃气、热力等生产经营，以及相关领域的投资、建设、运营和管理业务。由于掌握了先进的再生能源和清洁能源发电技术，该集团获得了以中国银行为首的200亿元银团洁能发电融资授信。

根据证监会信息，某公司是一家生产塑料管道、石材等建筑材料的企业，曾于2016年申请上市，但由于该公司某生产基地存在噪声扰民、废气排放和污水处理不达标等环保问题，被证监会认为该公司在环保方面存在问题，未能达到上市的环保要求，因此拒绝了该公司的申请。随后，该公司加大新技术研发投入，改善了工厂生态环境，终于满足了各项节能环保指标，后来重新申请上市并顺利通过审批，成功登陆A股市场。

综上可见，新技术是否节能环保对企业自身发展和政策融资力都影响巨大。

5. 新技术需考虑能否降低人工成本

根据国家政策导向，通过技术创新降低人工成本是政策重点鼓励的方向，因此，能否降低人工成本是评判一项新技术创新与否和创新程度的指标之一。

因为人工成本是构成产品成本的重要部分，能降低人工成本便意味着能降低制造成本，让企业在同等的质量和规格下拥有更具竞争力的产品价格，进而提高企业的盈利能力和市场竞争力，最终提高企业发展的可持续性。

（1）什么样的技术能降低人工成本

能降低人工成本的技术主要表现为能实现流程化、自动化生产，减少人工干预和劳动力投入。对于无法全自动的生产条件，技术应当可以适应选址在资源丰富、劳动力密集、劳动力价格低廉的区域，从而达到降低人工成本的目的。

能够降低人工成本的比较常见的新技术包括自动化机器人技术、人工智能技术、物联网技术、数字化协作工具和软件、3D打印技术等。

自动化机器人技术能够更快速、更高效、更精准地自主执行一些重复和危险性高的手工劳动，减少人工数量；人工智能技术可以帮助自动化理解大数据，实现更高效的决策，减少人工干预；物联网技术可以连接传感器和设备并收集数据，然后通过大数据分析技术更高效、更系统、更翔实地反馈现场和生产线上的情况，给出解决方案，提高工作效率，缩减了数据分析时间，减少了用数据采集和分析人员的数量；数字化协作工具和软件可以协助员工与团队更好地合作，从而提高工作效率；3D打印技术可以减少工作人员的介入，绝大部分生产工序可以自动化处理，这样就能节省大量的人工成本，有效地提高生产效率和质量。

（2）降低人工成本对企业融资的影响

企业在经营管理中，人工成本是诸多成本中最大的一部分，所以企业应当想方设法降低人工成本。在降低人工成本的情况下，还可以保证产品质量和提高生产效率，就能提高产品成本竞争力，从而提高企业市场竞争力和经济价值。

减少人工投入，可以释放出更多人力和时间去投入研发，从而推动企业创新发展，提升企业核心竞争力，提高企业盈利能力。企业盈利能力的提升，意味着企业更赚钱或者更值钱，因此更容易获得投资人青睐，能获得更多的融资。

比如，某物流公司摒弃传统物流人工分拣包裹的模式，整个仓储和分拣中心采取了全自动化机器人分拣技术与储运技术，在大幅降低人工成本的同时还提高了效率，减少了人工分拣的出错风险，在物流企业林立的大环境下迅速脱颖而出，成为国内物流业标杆，上市前就赢得了将近 200 亿元的投资，后来登陆港交所 IPO 首期募资超过 200 亿元。

6. 新技术应该同比更省钱

拥有同比更省钱的新技术可以使企业在运营过程中成本更低、利润更高，或者拥有更大的让利竞争优势，在竞争激烈的市场中获得更多的主动权。而省下来的资金还可以换成更多的资源来改善产品质量、创新和开拓新市场，这将进一步增强企业的竞争力和生存能力。

因此，新技术应该比原有技术更省钱，否则创新就失去了应有的意义。

（1）更省钱的新技术应该具备哪些特征

更省钱的新技术应该能够有效地帮助企业降低成本、提高效率，借此获得更高的利润和更强的竞争力。在生产效率方面，应当能够更快速、更好地完成任务，应具备容易使用和操作，易于培训和实施，能够让员工迅速掌握并应用等特点。

更省钱的新技术应该具备前瞻性和可持续发展的要求，比如，和现代化的生产设备及其他技术相互兼容，省钱的同时还能提高产品质量和产能。

比如，能与自动化技术相结合，通过自动化技术减少企业的人工投入和材料消耗，如自动化流程控制、自动化仓储和物流管理、自动化设备和机器人等，全面提高生产效率。

比如，能与云计算相结合，通过云计算将企业数据存储在云端，减少企业的 IT 投资和维护成本，还为企业提供更高效的数据处理、资源共享和灵活的扩展能力。

比如，能与人工智能相结合，通过人工智能技术进行数据分析和深度学习等，实现智能化的业务流程、决策和服务，减少企业的人工成本和时间，提高工作效率，降低错误率。

比如，能与物联网相结合，通过物联网技术实现设备之间的连接和通信，实现智能设备和自动化生产流程，降低设备管理和维护成本，提高生产效率和质量。

比如，能与虚拟和增强现实技术相结合，提供更高效的培训、市场推广和客户服务等，节省企业的培训和营销成本，提高客户满意度。

（2）拥有同比更省钱的新技术对企业融资的影响

拥有同比更省钱的新技术，可以在一定程度上提升企业的竞争优势，提高企业的盈利能力和资产质量，提高企业的估值，增加投资者对企业的关注度和信心，进一步提高企业融资力。

比如，某健康公司是一家以健康管理为基础的综合健康服务提供商，成立于 2005 年，在数字化转型方面取得了很多成果。其平台采用大数据技术和云计算技术，融合各类数据源，包括患者基本信息、健康史、检验报告、医学影像等，通过智能算法进行分析和挖掘，实现全方位的个性化健康管理。实现了医疗资源共享，优化诊疗流程，降低了服务成本，提高了医疗服务的效率和质量。数字化转型不仅为其带来了巨大的商业价值和社会价值，还让该公司获得了巨额投资和成功上市 IPO。其上市前先后获得了超过 30 亿元的股权融资，上市 IPO 首轮募资超过 20 亿元。

7. 对新技术的保护措施是否完善

对新技术的保护措施有很多，但重点要关注知识产权的保护程度。因为在判断技术是否创新和创新程度时，可以将是否申请到发明专利作为判断参考，只有达到一定的创新要求，才可能通过发明专利的申请。也就是说，如果该技术申请发明专利没有通过，那么可能意味着该技术创新程度不够，或者没有真正创新。

所以，排除团队的保护意识不够之外，拥有完善的知识产权保护措施的技术更具创新性。

另外，随着技术的不断发展，黑客和恶意软件的攻击也越来越高效与隐蔽。

如果没有适当的保护措施，新研发的技术容易被非法窃取或未经授权的人员进行访问和使用，这将对企业的利益和形象带来不可估量的损失。构建完善的技术护盾尤显重要。通过合理的保护措施，企业一方面可以避免新技术的专利权被侵犯，提高自身的知名度；另一方面，完善的保护机制也可以证明企业有能力维护客户和合作伙伴的权益，从而吸引更多的商业机会和投资。

（1）保护技术的主要措施

加强技术保护，完善技术信息管理体系，提高员工技能，防止敏感技术被盗取或泄露是每一家企业必须高度重视的工作内容。因为，只有完善保护措施的技术才能得到更好的应用，才能获得更高的估值。

通过构建知识产权护盾，以矩阵的方式构建知识产权防护体系，是技术保护的主要措施，也是促使技术更具价值的重要措施。根据技术本身的特点、技术使用场景、技术使用呈现的画面感等，为技术申请专利、版权、商标等，确保技术保护有法可依，有凭证可用于价值呈现。

对于运用性技术，要通过司法协议、保密协议和机密协议等形式限制有关人员的技术访问，即进行技术限制。对于技术的数据部分，对要使用的数据进行备份并加密，以保护数据的机密性和完整性。对于技术的物理部分，要进行物理控制访问，通过使用密码、人脸识别、身份验证等方法限制进入，防止有人通过破解电脑系统获得技术的知识。同时，要加强人员管理，招聘可信任的员工，对机密技术进行培训和安全技能培训，提高员工保护敏感与关键技术的意识和技能。企业要对每个员工进行不同的职责分工，减少安全漏洞，防止技术外泄的风险。

企业要对技术开发过程进行审计和监控，及时发现和提前防范技术信息的泄露。强化对外交流和协作的控制和管理，避免新技术被不法分子利用，对于没有完整信息安全体系的合作伙伴建立合理的约束关系。企业全体员工要保持警惕，关注技术安全领域的突破和信息安全事件，及时采取必要的措施，及时培训员工进一步提高安全意识，规范员工对技术的使用方式，降低人员造成的安全风险。

（2）完善的技术保护措施对企业融资的影响

企业可以通过专利、版权、著作权和商标等知识产权对技术进行全方位保护，以防范技术盗窃和侵权等风险，进一步提升企业的知名度、品牌价值和市场竞争力，有效保护企业的利润来源，减少经营风险。良好的技术保护措施可以帮助企业降低失败风险，提高企业的安全性和可持续发展能力，从而增加投资者对企业的信心和认可程度。

比如，某科技公司是中国无人机制造商领域的龙头企业，总部位于深圳。该公司成立于 2006 年，专注于无人机及其相关产品的设计、开发、制造和销售。它的产品种类多样，包括消费级、商业级和军事级无人机，其研发的技术也极具竞争力。这是一家高度重视技术保护的公司，成立以来已经获得了超过 1000 项专利、版权、软件著作权和商标，全方位保护了公司的技术。公司对研发的软件进行高精度加密，以保护其产品免受非法修改和盗版。在固件方面不断开发固件升级，以改善产品性能和修复安全漏洞，防止非法修改和盗版。同时采用安全验证，以防止未授权的访问和使用。该公司通过全方位的技术保护措施，确保用户可以安全地使用其产品，并保护了公司技术创新和知识产权。因此，该公司得到了国内外多家投资机构的投资，融资总额已经远远超过了 50 亿美元，为其持续研发和推出更多的产品，以及提高品牌影响力提供了扎实的经济基础。

（三）保持技术持续创新的主要途径

技术创新是企业持续发展的关键因素，可以提高企业的核心竞争力，增强企业的市场地位和品牌影响力；可以刺激新的市场需求，为企业带来更多机会；可以降低生产成本、提高效率、增加利润空间，提高企业的经济效益，推动企业实现可持续发展。保持企业技术创新的持续性有很多途径和办法，常见的且可行性较高的途径主要有自主研发、合作开发、收购兼并等。

1.通过自主研发实现技术持续创新

自主研发是保持技术持续创新的主要途径之一，企业可以针对市场需求和行业发展趋势，加大自主研发投入，积极探索新的技术领域，通过技术创新来提高产品质量和技术水平，保持技术领先性。

企业可以通过建设研发中心，招募优秀技术人才，建立创新团队，投入资金和人力资源开启自主研发创新之路；加强内部协作和沟通，鼓励多专业、多部门间的互动交流，加速技术创新的进程；进行技术交流和学习，鼓励员工创新，加强研发能力，提高技术创新的成功率，从而保持技术领先地位。

同时，时刻关注市场需求的变化，把握未来趋势，加强与客户的沟通，积极吸纳客户需求，开发符合市场需求的新技术和产品或服务，把技术创新应用到客户解决方案中，保持产品的竞争力，增强市场竞争力。

另外，建立知识产权管理体系，加强知识产权保护，通过专利、版权、著作权、商标等手段搭建知识产权护盾，验证和保障技术创新成果，巩固技术价值。

2.通过合作开发降低研发成本、提高技术实力

合作开发是保持企业技术持续创新的办法之一。企业可以与其他企业、高校或研究院所合作开发新技术，共享资源和知识，协同开发，共享资源、技术，相互学习和借鉴，充分发挥各自的优势，避免重复研发，提高效率，从而降低研发成本和提高研发效率。

各个合作方应根据各自专业领域和能力，分工合作、互相配合，共同完成研发任务；建立清晰的管理模式和规划，确保每个环节都有统一的执行标准和目标，从而避免浪费时间和精力。合作方之间要达成共识，充分发挥各自的优势，通过相互协作来协同进化，以此缩短研发周期，发挥协同合作的乘数效应，快速达成合作开发的目标。

3.通过收购兼并来获得先进技术

收购兼并也是一种以更短的时间、更低的风险获得更多新技术的办法。企业可以发挥资本运作手段，通过收购或兼并其他企业的方式来获得先进技术，或者购买现成的先进技术和专利，快速提高自身技术实力和领先性。

首先要了解市场需求，明确企业需要的技术方向和类别，寻找具有技术或产品优势的目标企业，评估目标企业的技术实力、产品质量、市场前景、技术团队的组成，以及该企业的财务状况和可能存在的风险。

然后寻找合适的接触方式，与目标企业进行谈判，商定收购或兼并的相关事宜。完成收购或兼并后，整合两家企业的资源、技术、人员、市场等，积极与被收购或兼并企业的研发团队进行交流合作、借鉴和学习，探索新的技术和市场机会。

通过收购兼并可以快速充实企业的技术力量，可以获得被并购企业的专业人才、技术资源和市场资源，规避了自主创新和对外合作开发技术所带来的市场风险；还能更快速、更有效地获取先进技术，优化企业资源，提高市场竞争

力，减少市场风险。

（四）怎样通过技术创新保持企业竞争力

技术创新，可以提高企业的生产效率、产品或服务的品质、市场竞争力，为企业提高产能、节约成本、强化市场竞争力增加新的发展动力，实现企业的可持续发展。但在不断满足客户多样化需求的同时，也必须注重时效性、原创性、可行性和市场导向性。

1.哪些技术能提高企业竞争力

领先行业的技术是企业的生命，无论是生产制造型企业，还是服务性企业、贸易型企业，在面对越来越严峻的市场竞争和需求越来越多元化的用户，必须不断提高企业自身的技术水平、产品质量、服务质量，才能立于不败之地，才能够持续保持竞争力。

那么，什么样的技术可以提高企业竞争力呢？

（1）人工智能技术

人工智能（Artificial Intelligence，AI）技术，是指通过计算机和机器学习算法来模仿与实现人类智能的一门技术。它基于数学、统计和计算机科学等学科，将人类的思考和推理方式以计算机算法的方式实现，使计算机和机器能够具有某种程度的推理、分析、决策、学习、理解、模拟等能力，可以帮助企业智能化管理和运营，提高生产效率和质量。

人工智能技术在现代社会中的应用越来越广泛。从智能语音助手，到人脸识别、自动驾驶、医疗辅助诊断等，人工智能技术正在推动着各个领域的发展和进步。人工智能几乎对所有行业都产生了影响，尤其是对生产制造业、金融业、医疗保健业、零售业、农业等影响最为明显。

人工智能技术在生产制造业中，可以优化生产流程和供应链，提高生产制造效率，降低成本；在金融业中，可以帮助银行、保险公司等机构自动识别欺诈，实现风险控制和客户服务的自动化；在医疗保健业中，可以帮助临床诊断和制订个性化治疗计划，可以改进医疗数据管理，减少病例错误和医疗疏漏；在零售业中，可以帮助零售商在购买、仓库管理和物流等环节中实现自动化，以减少人力资源成本和人为因素的失误；在农业中，可以帮助农民减少劳动投入、实现自动化生产，并在监测气象变化、农村环境优化、农作物病虫害管理方面发挥重要作用,提高生产效率和降低成本。

人工智能技术的应用有助于各行各业提高工作效率、减少错误率、降低成本、增加收入,并改善人们的生活质量。人工智能技术有着广阔的应用前景,必然成为越来越多领域的重要应用,掌握前沿的人工智能技术可以让企业在未来竞争中拥有更大的主动性和优势。

（2）物联网技术

物联网技术是指以互联网为基础,将各种物品、设备、传感器等连接在一起,实现互联互通、数据共享和智能化控制的技术。其核心技术包括传感器技术、信息识别技术、无线通信技术、云计算技术、大数据技术、人工智能技术等。物联网技术正在广泛应用于智能家居、智慧城市、智能交通、工业自动化等领域,为人们的生活和工作带来了更多便利。

物联网技术是智慧城市系统的基础,可以成为智慧交通、智能公共设施、环境监测和智能门禁等诸多领域的技术支撑;在生产制造领域,可以实现智能化制造、智能调度、智能管理和智能维修等;在农业领域,可以实现自动化水利、自动化农业机械、精准农业和智能温室等,提高粮食产量和质量、降低成本和保护环境;在物流领域,可以实现自动化叉车、智能化仓储和物流运输、物流信息跟踪和货物溯源等;在医疗大健康领域,可以实现医疗设备智能化、远程医疗、智能化护理和健康管理等,提高医疗服务质量和效率、降低医疗费用和医疗资源浪费;在零售领域,可以实现智能化库存管理、无人化智能化销售、智能化支付和智能化客户服务等,提高零售企业的销售效率、降低成本和提高客户满意度。

物联网技术已经成为全球技术领域的重要热点之一,受到越来越多的关注和应用,未来会为掌握核心技术的企业带来更强大的竞争力。

（3）云计算技术

云计算技术是指通过网络提供 IT 资源和服务的一种计算模式。云计算架构包括前端、后端和云计算平台三部分。前端是用户终端访问云计算系统的硬件和软件。后端是云计算系统中服务器、存储器、网络设备等基础设施。云计算平台是云计算系统中的各种软件服务或业务应用。

云计算技术提供基于标准化的服务接口,用户可以轻松使用各种云服务。它可以根据用户需求自动分配和释放资源,无须手动干预,使得用户的资源利用率最大化。云计算技术通常采用分布式的方式提供服务，可以实现地域性的负载均衡和故障转移，通过多重冗余技术来保障系统的高效性和实用性。它主要采用虚拟化来将物理资源虚拟化为逻辑资源，提高资源利用率和管理灵活性。

云计算技术被广泛应用于各种领域，包括企业应用、移动应用、云储存、云安全等，是人工智能技术和大数据运用的重要基础支撑，正在影响着各行各业的创新发展，为掌握云计算技术的企业创造良好的发展前景和市场优势。

比如，某云计算公司成立于2009年，由于掌握了云计算核心技术，并将技术转化成产品为各行各业提供计算、存储、数据库、人工智能、大数据、安全、网络和应用等多个方向的云计算解决方案，在人工智能算法平台、图像识别、语音识别、自然语言处理、机器学习等方面取得了不俗的成绩。现已成为亚洲首屈一指的最具竞争力的云计算公司，估值直逼3000亿美元，已先后获得融资超过300亿元。

（4）区块链技术

区块链技术是一种分布式数据库技术。与传统的中心化数据库不同，区块链数据库是由多个节点分布式存储、共享和处理的，无中心化管理，个体节点彼此平等。区块链由一个个区块组成，每个区块存储了一批数据，包括交易数据、时间戳等。区块与区块是通过密码学算法进行连接的，这种区块连接方式形成了一个不可篡改的"链"式结构，使得区块链的数据具有高度的安全性和透明度。它可以记录交易数据和信息，并确保数据安全和数字信任，在供应链管理、金融服务、医疗服务、版权保护等领域被广泛应用。

区块链可用于管理银行和其他金融机构的交易、清算与结算数据，可以使交易更具时效性和更透明，并能确保资产的安全和稳定；可以应用于医疗领域，用于管理和共享患者数据与记录，从而提高诊断的准确性和对患者隐私的保护；可以用于优化供应链管理，确保物流信息的准确性和完整性，加强交易伙伴间的信任；可以支持保护知识产权，并为数字版权提供更加有效的管理和分配方式；可以帮助建筑业进行项目管理和进度监控，从而节省成本和时间，同时提高生产效率和质量。

区块链技术的应用有助于加强企业之间的信息共享，减少中间机构的存在，提高效率和透明度，提高数据的安全性和可信度。区块链技术正在成为革命性的技术，掌握区块链技术的企业会在未来发展中更具竞争力。

（5）智能智造技术

智能智造是指通过智能化技术实现全流程协同集成、资源优化配置、创新设计和快速响应市场需求等，实现高度灵活、高效率、高质量的生产模式。它是智能工厂、人工智能、云计算、大数据和物联网等技术的综合应用，涵盖了生产的全生命周期，包括产品研发、生产制造、物流配送和售后服务等方面。

智能智造技术可以对制造企业全生命周期中的全过程、全方位进行智能化、自动化和高效化管理，是传统制造业升级转型的必然趋势，是支撑新工业革命的必要支撑。

智能智造技术可以将生产过程中产生的信息进行数字化处理，实现物料、生产装备、工序、工艺、质量、库存等全生命周期的数字化。对生产过程中的数据进行分析和挖掘，从而提高制造的自适应、最优化和自主化水平。将制造过程中的各种信息、人员、设备、系统等互相连接，形成一个高效的协同网络，实现信息共享和工作流程自动化。运用计算机数值模拟手段，对制造过程进行预测和优化，提高产品设计和生产的效率和质量。

智能智造技术除了对生产制造业产生直接影响，由智能智造技术理念延伸创造出的产品和服务，正在影响着各行各业的发展，比如，人工智能机器人正在逐渐取代人类执行一些重复性、规律性、服务性的工作，如流水线、客服、包裹分拣、快递配送、仓储管理、银行柜员、交通指挥、管理顾问、保洁等诸多领域工作。

所以，掌握智能智造技术，可以大大提升企业的核心竞争力。

2.怎样筹措技术研发资金

持续技术创新需要大量的资金投入，确保充足的研发资金对企业而言极其重要。企业研发资金是指企业在进行技术研发活动时需要花费的费用，包括人员工资、设备购置、材料采购、实验操作等各项成本。常见的资金来源包括自有资金、政策融资、股权融资、技术授权或转让等。

（1）自有资金

企业自有资金是技术研发的基础保障，所以企业需要建立技术开发经费池。企业可以根据自身的发展战略和市场需求等因素，制定技术创新发展战略，确定需要投入的技术经费规模，设立专项技术研发经费池。制订技术投资计划，明确每个技术研发项目的投资规模和时间节点，制定技术经费管理体系，明确技术经费使用管理规范。

为了确保技术经费池资金充裕，企业可以从日常经营收益中提取固定比例的资金放入技术经费池，专款专用于技术研发。比如，技术型企业一般会将营业额的 1%～5% 固定用于技术经费。

（2）政策融资

政府每年都会有固定的政策资金用于支持企业技术创新研发，包括国家科技重大专项、国家科技计划项目、创新券、科技型中小企业股权融资引导基金、技术企业评定奖励、投资奖补、人才计划、技术研发加计扣除、技术增量奖补等政策，帮助企业顺利开展技术研发活动。

通过申报政策扶持资金获得政策融资，提高企业的信用度和知名度，能够帮助企业减轻研发费用的负担，因此企业应积极了解和申请各类政策扶持资金。政策扶持资金一般有国家级、省级、市级三类，企业可以通过政府相关官方网站了解最新的通知。

（3）股权融资

用于技术研发的资金可以通过股权融资来解决：一种是纯粹市场化的股权融资，另一种是寻求科技型中小企业股权融资引导基金。

股权融资的相关技巧，可参照本书专门诠释股权融资技巧章节的内容。

（4）技术授权或转让

技术研发资金还可以通过技术授权、技术转让等方式获得。

技术授权常见的形式表现为专利授权。通过专利授权的方式赚取授权费，首先要聘请专业评估机构对专利的价值进行评估，并与合作方商议具体的授权费用和费用支付方式。然后针对技术使用范围、使用条件、保密条款、风险保护条款等进行详细约定并签订合约。为了确保技术授权的合法、合规，授权行为最好进行公证，并通过专利局进行授权备案。

专利授权的收费标准可以参照美国高通的模式。美国高通是全球领先的移动通信技术公司，也是全球知名的专利持有公司，根据 IDC 公布的数据，高通每年专利授权收入保持在 70 亿至 100 亿美元之间。高通的专利授权费用一般按照设备售价的 3%～5% 进行收取。车载娱乐、物联网等领域的授权费略高一些。

技术转让常见的形式表现为专利转让，技术转让收费标准一方面参照第三方评估机构的评估价格；另一方面要参考市场行情，最为关键的是要结合买方的实力和付款意愿，最终成交价值通过双方谈判实现。

（5）不建议作为技术研发经费的资金

技术研发是一项高风险投资，而且回报周期相对漫长，因此企业一定要谨慎通过负债的方式筹集研发经费。尤其不建议将银行贷款、民间借贷、供货商账期款等资金用于技术研发，以防因为技术回报不及时而造成资金短缺，导致还款逾期，避免因信用风险引发系统性经营风险。

3.人才是技术创新的核心要素

人才是企业技术创新的重要驱动力，在现代社会中，企业的核心竞争力已经从传统的资本、土地、劳动力等方面转向了知识、技术和人才的积累和创新。企业拥有的人才队伍水平决定企业的技术创新水平。

优秀的技术人才可以带来更广博的视野和更独到的思维，提高企业的技术研发水平。高素质人才对新知识、新需求、新技术的感知能力更强，敏锐度更高，能够把握市场趋势，研发出具有未来优势的技术和产品，提高企业的科技实力和创新能力。

因此，企业要想通过提高技术创新能力来提高企业竞争力，必须重视人才的培养和引进，建立人才激励机制，为员工提供更好的学习和发展机会，提高团队的职业素养和专业技能，带动企业的技术创新和发展。

4.怎样激发团队的技术创新积极性

团队的技术创新积极性是持续高效开展技术研发的重要保障，团队成员的积极性高，才能更加专注和投入工作，快速、高效地完成任务。积极性可以促进团队主动性，进而有助于新方法和新思路的诞生，集思广益地找到更好的技术研发方案。团队积极性高，才能建立高效、凝聚力强的团队，创造出更好的业绩。

激发团队的技术创新积极性，需要建立良好的团队合作氛围，培育相互信任、相互尊重、相互理解的团队文化；鼓励员工发表想法和建议，支持员工参加各种技术创新活动，建立创新思维、实践和氛围；为团队提供有针对性的技术培训和学习机会，提高团队技能水平和创新意识。

另外，为团队提供更好的技术资源、设备和经费支持，也是技术创新的重要保障。激发团队技术创新积极性需要定期沟通，反馈团队进展情况和问题，调整和优化团队的工作方式与流程，提高技术创新的效率和效果；建立晋升、奖金、股权激励政策，鼓励团队成员参与技术创新活动，增强员工的创新动力，并通过付出获得相应的物质回报和精神回报，进一步激发团队创新积极性和热情。

5. 以技术提高企业竞争力的操作建议

技术创新研发，是一项重大工程，需要投入巨大的人力、物力、财力，还需耗费较长的时间。研发结果的成败好坏，直接影响企业未来数年的发展，影响企业的命运。所以，若想通过技术提高企业竞争力，实操过程中需要注意以下几个事项。

（1）高效研发的建议

首先要确定技术研发的具体目标。明确的技术研发目标可以使团队明确工作重心，避免在研发过程中出现分散注意力或盲目探索的情况，从而提高项目研发效率。

其次要确定研发期限。技术研发需要耗费大量时间，如果研发时间过长，就会导致产品上市时间延迟，错失市场先机。所以，研发启动之前，必须评估和制定研发期限，什么时候启动，什么时候出成果，什么时候结题，必须明确。

最后，就是确定项目责任人。团队成员应该由与研发工作相匹配的技能和经验相匹配的人员组成，明确项目参与人数，明确分工和每个人的具体职责，明确具体的项目责任人，责任人须对研发计划负主要责任。

（2）发挥新技术优势的建议

新技术的应用可以通过提高产品质量、提高生产效率、改进服务、新增市场份额等对企业竞争力产生直接影响。

持续新技术研发可以不断更新和升级产品，紧跟市场发展趋势，与时俱进，满足市场不断变化的需求；采用最先进的技术和设备，可以提高产品的质量水平和稳定性，从而提高客户满意度，提高企业的竞争力；先进的技术可以提高生产效率，并缩短生产周期，同等质量水平下，生产成本更低，帮助企业更快地将产品推向市场；在同等市场需求下，研发、生产、销售周期越短，企业竞争力越强。

（3）判断新技术竞争力的建议

通过新产品或服务的销售额以及用户满意度和总体财务表现等数据，可以判断企业的竞争力。如果新产品在市场上的销售量增长迅速，那么可以肯定技术的应用对企业竞争力的提升影响较大；通过用户满意度，可以了解企业新技术新产品的情况，判断新技术应用对企业竞争力的影响；还可以通过总体财务表现来证明新技术对企业竞争力的影响，如果企业的新技术应用提高了财务收入，则说明新技术对企业竞争力产生了影响。

五、增加生产设备投入

生产设备是企业生产的核心要素，先进的设备可以为企业更高效、更高质量、更低成本生产出具备市场竞争力的产品，还是企业的重要资产组成部分，是企业实力的外在表现。

企业增加生产设备投入，除了改善自身生产条件，还促进了上下游企业及相关产业的发展，创造就业机会、缓解社会就业压力，同时推动科技创新和技术进步。国家鼓励企业增加生产设备投入，设备投入总额也被列为政策融资的重要考核项，所以企业适当加大设备投入有助于提高企业政策融资力。

（一）常规设备投入

常规设备是确保企业日常运营和生产活动顺利进行的基础，是提高工作效率、提升企业竞争力、推动企业创新、提升员工工作满意度的关键要素。一家连常规基础设备都不投入的企业，很难让人相信其实力和能力。

由于企业类型和产品内容不同，需要的常规设备类目也有所不同，可以大致分为必要设备和辅助设备两大类。

1. 必要性常规设备

必要性常规设备主要指生产经营过程中不可或缺的设备，如贸易型企业需要电脑、打印机、复印机、传真机、电话等，需要这些设备处理日常工作，提高工作效率。同时，还需要仓库、货架、托盘和货箱等仓储设备来提高货物储运效率，并保护产品免受损坏。

技术型企业一般需要高性能的台式电脑、服务器、存储设备、高速的网络设备以及开发工具和测试工具等，以保障团队技术研发、功能测试、团队协作、文件共享的效率。例如，涉及实物产品的技术企业，还需必要的生产、组装、封测等生产线，从而提高科研效率、降低科研成本、确保技术研发的完全性和稳定性。

生产制造型企业一般需要压缩空气系统、电力系统、水处理系统、生产线、金属加工机械、粉末冶金设备、测量设备、检测设备、材料试验设备、废气处理设备、废水处理设备、固体废物处理设备等，能够满足生产制造以及生产制造过程产生的污染或废弃物的必要处理设备。

企业需要购置的必要常规设备种类会因行业不同、业务需求不同、预算不同，以及当地政府政策的不同而有所区别，具体应按实际情况而定。但是，适当增加必要常规性设备是企业政策融资重要考核项之一。

2. 辅助性常规设备

所谓辅助性常规设备，主要是指企业在生产过程中的非必要设备，有这些设备体验感会更好，或者可以适当提高效率，但没有这些设备也不至于无法正常生产经营。比如，提高员工舒适度的空调、高级办公椅，舒适的休息区域、高品质的咖啡机等，不常用但偶尔需要的商用级油墨打印设备、摄像监控系统、全息投影仪等。

对于辅助性常规设备的投入，企业应根据自身发展需要量力选择。

（二）现代化设备投入

我国正在全面推动高质量发展，现代化设备能够实现大规模、高效率、高质量生产，能够实现自动化、智能化、高精度生产，能够减少生产过程中的误差、缺陷和浪费，提高产品质量、降低生产成本、增强企业竞争力，促进企业的转型升级，推动企业向高端制造业发展。增加现代化设备投入，有助于提高企业政策融资力。

1. 生产制造型企业现代化设备类型

现代化设备可以提高企业的生产效率，保障产品质量，降低生产成本，推动企业技术创新，并提升企业的市场竞争力。在激烈的市场竞争中，企业具备更先进的生产条件，竞争优势更大。而对于政府而言，企业加大现代化设备投入、扩大生产规模，意味着可以带动相关产业的发展，推动产业的升级和转型，增加就业岗位，促进国家的经济发展，提升国家的产业竞争力。

因此，企业在现代化设备投入的情况，成为是否给予政策扶持资金的重要考核项。换言之，企业增加现代化设备投资，有助于提升企业政策融资力。

（1）自动化生产线设备

自动化生产线设备是现代工业生产中的重要组成部分，能够实现生产过程的自动化和智能化，提高生产效率和产品质量。在企业申请"智能工厂"和"未来工厂"政策融资时，企业生产设备的自动化、智能化水平是重要考核标准。

（2）工业机器人

工业机器人在全球范围内得到了广泛应用，并已成为智能制造的重要组成部分。工业机器人是专为工业应用而设计的机器人，通常被用于自动化生产线、搬运、装配、焊接、喷涂等工业生产过程中，可以大大提高生产效率和质量，同时也可以降低生产成本和人力资源的浪费。在智能制造、新能源汽车、物流等领域，我国积极推动工业机器人的研发和应用，以实现产业升级和技术创新。工业机器人能够完成各种重复、危险或烦琐的工作，可以大大提高企业的生产效率、降低残损率、提高企业竞争力。

（3）数控机床

数控机床是数字控制机床的简称，是一种高精度、高效率的加工设备，能够较好地解决复杂、精密、小批量、多品种的零件加工问题，是一种柔性的、高效能的自动化机床，代表了现代机床控制技术的发展方向，是一种典型的机电一体化产品。数控技术能够根据客户需求进行零配件量身定制，生产出更符合客户需求的产品，同时提高了企业的生产效率和产品质量，降低了企业的制造成本，为企业提高了竞争力。

（4）智能物流系统

智能物流系统是一种融合物联网、大数据、人工智能等技术为一体的储运操作管理系统。它可以实现原材料、半成品和成品等物资的快速、准确、高效储运作业，智能化、自动化、一体化、层次化地完成分拣、搬运、堆码、装卸、管理等工作；可以帮助企业提高储运作业的效率和降低成本，推动企业储运业务的升级和转型。

储运成本是生产制造型企业四大成本之一，智能物流系统对于生产制造企业而言尤为重要。

（5）3D/4D 打印技术和设备投入

3D/4D 打印技术是一种代表着未来的现代化工业技术，代表着企业的产品创新与制造能力、成本控制与生产效率、市场响应速度与竞争力等。对于生产制造型企业而言，将 3D/4D 打印用于生产制造是一项必要投资，能大大提高企业竞争力。

2. 科研型企业现代化设备类型

现代化设备可以帮助科研型企业提高科研的效率和精度，增强科研成果的质量、减少主观误差，是企业进行科学研究和技术创新的重要保障。不同的科研主题企业需要不同的现代化设备，常见的与科研相关的现代化设备包括测量和比较物体性质的高精度量具量仪、观察和分析物质微观结构的超高倍光学仪器、测定物质成分和结构的高精度分析仪器、生物学和医学研究的生命科学仪器、实时监测环境变化的智能环境监测仪器、研究物质的表面结构和性质的精密仪器、自动化远程控制和数据处理智能仪器、进行各种实验室操作的先进实验室设备、检测物质发出的电磁辐射探测器，以及处理数据、模拟实验、图像处理的高性能计算机和软件等。这些设备在不同科研型企业的研究和开发过程中发挥着重要作用，大大提高了科研工作的效率和精度。

3. 贸易型企业现代化设备类型

贸易型企业主要涉及的设备包括通信设备、订单处理设备、仓储设备、运输设备、安全设备等，而先进的现代化设备可以提高企业的业务效率，降低企业的经营成本，提高企业的综合竞争力。比如，先进的通信设备可以确保更高效的贸易沟通，先进的订单处理设备可以保障企业进销存的智能化良性运行，先进的仓储设备可以自动化、智能化、高效率地完成货物的分拣和堆码作业，无人车等现代化运输设备可以大大降低人力成本，先进的安全设备可以降低事故发生率，进而提高企业运营效率、提高作业安全性、降低运营成本，最终实现企业利润最大化。

4. 服务型企业现代化设备类型

服务型企业泛指以提供服务为主要经营活动的企业，如餐饮、旅游、金融、教育、医疗、广告、咨询、设计、审计、中介，以及所有不以具体有形物资产品为经营对象的企业。这些企业主要通过提供服务来满足客户的需求和期望，并以此获得收入和利润。

服务型企业通常可以使用现代化设备来提高工作效率、提高服务质量、满足客户需求。比如，利用智能机器人、无人机、虚拟与现实等现代化设备提高接待效率、强化用户体验感、提高工作和服务效率。

（三）未来科技投入

无论是技术还是企业，都是时代的产物，换个角度可以理解为，所有企业或技术都是趋势的产物。强者引领趋势，智者紧随趋势，弱者错失趋势，提前布局和投资能代表未来科技的设备，可以让企业变得强大，甚至可以让国家因此也变得更强大。投资代表未来科技相关设备，对于企业乃至对于一个国家而言都至关重要。

能够在未来具有引领作用的技术和设备有很多，如基因编辑工具、细胞疗法设备、人工器官、微电子机械系统和纳米设备、人工智能设备、现实与虚拟可穿戴设备、智能医疗诊断设备、远程医疗服务、生物传感器、宇宙探索设备等都会在未来世界中成为主角。企业应当围绕自身的主营业务和经济实力，结合最新政策导向选择适当的投资，进而提升企业政策融资力。

可以预见的是，21世纪下半叶，以下技术和设备必然成为时代主角。

1. 人工智能

人工智能的影响力已经初见端倪，在未来百十年间，必将成为一项无所不在的技术，必然被融合于各种设备和系统中，应用在家居、交通、医疗、生产制造、商业服务、金融服务等各大领域。而人工智能的发展，离不开其"云大脑"，即人工智能的智慧中枢——大模型。率先投资人工智能大模型，就意味着有机会引领下一场商业革命。

2. 可穿戴设备和生物技术

可穿戴设备与生物技术相结合，必将成为趋势，这类技术能够帮助人们更好地监测健康状况和进行身体活动，同时能够为科研大数据收集必要的数据和参数，最终反哺于医学和健康领域，如基因编辑、再生医学和人工器官等领域。

3. 能源技术

科技发展离不开能源，毫不夸张地讲，能源是人类生存不可或缺的物资，而可再生能源技术是解决地球能源枯竭的重要方案之一，如太阳能、风能、水能、空气能都将成为主要的能源来源。储能和传输再生能源的技术与设备则成为利用再生能源不可或缺的存在。率先布局相关技术和设备，企业就有机会成为下一个趋势的引领者。

4. 虚拟现实和增强现实技术

虚拟现实和增强现实技术正在成为教育、娱乐、医疗、生产制造业提高互动和体验感的重要技术。已经可以预见，相关技术必将被运用于更广泛的领域，掌握相关技术和设备意味着掌握了新的财富趋势。

5. 空间技术

人类的未来在太空，掌握空间技术和相关设备，意味着掌握了未来百年的大势。在此期间，涉及太空相关技术和设备的空间探测器、卫星、载人飞船、火箭发射基地等都将成为热门的内容。

六、提高主营业务收入

企业的主营业务泛指企业为完成其经营目标而从事的日常活动中的主要活动，对于具体的某个企业来说，其主营业务需要根据该企业的具体情况而确定，可根据企业营业执照上规定的主要业务范围确定。市场监督管理部门将企业主营业务分为农、林、牧、渔业，制造业，电力、煤气及水的生产和供应业，建筑业，批发和零售业，交通运输、仓储和邮政业，住宿和餐饮业，信息传输、软件和信息技术服务业，金融业，房地产业，租赁和商务服务业，科学研究和技术服务业，水利、环境和公共设施管理业，居民服务、修理和其他服务业，教育，卫生和社会工作，文化、体育和娱乐业，公共管理、社会保障和社会等。

主营业务收入是衡量企业盈利能力的重要指标，它反映了企业主营业务的规模、市场占有率和盈利能力。如果企业的主营业务收入波动较大，说明企业的经营稳定性较差，而稳定的主营业务收入则可以为企业的研发、市场推广和扩大再生产提供稳定的资金支持，有利于企业的长期发展。

（一）提高企业主营业务收入的方法

不同企业，由于业务方向的不同和企业能力的差异，提高主营业务收入的方法和渠道会有所不同，本书在此提供相对通用的几种建议。企业提高主营业务收入需要从多个方面入手，包括优化产能和运营管理，提高产品和服务的质量，开发新客户、维护老客户，把握趋势、领先对手，等等。企业需要结合自身实际情况，选择合适的方法来提高主营业务收入。

1. 优化产能和运营管理

企业提高主营业务收入可以通过优化生产流程、增加生产能力、提高生产效率、加强供应链管理、提高库存周转率、降低成本等优化产能和运营管理的手段实现。比如，可以通过采用标准化的生产流程、合理配置资源、提高设备利用率、增强员工对技术和工艺的掌握能力，进而减少浪费、降低成本、提高效率、提高生产效益；通过引入信息化技术，如人工智能、大数据、工业互联网等技术，实现生产过程的自动化和智能化，提高生产效率和产品质量。通过对供应链的优化管理，提高原材料和零部件的周转率，减少积压降低库存成本；通过强化质量安全管理，确保产品质量，避免因质量问题导致损失；鼓励创新思维，鼓励全员参与提出生产流程和运营管理的优化建议，不断完善和改进生产和管理；最终通过降低综合成本和提升产能的方式提高企业主营业务收入。

2. 提高产品和服务的质量

产品和服务的质量是提高企业主营业务收入的关键要素，企业可以通过不断研发创新，优化产品和服务的功能、性能、形象等，满足客户的需求和期望，增加客户的信任度，进而扩大市场需求和市场占有率。

高质量的产品和服务能够满足客户的品质需求，提高客户的满意度；有助于提高市场销售力，吸引更多消费者，提高企业订单量，扩大企业的市场份额；还有助于树立企业品牌形象，提高客户对企业品牌的美誉度和依赖度，进而提高企业的整体竞争力，有利于企业的长期发展。

通过提高产品和服务的质量，企业可以提高产品售价、增加利润、增强盈利能力；同时，随着次品和不良品的减少，能够降低生产成本和售后维修成本，间接提高企业经济效益。

3. 开发新客户、维护老客户

客户是订单的根源，老客户可以为企业带来稳定的收入，新客户可以为企业带来新的增长。正所谓"坐吃山空"，没有永远的客户，只有永远的竞争，你的老客户就是别人正在努力争取的新客户；同理，别人的老客户正是你不断努力争取的新客户。只有不断开拓新客户并维护好老客户，企业才能可持续发展。

4. 把握趋势、领先对手

竞争无处不在，每个时代都有不同的趋势，这正是"三十年河东，三十年河西"的道理所在。企业要么创造趋势，要么紧随趋势，要么被趋势淘汰。因此，企业需要时刻关注市场趋势，包括市场需求、竞争状况、政策革新等，以便及时调整自身策略，确保产品保持引领市场，或者保持适应市场，否则就有可能被市场抛弃。引领趋势的企业可以收割最大化的市场红利，紧随趋势的企业可以分享市场部分红利。

5. 加强财务管理

合理制定财务战略，确保财务战略与主营业务息息相关，是提高企业主营业务收入的重要举措。比如，投资、融资、运营和税收等策略需围绕主营业务进行，这是保障主营业务健康发展的基石。同时，需对成本和支出进行严格控制，以避免不必要的浪费和损失。另外，应收账款和存货是影响企业主营业务收入的重要因素，企业需要建立有效的信用政策、收账策略、存货采购、库存管理等管理制度，确保及时收回账款和减少存货积压，确保资金的有效利用和流动性，提高资金使用效率。

企业应建立绩效评估和激励体系，鼓励员工为提高主营业务收入而努力工作；加强风险管理，建立健全财务风险管理体系，对财务风险进行识别、评估和控制，以降低财务风险对主营业务收入的影响；积极优化税收筹划，合理利用税收政策，降低税负成本，提高企业的净利润，从而提高主营业务收入和盈利能力。

另外，钱是赚来的，更是省出来的。所谓开源节流，除了开源，还需节流，才能够确保企业的财务健康，企业才能可持续发展。

（二）提高企业主营业务收入需要注意的事项

企业提高主营业务收入，需从用户痛点和真实需求出发，做好市场调研和竞争环境分析，加大创新研发，建立良好的客户关系，制定合理的价格策略，加强品牌营销及维护。同时，遵循法律法规和市场规则，注重产品质量和服务水平，保持稳健的财务状况和良好的企业形象。

1. 关注用户痛点

企业要提高主营业务收入，在产品和服务方面一定要高度重视用户痛点，只有能真正解决用户痛点的产品和服务，才可能为企业带来源源不断的订单。用户痛点是指用户在生产经营和生活中遇到的问题、不满或不便。关注用户痛点，围绕用户痛点挖掘、研发、供应具有对应卖点的产品和服务，才有可能赢得更大的市场。可以毫不夸张地讲，不能发现用户真实痛点的企业，就不可能生产出有卖点的产品，产品没有卖点，市场就无法开拓。

所以，企业要与用户保持沟通，定期进行调查、访谈做用户满意度评测，获取用户反馈意见，积极响应用户的反馈，针对用户痛点，创新产品或服务的设计和功能，及时解决问题并改进产品或服务；推出新的解决方案，满足用户需求，提高用户满意度和忠诚度，从而提高市场占有率，提高主营业务收入。

2. 分析竞争环境

"没有调查，没有发言权。"这个论断用在任何领域都是可行的，在产品研发方面尤是如此，如果没有进行充分的市场调研，不对竞争环境进行客观分析，那样的创新就是闭门造车。市场上大部分卖不动的产品，基本上是在这样的基础上进行的伪创新，其结果便是产品没有差异化，创新点解决不了用户痛点，产品同质化，进而造成大量企业因为产品没有市场而倒闭。

所以，企业在设法提高主营业务收入的同时，一定要高度重视竞争环境分析，结合市场真实情况，了解行业趋势，了解竞争对手，发现差异，围绕市场需求和竞争状况，及时调整自身策略，不断优化产品或服务，满足不断变化的用户需求，才能适应市场变化，赢得更大市场。

3. 定价合理

价格是影响消费者最终购买决策的核心要素，换个角度说，任何产品，要想赢得更大的市场占有率，价格就必须合理。所谓定价合理，其基础是准用户能够消费得起、买单的压力不大、与竞品相比具有更高性价比。再好的产品，如果定价不合理，就会出现有价无市的窘境。

作者曾作过一组调研，在1000家已经倒闭的企业中，超过72%的企业存在产品定价不合理的情况。这些企业要么定价过高，导致销售不力；要么定价过低，导致利润不足以支撑企业正常运营。

提高企业主营业务收入的关键就是提高产品销售量、提升产品覆盖面、扩大市场占有率，而实现这个目标的前提就是，产品价格合理。

4. 高度重视销售

天下商业，回归本质都是买卖。换个说法，销售是一切商业的根本。三百六十行，无论怎么归类，怎么定义自己的企业属性，归根结底都是一家销售公司，如果不以销售为基础，再好的技术、再牛的产品，最终也会因资金链断裂、企业倒闭而告终。作者曾对 1000 家已经倒闭的企业进行调研，93.7% 的企业之所以倒闭，是因为没有意识到销售的重要性，没有足够重视销售，或者说是不屑于做销售。销售是企业收入和利润的主要来源，是与客户沟通的重要桥梁，是企业生死存亡的基础。

因此，要提高企业主营业务收入，企业一定要高度重视销售，认真抓好销售工作，加强销售队伍建设。

七、降低企业负债率

企业负债率是指企业的负债总额与资产总额的比率。一般来说，企业的负债率越高，财务风险就越大，也意味着企业的债务负担越重，对企业的经营和发展可能产生负面影响。适度的负债可以促进企业的发展，提高企业的市场竞争力。但是，过高的负债可能会导致企业破产。企业政策融资过程中，企业负债率是一项重要的审批指标，原则上，企业负债率必须低于 70%，其他融资模式也会对负债率过高的企业敬而远之。所以，降低企业负债率至关重要。

（一）企业负债率的三条红线

适度的负债可以增加企业的财务杠杆效应，提高企业的盈利能力和市场竞争力。但是，过高的负债会抵消财务杠杆效应，同时会给企业带来沉重的债务负担，增加企业的财务成本和财务风险，限制企业的扩张和发展空间，影响企业的盈利能力和竞争力。一旦出现资金链断裂，可能会引发系统性风险，对企业甚至整个社会经济造成不良影响。

所以，企业必须严格控制负债率，根据企业所在行业的实际情况，合理负债。比如，为企业设置负债安全线、负债风险线、负债极限等几道红线，当企业触碰某条红线时，需要执行某种对应策略，确保企业健康有序地可持续发展。

1. 企业负债安全线

企业负债安全线没有一个固定的标准，因为每家企业的经营状况和行业特点都不同。一般来说，负债安全线是指企业的负债率不应超过一定的标准，以确保企业的负债水平在可控范围内，避免财务风险。通常认为，企业的负债率不宜超过 50%，也就是说，可以将负债率 50% 定为负债安全线。当企业负债率高于这条线，企业应当采取必要的风险防范措施，确保企业稳健发展。

2. 企业负债风险线

企业负债风险线是指企业负债融资的风险警戒线。超过这条线，企业的负债融资风险就会加大。一般来说，企业负债风险线是根据企业的经营状况、行业特点、市场竞争环境等因素，结合负债率、偿债能力、现金流等财务指标，综合评估后划定的。通常认为，负债率 70% 是企业的负债风险线，意味着可能企业的负债率过高，偿债能力不足，现金流不稳定，容易产生负债风险。企业需要密切关注市场环境和自身经营状况的变化，及时调整负债策略，以降低负债风险。

在实操中，负债率 70% 是企业政策融资的极限，当企业负债率高于 70%时，意味着将无缘大部分政策融资产品。

3. 企业负债极限

一般来说，企业负债的极限应该根据企业的实际情况进行评估。普遍认为，负债率 100% 是企业的负债极限。事实上，100% 的负债率，表明企业已经资不抵债，因为负债还涉及利息等成本。

（二）降低企业负债率的几个办法

降低企业负债率对于提高企业政策融资力至关重要，对于企业的稳健发展也至关重要。那么，怎样才能降低企业的负债率呢？

1. 提高利润

提高利润是降低企业负债率的首选办法，利润的增加，可以提高企业偿还债务的能力，随着负债的减少，企业负债率自然随之降低。也就是说，企业可以通过提高利润来提升财务稳健性、增强偿债能力、增加信誉度，进而降低负债率。

2. 增加资产

负债额是总资产减去净资产后的差额部分，资产负债率是负债总额除以资产总额再乘 100%。也就是说，当企业拥有更多的资产时，净资产也会相应增加，当净资产增加时，负债在总资产中的比例就会相对降低。

比如，假设某企业的总资产是 100 万元，负债 70 万元，净资产就是 30 万元，负债率则是 70%。如果在这家企业负债总额不变的情况下，增加了 25 万元的资产，那么其总资产变为 125 万元，负债仍为 70 万元，负债率则变成了 56%，相对于原来的 70% 已经有所下降。

企业可以通过提供优质的产品或服务，扩大市场份额，增加销售收入；通过优化生产流程，提高效率，降低生产成本；通过将资金投向具有更高回报率的领域；或者通过引入战略投资者来筹集资金，扩大企业的资产规模；通过增持高价值不动产、提高无形资产数量和价值、增加有价证券投资等手段，增加企业收入，提高企业资产总额，从而降低资产负债率。

3. 优化融资组合

企业之所以负债率过高，是因为企业过度依赖债务融资，而企业可选择的融资方式诸多，如股权融资、政策融资、市场融资等，有的融资方式既没有利息，也不需要偿还本金，在增加企业现金流量的同时，还不会增加企业负债。所以应当高度重视融资组合优化，提高非债务融资，减少债务融资，从根本上解决企业负债率居高不下的症结。

4. 增资扩股

增资扩股是降低企业负债率的重要手段之一，通过把自有资金增资、股东追加投资、对外股权融资等方式，增加企业资本金和发展公积金，进而降低资产负债率。

5. 债务重组

降低负债率，企业可以通过债务重组来实现。比如，与债权人进行充分协商，争取通过降低利率、部分偿还、债务延期、减少债务规模、债务转换、以股抵债、债务豁免等方法降低负债率。

第五章 □

市场融资力

掌握开启金库的钥匙

市场融资力，说白了，就是一种利用别人的资金为大家赚钱的能力，是一把掌握开启金库的钥匙。市场融资力可以帮助企业低成本使用社会资本来发展壮大，长期绑定供应链关系，促进用户重复消费，推动企业可持续发展。

第一节　怎样进行市场融资

所谓市场融资，就是通过供销流通市场获得资金融通的一种融资模式。常见的市场融资方式包括账期融资、预收款融资、产品预售融资、会员卡融资、保证金融资、加盟费融资等，都能达到资金融通的目的。

市场融资可以帮助企业释放出自有资金用于其他业务发展，还可以提高上下游合作黏度，比如账期融资、预收款融资、保证金融资、加盟费融资等可以绑定更稳定的供销关系。会员卡融资可以增加客户黏性、提升重复消费率，进而提高客户忠诚度和稳定市场份额。产品预售融资时，企业在产品研发成功后，试产阶段就可以通过产品预售平台先获得订单和部分预付款，既可以提前获得资金用于生产，又可以获得明确数量的订单，这样既解决了产品销售难题，完成了产品销售，又锁定了市场，是一种一举多得的融资方式。其更大的魅力在于，所得资金一般不需要支付利息。

那么，怎样进行市场融资呢?

一、账期融资

账期融资的本质是下游企业向上游供应商争取到一定时间期限的资金占用，即一种通过延迟结算货款的方式获得资金融通的融资方式。一般账期融资的时间跨度为 15 ~ 180 天不等，具体取决于供应商的实力、合作规则、合作双方的信任程度等多方面因素。

在商品流通市场上，账期几乎存在于每一个行业的商品流通环节，利用账期融资做大做强的企业也不在少数。

（一）账期融资的优劣势分析

1. 账期融资的优势

账期融资可以为企业缓解资金压力、增强合作关系、扩大经营规模。账期融资可帮助企业低成本乃至零成本实现资金融通，拥有更多资金用于业务发展，创造更大化收益。同时，因为有利益绑定，与供应商合作关系更牢靠。

2. 账期融资的劣势

账期融资会给供应商造成经营压力和商业风险，可能会对供货稳定性造成影响。同时，过高的应付账款，也会对企业本身造成一定的经营压力，所以在选择账期融资时，一定要切合实际量力而行。

3. 账期融资需注意的事项

账期融资一定要明确约定账期的期限、支付方式、逾期违约金等细节。企业应遵守合同约定，关注账期期限、按时支付货款，避免因违约引起纠纷和失信。同时还应重视货物验收，如有质量问题或不符合约定，应及时与供应商协商解决。建立良好的沟通机制，确保账期使用的合法、合规、安全、稳定。

另外，账期融资属于应付账款，计为企业负债，会提高企业的负债率，所以使用账期融资时要适度控制额度，避免负债率过高，影响其他融资审核。

4. 供应商为什么提供账期融资

账期融资普遍存在于世界各国的各行各业。之所以存在账期融资，主要是因为在产品同质化和竞争白热化背景下，供应商要保持竞争优势，保持与下游经销商的合作关系，确保销售渠道的稳定。

还有一种情况是，供应商的现金流比较充裕，为了提高企业的资金使用率和资金回报率，会选择销售能力较强、信用较好、资金需求较大的经销商，为其提供账期以解其资金周转难题。这种情况一般会涉及一定的资金占用费，相当于利息，或者供货价会略高于现金结算的供货价。

（二）影响账期融资的几个因素

账期融资的主动权在于供应商，并非所有供应商都愿意提供账期，也不是所有企业都可以申请账期融资，想要成功申请到账期融资，企业需具备一定的基础条件。以下几个因素会影响企业的账期融资。

1. 企业信誉

公司信誉包括申请人的企业实力、企业规模、企业过往付款的良好记录等。正常情况下，向供应商申请账期融资，申请人的信誉好坏直接决定成败。如果信誉良好，成功率会大大提高；信誉不好，成功的可能性就很低。

对于第一次合作的企业，供应商无法了解到企业的财务状况和信用，因此一般不建议马上提出账期融资申请，最好合作几次后，双方建立了信任基础，彼此知根知底了，再提出账期融资。

2. 付款条款

付款条款是账期融资成败的关键。其核心条款包括账期时间、付款方式、违约责任、费用等。只有这些条款都被供应商认可，企业才有可能获得账期融资。

3. 采购规模

采购规模和复购密度，是供应商考虑是否为企业提供账期融资的核心要素。一般情况下，供应商只为销售能力强，或者需求量大的大客户提供账期融资。在申请人信誉良好和付款条款都符合供应商预期的前提下，要想成功获得账期融资扶持，企业最好提供采购规模和复购密度的佐证，这是最关键的临门一脚。

（三）账期融资操作实务

企业向供应商申请账期融资，具体操作包括融资前准备、提供有关佐证、申请谈判、签约执行等几个步骤。此外，为了提高账期融资的成功率，企业也可寻找他人举荐，并了解谈判要诀和注意事项。

1. 融资前准备和提供相关佐证

企业提出账期融资前，应当先对自身的财务状况、商誉信用、真实能力等评估摸底，并为此准备相关佐证。比如，准备好资产负债表、现金流量表、信用评级、经营台账等材料，以备供应商深度了解。重点准备能证明本企业对供应商产品的销售能力或者消耗量的相关材料，以及能证明本企业能按时支付货款的证据材料。这些都是促成合作的关键性工具。

2. 寻求他人举荐

自己说自己守信用是"王婆卖瓜"，别人说你信誉好叫口碑，一百句"自卖自夸"不如一句他人的口碑更能取信于人。所以，申请人可以寻求其他类别产品的供应商帮忙举荐，或者帮忙佐证，这样可以大大提高账期融资的成功率。

3. 账期融资谈判要诀

诚信是一切合作的基础，而诚信与否，就要看是否诚恳。所以，与供应商沟通谈判时，企业一定要保持诚恳、诚意和耐心，认真听取对方意见，了解供应商的真实需求和顾虑，从利他角度出发，寻求双方都能接受的合作方案。

在谈判中，要向供应商充分展示本企业的销售能力或消耗量，提供已有数据、预测数据、分析报告等资料，说明扶持本企业对于供应商而言有哪些帮助，用销售业绩和增长潜力提高供应商的兴趣度与信任度，进而促成合作。

4. 账期融资注意事项

企业进行账期融资，需认真了解相关法律法规，特别是贸易和财税的相关规定，确保全流程合法合规，避免因违反法律法规而导致的不必要的法律风险。同时，要时刻关注供应商的财务状况，如果供应商财务不稳定，可能会有供应中断风险。另外，要时刻关心市场环境的变化和企业本身的财务状况，不可因为有账期而盲目过度囤货，以防市场需求发生变化而导致库存积压，导致资金链断裂，进而影响企业信誉，甚至引发倒闭风险。

二、预收款融资

预收款融资泛指卖方与买方签订交易合同之后，即向买方收取合同总额的部分资金，到期以交付产品作为结算对标的一种资金融通方式。一般而言，有实力的企业既可以向上争取账期融资，亦可以向下争取预收款融资，进而以最低的资金占用成本，甚至没有资金占用成本，充实自己的现金流量，壮大企业。

（一）预收款融资的操作实务

预收款融资对于企业而言意义非凡，合理合法的预付款政策可以帮助企业稳定市场、增加自身资金支配量，增强对下游的约束力，对企业发展百益而无一害。

1. 预收款融资的好处

预收款融资最明显的好处是，企业可以无成本增加现金流量，提高资金周转效率。同时加大了客户违约成本，锁定了销售业绩，从而减少损失。在同一个市场上，如果其他企业不收取预付款，而本企业可以收取预付款，那么企业就可以在资金方面形成优势，从而在竞争中占据更有利的位置。

2. 预收款融资的类型

预收款融资的常见类型包括预付款、定金、订金等三种，三者之间具有的法律作用有所区别。

（1）预付款

预付款一般是指买方提前支付合同应该履行款项的一部分或者全部，可以理解为合同履行的诚意，法律含义上与定金或者订金有本质的区别。预付款一般在合同签订后由买方付给卖方，如果合同无效或者出现违约事由，卖方只需退回相同额度资金给买方即可，不涉及惩罚性法律效应。在实操案例中，一些给付意思不明确、根据法律法规不能认定为定金或者订金，买方付给卖方的提前支付款项，常常被认定为预付款。

（2）定金

所谓定金，属于规范的法律概念，是合同买卖双方为确保合同正常履行，自愿约定的一类担保形式。也就是说，定金的目的和作用是担保主合同的履行。定金可以在正式合同签订前收取，也可以在合同订立后收取。法律法规对"定金"具有严格的规范和明确的定义，《中华人民共和国民法典》甚至对定金收取的数额有明确限制，规定卖方收取买方的定金总额不能超过合同标的额的 20%。

卖方收取定金之后，一旦发生违约行为，卖方需向买方赔偿定金额度两倍的违约金。而如果是买方违约，则无权要求卖方退回定金。

（3）订金

所谓订金，属于预付款的性质，不是一个规范的法律概念，一般被理解为买方为了缓解卖方资金周转短缺，帮助卖方增强履约能力而自愿支付给卖方的款项。订金不具有担保性质，且与定金的违约责任不同。如果卖方无法或者没有履行合同，只需退回已收订金全款即可，无须承担定金的双倍赔偿后果；如果买方违约，导致卖方损失的，订金则作为损害赔偿金，扣除赔偿金额后退回买方。

3.什么样的企业比较适合预收款融资

企业想进行预收款融资的前提之一是，企业需拥有买家刚需的产品或服务，买家相信该产品或服务能够解决其某种痛点，或者相信该产品或服务能为其带来某种好处，并且具备足够的支付能力，即有支付预付款、定金或订金的能力。前提之二是，企业（作为卖家）具备履约能力，能够按时交付产品或提供服务，并确保产品或服务的质量符合买家的期望。换句话说，向买家收取预付款、定金或订金的前提是，本企业有买家很需要的产品或服务，而且买家买得起，作为卖家的你有能力按时按量保质供货或提供服务。这两个前提是预收款融资成败的关键，也是企业进行预收款融资的基础条件。

4.怎样进行预收款融资

进行预收款融资时，企业应当设定好明确的付款条款，在合同中明确约定预付款、定金或订金的金额、支付方式、支付时间等详细条款，让买家清楚地知道自己的付款义务和权利。为了顺利实现预收款融资目的，建议企业设置适当的优惠和奖励，如折扣、返现、赠品等，让买家感受到预付款比后付款更为有利，激励买家支付预付款、定金或订金。

另外，为了更快实现预收款融资目的，企业有必要提供多种支付方式，如在线支付、扫码支付、银行转账、现金支付等，方便不同买家的习惯偏好。同时与买家保持良好的沟通交流，及时解答买家的问题和疑虑，消除买家的顾虑和担忧，如公开具体说明预付款、定金或订金的退款条件和违约补偿政策等，让买家心中有数，打消疑虑。

案例：

图先生是一家进口葡萄酒公司负责人，由于资金紧张不得不寻求融资，但因为其公司名下的银行授信已经用完，股权融资时间跨度又太长，无法解决两个月后就要支付法国某酒庄的 3000 万元货款，经作者指点，最终采用了预收款融资的模式。

图先生的公司在全国拥有 4000 多家合作一年以上的下游分销商，其中年度进货 100 万元以上的分销商有 612 家。基于此，笔者为图先生设置了一个"法国波尔多十大名庄品味之旅"7 日游活动。活动要求如下：下一年度愿意承销 200 万元葡萄酒并支付 20% 定金的前 100 位优质分销商免费参加，其他承销 100 万元葡萄酒并支付 20% 定金的分销商仅需支付 19800 元来回机票即可参加。7 日游的所有食宿和交通费全免。

活动推出后，经业务员电话联系和走访，半个月时间免费名额就满了，付费参加的还有 47 位。该活动共斩获了 2.47 亿元的订单，收到定金 4940 万元，不仅解了公司的燃眉之急，还略有盈余，并且锁定了第二年将近三分之一的销售额。更关键的是，经过 7 日游，图先生和 147 位分销商同吃同住，彼此增进了友谊，并展现了图先生在进口葡萄酒资源上的优势和实力，成功奠定了长期合作的基础。

活动结束后测算，该场活动共支出成本 470 万元，占收到定金总额的 9.5%，相当于合同订单总额的 1.9%，融资成本极低，同时还省掉了未来一年这些订单的营销成本。可谓一举多得。

（二）预收款融资注意事项

虽然法律法规并没有禁止预收款融资模式，但如果操作不当可能出现法律风险或商誉风险，所以企业在进行预收款融资时，一定要征询专业人士和律师的意见，尽可能规避风险。

1. 法律风险

预收款融资在收取预付款、定金或订金时，一定要遵守如《中华人民共和国消费者权益保护法》《中华人民共和国民法典》的相关法律法规，确保双方权益得到保障，避免产生法律风险。

值得注意的是，近年，为防范部分不良商家利用预收款融资模式进行诈骗和非法集资，很多地方金融监督管理部门制定了地方管理条例，企业在决定采取预收款融资前，一定要认真研读当地的相关规定，或者咨询法务部门，以避免法律风险发生。

2. 商誉风险

商誉风险主要发生在企业（作为卖方）收款后不能保质保量按时交付产品或提供服务，企业一旦发生延迟交付或者不能交付，一定要及时主动与买家沟通交流，寻求宽限或者妥善处理违约责任。因为一旦处理不好，产生较大纠纷，企业除了商誉受损，还可能会有法律风险。所以企业在采取预收款融资前，一定要确保能保质保量按时交付产品或提供服务，不要存在侥幸心理和不切实际的幻想。一旦完成了融资，就一定要专款专用，确保合同的高质量、完整履行。

三、产品预售融资

产品预售融资是指产品还没生产，就先进行销售并收取货款，然后再将货款用于生产并按时保质保量交付产品的一种资金融通方式。产品预售融资与预收款融资方式类似，区别在于预收款模式一般由企业自行操作，买卖行为也由买卖双方自行完成；而产品预售融资在一般情况下，需由第三方提供交易撮合，并且由第三方负责监督和交付管理，防止卖方违约。

产品预售融资由众筹模式演变而来，常见于一些设计、发明、新奇特类的产品生产方或品牌持有方发起。预售的目的除了募集生产资金之外，主要是测试该产品的市场接受度并积累种子用户，这样可以规避盲目规模生产带来的库存风险。

（一）产品预售融资的重要性

产品预售融资，融资虽是其最终目的，但同时还能为企业带来意想不到的营销效果，若操作得当，所得的效果远比融资本身价值更大。

企业进行产品预售融资，最直接的好处是筹集到新产品的初始生产资金，以产品为入口，通过预售平台吸引该新产品的粉丝，进而获得他们资金上的支持。所以用于预售的产品一定要做好定位和设计，产品至少有 1 ~ 3 个卖点能解决粉丝痛点，或者满足对应客群心理诉求，这是成功的关键。

互联网时代，流量至关重要，什么产品能够大范围精准吸粉，什么产品就可能被卖爆，这就是"得粉丝者得天下"。产品预售融资就是将拟预售产品借助预售平台自带的流量和客群进行营销，直接吸引产品粉丝并通过预售收到预收款，避免无效广告投入，实现精准营销目的。

（二）产品预售融资操作实务

产品预售融资，在操作实务上重在产品预售，做好了产品预售融资这一目标就会水到渠成。所以企业要想通过产品预售融资，一定要高度重视用于预售融资的产品样品的形象、故事、品质感、价值感，这是能否成功预售的关键。具体操作步骤如下。

1. 用户定位

物以类聚，人以群分，不同的人群总会有不同的偏好，所有的产品都会有相应的目标用户。因此，产品预售的第一步就是进行细分用户定位，根据产品的功能与特征，分析人群痛点需求，更精准地挖掘出目标人群，找到匹配受众，想方设法让准受众人群对预售产品产生兴趣，让产品自动圈粉。

2. 聚焦营销

锁定精准定位用户群，围绕准用户的偏好、习惯、需求，结合预售平台用户特征，预热过后投入足够资源对预售产品进行站内、站外、多平台、多维度聚焦营销，高密度、爆炸式深度传播，从而形成热点，穿透受众认知，将产品卖点多方式、多维度地直击受众痛点，提高用户兴趣度。

3. 创造话题

产品预售融资，要以产品为流量入口，结合产品特点和受众偏好，围绕创始人、团队、产品研发历程、卖点等创造话题，用故事打动用户，用故事加深用户对产品的印象，用故事唤醒用户情怀。在产品预售期间，通过互联网高密度传播，让话题带动热度，最终达到刺激用户消费的目的。

4. 打爆单品

产品预售融资要以单品爆破，集中生产、营销、运营优势资源，聚焦一款产品，将其打造成爆款。只有爆款才能带来巨大现金流，在产品预售过程中，产品一旦得到消费者追捧和口碑传播，就能形成热点效应，产品和品牌信息就能更大范围地快速、深度覆盖更多人群，进而产生蝴蝶效应。

5. 产品升级

产品预售融资的最大价值在于低成本获得种子用户，参与预售的消费者，就是企业最好的产品经理、内测员、销售员。当预售产品达到了预期效果，要抓紧时间小批量生产并送到预售参与者手中，认真收集并对待他们的反馈，对于较为专业、意见较为客观、思路较为有参考价值的消费者，可以让其参与产品升级迭代的头脑风暴和内测，进而快速迭代产品，推出升级款，进一步巩固市场和拓展新用户。

6. 引爆新品

预售产品进行多平台、多入口大量曝光后，受众受到多维度、高频次品牌和产品信息的灌输，当产品确实解决了消费者痛点时，以点带面的爆炸式市场效应一般都能出现，这个时候要快速借势引爆新产品，启动新一轮产品预售融资。

7. 借势融资

借助预售产生的热度和影响力，企业应及时开拓线上和线下渠道，开启招商代理和启动组合融资模式，要在势头正好的时候尽最大努力融资，融到更多的资金，确保企业在未来数年间"粮草"充足、有备无患。

（三）产品预售融资注意事项

产品预售融资可以说是产品型企业必不可少的融资选择之一，因为除了获得资金之外，还可以带动品牌营销和产品销售。企业想要做好产品预售融资，需要注意以下几点。

1.产品

以融资为目的而预售的产品，首先，卖相一定要好，好看才能赢得更多关注，有了足够多的关注才有可能获得更大的预售支持。

其次，产品卖点一定要突出。所谓卖点，就是解决用户痛点的功能，卖点不在于多，而在于效果明显，在于能真正解决用户某一痛点，在于立竿见影，在于眼见为实。比如，手机"充电 5 分钟通话两小时"解决了手机充电慢的痛点，××筋骨贴"哪痛往哪贴"解决了人们需要临时缓解身体疼痛的痛点，"累了困了喝××特饮"解决了人们需要提神和缓解疲劳的痛点。卖点突出、功能具体、效果显著，这是成功的关键。

最后，产品质量一定要好。也就是说，用户收到产品并体验后，效果要和宣传的那样，充电 5 分钟真的能通话两小时，哪里痛了贴哪里真的可以缓解疼痛，困了累了喝了真的可以提神和缓解疲劳，这点很重要！如果效果真如卖点宣传所说，那么迎来的将是铺天盖地的好评和口碑传播；相反，则会差评满天飞，甚至还未上市就已"阵亡"。所以企业一定要高度重视产品的用户体验。

2.法律风险

产品预售融资一定要选择合规的平台进行，因为合规的平台能筛选和过滤不规范的项目，降低非法的嫌疑。

完成预售融资后，一定要按时保质保量交付产品，一旦不能交付，企业可能会面临被起诉等法律风险。

四、会员卡融资

会员卡是一种由商家发行，用于对用户识别身份、提供优惠或专属服务、进行充值消费的卡片。其作用和目的是便于商家精准提供个性化服务；便于累计积分用于兑换商品、服务，或抵扣消费金额，进而增进用户黏度；便于让用户充值消费，进一步锁定市场份额。会员卡常被用于零售商店、餐厅、酒店、娱乐场所、美容美发店、高尔夫等场所。

会员卡是一种有效的融资工具，其模式与预收款融资方式有异曲同工之处。

（一）会员卡分类

会员卡按照不同的标准可以分为很多类型。比如，根据材质，会员卡可以分为普通印刷会员卡、磁条会员卡、IC 会员卡、ID 会员卡、金属会员卡等。从用户身份识别功能的角度，会员卡可以分为会员钻石卡、会员金卡、普通会员卡等。从用途角度，会员卡又可以分为身份识别卡、消费记录卡、消费充值卡、身份资格卡等几种。

本书在此仅对具有融资功能的两种会员卡进行介绍。

1. 消费充值卡

消费充值卡主要分为三种：第一种是充值后，根据每次实际消费金额进行扣减；第二种是充值后，每次固定可以使用多少金额；第三种是充值后，总共可以使用多少次数，每使用一次就递减一次。前两种在餐饮、娱乐、美容美发、零售商超等各大消费场所较为常见，最后一种常见于游乐园之类的场所。

2. 身份资格卡

身份资格卡一般是年费制会员卡，即每年都要重新缴费。大部分情况下，身份资格卡分有多个身份层级，不同层级的年费额度会有所区别，原则上，身份层级越高年费越贵，对应能享受到的服务也会越多越好，或者享受的消费优惠力度越大。

身份资格卡很少单独存在，一般会同时兼具消费充值功能，也就是说即是身份区分的证物，也具有储值和支付功能。某些俱乐部的会员卡就属于这类型。

（二）会员卡融资操作实务

会员卡融资的魅力谁用谁知道，融资所得资金几乎为零成本，更关键的是锁定了客户较长一段时间的消费，稳定了市场。

1. 会员卡融资的操作步骤

企业选择会员卡融资，首先要确定融资目标，进而规划会员卡的功能、等级和优惠政策。然后，根据融资目标和市场调查，确定会员卡的发行数量和融资额度。其次，设计一个合适的会员卡发行方案，比如不同等级的会员卡能享受什么样的优惠，收费多少等；同时，要确定会员卡的发行方式和获客渠道。最后，在方案确定后，发动全员展开营销，通过各种渠道推广会员卡发行计划，在推广过程中，要不断收集市场反馈和调整方案，以便更快地顺利完成发行目标。

会员卡融资的具体执行方案只有充分考虑用户群体的需求、产品特点、融资目标、营销方案等因素，才能把发行工作干好。

2. 会员卡融资成功的关键

在会员卡泛滥的时代，很多企业想通过发行会员卡来锁定客户，已经造成很多真正有资金实力的人群对会员卡不感兴趣，所以企业在设计会员卡融资方案时，一定要给予会员足够的优惠，让他们感到办理充值会员卡是值得的。这些优惠可以包括折扣、积分、专属服务等，以吸引会员主动办理。

除了提供物质优惠外，还可以增加会员权益，比如提供更多参与活动、优先购买新产品的机会，或者像山姆会员店、长安俱乐部、高尔夫俱乐部一样，只有持卡用户才能进店消费，非会员一律不接待，让会员感受到成为会员的价值和必要性。

另外，要建立品牌认同感，提供个性化的服务，增加社交互动，通过向会员传递品牌理念、企业文化、圈层文化等，增加企业与会员之间、会员与会员的社交互动，可以让其结交志同道合的朋友，让会员感受到被重视和获得感，找到身份和地位感，建立会员对圈层的认同感，让会员认为办理充值会员卡是一种荣耀。

还可以通过奖励机制，比如充值10000元送10000元等超值激励，激励消费者主动办理充值会员卡。

总之，营造会员卡的吸引力，是融资成败的关键。所以，要想成功通过会员卡融资，就要设置足够吸引用户的政策，让消费者不办理、不充值就有亏了的感觉，或者办理充值就会物超所值的感觉，甚至没有某类会员卡会成为遗憾的感觉，做到这几点，会员卡融资就变得轻而易举了。

（三）会员卡融资注意事项

企业发行有充值和支付功能的会员卡，从合法合规的严谨角度出发，原则上需要向中国人民银行申请，发售总金额超过 1000 万元的，由中国人民银行总行审批；发售总金额不超过 1000 万元的，由中国人民银行一级分行审批，报总行备案。企业一定要认真学习并遵守相关法律法规，以免出现法律风险。

（四）会员卡融资案例

TR 酒吧由于大股东撤资导致濒临倒闭，二股东赵先生变成了大股东，不得不砸锅卖铁死撑，但依然处于水深火热。经笔者指点，赵先生采用会员卡融资模式，很快重回巅峰。

某个 7 月的下午，赵先生大汗淋漓找到笔者："我酒吧马上要倒闭了，你帮我想想办法，趁现在还开张帮我转让掉。"

笔者详细了解后才知道，不是赵先生不想继续经营，而是实在没有资金支撑了，因为大股东撤资，酒吧还没盈利，抽走的资金都是占用酒水经销商的货款，赵先生已经砸锅卖铁了，可还是无法满足到期应支付的货款，目前还欠货款 400 余万元。

笔者了解到 TR 酒吧的酒水利润足够高：1.5 元进货的鸡尾酒可以卖 10 元一瓶，59 元 24 罐一箱的啤酒可以卖 268 元一打，37 元一瓶的进口葡萄酒可以卖 398 元，10 元成本的果盘可以卖 88 元……于是笔者建议其采用会员卡融资方式。在帮助赵先生敲定会员卡融资计划后，陪着赵先生见了 10 位主要的供应商，帮助赵先生争取到了 3 个月的货款延期支付，并且在此期间不会断供，为执行会员卡融资计划争取到了足够的时间。

会员卡设置有两种：一种是 VIP 卡，另一种是白金卡。

VIP 卡属于普通会员卡，充值 1000 元，送价值 3560 元大礼包，包括 10 打啤酒、10 个果盘、1 年内所有消费一律 8.8 折。会员每天可以领 1 打啤酒和 1 个果盘，直到 10 打啤酒和 10 个果盘用完为止。

白金卡属于高级会员卡，充值 1 万元，送价值 7.54 万元大礼包，包括啤酒 100 打、进口葡萄酒 100 瓶、果盘 100 个、1 年内所有消费一律 8 折优惠。会员每天可以领 5 打啤酒、5 瓶进口葡萄酒、3 个果盘，直至 100 打啤酒、100 瓶葡萄酒、100 个果盘用完为止。

同一个包厢一次一人只能使用一张卡，但多位会员可以同时多张卡叠加使用。

所有服务员参与推广会员卡，推出一张 VIP 卡奖金 150 元，推出一张白金卡奖金 1000 元。结果只用了 12 个晚上，卖出了 3610 张 VIP 卡和 705 张白金卡，收到 1066 万元，扣除员工奖金 124.65 万元，实现融资 940 余万元。缓解了赵先生燃眉之急，挽救了濒临倒闭的酒吧生意。

会员卡融资成功的关键在于，推出的政策一定是消费者能接受的条款，且能让其感到物超所值。比如，TR 酒吧送出的大礼包的价值远远超出消费者充值额度的数倍，而这些是非会员用户来消费必需的开销，所以给人感觉成为会员明显就赚到了。TR 酒吧为了避免会员一次性把送的都消费完，最终达不到融资的真实目的，所以设置了每张卡单次只能领取一部分送的东西，这样可以让一个会员多次来酒吧消费，形成稳定客流。但为了避免会员抗拒，影响会员卡融资进展，增加了可以多张卡叠加使用的条款，从而让会员觉得只要多个会员一起来消费，不用花钱也能嗨翻天。这正是设置中的巧妙之处，一方面增加了同一伙人购买多张会员卡的概率，另一方面刺激了会员多人一起来消费的冲动。当人们三五成群来消费，就不可能只喝酒、吃果盘，必定还会消费一些别的东西，这样就能增加会员卡预存之外的收入，保持酒吧生意的现金流稳定性。

五、保证金融资

所谓保证金融资，就是向下游经销商或者加盟商收取一定额度的保证金，最终实现资金融通的一种方式。保证金融资的最大魅力在于零成本，只要合作关系存续，融资得来的资金就可以一直零成本使用。

（一）保证金融资操作实务

保证金融资比较适用于影响力较大、品牌知名度较高、实力较大的企业。普通小微企业想进行保证金融资，需要有经销商或加盟商迫切想得到的东西，或者缴纳保证金后能够获得足够吸引力的回报，否则推行难度较大。

比如，某酒企就是运用保证金融资的成功案例，要成为其经销商，必须先交纳 3000 万元保证金，全国大约发展了 1600 家经销商，仅仅保证金融资额就高达 480 亿元。这笔钱就算没有用于投资，只存银行每年也能收到 3 亿～4 亿元的利息。而很多企业终其一生也赚不到如此多的钱。

虽然该酒企收取高额保证金，却仍然有大量企业抢着交纳，原因便在于其产品强大的品牌效应，而这种品牌效应会为经销商带来丰厚的利润。

而这样的酒企即便在全国也是屈指可数的，其模式无法直接照搬。那么，普通企业要怎样才能把保证金融资运用好呢？

1. 成功收取保证金的关键

企业要进行保证金融资，首先要明白他人为什么愿意给你交纳保证金？只有弄明白了其中道理，企业才可能设计出能落地的保证金融资方案。

保证金融资方案成功的前提是，交纳有限的保证金后，可以获得高于保证金本身的回报，这是第一关键要素。再者就是，要有足够佐证让人们相信交纳保证金后真的有机会获得更多回报，或者即使没有更多回报，到期后也能够退回来，让人们放心地交纳保证金。也就是说，信任是保证金融资成功的第二关键要素。

另外，企业对于交纳保证金的和不交纳保证金的，要有区别对待，要让两者的待遇差距足够悬殊。人类的消费行为除了生理需求以外，更多的是为满足心理需求。待遇的区别，能激起人类攀比和争强好胜之心，最终会为此买单。

2. 保证金融资的几个原则

没有规矩不成方圆，要想成功进行保证金融资，企业需要遵守一定的原则，否则就算成功获得了融资，也会留下后患。

（1）条款清晰

企业与经销商在签订保证金融资的合同时，对于保证金的相关条款和细节需要清晰、具体，包括金额、支付方式、支付时间、违约责任、退款规则等。合同是收取保证金的重要法律依据，务必确保合同中涵盖了所有相关事项，并明确双方的权利和义务。

（2）理由充分

企业收取保证金，需向经销商解释收取保证金的合理性和必要性，比如，是为了防止恶意竞争损害经销商利益、保障消费者应有权利或让经销商获得什么样的特权等。理由一定要充分且合理，以避免经销商产生疑虑或不满。

（3）公平公正

企业一定要遵循公平公正原则，经销商的保证金金额应该相同，比如，不能因为沾亲带故就区别对待，不能因为经销商实力悬殊就不一视同仁。当经销商之间发生冲突摩擦时，一定要做到不偏袒，对错分明，公平公正，以避免恶化关系。在向经销商收取保证金的过程中，要保持透明和公开，对于任何疑问或反馈，需积极回应并给予合理的解释和处理。

（4）契约精神

企业成功完成保证金融资之后，必须高质量履约，兑现合同条款涉及的各项责任和义务，减少没必要的民事纠纷和法律风险。

（5）法律合规

最关键的一点，保证金融资的行为一定要符合相关法律法规，包括合同条款的合法性、保证金金额的合规性、支付方式的合法性、保证金托管和使用的合规性等。合法合规应当是头等大事。

3.保证金融资实操步骤

进行保证金融资的第一步是为收保证金这个事情设置一个"引子"，尽可能地引出人们的好奇心和需求。同时，为这个"引子"寻找足够有说服力的佐证，并且分析推断出适合的准客户，找个让人愿意接受交纳保证金的理由。

第二步是制定详细规则。比如，将保证金额度、支付方式、支付时间、交纳保证金后得到的好处等细致化具体化，落实具体的合同条款、建立风险机制、引入第三方公证机构。

第三步是招聘和培训业务团队。这是极为关键的一步，因为"事在人为"，融资成败全在团队行不行。同时，准备业务开拓必备的材料和工具。

第四步是通过自媒体、短视频平台、纸媒、电台、电视台等发布招商宣传。结合团队地推、招商会、项目沙龙等各种线下活动，将项目信息尽可能多、尽可能高频率地触达准客户群。

第五步是接待、答疑、促成、签约、后期服务等。

（二）保证金融资注意事项

一切非常规商品交易的收费项，都有触碰非法集资高压线的风险，所以企业一定要寻求专业法律人士参与设计相关收费规则和合同条款，避免因不规范操作误碰法律底线，给企业造成没必要的麻烦。

1.违约风险

违约风险常见于两种情况。一种是经销商或加盟商无法完成双方约定的某个指标，发生违约事件并引发保证金扣罚时，经销商或加盟商会质疑合同条款的合法性及合理性。比如，合同条款存在霸王条款、陷阱条款，或者条款不清晰或双方理解不一致等，都可能引发合同纠纷，导致违约事件恶化。

另一种情况是品牌方，即收保证金的一方违约，如发生收完保证金后不履行责任义务、不兑现或者不全部兑现承诺、卷款跑路等违约事件时，都可能会涉嫌违法。

2.法律风险

企业进行保证金融资一定要注意规避非法集资嫌疑，最好全程聘请律师把关，避免违法犯罪。另外，要高度重视违约风险引发的法律风险。

第二节 怎样提升企业市场融资力

市场融资成败的关键在于，融资方在市场公众心目中的知名度、影响力，以及被信任的程度。所以，要提升企业的市场融资力，重点在于提升企业的知名度、影响力、信任度等。说白了，就是要展现企业的实力，考验企业的品牌构建能力和营销能力。对此，企业可以从打造稳定的供应链和创建高价值的品牌入手。

一、打造稳定的供应链

供应链是企业的后盾，其成员是企业发展的重要合作伙伴，供应链的好坏直接影响企业的运转。供应链作为原材料、零配件、辅助材料、生产设备的供货集群，供应商的实力、诚信度、稳定性都会直接影响企业的生产情况、市场运营和信誉情况。所以，优秀的供应链、稳定的供应链、强大的供应商可以提升企业的市场融资力。

（一）什么是供应链

供应链泛指以本企业为核心，从原材料开始，到半成品和零配件的制成以及最终产品的制成，最后通过销售网络把产品配送到用户手中，将供应商、制造商、分销商直到最终用户串联起来，呈现类似网链结构的供需关系网络。如果把供应链比作一棵枝繁叶茂的树，制造商相当于树根，代理商或批发商相当于树的主干，零售商相当于树枝和树梢，整棵树的绿叶和红花相当于终端用户，从根到主干到树梢到绿叶红花贯通整体的脉络就是供应链的链。

1. 供应链的构成

供应链主要有两种：一种是传统商业模式的供应链；另一种是电子商务模式的供应链，电子商务供应链一般比传统传统商业短，关系更简单。

（1）传统商业模式的供应链

传统商业模式的供应链主要包含以下几类成员。

① 供应商。供应商一般包括为生产制造企业提供原材料、零配件、设备的企业。

② 生产商。生产商泛指产品的生产制造企业，即负责将原材料和零部件通过设备和生产技术生产、开发成产品，并提供产品售后服务。

③ 分销商。分销商一般指分销企业，通过自己的销售网络将产品配送到各零售网点的中间商。

④ 零售商。产品零售商即终端零售网点，负责将产品销售给消费者的门店。

⑤ 消费者。消费者位于供应链的末端，是产品的使用者，是产品的买单人，也是整条供应链的唯一收入来源。

⑥ 物流企业。物流企业是帮供应商将原材料、零部件、设备等运送给生产商，再帮助生产商将成品运送到分销商、零售商、消费者手中的服务商。它是将整个供应链串联起来，形成链式关系的关键。

（2）电子商务模式的供应链

电子商务模式的供应链主要由供应商、生产商、电商、消费者、物流企业等组成。其中，供应商、生产商、消费者和物流企业与传统商业模式的供应链中的含义一致；电商是通过电子商务平台或互联网手段将产品销售给消费者的主体，同时解决产品到消费者手中的发货、物流、售后等问题。

2. 稳定的供应链的特点

稳定的供应链应该具有高品质和稳定的供应能力，能够为企业提供更高的可靠性和更高价值的支持；能够始终提供高品质的产品或服务，确保产品没有缺陷；能够满足客户的期望，并与所承诺的标准一致。同时，具有稳定的生产能力和面对市场波动的应对能力，能够保证长期的稳定供应，以支持客户的运营稳定性；能够保持合适的价格和高品质的原材料质量，并提供咨询优化、产品升级等方面的相关服务。

稳定的供应链应该有透明的信息流和数据流，以便及时追踪物流运输和产品质量，同时有利于合作企业之间的沟通和适应市场变化；在应对市场需求和变化时，能够灵活改变生产方案、采购预订周期等，以最小化成本、最大化产出，帮助客户优化采购、库存管理等，最终减少浪费。

稳定的供应链应保持合作共赢的理念打造良好的生态系统，包括物流供应链、货物服务、技术支持、后续服务和强大的人员培训计划；从协作双方、生态环境和人力等方面考虑，利用更环保、更节约的物流和生产方式，保护环境，保证企业可持续性。

（1）稳定的供应链的特点一：卓越的供应商关系管理

稳定的供应链具备和供应商建立良好合作关系的能力，以确保及时、准确交货和提供优质的产品。稳定的供应链上的企业建立有对潜在供应商评估的科学体系，能够正确选择出优质供应商并与之合作；建立有防范合同违约、保障供应商的权益、规避风险和争议的机制；能够定期为供应商提供培训和技术支持，以帮助供应商持续满足要求；建立有共同的目标和利益，共同应对市场需求，确保高质量和及时的产品供应；定期评估供应商和供应商合作的成果及效益，针对发现的问题和风险及时改进并应对，能够前瞻性地规划未来及合作发展。

总之，卓越的供应商关系管理是供应链成功的基石和前提，有助于加强企业与供应商之间的关系，而且能够提高供应链的透明度和可控性，实现双赢。

（2）稳定的供应链的特点二：完善的库存管理

稳定的供应链需要实现及时补货、准时交货、避免浪费和降低存货成本等目标。完善的库存管理包括实时库存监控、定期盘点、稳定的库存量掌控、制订物料需求计划等措施。

完善的库存管理是企业成本控制和生产运营的重要环节。库存管理系统需要能够实时监控库存水平，控制库存消耗和进出存货，及时止损控制；根据企业的业务模式和实际需求，在采购、备货、出库等方面制定合理的库存策略，用以保障库存流转和信息的及时通报；通过优化物料采购、仓储管理、库存盘点等流程管理，提高库存效率，降低库存成本；根据产品特性和存储方式进行库存分类，并合理安排库位，提高库存利用率和空间利用效率；利用现代化的仓储设备、物流技术和数据分析的方法，提高库存周转率和质量管理水平。

（3）稳定的供应链的特点三：良好的物流系统

良好的物流系统是供应链正常运转的基础。稳定的供应链需要具备良好的物流系统，包括仓储物流、运输物流和订单处理等。物流系统需要结合先进的技术手段，以提高物流效率、降低物流成本、实现全国范围的配送和精准送货，最终实现完美的物流运作。

良好的物流系统需建立多元化的供应商渠道，降低采购成本，保证供应链稳定性；采用自动化仓储设备和管理系统，提高库存利用率；通过数据分析和优化，减少运输成本和配送时间，提高配送效率；利用信息化和数字化手段，实现物流过程全程监控，精细化运营管理；与其他企业和物流公司合作，共享物流资源和信息，降低物流成本。

总之，良好的物流系统需要企业拥有完善的供应链和销售网络，建立标准化物流流程和管理体系，提高物流设备智能化和自动化水平，从而实现物流系统运作的高效性、可靠性、安全性等多方面优势。

（4）稳定的供应链的特点四：灵活的供应链规划

稳定的供应链需要能够灵活地适应市场需求，不断进行供应链调整和规划。为了确保规划灵活，企业需要建立跨部门合作协作机制，提前进行趋势分析、市场预测和合理分配资源。

灵活的供应链规划是指企业基于时讯动态、数据驱动的思维和方法，对产品生产、库存、销售等关键环节进行协调和优化，以适应市场需求的变化，确保供应链的灵活性和高效性。通过数据挖掘和机器学习技术，利用历史和实时的市场数据，建立智能预测模型，识别市场趋势、预测需求和供应的变化；采用实时监控技术，对生产和库存情况进行随时的监控和调整，避免过多或过少的存货；建立供应链各环节的协作机制，对供应商、制造商、分销商等各方进行协同，稳定供应链运作，迅速响应市场需求的变化；引入灵活的生产制造方式，如"自动化生产线"，采用可调节的生产技术，使企业能够灵活地调整生产线产能；采用最新的技术工具和创新的方法，结合供应链规划，实现更高效、更灵活、更可持续的产业链，进而减少库存积压、提高生产效率、优化货运效率，最终降低成本并提高客户满意度。

（5）稳定的供应链的特点五：数据驱动的管理和分析

稳定的供应链需要实现全面的数据管理与分析，以提高供应链的效率和质量。数据管理流程必须建立在精准和实时信息流的基础上，通常涉及供应商、库存、物流等方面。企业需要利用科技手段，对供应链各个环节的数据进行深入分析以便制订有效的策略和计划。

数据驱动的管理和分析是指企业或组织在制定决策和执行实际操作时，使用数据及分析工具来指导和支持决策与行动。比如，建立数据收集、整理、存储和管理系统，明确数据的来源、类型、格式和分析方法，确保数据的质量和安全性；运用云计算数据分析技术和工具，对数据进行挖掘、让机器自动学习、进行统计分析等数据分析和模型构建，发现有价值的信息和规律；将数据和分析结果用于制定决策与执行策略，将数据和分析结果融入业务流程与决策中，提高决策的准确性和效率；建立数据采集、分析、应用和监控的实时系统，对业务流程和决策进行持续监控与评估，及时调整和优化业务流程与决策，进而有效提高企业的决策质量和执行效率，降低决策风险和成本，提高企业的竞争力和盈利能力。

3. 供应链的运作流程

供应链主要由物资流通、商业流通、信息流通、资金流通等四大流通内容组成。每个流通内容有自己的功能和不同的流通方向。

（1）物资流通

物资流通主要是产品的流通内容，是货物流转的程序，主要由供应商经过生产制造企业、代理批发和物流、零售商等将原材料和零配件制造成产品并交到用户手上。其中，原材料和零部件采购是物资流通的起点，通过采购获得输入物资；仓储是物资流通的枢纽，是进行产品存储、分拣和配送的场所；物流运输是物资流通的纽带，其中包括陆运、水运、空运等多种运输方式；销售是物资流通的终点，将产品出售给用户，完成物资流通的整个过程。

（2）商业流通

商业流通主要是买卖的交易流通环节，从达成订货意向到合同签订再到产品交付的商业过程。商业流通的方向主要在销售商与用户之间双向流动，形式趋于多元化，有传统的线下门店销售、上门推销、网上销售等方式。

商业流通的作用是，将产品从生产制造端顺畅地流通到用户端，满足市场需求，提供产品和服务，创造商业利润，促进经济发展。商业流通主要由代理或批发和零售两个业务内容组成。代理或批发是企业将产品从生产商处购入，再将产品加价批发给零售商，零售则是零售商直接将产品销售交付给终端用户。这个流通过程形成的业务被称为商业流通。

商业流通和物资流通存在一定区别，商业流通涉及更为复杂的分销和零售环节，同时还要考虑广告营销、市场宣传、品牌推广、售后服务等。商业流通需要通过广告营销手段、用户关系维护、销售渠道优化等方式来提高产品销售量和市场占有率。而物资流通则不需要相关工作。

（3）信息流通

信息流通是指信息从生成到传递再到接收的全过程。信息流通是产品交易信息流动的过程，是在销售商与用户之间的双向流动。它包括采购、销售、库存等商业活动中的信息流动，包括货物运输、仓储和配送等环节中的信息流通，以满足业务管理和市场竞争的需求。

在制造业，供应链信息流通旨在实现生产调度、库存管理和物流配送的协作，以提高生产效率和产品质量。在零售业，供应链信息流通则关注客户需求、产品管理和供应链的可见性，以实现跨渠道客户服务和市场反应的灵活性。在金融业，供应链信息流通则应用于货币、财务、风险和市场等方面，以支持供应链金融的创新服务。

（4）资金流通

供应链资金流通是指在产品从原材料到制造商到销售商再到用户的过程中，资金在各环节之间的流动。比如，采购资金，即企业向供应商采购原材料和零部件等相关产品，交易过程产生的资金；生产资金，即企业将原材料和零配件生产成为产品，其间产生的人员工资、水电费用、办公费用、场地租赁费等各种必要支出的资金；销售资金，即产品在生产制造完成后，企业将其销售出去，其间产生物流费用、仓储费用、中间商差价、消费者购买产品支付的资金；融资资金，即企业为解决资金不足问题，向银行或其他投资机构申请融资所获得的资金。这些资金的流动构成了供应链资金流通的整个运作流程。

供应链资金流通的控制和管理能力对于企业的生存与发展至关重要。合理的资金流通可以减少企业的成本，提高利润，从而增强企业的竞争力。因此，企业应该注意资金流通的问题，制定有效的供应链资金流通管理措施来优化企业的财务管理。

4. 供应链的四大核心

采购管理、库存管理、生产管理以及销售管理构成供应链管理的核心，四者互相关联、相互作用、共同构成供应链管理体系的基础。

（1）采购管理

采购管理是供应链的起点，它的任务是帮助企业找到合适的供应商，选择成本更低、品质更好的原材料和零部件。采购管理的内容包括采购的规划、组织、实施、监督、协调等。通过供应商关系管理，达到持续供应、降低采购成本的目的，确保企业的生产和经营顺利进行。

采购管理是供应链管理中的重要环节，内容涵盖企业与供应商的关系管理、成本控制、计划制订、流程管理、风险防范等。对于企业来说，供应链采购管理可以保证生产周期的稳定、生产成本的控制，同时也为企业提供质量稳定的原材料或产品，增加企业的市场竞争力和利润。

（2）库存管理

库存管理是指企业在供应链中对库存的规划、管理、控制和优化。为了更好地适应市场变化和需求、降低成本、缩短交货周期，以及提高客户满意度，企业需要对其供应链库存进行有效的管理。库存管理涉及原材料、半成品和成品的供应与管理，它的主要任务是保证顺畅生产和满足客户需求。库存管理需要对库存水平、库存周转率、配送和货运等进行全面的规划与优化，以保证库存的最小化、最优化和效益最大化。

（3）生产管理

生产管理是指企业在供应链中对生产流程的规划、组织、管理、控制、监督、优化。其目的是保障生产计划顺利实现，保证生产周期短、精度高、生产成本低、质量优，以及满足客户需求和企业利益最大化等诉求。其工作内容包括建立和维护良好的供应链关系，管理生产计划和流程，对各阶段进行监控和分析，对生产流程全面规划、管理和监控，帮助企业提高生产效率，降低成本，提高产品质量，并提高客户满意度，为企业的长期发展奠定基础。

（4）销售管理

销售管理是供应链管理中最终的环节，企业通过分销渠道、市场推广和销售策略等手段使产品落地并获得利润。销售管理要确保满足了客户需求，扩大市场份额并提高客户满意度，同时协调其他环节和积极变革，推出新产品或推广新技术，提高企业市场竞争力。

（二）稳定的供应链的重要性

稳定的供应链和健全的产品供应对企业而言非常重要。稳定的供应链可以让企业更好地控制生产成本、降低库存压力，更快地满足市场需求，确保生产效率和交货时间；健全的产品供应，还可以提升品牌声誉，增强用户黏度，提高市场占有率和竞争力。

1.产品供应不稳定的负面影响

产品供应不稳定会影响客户订单的正常交付，从而降低客户的满意度，影响企业与客户的关系；竞争对手可能会抓住机会进入市场，蚕食企业的市场份额；可能会导致库存积压，造成生产停滞和浪费；会增加企业生产成本，降低企业利润，滋生亏损风险；更为严重的是，破坏企业的品牌信誉，降低品牌形象，甚至可能会被消费者抛弃。

2.产品供应能力对企业的重要性

企业的产品供应能力对企业的经营发展具有重要影响，应当注重提高产品供应能力，及时、准确、保质、保量地向市场供应所需产品，更好地满足市场需求，增强企业在市场上的竞争力，提升企业的市场占有率和形象。

企业的产品供应能力直接影响企业销售收入和企业利润。供货延迟、数量不足、质量没保障，都会对消费者造成不良印象，造成品牌声誉受损，进而影响到企业的信誉，还可能影响与经销商、分销商、合作伙伴的关系，导致市场份额减少。

3.哪些因素会影响产品供应的稳定性

影响产品供应稳定性的因素有很多，可能是原材料缺乏、工厂停工、质量问题、配送问题等；可能是供应商无法满足要求、供应商信用不佳，或者经常更换供应商等；可能是天气恶劣、物流拥堵等原因导致的运输延迟或产品损坏等；可能是自身生产效率低导致企业无法及时生产出满足市场需求的产品；可能是采购管理不善、销售策略不当；还有就是政策法规的变化，如当年新冠疫情时的交通管制等。另外，自然灾害、供应商破产、货币贬值等也都会影响产品供应的稳定性。

企业内部的问题需要企业进行整改，但外部的因素则难以预测，企业需要有一定的应对措施和预案，以确保供应链的稳定性。

（三）寻找优秀的供应商

无论企业处于供应链的哪个环节，供应商对于企业都至关重要。在供应链上与优秀供应商合作，可以有效控制原材料的质量，提高产品质量，控制库存水平和流动性，以及精细化物流管理、协调供应商和制造商之间的关系。比如，与优秀的物流供应商合作，可以更好地优化仓储和运输流程，提高供应链的效率和响应速度，从而加快生产速度，提高生产效率，提高产品的交货速度和准确度，增强客户的信心和满意度。

所以，企业要尽量寻找优秀的供应商，进而保障企业产品的供应能力。

1. 怎样判断供应商的水平

选择优秀的供应商可以帮助企业提高生产效率、降低成本、提高产品质量、提高客户服务质量、增强市场竞争力，有利于企业的健康发展。

所以企业需要稳定可靠的供应商，这样的供应商可以长期为企业提供质量稳定、价格合理、交货准确的物资和服务；需要有创新能力的供应商，这样的供应商可以为企业带来创新思路和新的生产或技术；需要风险共担的供应商，这样的供应商可以为企业分享金融、市场、技术等风险，与企业共同成长；需要专业性强、技术水平高的供应商，这样的供应商可以为企业提供高质量的产品和服务后盾；需要有良好信誉、遵纪守法、有社会责任感的供应商，这样的供应商可以与企业长期合作，对市场和客户服务更有保障。

（1）稳定可靠的供应商有什么特征

稳定可靠的供应商通常具有良好的声誉和信誉，它们的产品和服务拥有较好的口碑与评价；有成熟的技术工艺和良好的生产设备，有足够的产能，能够满足企业的需求；有完善的质量保证体系，能够确保产品的质量稳定，为企业提供长期的技术支持和售后服务；有稳定的交付能力，能够在承诺的时间内提供稳定的物资供应；透明度高，能够提供准确的原材料和相关信息，确保企业能够全面管控采购和生产流程。

（2）有创新能力的供应商有什么特征

供应商应该有强大的技术团队，拥有完善的硬件研发基础和先进的技术、设备、软件；有创新意识和创新文化，能够与客户紧密合作，深入了解客户需求，提供创新的解决方案和产品；有强大的设计团队和设计工具，能够为客户提供专业的设计和开发服务，实现从草图到产品的全流程设计和服务；有快速反应的能力，能够及时响应客户需求和变化；应该与相关高校、研究机构和技术合作伙伴建立紧密的合作关系，不断提升自己的创新能力和竞争力。

（3）什么样的供应商愿意与企业风险共担

愿意与企业风险共担的供应商不多，前提是供应商的现金流强大、财务状况稳定、资金实力雄厚，不会受企业经营状况所影响。同时，供应商和企业之间合作时间较长，相互信任，已经建立紧密的合作关系，充分了解企业的发展战略、竞争环境、市场情况、业务能力等。尤其是，供应商看到企业具有很强的潜力、拥有较大的成长空间和投资价值，或者对经营团队充分信任和欣赏。这些都是赢得供应商愿意风险共担的基础。

（4）信誉良好的供应商有哪些特征

信誉良好的供应商一般时间观念很强，会遵守合同和协议，能按时交付订单和产品；在商业交易中诚实守信，不以欺诈或虚假宣传手段谋取商业利益；遇到问题会积极主动沟通，不会等客户找上门了才解决问题，对于客户的咨询和投诉及时回复，积极处理各种问题。

另外，信誉良好的供应商，一般口碑和评价都很好，在业内和客户中享有良好的声誉和信任度；对于交付的产品一般比较严苛律己，精益求精，供应的产品质量高，符合客户期望和要求。

2. 怎样寻找靠谱的供应商

寻找供应商的渠道和办法比较多，没有最好的办法，只有最适合自己的办法，其中最常见的办法是通过行业协会和服务机构名录查找供应商，这些名录通常包含了行业内的主要供应商名单；或者投放搜索引擎广告，让供应商主动找资金；或者通过在线平台找到潜在的供应商，并了解它们的产品和服务，进一步筛选满足企业和客户需求的供应商。

同时，还可以通过参加行业展会结交潜在的供应商，了解它们的产品和服务；或者通过熟人、商会、行业商会、政府领导等推荐或引荐。

3. 小企业怎样和大供应商合作

小企业可以通过提高业务能力、提高管理水平，变得更专业和高效，以赢得大供应商的信赖和支持；通过引进人才、优化管理流程、加大技术投入、改进业务流程和跨职能团队合作等，提高自己的产品质量和服务水平。小企业需要在商业圈中建立起一个好的形象，包括提高服务能力、品牌知名度、品牌识别度、良好口碑和评价等，有助于赢得大供应商的信赖和支持。

站在供应商的角度来看，它们也希望与不同类型的企业合作，因为大企业有稳定的订单和较强的支付能力，但大企业往往议价能力也较强，供货价格、质量、交付时间等要求也会比较苛刻。所以，小企业只要能把自己的优势发挥好，体现出自己的与众不同，并且能够为大供应商创造更大的市场和价值，就有机会赢得大供应商的重视和合作支持。

（四）如何打造健全的供应链

健全的供应链是指完整、稳定、持续的供应链系统，其中包括原材料采购、生产加工、运输物流、销售渠道等环节的有效衔接与协同，以确保产品从生产到消费者手中的无缝衔接。

1. 健全的供应链的特征

健全的供应链应该包括为企业提供所需的原材料、零部件、生产设备、技术支持等相关的供应商；有将原材料或零部件加工成成品，或者将组件组装成最终成品的生产厂商；有负责整个供应链中各环节之间的产品流流通运输的物流企业；有负责原材料和成品库存管理的仓储企业；还有负责市场推广、销售和客户服务，促进产品的销售和市场份额增长的批发商与零售商。同时，需要一个协调和保障整个供应链的各个环节之间信息流、产品流、业务流有序发展的供应链管理公司或者部门，确保供应链正常运作。

健全度较高的供应链一般信息相对透明，用户可以随时掌握供应链的物流、生产、质量等信息，供应能力较强、较稳定，应对突发情况和风险有较强的应对能力；流程比较清晰、简单，应对速度较快，能够快速调整业务流程以适应市场需求的变化；遵循法律法规，注重环境保护、节约能源、减少废弃物，确保更高的可持续性；推崇互信互惠，合作共赢的主张，最大限度地提供更具成本优势的产品和服务等。

2. 如何让供应链各环节无缝衔接

供应链各环节无缝衔接的程度就是一个供应链健全程度的直观表现。通常可以利用无线电频率识别技术，对供应链中的产品进行追踪、识别和定位；通过云计算技术，将各个供应链环节的信息集中管理，实现供应链信息的共享和协同，提高供应链的高效性和透明度；应用大数据分析技术，对供应链中的各种数据进行分析和挖掘，以发现潜在的瓶颈和提升空间，从而为供应链的战略决策提供支持；通过物联网的传感器和无线通信技术，将产品、设备和人员连接起来，实现供应链中各环节的信息共享和协同；可能的话，将人工智能技术应用于供应链中，对供应链各个环节进行优化和控制，以提高供应链的智能化水平和自适应性。

如果技术实力允许，还可以利用区块链技术，将供应链中的信息记录在不可篡改的区块中，保证供应链数据的安全性和可靠性，并通过智能合约等技术实现供应链中各方之间的快速协调和合作，最终达到供应链各环节无缝衔接的目标。

3. 构建健全供应链的操作思路

在逐步完善供应链各环节的建设与管理的同时，也是提高企业整体生产力和效益的过程，还是供应商、生产商、销售商等各环节健康发展的过程。

要构建一个健全供应链，首先，需要组建供应链团队，根据企业实际情况，组建一个专业的供应链团队，负责供应链的搭建及管理。

其次，要制定明确的供应链策略，了解所在行业的供应链现状和趋势，针对性地确定本企业的供应链目标和策略；根据供应链各环节的流程和关键点，进行全面优化，消除瓶颈和障碍，确保整个供应链的流程和执行细则科学规范。

再次，着手整理供应链各环节的主体，确立合作关系，制定明确的合作协议和合同，引入现代信息技术，让供应链信息集中管理和共享，提高供应链的高效性和透明度。

最后，完善供应链管理与监控体系，及时发现并解决问题，不断改进和优化，确保供应链的安全稳定和可持续发展。

（五）借力第三方供应链

一般情况下，并非每一家企业都有能力自建强大健全的供应链，因为其中需要投入大量的人力、物力、财力。但是借力第三方的成熟供应链，可以弥补自建供应链不健全的缺点。

那么，怎样和第三方供应链建立长期稳定的合作关系呢？

1. 什么是第三方供应链

所谓第三方供应链，主要是指独立、成熟的不以某单一企业为服务对象的，以服务整个行业的所有企业为目标的供应链，此类供应链也被称为共享型供应链。

共享型供应链是一种以资源共享为核心的供应链，参与各方可以共享信息、物流、库存和资源。共享型供应链通常同时服务多家企业、组织、供应商和客户，各方可以通过共享物流、库存和信息等，降低成本、提高效率。共享型供应链可以推动供应链中的各方超越竞争关系，实现互惠互利的合作。

企业与共享型第三方供应链建立合作关系，有助于提高供应链效率、降低成本、减少风险等。

2. 借力第三方供应链需要注意哪些事项

借力第三方供应链，可以弥补企业自身供应链不给力的缺点，提高供应效率、降低成本和风险，但是难免存在商业隐私泄露、过度依赖第三方供应链企业、合作各方关系不好协调等情况。因此，在借力第三方供应链时，企业需要充分考虑可能存在的利弊和风险，并采取有效措施加强风险管理和控制，确保共享供应链的顺利运作。

（1）借力第三方供应链的好处

借力第三方供应链，也可以理解成供应链外包。企业将供应链相关工作全部或部分交由第三方机构来服务，如企业将物流、采购、库存管理和供应商管理等非核心业务外包，从而拥有更多精力和资源专注于主营业务与核心竞争力的经营，降低运营成本和风险。

通常情况下，能够承接供应链外包业务的供应链服务企业，都具备先进的技术和专业的供应链管理经验，能够帮助企业提高供应链的运作效率和服务水平。与其合作，可省去自己建立供应链管理系统和相关人力成本，减少产品质量问题、供应商延迟交货等管理上的风险，有助于提高企业灵活性，能够更加灵活地应对外部环境变化。

另外，借力第三方供应链可以实现仓储共享、物流共享、信息资源共享等好处，可以减少企业自身的仓储成本，减少供应链各环节闲置、空置、重复等各种浪费，减少供应链维护的花销，从而提高供应效率及降低成本。

（2）借力第三方供应链的弊端

尽管借力第三方供应链有很多优点，但也存在不少弊端和风险。

首先，企业可能会因为过于依赖外部供应链而失去供应能力；其次，还可能因为无法和第三方供应商形成默契，影响企业的产品供给稳定性和质量保证，进而有损品牌声誉和形象；再次，在借力第三方供应链的同时，一起共享供应链的企业一旦某家出现问题，会直接影响整个供应链的正常运转，从而造成不可控和不可挽回的损失；最后，与多家企业共享同一家供应链企业，企业之间难免需要相互分享技术和知识，这可能会导致知识和技术的泄露，进而影响到企业的核心竞争力。

（3）怎样将第三方供应链为企业所用

要想将第三方供应链为企业所用，需要双方在合作前对合作目标和合作方式达成明确的共识，并签订协议，以确保大家都能够朝着同一个方向努力。同时，还需要认真了解第三方供应商的情况，建立良好的沟通机制，确保信息的及时流动；明确责任分工和风险分配，应该在合作伙伴关系中共同承担责任和风险。物流是第三方供应链合作中的重要环节，确保物流顺畅应该是双方共同的努力方向。双方应该设计良好的物流流程，建立成熟、高效、稳定的物流运作机制。

如果能够确认合作的第三方供应链服务商有实力、有诚信，能够高效、高质量满足我方企业对供应链的需求，即可以考虑逐渐与之建立稳定的战略合作关系，培养互信基础，为长期稳定合作奠基。然后，根据自身业务需求，对合作的第三方供应链进行持续互动和优化，如在供货方面，制定自己的标准，要求合作方按照标准投入生产；在物流方面，要求合作方提供高效的物流服务。

同时，加强资金管理，与合作方建立稳定的资金往来关系，让第三方供应链服务商保持适当的利润，保障双方长期、稳健合作。并且建立供应链风险管理机制，加强对供应商的风险管理和监控，切实保障业务的稳定和发展。合作过程中将供应链各个环节打通，参与供应商、物流服务商、制造商相关合作会议和决策，加强沟通和协作，共同讨论业务需求及所面临的挑战，寻找最佳解决方案，逐渐培养我方企业在该供应链中的影响力。

（六）供应链与企业融资的关系

供应链可以直接影响企业融资的成败，强大的供应链能够让金融机构和投资人对企业增加信任感。本书在此主要讨论供应链账期与企业融资的内容。

1.供应链账期的意义

账期本身就是一种市场融资行为，是一种几乎没有成本的融资。而拥有强大供应链的企业，供应商一般会给予一定的账期。供应商给予的账期等同于无息借一笔钱给企业，账期越长、授信额度越大，对企业越有利。企业可以充分利用货款到期前的时间来安排资金的使用和开展经营活动，补充现金流或用于生产和投资，有利于提高企业经营能力和经营收益。

供应链强大的企业可以向供应商争取时间更长和额度更大的账期,进而延长现金流周期,释放出更多的现金用于运营。供应链账期的意义就在于可以提供一段个性化的融资时间,避免出现资金短缺的情况,让企业能够更好地发挥资金利用效益,增加企业利润。

2. 供应链账期对银行贷款的影响

利用供应链账期企业可以延迟支付货款,从而获得一段免息的融资时间,延迟承担银行贷款的利息支出。若企业能够按时支付货款,与供应商建立友好的合作关系,将有助于提升企业信用度,进而获得更大额度的借贷。

银行在考虑批准企业融资申请之前,通常会询问企业的供应链账期情况,因为这涉及企业的资金流动性和还款能力。银行会对企业的供应商进行评估,包括供应商所处的行业、市场地位、过往交易记录、信用评级等因素。银行还会考虑企业需求的融资规模以及企业的还款能力,以确定供应链账期对企业的融资和支付能力的影响,确保融资额和账期款项能够得到合理调配与管理。

3. 供应链账期对股权融资的影响

对于股权投资者而言,企业的应收账款越少越好,而应付账款则可以适当提高比例,尤其是最好能有适当的 3 个月以上的供应链账期。因为账期能充盈企业现金流,增加流动性,有利于企业的运营和扩张。股权投资者通常会倾向于选择账期稳定、供应链可控的企业。

(七)这类供应商必须有备选

对于为企业供应战略性资源的供应商,企业一定要有备选,确保随时可以替换。否则,过度依赖单一供应商,一旦该供应商出现问题,就有可能出现连锁反应,企业可能会陷入供应短缺的困境,导致生产和销售受到影响,情况严重的还可能导致企业破产。

因此,企业需要建立一个稳定、可靠的战略资源供应池,尤其要不断进行技术创新,争取研发出更多可替代原材料,保证企业的生产和经营不会受资源短缺的影响。

1. 哪类资源可视为企业战略性资源

企业的战略性资源是指那些能够为企业长期发展带来重要影响的资源,在企业战略制定和执行过程中发挥着核心作用,是企业长期发展和竞争优势的关键所在。

广义的企业战略性资源可以包括影响企业核心竞争力的高素质、高技能、高创新人才，企业先进的技术和创新产品，能够吸引买家、支持商业合作和塑造企业价值的品牌，还有企业的销售渠道和分销网络，以及能够决定企业生死存亡的金融资源等。

狭义的企业战略性资源主要是指可以影响企业生产成本、产品质量和市场竞争力的优质原材料和稀缺原材料。比如，用于制造航空航天和国防产品等高端产品的稀有金属和特殊合金，强度、导电性、导热性都很好，可以用于制造新型电子设备、太阳能电池，以及具有许多优异性能的石墨烯和其他高新材料等。

另外，那些一旦短缺就可能导致企业无法正常经营，甚至导致企业倒闭的稀缺物资、尖端人才、新技术、高价值专利、资金、尖端生产设备等，都可以称为企业的战略性资源。

2. 备选战略资源供应商的重要性

备选战略性供应商是为了主要或唯一供应商突发事故或发生巨大变故时，确保企业仍然能够正常生产和持续经营，减少业务损失。

如果重要供应商无法被替换，或者没有备选供应商，则可能发生质量问题、交货延迟、破产等，企业将无法获得必要的材料或服务，从而可能导致生产停滞或严重质量问题。

如果企业只有一个供应商为其提供必要的材料或服务，那么若该供应商若单方面将价格上调，由于没有其他供应商可替代，企业就将不得不接受成本上升、采购成本增加、生产效率下降或产品质量下降等情况，进而对企业的财务状况产生负面影响，甚至有可能在特殊市场环境下受到供应商裹挟和断供。

在企业融资中，如果缺乏备选供应商，可能会造成企业难以掌控供应链的巨大风险和亏损，这样的结果无论是对于银行还是其他投资人，都会降低对企业的信用评级或估值，甚至会拒绝企业的融资申请。

二、创建高价值的品牌

产品利润源自附加值，产品附加值可以理解为产品溢价，产品若没有附加值就没有所谓的利润，而品牌是产品附加值的最大支撑，品牌的附加值能力越强品牌价值就越高。对于企业融资而言，品牌本身就是一项无形资产，可以作为质押物进行银行贷款，甚至可以通过出售或出租使用权来获取收益。

因此，创建高价值的品牌，是企业可持续发展的必要工作。

（一）品牌是什么

品牌是企业或产品的独特标识符号，是企业形象的标志。它代表着产品、服务、企业的形象和价值。品牌是由企业在市场营销过程中通过扩大知名度、提高声誉、激发消费者信任等一系列行动塑造而成。品牌通常包括品牌名称、品牌图标、品牌口号、品牌视觉系统、品牌文化等要素。通过建立品牌，企业可以树立自己的形象，提升市场竞争力，获得更多的用户和收益。

一个好的品牌能够引起消费者的关注和兴趣，提高企业在市场上的知名度和认知度。品牌是企业的核心竞争力和差异化优势，是消费者对企业信任度、忠诚度、依赖度的基础，是影响消费者购买意愿和愿意支付比同类商品更高价格购买产品的驱动力。

品牌一般由意识形态、感官形态、法律形态、物质形态影响消费者。所以，要创建高价值品牌，就需要在这几个方面打基础。

1. 品牌的意识形态

品牌理念、品牌文化、品牌故事构成品牌意识形态系统，它能深刻影响品牌形象、用户行为，以及产品销售。品牌的意识形态是企业与社会交互的基础。

（1）品牌意识形态的主要内容

品牌理念是企业对于未来的设想与追求，是企业的目标与理想的体现，是品牌意识形态的重要组成部分。品牌理念远超企业经营范畴，是对人类社会有所贡献的一种追求。绝大多数的优秀品牌都有着清晰、感性、具有吸引力的品牌理念，这使得企业不断前进、稳固发展，并在市场上持续赢得声誉与信任。

品牌文化是表达企业精神、价值观和特色的方式，是企业的集体认知和行为准则，是品牌意识形态的重要组成部分。品牌文化体现了企业的理念、变革、领导力和团队精神，透过企业生产、产品和服务呈现给世人。

品牌故事是企业与消费者之间建立关系的纽带，是品牌历史、文化、特色和人性的融合体，是品牌意识形态的核心形态，能够让消费者产生情感共鸣、情感认同、情感关联或代入，从而加深用户对品牌的认知和忠诚，进而促进用户对品牌相关产品的支付意愿。

（2）品牌意识形态的传达方式

品牌传播是企业与消费者之间传递信息的主要方法，是消费者对品牌理念、品牌文化、品牌故事形成品牌意识和品牌记忆的桥梁。品牌传播一般根据企业的市场定位和目标受众来设计、执行及监控，通过广告、促销、展销、公关、官方网站传播、社交媒体互动等扩大品牌覆盖面，增强消费者认知。

2. 品牌的感官形态

品牌的感官形态是品牌呈现给消费者能够通过感官感知的品牌形象，包括通过视觉、听觉、嗅觉、味觉和触觉等感官刺激，对品牌形成的认知面貌。品牌的感官形态不仅可以为消费者带来身体上的愉悦，也是品牌形象的具体体现，是消费者对品牌产生信任、忠诚、依赖、共鸣的重要手段。品牌的感官形态是品牌建设和管理最重要的内容。

（1）视觉形态

品牌相关的图案、图形、色彩、字体、文字等是构成品牌视觉形态的重要元素，通过设计、摄影、摄像、绘画等方式可以将品牌形态视觉化。将品牌形态通过图文、影像、绘画等手段，可以更好地给消费者从视觉上感受、认识和理解。而广告是品牌视觉形态呈现给更多消费者的重要手段之一，它可以将品牌形象和品牌效能传递给消费者，扩大品牌知名度和塑造品牌认知度、美誉度，以及传达品牌价值。

比如，人们看到图形"MI"就能想到小米手机品牌，这就是品牌视觉形态的威力。

（2）听觉形态

品牌的听觉形态是品牌在消费者听觉感官中的体现，主要由广告口号、声音、音乐等构成。简洁明了、富有感染力，并且与品牌核心价值和特点相符合的品牌口号是品牌宣传与推广的重要语言标识。声音、音乐也是品牌听觉形态的重要组成部分，它通过节奏、旋律和歌词等元素，将品牌形象和价值传递给消费者，有助于提高品牌认知度和美誉度。

比如，人们听到"嘀嘀嘀、嘀嘀嘀"就能想到QQ来消息了，这就是典型的品牌听觉形态；还有，淘宝卖家只要听到"叮咚"提示音，就知道自己的淘宝店铺来客人咨询了，这就是品牌听觉形态的典型案例。

（3）嗅觉形态

品牌的嗅觉形态是品牌在消费者嗅觉感官中的体现。品牌的气味是品牌嗅觉形态的核心元素，通过独特的气味，可以给消费者从嗅觉上对品牌形象形成认知和记忆。

比如，柳州螺蛳粉这样一个拥有地理标识的品牌，就是由螺蛳、酸笋、胡椒、紫苏等食材特有的复合气味构成独一无二的品牌嗅觉形态，让消费者闻到气味就能够联想到或识别出该品牌，对提高品牌辨识度、认知度、美誉度、忠诚度、依赖度等具有积极的帮助。

（4）味觉形态

品牌的味觉形态是品牌在消费者味觉感官中的体现。品牌的味道不仅是产品本身的独特风味，更是品牌背后的品质，从产品的原材料到成品的口感，品牌须做到时时刻刻以品质自勉，用细腻的口感触动消费者的味觉，让消费者对品牌形成特有味觉记忆。

比如，可口可乐和百事可乐都是同一类碳酸饮料，两者都是由95%以上的糖和水构成。然而，人们依然可以通过味觉区分出两个不同品牌的可乐。这就是典型的品牌味觉形态，通过味觉就能够清晰地将品牌形象和品牌特点传达给消费者，让消费者对品牌形成深刻的品牌味觉记忆。

（5）触觉形态

所谓触觉，泛指人的皮肤感应系统接触到外界的物质、能量、温度等产生的机械刺激的感觉。品牌的触觉形态是品牌在消费者触觉感官中的体现。品牌的质感是品牌触觉形态的重要组成部分，通过材料、手感、形状等方式，将品牌的独特触觉印象传递给消费者，让消费者对品牌形成深刻的触觉记忆，进而在触觉上对品牌形象产生认知和依赖。

3. 品牌的法律形态

品牌的法律形态是指品牌在法律上的地位、价值、权利和义务等方面的规定。随着全球商业竞争的不断加剧，品牌的法律形态越来越受到重视。品牌的法律形态主要包括商标、专利、著作权及其他相关法律规定。

（1）商标

商标是指可以在商品上使用的用于区分企业生产的产品或服务的标志，是品牌的重要组成部分，是品牌的主要法律形态。商标具有区分产品和服务的作用，是品牌与竞争者进行区别的基础和媒介。商标是企业的重要知识产权和资产，具有明确的法律地位和权利。商标法规定了商标的注册与维护，以及侵犯商标权利的法律责任，保护商标权益不被侵犯。

商标的注册是商标法保护的核心。通过商标的注册，商标所有人可以获得在法律范围内的商标使用权，从而有效地保护其品牌价值。侵犯商标权利是商标法所不允许的行为，未经商标所有人的许可，对商标进行复制、仿制、销售、传播等行为均属于商标侵权行为。

（2）专利

专利权是国家授予发明者或其他权利人实施发明、实用新型或外观设计的专有权利，外观设计专利是形成品牌法律形态的重要组成部分。

外观设计专利是对于新型外观设计形态的一种保护方式，即以外观来保护创新意义上的形状、图案、色彩或其组合。外观设计专利的保护范围相对较窄，仅限于与专利文件中完全相同或相似的外观，因此具有较强的指向性。企业可以利用外观设计专利来保护品牌形象或产品形象，针对自己产品的形态、色彩、图案、造型等方面进行外观设计专利申请，进而保护自己产品的外观形态，防止他人抄袭，呈现品牌产品的独特魅力，从而提高产品的市场优势和品牌竞争力，间接达到保护和提升品牌形象的目的。

（3）著作权

著作权是指著作人对其创作的作品享有的法律保护权利，也是品牌法律形态的重要组成。企业可以通过申请著作权保护品牌创意、品牌文化、品牌故事、品牌口号、品牌视觉系统、广告和包装设计等，通过保护品牌营销过程所产生的创意和创作，对提高品牌价值具有积极重要的意义。

著作权保护范围涵盖小说、诗歌、戏剧、音乐、电影、摄影、美术等文学、艺术、科学作品，以及论文、科技报告、专利技术说明等学术研究成果，还包括计算机程序、软件、网站等技术著作成果。

4. 品牌的物质形态

品牌的物质形态是指品牌在实体世界中的物质体现，包括品牌产品、品牌店铺、品牌营销物料等。它是品牌战略的重要体现，是品牌与消费者之间建立关系的媒介。品牌的物质形态既是品牌形象的外在呈现，又是品牌内涵的具体体现，是品牌建设和品牌价值管理的重要对象。

（1）品牌产品

品牌产品是品牌最基本的物质形态。产品是品牌的重要载体，是实现品牌价值的基础，企业通过产品向消费者呈现品牌形象，传达品牌文化，培育和提高消费者对品牌的认知、认可及付费意愿，从而形成品牌的价值。

品牌价值的形成，还取决于消费者对品牌产品的满意度、忠诚度、依赖度。因此，品质好的产品是品牌发展壮大的基础和保障，该保障除了源于产品质量，还有赖于与产品相关的售前、售中、售后服务的质量。

（2）品牌店铺

品牌店铺是品牌在商业中直接与消费者接触的渠道，它是品牌举足轻重的物质形态。品牌店铺的设计、装修、陈列和服务方式，都会直接影响消费者对品牌的认知和印象，甚至影响消费者对品牌的信任度和接受度。

品牌可以通过品牌店铺的设计传递品牌形象、营造品牌关注度、影响消费者对品牌产品的购买意愿；通过品牌店铺的服务质量提升品牌口碑、好评、美誉度，向消费者传播品牌价值观，营造良好的品牌形象和用户体验，进而提升品牌价值。

（3）品牌营销物料

品牌营销物料是品牌在营销过程中使用的实体物资，包括广告资料、海报、名片、会刊、宣传册等，品牌营销物料是品牌物资形态的重要组成部分。通过独特的创意和视觉效果，体现品牌的核心价值和特色，吸引潜在消费者的注意力，影响消费者购物行为。

品牌的海报、名片和宣传册等营销物料是品牌形象传播的重要载体，是让消费者对品牌直观深入了解的媒介。营销物料设计的美观度、内容的吸引力、物料质量的好坏、传播渠道和传播方式等，都会影响消费者对品牌的印象。

（二）打造高价值品牌

品牌是企业的核心资产，品牌价值是企业价值的一部分。知名品牌可以帮助企业提高产品销量和增加附加值，在同类产品竞争中具有更大的优势，从而提高企业的市场占有率，提升企业的市场融资力。品牌是企业文化和理念的代表，是企业塑造良好社会形象和表达企业精神文化的重要形式，更是企业竞争力的重要体现。

因此，打造高价值的品牌，不仅有助于产品卖出更高的价格，还是形成企业竞争力和提高企业估值的重要手段。那么，怎样打造高价值的品牌呢？

1. 提高品牌知名度

品牌知名度是指消费者对某个品牌的认识和了解程度，是消费者对品牌名称、标识符号、产品或服务的熟知程度。品牌知名度的高低直接关系到产品销售业绩的高低。品牌知名度高，可以更好地吸引消费者，增加销售额，提高企业在市场上的竞争地位，增加品牌的商业价值和实力。

（1）怎样判断品牌知名度的高低

判断品牌知名度高低的办法有很多，比如寻求专业调研机构进行市场调研，也可以通过日常生活中接触品牌的频率和密度来作直观判断。

一般情况下，知名度高的品牌，给人最直观的感觉是，在生活中随处可见，如电视、网络、商店、社交媒体等各种地方。至少在某个年龄层人群中被大家熟知，并受到普遍的认可和喜爱。消费者在选购同类产品时，会优先考虑该品牌，并愿意为其高品质和信誉度支付更高的价格。相反，则说明该品牌知名度较低。

（2）高品牌知名度对企业的重要性

高品牌知名度意味着更多的品牌曝光机会，更高的销售额和财务收益，并能够更好地建立品牌忠诚度。

品牌知名度高，可以提高企业在市场上的知名度和认知度，消费者在购买时更有可能选择这些品牌，从而提高企业的市场占有率。高知名度可以提高消费者对产品的识别度和信任度，从而提高企业的产品溢价能力，在市场上获得更高的利润。同时，帮助企业减少一些宣传和推广环节，尤其是在推出新产品或拓展新市场时，高知名度品牌可以更快地占领市场。

品牌具有高知名度对于企业的好处是多方面的，不仅可以带来更多的商业价值和经济效益，还可以提升企业在社会和消费者心目中的地位与影响力，有助于企业长期稳定发展。

（3）高品牌知名度对企业融资的影响

高知名度品牌可以为企业在融资过程中带来多方面的价值和收益，增加企业的资本吸引力；也可以增加投资人对企业的信任度和股东价值，有助于在融资过程中获得更高水平的投资。

一个知名品牌代表着很高的市场价值和品牌价值，可以增加投资人对企业的信任度，尤其是针对那些初次接触企业的投资人。有一个高知名度品牌的企业不仅可以吸引到更多的投资者，而且可以获得更高水平的投资，同时在融资过程中也可以获得更好的谈判成果。

一个高知名度的品牌可以为企业带来更多的销售收入和利润。由于企业品牌名气大，广告宣传投入的效果往往更高效，可以吸引更多的消费者。同时，高知名度的品牌还可以增强消费者的忠诚度和品牌认同感，促进消费者复购，从而为企业的稳定经营带来更多收益，这些都将为企业融资提供有利的资本运作基础。

高知名度的品牌本身就可以用于融资，如"五粮液"品牌在中国可谓家喻户晓，知名度不可谓不高。2015 年，五粮液选择以"五粮液"商标质押给中国建设银行，成功获得人民币 5 亿元贷款，贷款期限为 3 年，很好地呈现了品牌知名度的价值。

（4）提高品牌知名度的技巧

品牌知名度，可以理解为有多少人了解该品牌，是一个品牌被广大消费者认知的程度。换个角度理解，品牌的传播覆盖面、传播方式、传播渠道、传播力度等决定品牌触达消费者的数量，品牌触达消费者的数量基数就是品牌知名度的高低。

因此，提高品牌知名度，广告宣传是重要手段之一。而要想广告宣传效果达到最优化，就必须进行科学的营销战略策划、适当进行网络营销、扩大品牌物质扩散面、加大品牌产品促销力度等。

① 起一个简单容易记的名字。名字，是人们对某种事或物最基本的记忆点，所以，要想快速提升品牌知名度，起一个简单容易记的名字非常重要。简单容易记的名字可以帮助人们轻松地记住企业的品牌或产品。如果取中文名字，笔画越少越好，字数越少越好，读音越响亮越好，寓意越通俗易懂越好，名字和产品关联度越大越好，而且不能有不好的谐音或者歧义。如果取英文名，一定要易于发音和拼写，不能是一堆又长又难记的字母，尤其忌讳生造单词。

取名字的基本要求就是，人们能够快速地将其与企业的业务联系起来，并与之建立好感、信任和认可。一个难以记忆或复杂的名字可能会让人们感到困感并难以记忆，这可能会导致品牌或产品在市场上无法打响名气。如小米、微信、知乎、百度、美团、淘宝、茅台、五粮液、立白、万达等行业标杆品牌，都是朗朗上口、简单易记。

②设计一个超级符号。所谓超级符号，就是指品牌标识。品牌标识等同于品牌图腾，其重要性不言而喻。一个好的超级符号，能够让人们看到的瞬间就联想到你的品牌或产品，是一种具有强烈概念性、高度可识别性和极佳传播力的图像。超级符号能够为品牌带来一种独特的、深入人心的形象，提升品牌的知名度和认知度。超级符号是品牌的视觉识别系统，可以帮助人们更轻松地记住品牌，并在众多品牌中快速识别和辨认。比如，三九药业的三个阿拉伯数字"999"就是极为优秀的品牌超级符号。

③精确品牌定位。品牌定位是一个品牌所选择的独特市场位置，通过品牌的特点和属性来界定自己的市场位置。品牌定位可以是基于价格、产品特性、功能、优点等，结合消费者需求、竞争环境、市场环境等，建立品牌信任和辨识度。

要想快速打响品牌，就不能贪大求全，不能全国十几亿人口的生意都想做，要明确谁使用你的产品或服务？谁为你的产品或服务付费？用户在什么场景下使用你的产品或服务？用户愿意为你的产品或服务支付什么价格？用户通过什么渠道获取你的产品或服务？用户为什么必须买你的产品或服务？把这些问题搞精确，再围绕答案设计品牌营销计划，定位越具体，营销效果越好，成交越容易。

比如，1688网的品牌定位是工厂直批，网上批发商品平台，工厂要找经销商、经销商要找货源，第一时间就会想到上1688网。又如，顺丰快递的品牌定位聚集中高端细分市场，强调服务的时效性、稳定性和可靠性，故其虽价格较贵，但速度也快，当企业急需邮寄文件之类的小件物品时，第一时间想到的就是顺丰快递。

④创作一句超级广告语。一句成功的广告语，可以让消费者1秒看懂、3秒动心、10秒想购买。具有让消费者自愿传播、让对手无法反驳的作用。

比如，OPPO手机的广告语"充电5分钟，通电2小时"，迅速引起了大量深受手机电池电量不足和充电慢困扰的消费者的共鸣。王老吉的广告语"怕上火喝王老吉"，迅速成为那些喜欢吃烤串、吃火锅、吃油炸又怕上火的消费者的餐桌必备饮料。

总之，超级广告语要简洁明了，能够让消费者在短时间内理解和记住；要突出品牌的独特卖点，让消费者能够将其在众多竞争品牌中区分开来；要能够触动消费者的情感，引起共鸣，让其对广告的印象更加深刻；要与品牌密切相关，能够准确表达品牌的价值和特点；要能够引导消费者进行购买，提升品牌的知名度和影响力，产生积极的推广效果。

一句超级广告语，可以让品牌传播事半功倍，可以让产品实现自动销售。

⑤塑造一个超级品牌形象。俗话说"人靠衣装，马靠鞍"，品牌也不例外，一个超级品牌必然要有一个超级品牌形象。塑造一个超级品牌形象，需要从外在的感官上赋予品牌一个直观的形象，甚至要从整个视觉系统上去设计和优化，也就是策划界常说的记忆符号。一个记忆符号，通过嫁接人们本来就熟悉或者喜欢的符号，运用人类的集体潜意识，驱动消费者产生购买意愿。

一个超级品牌就是一种超级图腾，它要印刻于人们记忆深处，形成潜意识深处的一种符号，这是成为超级品牌的基础。所以，超级品牌形象必须具象化，让人看得见或者摸得到，同时要随处可见，容易被记住，这是塑造超级品牌形象的核心。

具象化的超级品牌形象由一种能够形成记忆聚焦点和价值核心点功能的超级符号、一种能够形成行业风格感受的超级色彩、一种具备适配性和整体性的超级图形组成。

比如，麦当劳的品牌标志以黄色为基础色，黄色比较容易给消费者亲切感和亲近感，而且黄色也是一种辨认度极高的色彩。辅助色采用暗红色，给人喜庆、友善的感觉。品牌文字选用"McDonald's"的首拼字母"M"作为品牌标识，简明易读，还有利于人们记忆。"M"形的金色双拱门设计，即使人们站在较远的地方也能立刻认出来。尤其是麦当劳的代言人——麦当劳叔叔，传统马戏小丑打扮，黄色连衫裤，红白条的衬衣和短裤，大红鞋、黄手套，一头红发，很轻易吸引到小朋友的注意力和兴趣，在西方国家迅速成了仅次于圣诞老人的最熟悉的人物。这一核心灵魂符号成为麦当劳火遍全世界的重要因素。然后通过将店面布局于世界各大城市人气最旺的街区，具象化的品牌形象每天有意无意地刺激着数亿路人的视觉神经，久而久之，"M"形金色双拱门和麦当劳叔叔组成的品牌形象就成了家喻户晓的超级品牌形象。

⑥ 找到精准用户画像。所谓用户画像，是指根据用户的社会属性、性别、年龄、生活习惯、消费行为、兴趣爱好、消费能力、出生地及生活地等标签信息，通过用户模型分析工具，结合大数据，将用户进行分类和贴标签，进而得到高精度的用户档案。

要想高效提升品牌知名度，就要找到精准的用户画像，才能有的放矢，更具针对性地研究和发现用户痛点、需求、习性，然后精准地提出产品策略、营销策略、服务策略，通过建立私域品牌社群、种草、直播、短视频推广等手段快速打响品牌知名度。

通过对精准用户画像的分析，可以深入了解用户的需求、兴趣和行为习惯，从而准确把握用户的心理和需求，有针对性地开展产品研发；可以为用户提供更为精准和个性化的产品或服务，在满足用户需求的同时提高用户满意度，加强用户黏性；在选择营销渠道和制订促销方案方面有的放矢，有助于企业创新和探索新的市场机会，进而提高营销效果，提高销售额，提高竞争力，有利于提升消费者对品牌的信赖度和忠诚度。

⑦ 打造创始人超级 IP（Intellectual Property，知识产权）。创始人是品牌最好的灵魂形象，打造创始人超级 IP 是提高品牌影响力，且传播品牌价值成本最低、效果最好的策略。

创始人作为企业的重要代表，其形象直接关系到企业形象和知名度。创始人的创业故事、人格魅力、价值观等是品牌文化的一部分，创始人 IP 更容易与消费者建立情感纽带，激发消费者对品牌的认同感、忠诚度，并形成品牌口碑，进而带动消费者的购买行为。

尤其是在移动互联网时代，一个超级个人 IP 能够让消费者将对其个人的关注转移至相应的产品和服务。事实证明，一个创始人超级 IP 对品牌建设和提高品牌知名度具有事半功倍的作用。

⑧ 借力 / 借势。要提升企业品牌知名度，一定要学会借力 / 借势，可以通过寻找能够匹配品牌定位的名人、名企等进行合作和事件营销，以快速拉升品牌在消费者心目中的地位和信任度。

⑨ 开发设计超级产品和服务。产品和服务是品牌的重要载体，一款超级产品和服务可以迅速提升品牌知名度。什么样的产品和服务可称为超级产品呢？其前提条件是超值，让消费者获得超预期感。

比如，花 100 元买到的产品和服务具有 200 元甚至 500 元的体验感，这样的超值感能让消费者自愿、自主、免费地为其宣传。又如，一个人几天没吃东西了，饥渴难耐，这时候的预期只是填饱肚子，而你提供了一桌色香味俱全的饭菜，还有美酒和饮料，这种超预期的感觉能够让人终生难忘。超预期的体验感能够提高消费者的品牌忠诚度和品牌美誉度。

⑩ 提高传播力度。传播力度是提高品牌知名度不可或缺的手段。在"酒香也怕巷子深"的当今时代，只有不断提高传播力度，才能够有效提高品牌知名度。毫不夸张地讲，传播力度在一定程度上等于品牌知名度。

品牌传播的主要途径和方法包括通过报纸、杂志、电视、广播等媒体进行新闻、软文、硬广告传播；利用微信、微博、抖音、快手、B 站等社交媒体和短视频平台发布品牌信息及活动，与受众互动；通过高质量产品、优质服务、高性价等赢得消费者口碑传播，并加以恰当的引导，形成热点传播；通过户外广告、互联广告、门店招牌等方式传播；通过事件营销、公关活动、新品发布会、粉丝见面会等方式，近距离互动传播；冠名、赞助、协办各类名人活动、体育赛事、大型活动等，也都对提高品牌知名度具有很大的帮助。

需要注意的是，在品牌建设过程中，难免会遇到突发事故或未知危机，品牌公关团队必须通过公开透明的方式及时回应和处理，有效控制信息传播，设法引导舆论往利好方向发展，想尽一切办法合法合规地弱化甚至消除负面影响。

2. 增加品牌认知度

设立品牌的逻辑是，先有知名度，再有认知度，后有忠诚度。品牌认知度指的是消费者对一个品牌的认知程度和了解程度。更具体地说，品牌认知度是指消费者能够在某些条件下将品牌正确地识别出来，并对品牌有一定的了解，如了解品牌的名称、特征、口碑、市场表现等。

高品牌认知度能够使消费者产生更强的品牌印象和品牌忠诚度，使消费者更容易购买到自己信赖的品牌，也有助于企业更好地传递自己的品牌价值和口碑形象，提高品牌的竞争力和市场地位。

（1）怎样判断品牌认知度的高低

判断品牌认知度高低的传统做法是做市场调研。企业可以通过问卷、访谈、调查等方式，收集消费者对品牌的知晓度、满意度、忠诚度等数据；可以从销售数据、口碑、评价等渠道或参考社交媒体上的品牌粉丝数量、互动率等指标判断品牌的认知度高低。

（2）高品牌认知度对企业的重要性

通常情况下，品牌认知度越高，企业销售额会越高、市场份额越大，消费者对品牌的产品或服务更加信任和满意，企业发展的空间和机会也越大，为企业赢得更多的赞誉和尊重，甚至可以在自己的领域内成为行业领导者，具有更多的话语权和影响力。

（3）高品牌认知度对企业融资的影响

品牌认知度高的企业在融资时更容易获得投资者的青睐，因为它们表现出更强的长期价值和商业实力，更能证明自身的投资价值。知名品牌拥有更好的信任和认可，更容易获得银行或其他机构的低息贷款或优惠融资利率，降低融资成本。品牌认知度高的企业能够获得更高的估值和更大的投资规模，为企业的发展提供更多资金支持。

认知度高的品牌本身就是一项资产，可以直接用于银行质押融资。百事可乐作为国际知名品牌，于 2015 年将其"百事"中文商标质押给中国工商银行，获得了人民币 15 亿元 5 年期的贷款，使其更好地应对市场竞争和发展需求。

（4）增加品牌认知度的技巧

消费者对品牌的认知度源自对品牌的第一印象，以及良好的高频重复接触和意识强化。所以，企业要想让消费者增加品牌认知度，需要建立清晰、积极、独特的品牌形象，通过设计独特的标志、口号、视觉识别系统等方式来塑造品牌感官形象；适当投放广告、策划公关活动、利用社交媒体等多渠道传播品牌信息，提高品牌的曝光度和知名度。更为重要的是，要为消费者提供优质的产品或服务，并且尽可能多地让消费者多维度与产品发生交集，这是消费者增加对品牌认知度的核心。同时，注重口碑营销，通过消费者的口口相传，让品牌美誉度刷新消费者对品牌的认知度。

3.扩大品牌关注度

品牌关注度是指消费者对某个品牌的关注程度，反映了品牌在消费者心目中的地位和影响力。一般来说，品牌关注度的高低与品牌知名度、声誉以及市场份额等有关系。对于企业来说，增加品牌关注度有助于提高销售额、增加企业市场份额、提高品牌影响力。

（1）怎样判断品牌关注度的高低

品牌关注度可以通过社交媒体窥探一斑，如品牌自营账号的粉丝量。品牌被高度关注的企业在互联网上都会有一批忠诚的粉丝，从品牌官方社交媒体账号上就能看出来。最直观的体现在于品牌日常话题的参与度，在社交媒体上的热度越高、讨论越多、分享越多，说明品牌的关注度越高。

（2）高品牌关注度对企业融资的影响

品牌被高度关注的企业在融资时更容易吸引投资者的注意和关注，增加融资的成功率。投资者更愿意投资那些品牌知名度高、业绩表现好的企业。这样的企业更容易地获得较低成本的融资、更有利的融资条款、更大规模的融资，因为其品牌实力、业务稳健以及未来发展前景给投资者带来了更大的信心和认可，其品牌影响力和影响范围较大，也能够吸引更多的投资者参与投资。

（3）扩大品牌关注度的技巧

要扩大品牌关注度，最有效且成本最低的方式就是制造品牌热点。企业可以通过品牌的社交媒体账号提出一些新颖、独特的话题，引起公众的好奇和关注。比如，通过研究某个行业的趋势或挑战，提出一些独特的观点或解决方案，吸引目标受众的关注和讨论，进而形成热点。

或者关注当前的社会热点事件或问题，从中寻找与品牌相关的切入点，引发公众的讨论和关注。比如，企业可以通过关注环保、公益、教育等社会热点话题，提出一些与品牌相关的观点或行为，引起公众的共鸣和关注。

或者提出一些能够引发公众情感共鸣的话题，让人们与企业或品牌产生共鸣和情感上的联系。比如，企业可以通过关注亲情、友情、爱情等情感话题，提出一些与品牌相关的情感诉求，引起公众的共鸣和关注。

还可以协同其他领域或品牌进行跨界合作，共同打造一些具有话题性的活动或产品。比如，与时尚品牌合作推出联名款产品，或者与文化机构合作举办主题展览等，从而吸引更多人的关注和讨论。

4.提升品牌美誉度

品牌美誉度是指消费者对于某个品牌的好感度、信任度、忠诚度等方面的认知和评价程度。一个品牌的美誉度通常是该品牌在市场中的影响力和竞争力的重要指标之一。高品牌美誉度可以增加消费者的购买意愿和忠诚度，进而带动销量增长，促进品牌的持续发展。

（1）高品牌美誉度对企业的重要性

品牌美誉度高的企业更容易吸引潜在消费者，增加销售额和市场份额。在消费者心中会更加可靠和信任，消费者更愿意购买美誉度高的品牌产品和服务。企业也可以降低营销费用，因为它们不需要像品牌美誉度较低的企业那样花费大量的时间和精力来吸引新的消费者。

品牌美誉度高的企业能够以高于同类产品的价格销售自己的产品，即品牌溢价能力较强。高品牌美誉度反映出的是产品品质、信任度和口碑，消费者会更愿意为此支付更高的价值。品牌美誉度的溢价作用带来的竞争优势是长期的，这是因为品牌声誉需要长时间建立，且难以被竞争对手复制。

（2）高品牌美誉度对企业融资的影响

品牌美誉度高的企业相比于无品牌优势的企业更容易获得投资机构的青睐。投资人往往更愿意向知名度高、信誉好、品牌稳健的企业提供资金支持，因为这意味着该企业更有可能实现预期的盈利和回报。

比如，海底捞在中国消费者心目中的品牌美誉度一直较高，其超出消费者预期的服务品质，可谓深入民心，广受消费者称赞和传颂，因此，海底捞已成为中国餐饮业中独树一帜的品牌。2019 年，其通过券商成功发行了为期 3 年的 5 亿元的公司债券，估值一度超过 1000 亿元，先后获得各类融资超过 200 亿元；在 2022 年"最具价值中国品牌 100 强"榜单中，以 34.27 亿美元的品牌价值荣登榜单第 60 位。

（3）提升品牌美誉度的技巧

消费者对品牌的知晓程度和理解程度是品牌美誉度的基础，品牌认知度越高，消费者对品牌的兴趣和信任就越容易建立。消费者心目中品牌的独特印象和个性特征是品牌美誉度的核心。一个积极、正面的品牌形象能够激发消费者的情感认同和忠诚感，从而形成良好的品牌美誉度。消费者对品牌产品的质量、性能、价格的综合评价是品牌美誉度的实质，提供优质的产品和服务，满足消费者的需求和期望，是建立品牌美誉度的关键。品牌的社会责任感也是影响品牌美誉度的重要因素，一个关注社会和环境问题，对促进社会进步和提高百姓幸福指数具有担当的品牌能够赢得消费者的尊重和好感。

那么，口碑传播对品牌美誉度的形成起到重要作用。满意的消费者会向他人推荐该品牌，而这种口碑传播往往比广告更具有说服力。配合适当的、有效的营销策略可以帮助品牌更好地与消费者建立联系，传达品牌的独特性和价值。通过提高品牌认知度、塑造积极的品牌形象、提供优质的产品和服务、承担社会责任、适当营销等，可以有效提升品牌美誉度。

5. 加强品牌需求度

品牌需求度是指消费者对某个品牌产品的需求程度，它是指品牌在市场上的知名度和影响力、产品的品质和性能、企业形象和口碑等因素综合作用的结果。品牌需求度涉及消费者的购买意愿、购买频率、品牌忠诚度等多个方面，是企业衡量市场竞争力和市场占有率的重要指标。

（1）高品牌需求度对企业的重要性

高品牌需求度意味着消费者已经对品牌产生了品牌依赖，形成了较高的认知度、好感度、忠诚度。品牌知名度越高，消费者购买该品牌商品的可能性就越大，品牌需求度也就越高。品牌需求度代表消费者对该品牌的购买意愿程度，高需求度可以带来更多的销售机会和销售额，意味着品牌在市场上的竞争力更强，进而可以提高产品的定价能力，降低企业的市场风险。

高需求度的品牌的口碑效应通常较好，消费者在使用该品牌的产品或服务后会主动推荐给其他人，并在社交媒体、口碑平台上发布正面评价，可以大大降低品牌营销成本，获得更强的竞争力。

（2）高品牌需求度对企业融资的影响

拥有高品牌需求度的企业能够更轻松地吸引投资者的关注和认可，有利于企业获得更多的融资。投资者通常更希望投资那些具有强大用户依赖度和市场占有率的企业，这样的企业风险更低，投资回报更高。品牌需求度高的企业通常被认为是更为稳定和可靠的投资对象，也更容易获得银行、投资机构的融资支持，融资成本通常也会相对较低。

比如，美团作为中国的大型外卖服务平台，其品牌在中国市场的影响力非常大，迄今已经成为品牌需求度很高的品牌。强大的用户依赖度，使其赢得了广大投资者的青睐，上市前就已经获得超过100亿美元的融资，在港交所上市后又先后获得了近百亿美元的融资。

（3）加强品牌需求度的技巧

想加强品牌需求度，企业需要先搞清楚，消费者为什么会有品牌需求，只有围绕消费者的需求动机，才可能提高品牌被需要的程度。

消费者之所以对品牌产生需求度，往往因为觉得大品牌有严格的质量控制，其产品或服务的质量更有保障，相信品牌能够提供更稳定、更可靠的产品和服务。因为企业只有长期的诚信经营和提供优质产品或服务，品牌才可能在市场上享有良好的声誉；同时，为了维持品牌声誉，品牌会遵守商业道德，尊重消费者权益，提供更好的使用体验和更优质的售后保障，让消费者买得放心。

另外，要形成品牌，通常需要提供独特的产品或服务，满足消费者的独特需求和偏好。热衷某种品牌的消费者希望找到符合自己个性和价值观的品牌，这些品牌能够提供与众不同的价值，使消费者感到满意和认同。品牌在一定程度上代表着身份、地位和价值观。消费者购买某种品牌的产品或服务，可以获得社会的认可和尊重，是展示自己身份和地位的一种方式。

也就是说，企业要想加强消费者对品牌的需求度，可以通过优化品牌产品或服务的品质保证、良好信誉、独特价值、优质服务、社交认同等多方面来实现。

6. 提高品牌忠诚度

品牌忠诚度是指消费者对某个品牌的认同感、信任感和偏爱程度，以及持续选择该品牌的倾向性。较高的品牌忠诚度通常反映了良好的品牌形象、产品质量和服务体验，品牌能够获得更高的反复购买率、客户满意度和口碑效应。品牌忠诚度是企业成功的重要指标和竞争优势来源。

（1）高品牌忠诚度对企业的重要性

忠诚度高的品牌可以在市场上获得更高的市场占有率，在同类产品中处于更有利的地位。企业可以通过品牌延伸，推出新的产品线或服务，提高品牌的覆盖范围和新产品的市场竞争力；可以通过口碑传播和消费者的口口相传，降低市场推广成本，增加销量。品牌忠诚度对企业十分重要，它可以帮助企业在市场竞争中处于更有利的地位，提高客户留存率，减少客户流失率，从而提高客户生命周期价值，产生更高的利润。

拥有较高忠诚度的品牌，消费者通常会重复购买其产品或服务，并主动向家人、朋友和同事推荐品牌的产品或服务，会积极支持品牌的活动和倡议，增加品牌在社会上的影响力。比如，积极参加品牌的促销活动、加入品牌的会员计划、捐赠给品牌的慈善事业等。更为重要的是，消费者对自己忠诚的品牌具有更高的宽容度，对品牌出现的小问题或瑕疵表现出较高的宽容度，不会因为一些小问题而放弃对品牌的忠诚度。

（2）高品牌忠诚度对企业融资的影响

具有高品牌忠诚度的企业在竞争激烈的市场环境下更具优势，因为这意味着企业有更好的商誉和更稳定的现金流。它们通常会吸引更多的投资者，包括风险投资基金、私募股权投资者、银行等。这将使企业有更多机会获得更多的融资，从而促进企业的业务扩张和发展。

比如，微信是中国最大的即时通信软件，其业务涵盖社交、支付等多个方面。微信可以称得上用户忠诚度最高的互联网品牌。据不完全统计，超过 50% 的用户平均一个人每天打开微信的次数超过 10 次，最高的单人单日打开微信次数有 80 次以上。由于微信拥有超过 20 亿的海量用户，以及超高的品牌忠诚度，汇丰银行（HSBC）发布的报告显示，微信的市场价值估计高达 836 亿美元（约合人民币 5344 亿元）。其母公司腾讯控股以微信作为基础，在香港成功发行了超过 50 亿美元的公司债券，获得了全球各地投资者的认可和抢购。

（3）提高品牌忠诚度的技巧

一个积极、健康、具有吸引力的品牌形象，能够让消费者对品牌产生好感。当产品的价格与消费者的自我价值定位相符合，并且对产品的使用功能、工艺质量以及配套的服务感到满意，就会对该品牌产生信任感。而优质的售后服务能够进一步增强消费者对品牌的信任感和满意度。当消费者对品牌产生情感认同，比如对品牌的理念、价值观产生共鸣时，就会形成品牌忠诚度。

提高品牌忠诚度，需要一个过程，需要消费者在多次购买和使用产品的过程中逐渐积累并形成。所以，企业需要持续确保市场竞争力和满足消费者需求变化，不断提高产品质量和服务水平。

7. 加大品牌防护度

品牌防护度是指品牌在市场上受到抄袭、假冒或其他恶意行为时的抵御能力和保护程度。企业通常可以商标、专利、著作权、版权等，构建完整的知识产权管理体系来达到保护目的；通过参与制定行业规范和标准，加强监管力度，打击不法行为和假冒伪劣产品，保护品牌和消费者的利益；利用智能化技术，如大数据分析、人工智能等，加强对品牌未来发展趋势的研究和分析，及时发现潜在风险并进行风险处理；另外，成立品牌公关部门，针对品牌发展战略需要，适时、适当地宣传企业的品牌文化、核心价值等，推动和维护品牌知名度、品牌形象和品牌声誉；建立公众信任，积极弘扬诚信文化，加强企业社会责任，建立公众信任体系，增强企业的社会形象和信誉，以在危机发生时获得公众更多的支持和信任；面对品牌危机，要迅速启动应急预案，及时采取措施降低负面影响的扩散，遏制舆情的发展，同时调查事件原因，展开信息收集、分析和评估，确保公众信息准确，避免妄议、失误引发更严重的负面影响。

（1）高品牌防护度对企业的重要性

品牌防护，就是利用品牌知识产权和商业利益防护，防止他人恶意抄袭、侵权，从而防止品牌形象受到损害。高防护度的品牌会给人以安全、可靠、高质量、值得信赖的感觉。相应品牌的产品可以带给消费者高品质的使用体验，获得较好的消费者口碑，进而形成品牌认知度和美誉度；有利于产品线拓展，新产品推出后比较容易获得消费者的认可，吸引其购买，进而提升市场占有率和竞争力。

品牌防护度和品牌价值之间存在着密切的关系。品牌防护度越高，品牌的价值也就越高。企业应不断优化品牌形象、产品品质、服务水平等，使品牌在消费者心中具有更高的品牌忠诚度和满意度，提高品牌的市场占有率和商业价值。提高品牌防护度可以保护品牌的正常运转和发展，进而提高品牌的价值。

（2）高品牌防护度对企业融资的影响

品牌防护度低的企业容易受到抄袭、侵权，这不仅会损害企业的声誉，还会损害消费者的信任和忠诚，在企业融资时，投资者会对存在知识产权纠纷的企业更加谨慎，从而影响企业的融资成功率和融资成本。品牌防护度越高，投资者对企业的信任度也就越高，可以缩小企业与投资者之间的信息差，从而提高企业的融资成功率。

一个完善的品牌保护体系可以减少企业的商业风险。如果企业品牌得到充分的保护和推广，就可以帮助企业取得更多的客户和市场份额，并通过品牌溢价实现更高的利润率，提升品牌价值和商业影响力，吸引更多的融资，从而为企业的成长和发展提供更多的资源与支持。

比如，海康威视是一家在全球范围内提供以视频为核心的智能物联网解决方案和监控设备的供应商。海康威视积极申请各种知识产权，包括专利、商标、著作权等，已经申请并获得了超过2000项国内外专利，拥有1000余个商标，在全球范围内拥有多项核心技术和独家技术，提高了海康威视的声誉和竞争力。

海康威视建立了较全面的品牌保护体系，设立了专门的知识产权部门，拥有一支专业的技术人员团队，包括法律人员、技术人员和知识产权管理人员，完成各类知识产权的申请和保护工作。它通过完善的知识产权保护来巩固自己在行业中的领导地位。因此，海康威视作为一家具有全面品牌防护体系的企业，先后获得了超过 1000 亿元的融资支持，并成功在深交所和香港联交所上市。

（三）构建知识产权护盾

知识产权是保护企业创新成果和专有技术，防止竞争对手抄袭、侵权的重要措施，是企业与其他企业展开技术及商业合作的重要资本，是防范市场风险，降低未来风险，减少与对手的商业竞争的对抗，提高企业稳定性和可持续发展性的重要法律支撑。构建完善的知识产权护盾，能提高品牌价值和溢价能力，提高企业的市场竞争力和企业估值，有助于吸引投资者和资本市场的关注，提高企业的融资能力和资本扩张能力。

1. 什么是知识产权护盾

知识产权是一种权利，更是企业的一种资产。知识产权是企业的护盾，而知识产权护盾是知识产权形成的护盾，是保护知识产权最有效的手段。

知识产权护盾是企业采取系列措施全方位保护自身技术资产和商誉资产的一种组合方案，一般由专利、商标、版权、著作权、制度和协议等以矩阵的形式组合而成，构建成安全、全面、长效的保护系统，从而避免他人抄袭、侵权或者盗取企业的商业机密和专利技术等资产。

在构建完整的知识产权护盾的同时，企业需要采取其他必要的措施，如完善法律意识、加强技术维护、规范管理等，不断提升自身的保护能力，以保护企业利益，促进企业的持续发展。

2. 构建知识产权护盾的必要性

知识产权是企业最重要的资产之一，是企业的核心竞争力。构建知识产权护盾可以提高企业在市场上的影响力和话语权，让竞争对手和消费者更加尊重企业的创新能力与价值；可以降低企业的法律诉讼风险，减少不必要的成本和时间。如果企业的知识产权受到侵犯，将导致企业的利润受损、市场份额下降、企业形象受损等。

知识产权具有重要的经济、社会和法律价值，对于促进经济发展和保障公共利益具有重要的作用。知识产权可以通过对外合作、授权、转让等形式获得真金白银的回报，完善的保护机制有利于知识产权价值提升，有助于增强合作伙伴和买家的信任度。

构建知识产权护盾可以让企业投入更多精力和资源在技术研发上，不用担心被侵权或被竞争对手模仿，从而提高企业在市场上的竞争力，提高企业的品牌知名度和品牌形象，提高企业的品牌价值和社会形象；可以防止恶性竞争和市场混乱现象，促进行业的正常、健康发展；可以增加投资者和合作伙伴的信心，在市场上获得更多的合作机会和融资机会。

此外，企业缺钱时，还可以通过知识产权授权获利，或者通过知识产权质押贷款和知识产权转让等方式获得资金。

3.知识产权护盾对企业的影响

知识产权护盾对企业的影响是巨大的，既可以防止他人侵犯自身权利，也可以预防被他人诬告自己侵犯他人权利，还可以为企业增加无形资产价值。

从投入产出角度看，投资1亿元于有形资产，所获得的市场估值基本接近1亿元；而如果投资1亿元于技术创新并构建知识产权护盾，知识产权所产生的无形资产价值可能是投资额的数倍乃至数十倍。

（1）防止他人侵权

企业开发新技术、新产品，都需要投入大量的人力、物力、财力和时间，构建知识产权护盾，是防止竞争对手用模仿、复制、盗窃等手段低成本获得技术生产同类产品参与市场竞争，由于这样的手段不用投入研发成本，产品成本和产品销售定价必然更有优势，但对企业的损害往往是致命的。若拥有知识产权护盾加持，就可以最大限度地减少类似风险发生，或者在被侵害时可以通过法律手段进行自我保护和挽回损失。

胡某秀曾是T普公司副总经理，离职后自立门户成立公司，并将自己在原公司掌握的技术与多家公司合作，生产与原公司相似度极高的设备，并销售了几十台。该设备每销售一台，就会给T普公司造成千万元的经济损失。生产该设备的技术系T普公司原创发明专利，曾获"中国专利金奖"，并在世界60多个国家和地区获得了发明专利授权17项。经某市中级人民法院两年的调查取证，认定胡某秀及其合作的数家公司侵权事实，最终判决胡某秀及其合作的数家公司向T普公司支付专利侵权赔偿2980万元。T普公司因为采取了知识产权保护措施，为自己发明的技术构建了护盾，从而不仅终止了技术被侵权的行为，还获得 2980 万元的赔偿款，挽回了因被侵权造成的经济损失。

（2）预防对他人侵权

知识产权护盾，除了防止别人侵害自己的知识产权，还可以预防自己侵害他人的知识产权。企业在构建知识产权护盾时，必然要了解同类技术的当前状况，通过跟踪考察可以发现和避免重复研究那些已经获得知识产权的现有技术，从而在减少科研投资浪费的同时，避免侵犯他人知识产权的风险，免受官司负累。

某年，A 汽车推出车型，在外观设计上与 B 汽车车型相似度较高，因而引起 B 汽车质疑。多次向 A 股份及其经销商发具警告函，指控双环股份产品侵犯其专利权，要求立即停止侵权。随后 B 汽车向北京市高级人民法院起诉 A 汽车侵犯其汽车外观设计专利权，并向 A 汽车索赔 3.4 亿元。经法院充分取证和双方各自举证，历时 12 年经多次开庭，最终法院判定"涉案产品与外观设计专利产品的主要技术特征进行比对，整体观察及细部比较上存在明显差异，两者不构成近似"。B 汽车败诉，不但没有索赔成功，还需向 A 汽车赔偿 1600 万元因此造成的损失。这是预防被起诉侵犯他人知识产权的典型案例。

（3）增加企业无形资产

企业资产包括有形资产和无形资产，知识产权是无形资产的重要组成部分。坊间流行这么一句话"三流的企业卖劳动力，二流的企业卖技术，一流的企业卖知识产权，顶级企业卖话语权"，虽然这种说法有失偏颇，却形象地诠释了知识产权对企业的重要程度。

美国生物技术公司 Amgen，其有形资产估值仅 25 亿美元，但由专利、商标、版权、著作权等知识产权构成的无形资产总值高达 150 亿美元。对于那些技术含量高的专利和商誉良好的商标，其市场价值更是不可估量，真实价值远远高于 150 亿美元的估值。

4. 知识产权护盾构建实操

强大的知识产权护盾是提高品牌安全和价值的重要保障，知识产权护盾应该怎样搭建呢？

（1）设计知识产权矩阵

强大的知识产权护盾，由一个完善的知识产权矩阵实现。

矩阵的概念源于数学。在数学中，矩阵是一个按照长方形阵列排列的复数或实数集合，最早来自方程组的系数及常数所构成的方阵。

知识产权矩阵有两种形式：一种是横向矩阵，另一种是纵向矩阵。两种形式可以单一使用，也可以组合使用，关键要看企业自身的经济实力和知识产权规划能力。

①横向矩阵。横向矩阵是一种以保护的目标为中心，将保护的半径扩大的方法。比如，要保护一项新研发技术，采用横向矩阵的方法是以该技术为中心，从技术名称、技术特点、技术应用场景、技术能生产的产品等，多维度、全方位地设计规划出符合不同国家商标、专利、美术版权、著作权、商业秘密、植物新品种、地理标志、集成电路布图设计等要求的相关法定文件，并向多国相关部门申请 / 注册 / 登记，并取得相关证书。

②纵向矩阵。纵向矩阵是一种以链式结构，将保护目标作为链头，纵向深挖该技术可能相似、类似、可延伸的关联技术，然后将所有关联的技术设计规划出符合不同国家商标、专利、美术版权、著作权、商业秘密、植物新品种、地理标志、集成电路布图设计等要求的相关法定文件，并向多国相关部门申请 / 注册 / 登记，取得相关证书。

（2）取得知识产权证书

官方授予的证书是知识产权最重要的法律依据，是保护知识产权不可或缺的组成部分。尽管法律明文规定，一旦知识产权主体事实诞生，就依法享有法律保护的天然权利。比如，你使用了一个名称作为品牌标志，而且已经实际在运用了，并形成了一定的品牌知名度和识别度，就算没有注册商标，这个标志本身也具有商标同等效力和受法律保护。又如，你写了一本书，但没出版，也没向版权机构申请著作权，只要你能证明该书由你创作，而且是第一创作者，该书就受到著作权法保护。但是，该类权利在诞生的同时，如果被他人抢先进行了申请 / 注册 / 登记并获得了证书，那么在主张权利的时候，证书拥有者大概率会成为最终赢家。比如，你发明了一项技术，但没有申请专利保护，恰巧你这项技术被他人申请并获得可专利授权，你要想主张你的权利就显得相当困难，很难证明该技术是你研发的，至少很难证明你是最先研发的，甚至有可能你会变成侵权者，而且很难自证清白。

所以，无论是品牌保护，还是技术保护，知识产权证书要尽早、尽快取得，这是合法保护自己的知识产权的最有效的办法，也是最明智的做法，更是很有必要的做法。

（3）构建知识产权监管系统

知识产权监管系统是一种利用信息技术手段对知识产权进行监控、追踪和管理的系统，功能应涵盖注册、申请、审批、维权、保护等所有环节。重点用于自动收集侵权信息、发现侵权行为、维权预警，并对对外合作或授权的知识产权状态进行实时监控和及时风险报警。

要构建知识产权监管系统，企业应对市场上的产品、广告、网站、品牌话题等进行监测与排查，及时察觉侵权行为；定时关注消费者在相关行业协会、组织、平台的投诉举报，及时发现知识产权侵权行为。设置知识产权投诉和举报通道，如在官网设置在线反馈专栏、公布官方电子邮箱和即时通信官方账号等，随时接受消费者的投诉和举报，及时发现侵权问题；对于侵权行为，通过法律途径结合多种方式多维度维护自己的知识产权，包括发出警告信、提起诉讼等。

同时，加强员工的知识产权保护意识，比如，设置相关培训、宣传、奖惩措施，确保员工对知识产权的保护有充分认识和意识，预防由于内部失误、离职人员盗取、合作伙伴违约造成知识产权被侵犯；建立细致的制度、动态的监管、积极的申请和维权，来全面保护自己的知识产权。

（4）完善知识产权使用制度和执行流程

完善知识产权使用制度和执行流程，应当建立系统的知识产权保护制度，保障企业自身利益，为企业长远发展保驾护航，可围绕以下几点进行完善。

①知识产权范围的确定。明确企业拥有哪些知识产权，如专利、商标、著作权、商业机密等。确保企业员工知晓这些知识产权的范围和归属。

②知识产权的获取和保护。制定适合企业实际情况的知识产权获取和保护措施，包括撰写专利申请、商标注册、著作权登记等。

③知识产权许可和转让。制定企业内部的知识产权许可和转让规则，明确员工对知识产权的使用权限，避免超出授权的行为。

④知识产权保密规定。制定保密规则，分类别地保护企业的商业机密，禁止员工擅自泄露企业机密信息。

⑤知识产权纠纷解决机制。规定针对内部员工或与外部合作伙伴之间发生

的知识产权纠纷所需处理方式，确保企业合法权益。

⑥员工教育和培训。在企业内部普及知识产权保护意识和技能，包括知识产权维权、发现和处理侵权案件等。

（四）提升品牌溢价能力

品牌溢价能力是企业竞争力的表现形式，品牌溢价能力强，意味着用户愿意花更高的价格购买品牌名下的产品，能够赋予企业更高的市场地位和更高的市场定价权，能够为企业创造更高的利润和投资回报。

1. 什么是品牌溢价能力

品牌溢价能力，泛指品牌在市场上超过其基本价值的能力。当消费者认可并接受一个品牌是高品质、高信誉的时候，他们会愿意为这个品牌支付比同类产品更高的价格。品牌溢价通常发生在拥有强烈品牌忠诚度的行业中，如奢侈品牌、科技品牌、时尚品牌等。

众所周知，广东、福建、浙江等沿海地带是中国制造业的发达地区，代工厂多如牛毛，全世界很多产品、很多品牌产自这些代工厂，一模一样的产品、同一条生产线，贴上不同的品牌标签，售价却差别巨大。这就是品牌溢价能力的差别。

2. 品牌溢价能力对企业的影响

品牌溢价能力就是企业获得利润多少的能力，品牌溢价能力越强，获得的利润越多；反之亦然。从另一个角度来理解，品牌溢价能力就是品牌信誉度、品牌信任度、品牌忠诚度，直观反映的是品牌的价值。

品牌溢价能力是企业获得更高售价、更高利润率、更多盈利的有力武器。具有较高的品牌溢价能力的企业，有足够的资金做营销和加强市场开拓，从而获得更大的市场份额。

3. 怎样提高品牌溢价能力

曾几何时，"向成本要效益"成为无数生产制造企业的口号，也成为这些企业努力奋斗目标，如今却成为这些企业的噩梦。因为，一味地通过压低生产成本来提高企业收益和市场竞争力，最终难免陷入偷工减料和无利可图恶性循环的沼泽。提高企业效益的最佳办法，不是"向成本要效益"，而是"向品牌溢价要效益"，尽管能够以更低成本生产出产品也很必要，但是不能将此作为提高企业收入的主要方式。

提升品牌溢价能力的重要性不言而喻,关键是,怎样提高品牌的溢价能力呢?

一切价值的存在,都需要某种支撑点,价值不是平白无故产生的,必须有合理支撑点才能保持价值的可持续。品牌溢价能力亦是如此。之所以可以溢价销售,是因为消费者愿意接受。那么,是什么促使消费者产生该支付意愿呢?

一是知名度。品牌知名度是品牌价值的重要支撑点,品牌知名度越高,影响的消费者基数越大,进而产生的品牌效应越好。

二是口碑和评价。口碑和评价会直接影响消费者的付费意愿。口碑越好、评价越高,品牌获得认知度、信任度和忠诚度的概率就越大,为品牌的溢价付费意愿的基数也随之变大,最终品牌溢价能力越强。

三是产品质量。如果说品牌是产品的灵魂,那么产品质量就是品牌的生命,再强大的品牌,也经不起劣质产品的伤害。高品质的产品可以提高消费者对品牌的信任度、忠诚度和依赖度,也是良好口碑和评价的基础。而口碑与评价是决定品牌生命力的核心,一个口碑差评价不好的品牌,会快速淹没在竞争白热化的竞品海洋中;而一个口碑好评价高的品牌,会在品牌林立的市场中脱颖而出,形成竞争力,进而为产品提供更大的附加值支撑。

三、营造企业实力感

实力是一种内在的东西,外人无从真实直观地了解。而实力感是一种外在的东西,人们可以在企业的资产情况、产品情况、人才情况、运营手段上感知到,虽说这种感知未必准确,但毕竟"眼见为实,耳听为虚",能够切实地感知到企业的实力肯定比无从感知要好。

所以,企业要想提升市场融资力,一定要学会营造企业的实力感。比如,营造资金实力、产品实力、人脉实力、运营实力等。

(一)营造资金实力

虽然古人有"闷声发大财"的教诲,但在这个时代,如果企业想要顺利融资,尤其要市场融资,不展现点企业的资金实力,是比较难的。所以,适当地营造企业很有资金实力的外在感觉,对提升企业市场融资力很重要。

1. 通过办公室营造实力感

办公室除了是企业的办公场所，也是接待客户的重要场所。办公室用地是购买的还是租赁的、所处城市的位置、空间大小、装潢情况、摆设品位、员工数量等都是客户捕捉一家企业是否有实力的信息依据。

很显然，办公室设置在 5A 级写字楼内，肯定要比设置在普通居民住宅楼内让人感觉更有实力；办公室物业是买下的，肯定要比租赁的更能够让人信任和放心。同样的道理，一间办公室空空如也，员工没几个，值钱物件没几样，很难让人相信这样的公司有实力；而一家公司上百号员工，屋内琳琅满目的世界级艺术品摆件、高档办公设备、奢华的装潢，肯定更能让人相信这样的公司很有实力。

2. 通过股东营造实力感

股东的背景是他人认可一家企业实力的关键要素之一。比如，公司股东有央企国企、上市公司、500 强企业、知名投资公司，这样的公司自带光环，是具有令大众信任的背书。如果股东名单中有著名企业原高管、专家、教授、海归人员、知名大学毕业生等，也能为公司实力加分。此外，还可以挖掘现有某位股东的光辉历史，比如他上次创业赚了多少钱、有何成果，又或者在哪个领域赚过多少钱等，这些都能侧面展现企业可能的资金实力。

3. 通过企业用车营造实力感

商务接待用车往往也是他人对一家企业资金实力的一种认定方式，用劳斯莱斯接待客人和用桑塔纳接待客人，给客户留下的"实力"印象完全不同。

企业在使用这种方式营造资金实力时，一定要量力而行、切合实际，切不可盲目虚荣、打肿脸充胖子，那样只会适得其反，给他人留下造假的印象。

（二）营造产品实力

企业的产品实力体现在产品研发能力、生产能力、经营能力等诸多方面。产品是企业的命根，是企业赖以生存的基础，也是经销商、加盟商、消费者愿意主动支持企业市场融资的关键。

能不能推出让消费者满意的产品，能不能持续推出让消费者复购的产品，能不能推出让竞争对手超越不了的产品，这些都是企业实力的一种表现。企业可以通过展现产品实力来彰显企业的实力。

1. 产品研发能力

产品研发能力体现在产品技术含量、设计能力、迭代能力，以及产品质量的稳定性和竞争力诸方面，最终体现在市场欢迎程度和持续竞争力上面。而这些要素是经销商、加盟商、消费者是否愿意主动掏钱的关键，也就是说，提升企业市场融资力，就要提升企业的产品研发能力。

2. 产品生产能力

产品生产能力体现于产品的质量、质量稳定性、年产能、日产峰值、生产成本优势等多个方面。生产能力是市场维稳的基础，再受欢迎的产品，如果生产不出来，或者不能满足市场的巨大需求，或者产品质量时好时坏等，都会影响市场销售，尤其会影响经销商或加盟商信心，同时影响企业的市场融资力。企业的产品可以是自己生产，也可以是找工厂代工生产，但一定要掌控好生产能力。

3. 产品经营能力

产品经营能力直接通过市场情况反映。产品能不能引起市场热度，是营销能力的问题；能不能让经销商或者加盟商高度配合，是销售业务能力问题；能不能持续赢得消费者忠诚度，是产品质量、产品用户体验感、迭代能力、营销战略能力问题。

产品经营能力强的企业，可以让经销商或加盟商排队抢着交钱拿货；经营能力差的企业可能跑断腿也找不到愿意交钱拿货的人。

4. 产品竞争能力

产品竞争能力是指产品符合市场需求的程度，直观体现在消费者对产品购买意愿和复购热情上。评价一个产品的竞争能力，可以从产品的功能、可靠性、耐用性等满足消费者需求程度，产品的制造工艺、材料质量、使用体验等是否符合消费者期望，产品的性价比是否合理、消费者是否愿意为产品买单，产品销售渠道是否具备多样性和售后服务质量等方面入手评估。

分析产品竞争能力的要素包括产品的品种、质量、成本、价格、交货期、商誉、品牌、包装等，判断其是否符合顾客需求，并对竞争对手的产品进行优劣分析。

5. 产品获利能力

产品获利能力指企业通过产品定价、产品销售或提供服务获取收入，并从中获取利润的能力。其中，定价是影响产品获利能力的第一个重要因素，企业需要在考虑成本、市场需求和竞争状况等因素的基础上，制定合理的产品定价策略。成本是影响产品获利能力的第二个重要因素，企业需要采取各种措施，如优化生产流程、降低原材料成本、提高生产效率等，来降低产品成本。产品质量是影响产品获利能力的第三个重要因素，企业需要不断提高产品质量，以提升产品竞争力，增加市场份额。营销推广是提高产品获利能力的必要手段，企业需要通过各种渠道，如广告、促销、公关活动等，提高产品的知名度和美誉度，吸引更多客户购买。供应链管理同样也是影响产品获利能力的因素，企业需要优化供应链管理，包括采购、库存、物流等方面的管理，以降低成本和提高效率。

6. 资本运营能力

资本运营能力，狭义的含义是企业的融资和投资能力。广义的含义是企业根据市场的走向和需求，对总体资源和生产要素进行合理分配、使用、组合及优化的能力，旨在实现资源利用最优化和价值最大化。比如，通过债务融资、股权融资、政策融资、市场融资等多种融资方式获取资金，根据市场需求和自身实际情况，将资金、技术、人才等资源进行合理配置，提高生产效率和产品质量，增加市场竞争力；通过降低生产成本、管理成本等手段，提高企业的盈利能力；通过合理的资金规划和投资决策，提高资金的使用效率，实现资金的优化配置；同时，建立完善的风险管理制度，对市场风险、信用风险、操作风险等进行有效管理，以降低风险对企业的影响。

（三）营造人脉实力

人脉是影响一个企业负责人能不能做成生意的一种关键资源，投资者的决策通常会受到企业负责人的人脉实力影响。一个企业负责人的人脉实力，主要通过两种方法去判断：第一种方法是看企业负责人身边追随的是什么样的人，第二种是看企业负责人平时和什么人在一起。

1. 通过身边追随的人彰显实力

俗话说"近朱者赤"，从一个人身边追随的人可以看出这个人的脾气、秉性、优点和缺点，也可以了解其人脉实力。如果一个企业负责人的助理是海归博士、技术负责人是发明奖获得者、上市筹备负责人是金融学博士，其企业实力一般也不会太差。投资人在多方验证这些人的真实性后，便会考虑对公司进行投资。

2.通过认识的人彰显实力

企业负责人认识什么样的人也可以在一定程度上彰显企业的实力。实力是人脉的基石，而人脉则是实力的放大器。只有企业具备了足够的实力，才能在市场竞争中建立起真正有意义的人脉关系；而当企业拥有了广泛的人脉时，又能够借助这些关系进一步提升自己的实力，形成良性循环。

（四）营造运营实力

运营实力是企业综合能力的体现，包括产品竞争能力、技术开发能力、生产能力、市场营销能力、产品获利能力、财务管理能力、资本运作能力等诸多方面的综合表现。

四、提升市场融资力的加分项

强大的企业都会有全套完整的企业模式，如专业的经营模式、成熟的市场模式、科学的管理模式、可行的商业模式等。所谓模式，就是企业在各种经营作业中的系统，是市场融资力的关键加分项。

（一）专业的经营模式

目前国内主流的经营模式无外乎"设计+""生产+""销售+""品牌+""资本+"等几种。这些模式都是以点带面的战略模式。拥有专业的经营模式的企业，一般会采用最符合自身发展的经营理念、技术、管理方法等，建立一套系统化、标准化、规范化的经营管理体系，并通过不断的实践、学习、创新，提高企业的管理水平、运营效率和市场竞争力，从而实现企业的快速发展和长期稳定经营。

1."设计+"

"设计+"是一种轻资产经营模式，主要是指企业以产品设计作为业务支撑点，凭借出众的设计，带动企业其他业务板块的发展。比如，"设计+销售"，企业将设计好的作品授权给具有生产能力的工厂生产，以设计的优势吸引用户，进而带动产品销售。企业只做设计和销售工作，其他工作都以外包的方式完成。

在诸多经营模式中，"设计+"模式最大的优点是资产更轻，产品更贴近市场需求，所以更容易获得成功。这样的模式比较容易赢得投资人的投资。

家具电商品牌林氏就是"设计+销售"模式的典型代表。该公司拥有庞大的产品工业设计团队和电商销售团队，产品由设计团队完成设计后，由代工厂负责生产，电商团队同步进行产品预售和正常销售。其出众的设计赢得了广大年轻消费者的青睐，成立短短几年业务就已经覆盖全球多个国家，全球线下门店已超 1000 家，年销售量超过 50 亿元。

2. "生产+"

"生产+"模式也可以称工厂模式，或者代工模式，这类企业最大的优势就是有生产能力和生产条件。其主要业务是为其他企业代工生产产品，如来料加工、原始设备制造商（Original Equipment Manufacturer，OEM）、原始设计制造商（Original Design Manufacturer，ODM）等。这类企业一般建有研发中心和技术创新中心等机构，导入精细化管理体系，致力于提高自身生产力和核心竞争力。同时会配套完善的物流网络和供应链系统，优化整个物流配送过程，从而最大限度地满足客户需求，提高客户满意度。

富士康总部位于中国台湾，是一家全球领先的电子制造服务提供商，主要业务包括电视、手机、电脑和其他电子产品的代工和组装，以及零部件生产组装等。富士康是"生产+"模式最具代表的企业，在全球拥有众多工厂和员工，业务布局涵盖亚洲、欧美和非洲等多个地区。企业拥有雄厚的技术实力和制造能力，在全球电子产品制造领域占有重要地位，始终致力于技术创新和生产效率的提高，投资并掌握了电子零部件和显示技术的核心技术，如在电脑和手机制造领域与各家电子品牌保持着长期合作关系。

3. "销售+"

"销售+"模式又被称为卖场模式，泛指企业本身不生产产品，只专注于产品销售，通过其庞大的销售网络和销售能力形成企业核心竞争力，进而在供应商中赢得话语权，实现"销售+"平台模式。

苏宁易购就是"销售+"模式的典型代表，使用的便是一种线上线下融合的经营模式。苏宁易购的核心在于通过线上电商与线下门店的结合，打造一个全渠道的销售网络和服务体系，将消费者的购物需求与线下门店、仓储物流等资源有效整合，为消费者提供更高效、便捷、全面的购物体验。在这种模式下，通过实体门店、社区门店、自营渠道、第三方合作等方式，消费者在线上线下都能购物、体验、享受服务。同时，为了打造良好的用户体验，苏宁易购从供应链管理、物流分拣、分销渠道掌控等多个方面对企业整个运营过程进行了全面优化和升级，不断提升企业在市场竞争中的地位和竞争力。它已先后成功融资超过 500 亿元，公司市值一度高达 1600 亿元。

需要注意的是，"销售＋"平台模式的企业以轻资产的方式快速发展壮大，但这仅仅发挥了销售功能，没有发挥"＋"的作用，若只是依靠销售差价，不进行增值服务和创新，就无法形成持久的竞争优势。因此，只做销售而不进行生产的企业需要不断提高服务水平，开拓新的市场和客户，持续创新，才能实现可持续的发展，否则必然由盛而衰。

4."品牌＋"

"品牌＋"模式泛指企业以持有知名度高、美誉度好、需求度高的品牌，以此为竞争力通过严格筛选合格制造商为品牌授权出品产品并实现盈利的一种经营模式。

小米是我国的一家智能手机品牌商，也是"品牌＋"模式的典型代表。小米在品牌上注重年轻化和创新，注重用户体验和精准营销，从用户需求和体验感出发，积极推出符合用户需求的产品，注重口碑宣传和维护，形成了信任度高、用户黏性强、品牌认同度好的品牌形象。通过开放自有技术、与合作伙伴进行品牌授权合作，让更多的企业和产品与小米品牌进行联合推广，进一步扩大品牌影响力和市场份额。

另一个典型代表案例就是"南极人"。南极人以保暖内衣起家，快速脱颖而出成为家喻户晓的品牌。其品牌价值已达到 382.9 亿元，连续 10 年登上中国品牌价值 500 强榜单，成为具有国际影响力的服装品牌。随着电商的崛起，南极人启动了电商战略，正式开启"不生产产品，只运营品牌"的"品牌＋"模式，产品从服饰逐渐延伸覆盖了生活中的方方面面，靠品牌授权每年创收超过 10 亿元以上。

5."资本＋"

"资本＋"模式泛指靠股权投资盈利的经营模式。常见于在某个领域获得了巨大成功，积累了雄厚的资本实力，进而以资本作为企业核心优势，有选择、有预设地投资优秀企业股权，实现扩张，最终通过所投企业的增值赚钱，或者通过构建闭环生态圈实现收益最大化的情况。

腾讯是"资本＋"模式的典型代表之一。在过去 10 多年中，腾讯对外投资了 800 多家公司，投资额超 8000 亿元，涉足的行业从衣食住行到金融、医疗，甚至彩票，包括互联网、互联网游戏、直播、软件、视频、音乐、文学、互联网汽车金融交易平台、金融科技、小额贷款、运输网络、零售及新零售、电动汽车、可持续能源生产、互联网医疗保健及量子计算等。

（二）成熟的市场模式

市场模式是指企业在商业活动中采取的策略，即产品变现的通路，或理解为产品的行销通路和策略。

什么是行销？行销就是透过交易的过程，满足人类需要的活动。

什么是通路？通路就是透过媒介把产品和服务提供到市场上去。企业的产品或服务与市场之间的那个媒介就叫通路。

常见的市场模式包括经销商通路、商超通路、连锁加盟通路、直销通路、电商通路等。市场模式的选择对企业的生存和发展具有至关重要的影响。

在这个消费者需求多元化的年代，企业能生产出好的产品算不上能耐，能把产品卖出去变成利润才有价值。据不完全统计，超过 80% 的企业死于现金流断裂，而超过 70% 企业是因为没有销售能力，获取不到订单，没能把生产出来的产品卖出去而导致现金流断裂。所以，拥有成熟优秀的市场模式至关重要，直接为企业融资加分。

1. 经销商通路

经销商通路是一种比较传统的市场模式，几乎存在于任何行业，有的行业称谓可能不一样，但其本质是一样的。其主要的业务形态表现为企业在市场上通过与经销商合作来推销自己的产品和服务，经销商作为中介，为企业拓展市场、管理销售流程、维护客户等。经销商模式可以使企业在快速开拓市场的同时，降低销售成本和风险，实现销售收益增长。同时，经销商也能获得额外利润，并与企业建立长期合作关系。

在某些行业中，有的企业没有足够的资源、资金或时间来建立一个独立的销售渠道。这时就可以借助经销商模式，利用经销商的销售网络和资源来实现产品销售。这样能以较低的营销成本快速将产品打入新市场，进而提高企业市场占有率，快速获得利润。

经销商通路可以为企业带来更多的收入和利润，增加企业的知名度，提高企业的竞争力，并为企业融资提供更好的资本基础和财务状况。这些都能更好地为企业融资加分。

2. 商超通路

商超通路是指通过超市、商场等零售渠道销售商品的一种市场模式。它是线下零售领域中占据主导地位的一种商业模式，是消费者购买商品的主要通路之一。所谓商超，并不仅限于卖日用品的超市和百货商场，也包括了各行各业类似超市和百货商场的卖场，如汽车零配件市场、化工用品市场、机电批发市场等都属于该类范畴。

商超通路经营的产品种类和品牌通常比其他零售渠道更加丰富，可以满足消费者多样化一站式购物的需求。这样的商超通常位于人口密集、交通便利的地点，便于消费者购物，同时也提供快捷的售后服务。商超通路一般合作关系比较稳定，企业可以获得较为有序的销售市场，更有利于研发和生产规划。

商超通道具有较高的流动性，可以快速销售产品，减少企业的存货积压，提高资金的周转率。商超通道通常拥有大量的忠实消费群体，通过商超渠道可以增强企业品牌形象和知名度，提高企业的市场竞争力，更易获得投资方的认可。

3. 连锁加盟通路

连锁加盟通路是指企业通过与其他企业合作，将自己的品牌、经验和知识产权授权给其他企业使用，以实现品牌、销售渠道和市场等资源的共享，共同发展。这种通路可以被视为新型的经营和管理方式，适合企业快速拓展市场和实现利益共享。

企业可以通过加盟的形式实现对品牌形象、销售渠道等方面的统一管理，为企业提供专业化的指导和支持。加盟企业在经营时需要遵循主企业品牌形象、品牌行为规则等统一的标准，这有利于提高品牌形象和统一管理。

通过连锁加盟的形式，品牌可以更快速地进入新市场，增强品牌知名度和影响力。同时，连锁加盟店的数量也会随着时间的推移而不断增加，进一步提升品牌知名度。企业可以获取更多销售渠道和流量，进一步扩大销售和营收规模。加盟商在经营过程中也能够分享品牌的知名度和影响力，进一步提高销售业绩，帮助企业减少经营风险，降低品牌推广和运营成本。在连锁加盟店的运营和管理上，有品牌方的全面支持和指导，遇到问题能够及时有效解决，可以增强消费者对品牌的忠诚度和认知度。加盟商遵循品牌政策，提供高质量的服务，消费者也会对品牌产生良好印象。

连锁加盟品牌可以吸引更多融资方的关注，扩大融资渠道，可以增强企业在融资过程中的信誉和影响力。银行和其他融资机构对于知名品牌的企业更加信任，因此拥有连锁加盟品牌的企业在融资过程中往往更加容易获得资金支持，在融资时的企业估值更高。这是因为连锁加盟品牌是企业品牌的重要组成部分，它代表了企业的长期价值和机会，可以增加投资者的信心和投资意愿。投资者更容易相信拥有连锁加盟品牌的企业可以持续发展和取得良好的回报。

4. 直销通路

直销通路的本质就是建立行销通路，泛指制造商或服务提供商直接向消费者销售产品或服务的一种经营模式。通常情况下，这些产品和服务通过传统的零售商或经销商渠道可以获得，但通过直销通路，消费者可以直接与制造商或服务提供商交互购买，如线上销售、电话销售、家庭聚会销售、直销展销会等。直销通路可以为企业创造更高的利润、更多的控制权和更快速的反馈。当然，也需要企业投入更高的销售成本和客户服务成本。

在这种模式下，企业通过直接接触消费者，并在现场展示一些销售技巧和试用产品，可以加强品牌信任度、知名度和忠诚度。企业可以直接控制产品、价格和营销策略，以满足消费者的需求和期望。通过这种方式，企业可以更好地了解客户的反馈，以便更快地调整产品和服务。

直销通路为企业提供了一个平台，通过与客户互动，改进和开发产品并收集反馈，以更好地回应市场的需求；有助于将企业的运营成本降至最低，增加融资的可行性和成功率，提高企业的估值，为投资者提供更有吸引力的投资机会，并降低融资成本。

5. 电商通路

电商通路已经成为产品不可或缺的销售通路，是指产品通过电子商务平台（互联网）销售的一种模式。电商通路打破了传统的商业壁垒，消费者可以通过线上渠道方便地购买产品。而且，通过电商平台的数据分析和营销手段，还可以更好地了解消费者的需求，提高销售效率和客户满意度。

通过电商通路，可以直观地展示企业形象和产品，可以让更多的消费者了解企业，建立品牌形象，进而提升知名度与美誉度；有利于企业拓宽销售渠道，扩大企业的销售范围，提高市场份额；可以省去租赁、装修、管理等诸多实体店运营成本，从而开拓新市场、提高利润或降低售价；为客户提供了更多的个性化选择和服务，提高消费者的满意度和忠诚度，营造良好的店铺口碑。

电商平台可以收集和分析消费者数据，提供透明化的数据支持和风险评估，可以在较大程度上降低信息不透明隐藏的风险，增强企业的融资信誉和竞争力；能为企业投资者提供数字化数据支持，让企业更好地了解潜在市场和消费者需求，从而提高企业融资的成功率和资金效益。

（三）科学的管理模式

科学的管理模式可以帮助企业实现目标管理、发展规划和资源配置，提高管理效率和效果。它具有横向、纵向整合的特点，能够建立清晰的目标和标准化的管理流程，从而使企业经营效率更高，使企业的工作质量得到有效提高。依靠科学的数据和指标体系，企业能够更好地掌握自己的工作状态、市场需求和客户反馈等信息，及时进行调整和优化，从而为客户提供更加满意的产品和服务。通过有效的管理规划和流程控制，企业可以在保证企业运作的同时，不断提高资源的利用率和效益，做到资源的最高效配置。企业依靠科学的管理模式，能够全面掌握企业运作的各方面情况，加强了风险控制和变革管理，从而保证了企业的稳健运营，在面对激烈的市场竞争时，能够更加主动、精准地应对，并不断提升企业竞争能力。

1. 家族模式

家族式企业被很多学者诟病，然而，迄今为止，超过一半的世界 500 企业依然以家族式企业为主。从现实角度看，家族模式依然是较为安全稳定的靠谱企业模式。当然，家族模式并不意味着管理不科学，事实上诸多家族式企业早已启用了科学的管理系统，将家族式企业的特性与现代管理科学完美融合，形成了极具竞争力的新的家族模式。

所谓家族模式，泛指企业是由家族成员创立，并且在企业管理和所有权中具有显著家族成员地位的企业形态。家族式企业具有一些非常明显的优势，便于家族传承家族价值观、创新能力强、执行力高等，是一种具有强烈文化内涵、针对本土市场的主题企业发展形态。

　　家族模式下的企业，成员之间通常有血缘关系，因此具有很强的血脉信任背书，在家族文化的熏陶下，更容易形成相互扶持、共同前行的合作氛围。家族式企业通常会执行一套独特的企业文化和价值观，这种家族文化有助于企业持久经营，缓解企业经营过程中的法律纷争、股权变更等风险，包括传承企业文化的稳定性，以及对家族信仰和价值观的承认。当家族成员具备管理能力时，他们的紧密关系可以转化为企业合作力量，提高组织效率和减少员工流失。

　　同时，家族的优秀传统也可能会成为企业文化的核心和重要组成部分。由于企业由家族成员创立和经营拥有本土社会资源，包括经济、社会地位等，与社会群体是紧密联系的，这优势可为企业带来更高的客户信任度与商业信誉度。

　　另外，家族模式下的企业通常更注重长期发展，更注重实现长期资本回报，因此在融资方面比其他企业形态具有一定的优势，通常能吸引到更多愿意进行长期资本投资的股东。有家族荣誉作为担保，对提高市场融资力也会有积极作用。

2. 军队模式

　　所谓军队模式，就是指企业采用军事化管理的方式经营。军事化管理是以军队管理模式为基础的一种企业管理方式。它的主要特征是高度集中的领导、制度化的管理体系、严密的组织纪律，以及结果导向的绩效评估，在某些行业中被广泛应用。

　　军事化管理的企业拥有完善的制度化管理体系，可以促进企业行动的一致性和规范化，从而提高企业的执行力和工作效率，保护企业核心技术和商业机密，降低安全风险，具有快速决策和实施的能力，可以更快地推出新产品，提高市场竞争力。

　　军事化管理的企业通常需要高昂的成本，很多企业为了提高管理效率和保密性而进行高成本的军事化管理。军事化管理形式下，企业管理还是以权威为核心，不利于员工积极参与企业的创新和拓展，过分的纪律性和规范化会限制员工的创新和自由，可能会导致员工间的不和谐和不满。

　　军队模式注重专业化、标准化和规范化，对企业的发展具有一定的积极影响。该模式可以提高企业的信誉度和安全性，也有助于提高企业的声誉和可信度，从而吸引更多的投资者或金融机构，在市场融资过程中，效果较为突出。

3. 友情模式

友情模式是一种以友情为基础的企业管理模式，主要特点是管理者与员工之间建立良好的人际关系，强调企业是一个大家庭，倡导有爱、有情、有义、有信的企业文化。其优点在于能够增强员工的凝聚力和归属感，使员工更愿意为企业发展而努力奋斗。但其缺点在于，如果管理者和员工之间的友情过于亲密，有可能导致管理层的决策失去客观性，甚至因私情而影响企业发展。

友情模式注重培养员工的忠诚度，通过建立良好的人际关系，让员工更加认同企业的文化和价值观，并从内心愿意为企业奉献；鼓励员工之间相互支持，团结一致，共同为企业发展努力；能够让员工感受到企业的温暖和关爱，提高员工的满意度，从而增强员工的工作积极性和工作效率；能够让员工感受到企业的尊重和关注，在一定程度上降低员工的流失率，提高企业的员工稳定性，还能够降低员工招聘成本，有利于企业维护稳定的员工队伍，降低融资机构对企业经营风险的担忧；能够让员工成为企业的忠实拥护者和传播者，为企业树立良好的品牌形象，提高企业的知名度和竞争力；能够提高企业的社会责任感和企业文化，使得投资者更加认可企业的价值观和发展理念，对于提高企业融资力也会有积极的一面。

4. 随机模式

随机模式指的是一种不确定性和风险随机性较高的管理模式。该模式与传统的计划性和有序性管理相对应。随机模式的核心是采用创新和试错方法进行管理，通过试错和失败来找到正确的方向，不断调整和改进管理方法和策略，以应对市场和外部环境的变化。随机模式的优点是能够快速适应变化、避免陷入模式化思维，发掘新的商业机会，但其缺点也很明显，如风险也较高，需要更加谨慎的决策和管理措施。随机模式在创业公司和高科技公司等领域应用广泛。

随机模式鼓励创新和试错，允许员工不断尝试新的想法和方法，从而提高企业的创新能力；灵活性和适应性强，所以企业可以更快地调整经营策略和生产方式，以应对市场的变化；有对变化的敏感性和快速响应能力，可以及时识别和纠正决策中存在的问题，从而降低企业的决策风险。

然而，对于复杂性高的企业，使用随机模式进行管理可能会导致混乱或使企业的经营不可预测；导致企业的沟通和协调难度增大，造成企业内部的混乱和分歧。若企业过度依赖随机模式管理，可能会缺乏长远规划和战略规划。

对于传统的投资者来说，他们通常更加注重企业的稳定性和可预测性，而用随机模式管理的企业往往缺乏这些特征，因此可能难以吸引传统投资者。同样，也不利于提升企业市场融资力。

5. 系统化模式

系统化模式是一种标准的西方企业管理模式，其核心是将企业的经营管理、战略制定、组织运作等各方面进行系统化规划和管理，可以提高企业的整体管理水平、生产效率和创新能力，从而实现企业的高效务实和可持续发展。

使用系统化模式进行管理的企业，通过将企业内部所有流程进行全面梳理、分析和优化，包括生产、销售、财务、人力资源等各个方面，运用标准化流程化、制定工作流程图、清晰的责任分工等方式，提高流程效率和质量，建立完善的质量控制体系，制定标准作业流程、质量评估、员工培训和管理等，确保产品质量稳定、达到标准要求。企业数据繁杂的信息整理、分类、存储，通过先进的数据分析技术和工具进行挖掘和分析，为企业决策提供科学依据。对企业战略规划、目标管理、绩效管理等方面进行系统化处理，确保企业管理的科学性和合理性。通过集体学习、授课、交流、分享等形式建立学习型组织，培养员工的专业技能和综合素质，提高员工的参与度和归属感。建立一套成熟的管理体系、质量控制体系和数据化管理体系，可帮助企业提高效率，降低成本，提高质量，增强竞争力。

通过优化生产流程、提高产品质量和创新能力，可以提升系统化模式管理企业的市场竞争力。通过对员工的培训和发展，可以提高员工的专业技能和综合素质，从而提高员工满意度和忠诚度。通过建立完善的管理体系和质量控制体系来降低企业的经营风险，并提高企业的信誉和声誉。通过对企业内部流程的优化和标准化，提高工作效率，减少资源浪费，降低成本。

系统化的企业管理方法，可以帮助企业提高效率、增强竞争力、降低风险、提升员工满意度，是企业可持续发展的重要保障。

通过完善的管理、制度和流程体系，企业的经营效率得到提高，业务透明度得到加强，有助于企业建立清晰的管理架构，定义分工明确的管理团队，在制度、管理和流程上得到很好的规范，企业能够更好地运作，完成更高的目标，提高企业的价值，降低经营风险，进而提高融资力。

（四）可行的商业模式

商业模式是指一家企业为了推动商业活动而选择的方法论。商业模式包括一家企业的盈利来源、资源需求、目标市场等。商业模式直接影响企业的经营效益和市场竞争力。

一个清晰、明确、可行性高的商业模式可以帮助企业做出可持续性的商业计划，加速产品开发以及维护客户关系，引导企业在利润预期、盈利模式、产品服务等方面作出明智的商业决策；能为企业提供有关使用每个资源（如人员、技术、资金、设备等）的指导，以及如何为所有利益相关者分配利益。对于一些初创企业和新兴企业而言，商业模式可能会决定企业规模、产品设计、团队构建、渠道选择等诸多因素。

一个成熟的商业模式可以增强企业的吸引力，使投资者更容易了解企业的商业价值和经营逻辑，从而帮助企业获取融资和支持。

1. 零售模式

零售模式是诸多商业模式中的一种，是指企业通过销售产品或服务获得差价和利润的商业形式。常见的零售模式包括线上零售、实体店零售、连锁零售、特许经营等。在电子商务快速发展的时代，线上零售商业模式已经占据重要地位，许多商家通过网站、移动应用等线上渠道，获得更广泛的市场和更高利润。

作为终端销售商，零售模式可覆盖广泛的客户群体，包括消费者和企业客户，因此客户数量较多。随着消费者收入水平的提高和消费升级，零售市场规模不断扩大，具有较好的商业前景和投资潜力。零售模式通过渠道和品牌效应等方式获得了一定程度的差价，并且具有一定的市场份额，因此利润空间比较大。

以零售模式为核心的企业，在仓储、营销、物流等方面通常需要进行大量的资金投入，虽然投资周期较长，但现金流充裕，所以零售模式是一种距离钱最近的商业模式，能提高企业的估值，更容易吸引投资。

2. 广告模式

所谓广告模式，泛指通过向广告商提供播放量、阅读量、点击量或曝光量来赚取收入的商业模式。这种商业模式通常是将广告放置在各种媒体平台，包括电视、互联网、杂志、报纸、广播、户外广告等，然后企业通过向广告主提供广告位来获得广告费用，这也是盈利来源。例如，百度使用的就是典型的广告模式，它让大众用户免费使用搜索引擎，从而赢得海量用户，然后通过竞价排名和植入式广告向广告商收取费用，最终通过交叉补偿的方式赢得巨大的市场，收益颇丰。

广告模式相对于其他商业模式来说，更简单、更易于理解，企业也易于规划、落实和推广。企业面向多元市场，可以采用多元化的广告策略，为不同行业提供广告宣传服务，增加市场份额。这种商业模式具有相对稳定的现金流，利润通常较高，业绩能以数据呈现，对融资谈判有积极的影响。另外，来投放广告的客户通常是较具实力的品牌商，这些客户的数量和规模对企业而言，拥有很大的延伸发展空间，对提升企业融资力能产生积极的影响。

3. 订阅模式

订阅模式泛指企业通过提供定期收费的产品或服务，来获取可持续的收入流的一种商业模式。这种模式在知识付费普及的市场环境下，变得越来越流行。对于企业而言，订阅模式具有许多优点，如可预测的收入、长期客户关系、更高的客户保留率、更好的客户洞察和反馈、更高的市场份额等。订阅模式还可以提供差异化的服务，这使得企业在市场上更具竞争力。订阅模式常见于软件、媒体、零售、健康和运动等行业。

订阅模式有助于企业实现现金流、客户数量、市场份额和收入增长，这些都是企业长期成功的关键，有助于企业在融资中获得更好的结果。

Vogue 时尚芭莎是订阅模式的典型代表，该杂志为订阅用户提供高品质、独家、定期的时尚内容和服务，这些内容只有在该平台上才能看到，订阅用户数量不断增加，最新的统计数据显示，Vogue 时尚芭莎系列杂志全球订阅用户量已突破 1000 万。

订阅模式本身就是一种市场融资模式，与会员卡融资具有异曲同工之处。

4. SaaS 模式

SaaS（Software as a Service）模式是以软件服务为主要产品，通过向用户提供基于互联网的软件解决方案，收取使用费用，赚取利润的一种商业模式。这种商业模式通常具有良好的可扩展性和灵活性，可以根据客户的需求进行定制化开发和配置，以满足不同的业务需求。在云计算技术快速发展的背景下，SaaS 模式已成为目前最受欢迎的商业模式之一，广泛应用于各种行业和领域。

由于 SaaS 服务基于云计算技术，用户只需通过网页或移动应用程序即可使用软件服务，无须安装任何软件，使用方便快捷，因此用户可以以较低的成本快速入门。其优势包括了低成本入门、很好的灵活性和可扩展性、方便易用、能够数据隔离、具有可升级性和可定制性等方面，这些优势可以大大减少客户的成本和风险，提高了客户的满意度和忠诚度。

SaaS 模式使用云计算技术和多租户架构，减少了硬件和软件的成本以及服务器的维护和管理成本，从而降低了企业的运营成本。其收费模式是按需付费，每月、每年定期收取服务费，为企业带来稳定的收入流。企业也能提供更好的服务来获得客户满意度，增强企业的品牌影响力和竞争力，从而更易获得融资。

华炎魔方是企业管理软件解决方案提供商，主要以 SaaS 模式提供企业管理软件服务，涵盖了人力资源、财务、采购、项目管理等方面。目前，华炎魔方已经服务了超过 200 万家企业，先后获得了近 10 亿元的融资。

SaaS 模式主要适用的是保证金融资和会员卡融资两种方案。

5. 会员制模式

会员制模式是指企业或组织向特定的用户群体提供特定服务或优惠，并要求用户支付会员费用的商业模式。对于企业来说，持续提高服务质量、优化营销策略，才能提高会员续费率和流量的质量。该模式通常适用于健身房、酒店、俱乐部、在线服务、电商等服务行业。

会员制模式需要企业向会员提供一些特殊的、只适用于会员的专属服务和优惠，这有助于提高用户的忠诚度。用户在享受到这些服务和优惠后，会感到自己很特别，从而更加倾向于长期使用这些服务。可以通过会员推荐和朋友圈推广等方式，降低营销成本和获取新客户的难度。会员制模式一般会按月或者按年向会员收取固定会员费，这使得企业能够在一定程度上稳定收入来源。如果能够不断地吸引新会员和留住现有会员，企业的稳定收入会更加可靠。

会员制模式本身就是一种融资行为，通过用户充值、预付费等方式提前获得资金。以会员制模式作为核心商业模式的企业，由于拥有稳定的收入来源和相对稳定的现金流，大大提高了企业融资力。

山姆会员商店是一家会员制度零售超市，是会员制模式的典型代表。山姆会员商店是沃尔玛旗下品牌，主要向家庭和企业客户销售各种物品，包括食品、家居用品、电子产品、办公用品等。该店采用了会员制度的模式，即每个客户必须购买一张会员卡才能进入商店并购买商品，每张会员卡每年会员费为260元或680元，持卡者可以享受商店内低于其他卖场价格的商品。山姆会员商店通过这种模式吸引了大量稳定的忠实顾客，并且有效地促进了企业增长。截至2023年6月，全球开店数量超过了800家，中国开店数量超过40家，仅中国市场就拥有超过400万的付费会员，每年会员费收入超过10亿元。

6. 电商平台模式

电商平台模式是一种为卖家和买家提供在线交易的商业模式，卖家在平台上开设店铺，展示和销售自己的商品；买家则能够在上面搜索、比较、购买商品，实现线上交易。国人对电商平台模式并不会陌生，电商平台模式由于卖家和买家的身份不同，被分为B2B（Business to Business，企业对企业）、B2C（Business to Consumer，企业对消费者）、C2C（Consumer to Consumer，消费者对消费者）、O2O（Online to Offline，线上到线下）、社交电商等多种形式。

其中，B2B模式主要指由企业向企业客户提供产品和服务的一种商业模式，如阿里巴巴、1688。B2C模式主要由企业卖家向个人消费者销售产品和服务的一种商业模式，如天猫、京东、当当等。C2C模式主要指由个人卖家向个人消费者销售自己的商品或服务的一种商业模式，如淘宝、闲鱼、拼多多等。O2O模式主要包括提供产品或服务的一方在线上吸引用户，然后到线下为付费方提供服务或销售商品的一种商业模式，如美团、滴滴、58同城等。社交电商模式主要是指提供商品或者服务的一方，基于社交平台，通过用户之间的分享和口碑推广，最终达到交易目的的一种商业模式，如微信小程序商城、小红书等。

作为线上销售渠道，电商平台为企业提供了更广阔的市场和更便捷的销售渠道，使得企业更容易通过销售数据证明其商业模式的可行性，提高了企业的市场竞争力和商业价值，从而更容易得到投资者的关注和投资。电商平台是最有代表性的市场融资模式之一，大部分的平台都将保证金融资发挥得淋漓尽致。

7. 生产者模式

生产者模式是在制造或生产领域中常见的一种商业模式，是对产品的生产、制造、销售和市场营销等各个方面进行协调和整合的商业模式。这种商业模式早期主要是应用于传统制造业，并随着现代科技和企业管理的进步，逐渐推广应用于各个领域。

在这种商业模式下，企业更注重产品的设计、研发和制造，以确保产品具有高质量和高价值。企业主要优势是拥有自己的生产资产，如设备、原材料、技术和人力资源等，企业利用这些生产资产生产产品，然后将产品销售给消费者，从中获取利润。这种商业模式下的企业通过广告宣传、产品促销和促销活动来提高品牌知名度和销售量。企业通常会投入大量的资金和时间来开展市场营销活动，以确保产品在市场上的成功。

生产者模式的企业具有控制质量、成本、品牌、自主决策和稳定现金流等优势，这使它们在市场上更具有竞争力。但是这种商业模式通常需要大量的初始资本和长期的资金支持，如购买设备、建造工厂和培训工人等。另外，这种商业模式为了赢得更大的市场竞争力，往往需要投入巨资不断创新研发，需要较长的投资周期，这可能使企业需要很长时间才能开始盈利。因此，可能会对融资成本产生影响，如果企业没有足够的固定资产、信用或良好的经营业绩，就比较难获得融资支持，或者需要支付更高的融资成本。

达利园是生产者模式的典型代表，它是一家集研发、生产、销售糖果、饼干、糕点、饮料等食品于一体的生产型品牌。为了保证产品质量，达利园选择自己投资生产线生产；为了更好地掌控市场，选择自己组建团队进行品牌营销和产品销售；为了实现货物运输畅通无阻，除了与多家物流公司合作，还参股投资了物流公司；达利园成功构建了自己的商业模式，成为生产者模式的典范。

在生产者模式下，企业通常将供应商账期和预收款融资模式作为重点融资手段。

8. 品牌授权模式

品牌授权模式是指品牌所有者授权给一些合作伙伴使用该品牌，以实现产品营销和品牌价值最大化的商业模式。这种商业模式的优势在于可以帮助品牌所有者快速扩大市场，增加销售量，提高品牌价值和知名度，而合作伙伴则可以通过使用知名品牌的名称、符号和形象，提升自身产品的形象，从而吸引更多消费者。

这种商业模式下，品牌所有者需要制定详细的授权协议和管理规定，包括品牌使用范围、品质控制、定价等管控细则，并对授权合作伙伴进行培训和管理，确保合作伙伴的产品和服务符合品牌要求，以保证品牌形象和品质的稳定和提高。

品牌授权模式可以借助不同的合作伙伴在不同区域或不同渠道上对品牌的

推广，可以更好地塑造品牌形象，并且可以从不同的角度去打造品牌的认知度。相比企业自己去逐步拓展，品牌授权可以让品牌更快地覆盖更广的市场。

通过品牌授权，可以将品牌推向不同的市场和领域，使企业在不同的领域和地区中建立品牌影响力，扩大自己在市场中的份额。企业无须自主开发或生产产品或服务，这意味着企业可以获得更多的纯利润，同时还提高了品牌的知名度和美誉度。因此，更容易吸引到投资者，并能以更低成本获得融资。

品牌授权模式也是使用市场融资的重要对象，通常适用保证金融资、供应链融资、预收款融资等。

第六章 □

内部融资力

企业"核聚变"的魔力

内部融资，表面上看是融资，事实上是在激活企业内核能量。提升内部融资力，就是激活企业内核能量发生"核聚变"的魔力。比如，华为公司通过发挥内部融资力，促进了员工的稳定性，提高了员工的积极性，形成了万众一心的凝聚力，实现了绝地反击，屹立于世界高科技企业之林。这就是内部融资力的神奇魔力。

第一节 什么是企业内部融资

内部融资是一种相对于外部融资的称谓。内部融资是指企业为满足生产经营，向本企业的职工、管理人或股东募集资金的行为。企业内部融资的最大优势是融资成本相对较低，企业可以免受对外融资的投资人施压，更重要的是内部融资可以有效激发员工的积极性和凝聚力。

内部融资具有原始性、自主性、低成本性和抗风险性等特点。相对于外部融资而言，内部融资的融资门槛更低，成本也更低，资金使用更灵活，是对抗市场风险、金融市场波动，和企业生存与发展不可或缺的重要组成部分。事实上，在发达的市场经济国家，内部融资是企业首选的融资方式，是企业资金的重要来源。

那么，什么是企业内部融资？内部融资需要注意哪些事项？怎样提升企业的内部融资力呢？

一、股东内部融资

股东内部融资是企业筹集资金最原始也是最主要的融资方式之一。因为股东要对企业经营所需资金负责，当企业资金链紧张，股东有责任和义务为企业注入资金。常见的注资方式有两种：一是等额增资，二是向股东借款出借资金。

（一）等额增资

所谓等额增资，主要指股东按照自己持有企业的股权比例，等额向企业追加投资。比如，企业需要增资 1000 万元，A 股东持股 50%，则需向企业增资 500 万元；B 股东持股 30%，则需向企业增资 300 万元；C 股东持股比例 20%，则需向企业增资 200 万元。

等额增资有两种情况：一种是增资扩股，另一种是增值增资。具体选择哪种形式，应根据企业自身实际情况决定。

1. 增资扩股

所谓增资扩股，是指追加投资的资金以扩大注册资本金的方式注入，股东的持股比例不变，但是企业注册资本额度增加了，股东持有的注册资本额度也增加了。比如，企业原注册资本为 100 万元，以增资扩股的方式追加 100 万元后，注册资本就从 100 万元变成了 200 万元；原来 A 股东持股比例 60%，即 60 万元注册资本，增资扩股后持股比例 60% 没变，但占有的注册资本额度变成了 120 万元；原来 B 股东持股比例 30%，即 30 万元注册资本，增资扩股后持股比例 30% 没变，但占有的注册资本额度变成了 60 万元；同理，原来 C 股东持股比例 10%，即 10 万元注册资本，增资扩股后持股比例 10% 没变，但占有的注册资本额度变成了 20 万元。这就是等额比例增资扩股。

增资扩股需要重新验资，需要重新修订章程，需要重新到市场监督管理局进行注册资本变更，需要对增资扩股部分缴纳印花税。

2. 增值增资

增值增资可以理解为只增资不扩股，这种增资方式是通过提高每股价格的方式追加投资。比如，企业原注册资本是 100 万元，即 100 万股，每股 1 元。增值增资就是注册资本 100 万元不变，100 万股不变，如果每股增值增资 1 元，那么每股的价格就变成了 2 元，股东按所持股权比例追加投资，各占 1 股就追加 1 元，占 50 万股就追加 50 万元投资。

增值增资的好处在于，不需要向市场监督管理局进行注册资本变更，不需要验资，只需要股东之间签订协议和变更章程即可。目前，增值增资是否需要缴纳印花税尚无统一规定。

（二）向股东借款

向股东借款也是很多企业常用的内部融资方式之一，常见的情况有两种：一种是按各股东持股等额比例摊派借款，另一种是向某一位或者多位有钱并愿意出借的股东借款。向股东借款的好处是，手续简单，不需要复杂的审批流程，只需全体股东知会和出借人愿意即可。

1. 股东等额摊派借款

解决企业缺钱问题是每位股东共同的事情，所以很多企业缺钱时会按股东持股比例摊派融资指标。比如，企业需要向股东借 1000 万元，若 A 股东持股

20%，则需给企业出借 200 万元。

等额摊派的好处在于公平、简单、风险共担、收益共享；不足的是，并不是每位股东都能在企业需要钱时有钱借给企业，部分股东会出现意见分歧。

2. 部分股东借款

向部分股东借款，一般出现在一部分股东资金能力较强，而另一部分股东资金能力较弱的企业。由于有人拿不出钱，所以只能由资金能力较强的股东出借。其常规操作是，借款利息和对外借款利息相等，甚至略高，然后未出借股东需要为该借款提供连带责任担保。

二、员工内部融资

企业向员工融资，是一项成本低、手续简单、可以调动员工积极性的举措，主要适用于员工数量较多的企业。因为小微企业员工规模较小，融资规模有限，比较难达到融资目标。常见的员工内部融资模式包括员工持股计划和向员工借款。比如，华为便是内部集资运作水平较高的企业，靠内部融资度过了多次危机。

（一）员工持股计划

员工持股计划分为两种：一种是平台持股模式，另一种是个人持股模式。企业应根据自己的发展需要和员工数量等因素，选择最适合本企业的模式。

1. 平台持股模式

此处设计的平台持股模式主要指的是，由一个平台帮助所有员工代持股，用平台名誉在主营业务所在企业担任具名股东。其好处在于主营企业不会因为员工离职等原因不断做工商变更，产生企业经营不稳定等的误解。更重要的是，以平台持股，大股东可以通过控制平台来实现对企业的最终控制。华为公司就是一个较好的例子，任正非在华为控股公司只持有 0.6522% 的股权，99.3478%的股权[1] 在员工持股平台华为投资控股有限公司工会委员会名下，但并不影响任正非对华为控股的绝对控制权，因为持股平台的实际控制权抓在任正非手里。

---

[1]　两处股权比例数据截至 2023 年 11 月。

华为控股以工会作为持股平台的好处是，不受股东人数限制，可以是几个人，也可以是几万乃至几十万、几百万人。

如果人数不多，持股平台可以是一家有限合伙企业，也可以是一家有限责任公司，具体以企业发展战略而定。

其具体操作是，持股平台与员工签署代持股协议和股权投资协议，员工将钱转账到持股平台账户，再由持股平台将钱转到企业账户。

2. 个人持股模式

一般情况下，不建议让员工直接在主营企业里做具名股东，因为一旦该员工离职，或者与企业不同心，就会很麻烦。另外，由于受到"有限责任公司最高不超过 50 位股东、非公众公司的股份公司最高不超过 200 位股东"的法律限制，员工直接在企业做具名股东的操作空间受限较大。

但是，在初创企业中，某位员工能力出众，或者某位员工投资的额度较大的情况，可以考虑让该员工直接在企业里做具名股东。如果员工愿意，由其中某位股东个人代持股，也是不错的选择。

其具体操作是，如果员工直接在企业做具名股东的，员工直接将投资款转入企业账户；如果由他人代持的，员工应把投资款转入代持者账户，再由该具名股东转入企业账户，代持人和委托人签订代持股协议。

（二）向员工借款

向员工借款，在涉及员工人数较少的情况下，属于普通民间借贷行为；涉及员工人数较多时，属于企业内部集资行为，内部集资需向金融监管部门和人民银行申请，申请获批后才能进行。

1. 向少数员工借款

企业向少数员工借款用于本企业的经营活动时，不需要过多复杂的手续，只需要企业与员工签订借款合同即可。

所谓少数员工，在法律上没有明确的具体人数，有司法界人士认为 10 人以下为少数人，有的认为 50 人以下为少数人，有的认为 150 人以下为少数人，也有的认为 200 人以下为少数人，具体"少数"的人员数量存在争议。为了安全起见，笔者建议从少原则，将少于 10 人认定为"少数"。

根据国家相关法律法规，向员工内部集资，集资对象仅限于单位内部职工，所集资资金须用于单位内部经营活动，否则有可能涉嫌非法集资。从这个角度理解，人数多少不是定性是否非法集资的关键，关键在于借款对象是不是内部员工、所有借款是不是用于企业经营。但是，一旦被认定为非法集资，人数多少就变成了量刑的关键，人数少一般量刑轻，反则量刑会偏重，量刑考虑的是损失人数、金额大小、社会危害大小。

2. 向多数员工借款

向多数员工借款，从现行法律法规角度理解，应视为企业内部集资行为，集资应获得中国人民银行批准，受金融监管局监管。

企业内部集资是指企业生产经营过程中出现资金短缺时，在本企业内部职工中以借款合同、借条、欠条、集资凭证等债券形式筹集资金的借贷行为。企业内部集资不得以行政命令或其他手段硬性摊派，必须遵循员工自愿原则。

企业要想进行内部集资，须向当地中国人民银行提交集资申请书、集资方案、企业财务报表等材料进行登记申请，中国人民银行对企业的集资额度、资金来源、资金用途、经营状况，以及其他与集资相关的情况进行全面审查。确认企业条件符合要求后批准并签发企业内部集资批准书。

企业凭企业内部集资批准书向商业银行申请开设银行集资专项账户，账户开好后才能开始集资，所有集资款必须统一进入专项账户，企业必须按批准的用途使用集资款，不得挪作他用。

员工持有的企业内部集资凭证可以在企业内部转让，但不得公开上市转让。

中国人民银行对企业内部集资的投资方向、还本付息情况、投资效益等全部相关资金活动实行监管。

第二节 内部融资的注意事项

内部融资必须注意的事项是融资方式是否合法（法律风险）、到期是否能如期还本付息（违约风险）。合法性是第一原则，诚信也是第一原则，任何一项出现问题都是大问题。

一、避免法律风险

在内部融资实操案例中，出现最多问题的是法律风险问题，很多企业由于缺乏法律意识、忽视法律或者误读法律法规，最终深陷囹圄。常见涉嫌的法律风险主要是非法集资，需要注意的是，"非法集资"并非一个具体的罪名，而是集资诈骗和非法吸收公众存款的统称。

（一）非法集资

非法集资，泛指未经法律允许的集资行为，是一个大的概念，主要罪名是集资诈骗罪和非法吸收公众存款罪。二者常常互为表里，紧密关联，但又有细微的区别。

1.非法集资的定义

此处所述的"非法集资"不是刑法意义上的罪名，而主要是指集资方式非法。它不是以非法占有为目的，而是所集资金都是用于企业生产经营中，只是手续或者集资的方式不合法的一种行为。通常是，没有事先按照法定程序报批就向公众募集资金，或者已经报批但报批材料存在隐瞒、募集对象超出了范围、募集的手段不合规等，涉及的人数较多，涉及金额较大，可能存在一定的社会风险。这种类型的非法集资，一般会被定性为非法吸收公众存款罪，很少被定性为集资诈骗罪，量刑相对较轻。

2.非法集资量刑

根据《中华人民共和国刑法》第一百七十六条规定："非法吸收公众存款或者变相吸收公众存款，扰乱金融秩序的，处三年以下有期徒刑或者拘役，并处或者单处罚金；数额巨大或者有其他严重情节的，处三年以上十年以下有期徒刑，并处罚金；数额特别巨大或者有其他特别严重情节的，处十年以上有期徒刑，并处罚金。"

会不会被认定为集资诈骗的非法集资行为，关键在于，有没有真实存在的投资项目、集资所得是否用于实际生产经营、有没有肆意挥霍情形、是否基于非法占有目的而发起集资。一般各项目间资金挪用，不被认定为"非占有的目的"，但该挪用行为可能会触犯其他罪行。

（二）集资诈骗罪

集资诈骗，泛指以诈骗为目的的集资行为，而该行为的罪名就是集资诈骗罪，包括以非法的手段通过集资审批的行为，或者通过合法手段获得集资审批但行非法之实。

1. 集资诈骗的定义

集资诈骗，是刑法意义上的一项罪名，属于非法集资行为中罪证较重的一种。集资诈骗罪定罪的主要考量在于"诈骗"，行为人主观上是以非法占有为目的，客观上也已经非法占有。在诸多实操案例中，常见的案情主要是行为人虚构资金用途，即宣传时称集资是用于某个项目的生产经营，但最终资金被挪作他用或被挥霍一空。还有一种情况就是，行为人使用伪造虚假的证明材料，通过夸大的宣传手段或者高暴利的诱骗，误导公众相信企业实力，最终达到集资目的。诸多典型案例中都可以见到诈骗分子总会承诺无法兑现的高额回报，前期以做局利诱，让受害人先尝到甜头，后期再套骗受害者资金。

集资诈骗罪 = 非法吸收公众存款罪 + 非法占有目的，非法吸收公众存款罪是集资诈骗罪的前端行为。无论行为人在非法吸收资金之初还是在集资之后，只要存在非法占有目的，均可能被认定为集资诈骗罪。

2. 非法占有为目的的定义

根据《最高人民法院关于审理非法集资刑事案件具体应用法律若干问题的解释》："使用诈骗方法非法集资，具有集资后不用于生产经营活动或者用于生产经营活动与筹集资金规模明显不成比例，致使集资款不能返还的；肆意挥霍集资款，致使集资款不能返还的；携带集资款逃匿的；将集资款用于违法犯罪活动的；抽逃、转移资金、隐匿财产，逃避返还资金的；隐匿、销毁账目，或者搞假破产、假倒闭，逃避返还资金的；拒不交代资金去向，逃避返还资金的；以及其他可以认定非法占有目的的情形都属于'非法占有目的'。"

（三）非法吸收公众存款罪

非法吸收公众存款罪一般被用于不适用集资诈骗罪的其他非法集资定罪。

根据《最高人民法院关于审理非法集资刑事案件具体应用法律若干问题的解释》，违反国家金融管理法律规定，向社会公众、包括单位和个人吸收资金的行为，同时具备"未经有关部门依法批准或者借用合法经营的形式吸收资金""通过媒体、推介会、传单、手机短信等途径向社会公开宣传""承诺在一定期限内以货币、实物、股权等方式还本付息或者给付回报""向社会公众即社会不特定对象吸收资金"，除刑法另有规定的以外，应当认定为《中华人民共和国刑法》第一百七十六条规定的"非法吸收公众存款或者变相吸收公众存款"。

二、避免违约风险

内部融资常见的违约风险主要有两种：一种是企业没有如期支付利息，另一种是到期无法偿还本金。这两种违约都可能会引起诉讼纠纷，如果起诉人数较多，案情雷同，企业有可能会由民间借贷纠纷演变成其他犯罪指控，企业必须高度重视，避免违约发生。

（一）债务违约

企业进行内部融资后，必须尽一切可能避免违约风险，如果发生债务违约，没有按期支付应付利息或未按期偿还本金，必须及时与债权人沟通协商，避免被群体起诉。因为一旦遭遇多人同时起诉，借贷纠纷就不再是民事纠纷，而是群体事件，存在一定的社会危害性，会引起法院、金融监管、市场监督、公安等多部门联动，小事也会变大事。所以企业一定要谨防债务违约。

1. 利息违约

企业集资发生利息违约时，一般有两种情形：第一种是资金已经投资在项目上，但一时半会资金回笼不到位，造成延期；第二种是企业把钱亏光了或者挥霍光了，无法再支付利息。

如果是因为短期资金不到位造成逾期，企业应积极主动告知债权人并征求宽限期，然后尽可能快地回笼资金解决逾期问题。切勿消极等待，引起债权人信任崩塌，最终起诉至法院。

如果是企业投资亏损导致资金链断裂，已经无力支付利息，最好与债权人坦诚，并积极与债权人商讨应对之策。如果争取到债权人宽限，或者争取到别的解决办法，应积极尽最大努力去实现。

如果是因为行为人将资金用于挥霍导致无法按期支付利息，那么结果只有一个，那就是等待法律制裁。

2. 本金违约

本金违约，通常都是资金链断裂导致，而引起资金链断裂要么是因为投资失败，要么是因为行为人将资金挪用或挥霍导致。这两种情况在实操案例中占绝大部分。

如果是正常项目投资导致资金链断裂，可以积极主动找债权人商议，寻求宽限还款期，或者商讨新的还款计划；如果商讨无果，只能积极应对债权人起诉。如果是行为人挪用和挥霍导致资金链断裂，行为人有可能会因此被定性为集资诈骗。

（二）债务违约的后果

企业应当尽可能避免债务违约，但如果已经发生，企业应积极寻求解决方案，不能消极拖延。发生债务违约后，如果企业已经山穷水尽、无力偿还，那么一般剩三种处理方案。具体适用哪种处理方案，要根据企业的实际情况而定。

1. 破产清算

发生债务违约后，如果企业名下拥有资产，且能证明企业所欠债务的资金是用于企业生产经营，由于投资失败或企业经营不善导致亏损，企业已经无力偿还债务，且债权人同意破产清算的情况下，就可以向法院申请破产清算。

一般情况下，法院不轻易批准破产清算，尤其小微企业，很难通过司法程序申请破产清算。一方面是为了避免某些企业主钻法律空子，利用破产清算逃避债务；另一方面是对企业破产的审定持审慎态度，减少负面消息对社会影响。

2.法院强制执行

债务违约最有可能的结果是，债权人起诉，法院对债务人强制执行。如果企业所欠债务不属于非法集资，企业已经无力偿还债务，那就避免不了变成被执行人，法定代表人随之被限制高消费，直至企业将债务还清。

3.投案自首

发生债务违约后，如果企业行为人因为行为违约，或者涉嫌集资诈骗、非法吸收公众存款，最好的出路就是投案自首，等待法律制裁。投案自首有两个好处，第一个好处是保护自身安全，避免债务人冲动发生意外伤害；第二个好处是主动自首行为，在量刑上可以减刑。

第三节 怎样提升企业内部融资力

企业内部融资，尤其是向员工集资，不能强行摊派，需遵循员工个人意愿。所以，怎样让员工自愿给企业借钱或者投资，是企业内部融资成败的关键。而员工是否愿意参与企业内部融资计划，取决于员工家庭经济条件，以及对企业的信任度和忠诚度。也就是说，抛开员工家庭经济条件之外，提升员工对企业的信任度和忠诚度，就是提升企业内部融资力。

一、通过提升员工信任度提升内部融资力

员工是否信任企业，关键在于员工身在企业的所见所闻，在于员工的切身体会。比如，企业是否按时发放工资和依法缴纳员工社保、是否有契约精神、是否有故意拖欠他人款项、是否有稳定的经济来源、是否有靠谱的老板和经营团队、是否依法经营和足额纳税等。

（一）提高员工的信任感

要提高员工对企业的信任度，就要从让员工对企业产生信任感开始。

信任感是指一个人对一家企业信任的感觉，这种感觉是基于对目标的所见、所闻、所悟而产生的综合判断。员工对企业的信任感源自企业规模、影响力和财务状况，源自股东实力、靠谱和公平公正，源自经营团队的经营能力、科学管理水平和阅历背景等。所以，要让员工对企业产生信任感，从改善这几大要素入手。

1. 提升企业信用

对于员工而言，一家企业是否有信用，主要取决于企业平时是不是按时发工资、是不是按约定的额度发工资、是不是按说好的比例发奖金或者提成、是否按应缴的员工社保额度缴纳、是否有拖欠货款、是否有债务逾期、是否合法经营等比较日常的事务。如果答案是积极的，员工就会对企业产生信任感，反之亦然。这些日常事务除了暴露出一家企业的信用，还暴露出企业股东和经营

团队的品性，更暴露出了企业的财务状况。

另外，企业的规模和影响力也是影响员工对企业信任感形成的关键要素。企业规模越大，品牌影响力越好，员工对企业的认同感和信任感越强。同时，企业信用的形成，除了股东和经营者的主观因素以外，关键还在于企业的经济实力，信用的本质是拥有履行信用的能力。

所以，要提升企业信用，首先要改善股东和经营者的品行，提高其守信的意识和重视度。其次就是提升企业履行信用的能力，换言之，就是提高企业的经营水平，提升企业的盈利能力，保证企业有充足的现金流用于履约。

2. 展现股东实力

企业的背后是股东，而股东的背后是企业的实际控制人。所以，员工对企业的信任，更多来自对股东和实际控制人的信任。如果股东或者实际控制人具有强大的资金实力、强大的学术背景，或是具有较大影响力的名人等，就很容易让员工对企业产生信任感。

另外，企业的信用很大程度受企业决策人的品行影响。品行不好的决策人，就算企业具备履约能力，违约事件也会频频发生。

所以，充分展现股东实力、端正决策人品行，可以有效提高员工对企业的信任感。

3. 发挥经营团队能力

经营团队的能力是影响企业履约能力的关键。很多企业之所以信用不好，不是因为不想守信，而是因为没有守信的能力。比如，企业要发工资了，但是由于经营团队没有能力把业务做好，现金流枯竭，账上一分钱都没有了，那拿什么发工资？企业又怎样守信？

所以，发挥经营团队能力，是提升企业守信能力的重要保障，进而改善企业的信用状况，增进员工对企业的信任感。

（二）增进员工信任度

信任度是一个主观概念，员工对企业的信任度就是指企业被员工信任的程度，这个信任程度会影响员工对企业的贡献决策。所以，提高企业内部融资力，就必须提高员工的信任度。

信任度的形成是一个持续叠加的过程，从最初产生信任感，渐渐地信任感不断被强化，信任事实的不断叠加，经过时间的催化，信任度就不断加强。因此，增进员工信任度，需要两个维度的同步作用。

1. 信任事实的数量

企业的价值观、使命和愿景，以及领导者的行为和态度，是员工对企业产生信任度的重要来源。如果企业文化积极向上，强调道德和诚信，员工被尊重和被重视，员工就会自然而然地对企业产生好感，进而产生信任度。如果领导者诚实、专业、有担当，员工会更加信任企业。如果员工能在工作中得到足够的支持和指导，工作环境公正、公平、互助、沟通顺畅，这样的氛围可以增强员工的归属感和对企业的信任感。如果企业经济状况良好，市场地位稳定，管理团队经验丰富且决策明智，员工就会对企业产生更高的信任感。如果企业能积极听取员工的反馈和建议，员工有机会参与决策，并对自己的工作环境和成果有话语权，员工则会自主增强对企业的信任度。如果企业无论遇到什么困难，都不拖欠员工工资、不拖欠供应商货款、不让债务逾期，这样的企业就会让员工信任度满格。

员工对企业的信任程度，往往从好感开始，进而受到信任事实的影响产生信任感，然后被大量信任事实叠加作用，最终形成更高的信任度。

2. 信任积累时长

时间是形成信任度的关键催化剂，员工在大量信任事实的包围下，在较长时间的催化下，牢不可破的信任度就会不知不觉形成。所以，企业开业伊始就应该开始积累员工信任度，或者从今天开始积累员工信任度，为之后的内部融资打基础。若平时没有积累，突然发起内部融资就很难推行。

二、通过提升员工忠诚度提升内部融资力

企业内部融资，就是向股东和在职员工募集资金的行为，主要靠的是员工的贡献，因为滴水成海。内部融资的成败有赖于员工的信任度和忠诚度，如果员工对企业的忠诚度高，他们会更愿意给企业投资或者借款；相反，如果员工对企业的忠诚度低，他们可能会对内部融资持怀疑态度，甚至拒绝参与。

因此，提高企业内部融资力，要提高员工的信任度和忠诚度，企业可以通过企业文化感化，以及提供良好的工作环境、优厚的福利待遇、公平的晋升机

会等方式来增强员工的归属感，进而培养员工忠诚度。

（一）创造培养员工忠诚度的环境

员工对企业有忠诚度，会使员工的工作绩效更好、工作激情更大、工作主动性更高。而员工激情就是企业的士气，可以激发更多员工的能动性和创造力，员工的自觉性则在潜移默化中营造出了企业的文化实力。在企业所有资源中，人力资源是最重要的资源，发挥好人力资源的作用，对于企业来说就是资产；发挥不好人力资源作用，对于企业而言就是成本。员工忠诚是企业稳定发展的基础，是增强凝聚力、提升竞争力的源泉，是提高效率、创造效益的主力军。尤其是在企业遇到困难时，员工忠诚更能显示出其价值，比如，全员支持内部集资可以让企业拥有更多资金渡过难关。

那么，怎样培养员工的忠诚度？

1.什么是员工忠诚度

员工忠诚度对企业的重要性不言而喻，到底什么是员工忠诚度呢？

员工忠诚度，就是员工对企业的忠诚程度，表现为员工愿意留在企业工作，并为企业的发展作出贡献。他们不仅在工作中积极主动、处理问题尽心尽力，还对企业的发展和前景充满信心，愿意与企业共同成长。有忠诚度的员工，愿意遵守企业的规章制度和政策，认真履行工作职责，并且对企业的工作安排和要求有高度的认同感。他们会自觉为企业保密，不泄露企业的商业机密和客户信息等敏感信息，会尽全力保护企业的利益。对企业有忠诚度的员工，会在工作中积极配合团队成员完成任务，为企业创造最大化价值。当企业有困难，有忠诚度的员工会无怨无愧地为企业找出路、找办法，甚至会主动掏腰包帮助企业渡过难关。

员工对企业忠诚的表现，可以从工作态度和行为表现中体现出来，直观表现为对企业文化认同、服从安排和管理、为企业奉献、主动宣扬企业好形象并消除负面影响、与企业共患难等。

2.提供员工建立忠诚度的沃土

人是环境的产物，换个说法就是不同环境造就不同的人，一群积极向善的人可以让其他人也变得积极向善；同样，一群消极阴恶的人也可能让其他人也变得消极阴恶。

所以，要想让员工对企业产生忠诚度，就要为员工创造相应的环境，提供员工建立忠诚度的沃土。比如，营造公正公平的环境，对待所有员工都公正公平，不偏袒任何人，让每位员工感受到尊重和存在感；创造积极向上、善良互助、诚信合作、团结友善、鼓励创新的企业文化；帮助员工实现个人职业生涯规划，让员工看到未来，感到在企业中有长期发展的前途；提供良好的工作环境和福利待遇，让员工感到舒适和满足，愿意持续为企业工作；领导层发挥领导力和管理能力，引导员工朝着共同的目标前进，让员工对领导层充满信任和支持；认可和奖励有贡献的员工，让员工感到自己的努力付出得到了企业和领导的认可与鼓励，从而愿意持续贡献。这些都是提高员工对企业忠诚度的沃土。

（二）增进员工忠诚度

忠诚度的养成，需要循序渐进，需要持续积累，企业需要润物细无声地不断强化员工的忠诚程度。怎样高效增进员工忠诚度呢？笔者研究了中西方近千例成功企业的案例发现，能够让员工快速对企业产生忠诚度的企业，都有三个共同点：重视企业文化渲染、营造共同价值观、发挥领导者人格魅力。

1. 重视企业文化渲染

企业文化是员工忠诚度养成的关键，因为企业文化是员工对于企业整体的认知和感受，直接影响着员工对企业的归属感。一个积极向上、团结协作、充满创新精神的企业文化，能够让员工感受到企业的关怀和支持，从而增强员工的忠诚度。

企业文化不仅代表着企业的形象和价值观，更是员工在工作中的行为准则和价值取向。一个好的企业文化可以引导员工形成良好的工作态度和行为习惯，激发员工的创造力和潜能，提高员工的工作质量和效率；帮助员工建立职业发展规划和目标，为员工提供成长和发展的机会和平台，从而增强员工的归属感和忠诚度。

苏州固锝成立于1990年，是中国电子行业半导体十大知名企业之一，也是A股上市公司。该企业的核心价值观是"让员工幸福，让客户感动"，所有员工孝顺父母、尊师、爱家、爱国、爱天地万物。固锝公司从董事长到管理层再到员工，都在努力用自己的行动重构信仰、信任、信心。固锝有爱心园，小朋友放学时，父母还在办公室、生产线上，为了避免做父母的担心，公司爱心园的老师、志愿者就会免费帮忙接送，免费照顾父母还在上班的小朋友，并辅导小朋友们做作业，让其父母放心。公司负责人看到卫生间不干净，他不会去责怪搞卫生的阿姨，而是选择亲自动手把卫生搞好，而且定期亲自打扫卫生间。公司成员之间讲究"真心、真信、真爱、真做"，发生任何问题，一切从自身找原因，不推诿不找借口。员工上下班不用打卡，却极少有迟到早退现象；没有KPI考核，公司业绩却稳步增长；每年有大量的带薪学习机会，员工都热衷于做义工，且离职率极低。以2022年为例，该年度制造业平均离职率为19%，而苏州固铒员工离职率不足5%，20多年工龄的创始员工和老员工抢着工作。固铒公司就是这样通过企业文化感化每一位员工，员工幸福感很高、忠诚度更高。

2. 营造共同价值观

价值观，是指一个人对周围的人、事、物等客观事物的意义和重要性的总体评价及看法。它是基于一个人思维感官之上而作出的认知、理解、判断或抉择，也就是人认定事物、辩定是非的一种思维或取向，从而体现出人、事、物一定的价值或作用。不同的家庭背景、不同的学识阅历、不同的人生际遇会让人养成不同的价值观。

价值观相同是合作关系的基石。在特定的时间、地点、条件下，人的价值观具有相对的稳定性和持久性，比如，拥有共同价值观的人，对同样条件下的同样事件，评价往往会惊人地相似。

所以，当员工认为企业与自己的价值观相符，企业重视自己所重视的事物，员工的忠诚度就会油然而生。企业要增进员工的忠诚度，就必须营造共同的价值观。因为共同的价值观是两者好感的基础，只有在好感的基础上，才可能产生信任感，进而才可能形成忠诚度。

3. 发挥领导者人格魅力

领导者人格魅力对员工忠诚度的养成影响巨大。一个具有高尚人格魅力的领导者，会赢得员工的信任、尊重、追随，成为员工的榜样，行为会被员工模仿。卓越的领导者能够提高团队的凝聚力，带领团队在激烈竞争中脱颖而出，让员工看到希望，感到企业有前途、有发展空间，进而提高他们对企业的忠诚度。

所以，作为企业的股东、管理者、领导人，应该充分发挥领导者的人格魅力，保持诚信和正直，充满自信和乐观，坚持热情和关爱，拥有责任感和担当精神、持续学习和成长，塑造出让员工崇拜的领导者魅力，进而影响员工对自己负责、对团队贡献、对企业忠诚。

第七章 □

融租力

没钱也能用到自己想要的设备

如果你想开一家工厂但没钱买机器，或者想组建一支车队但没钱买车，抑或接了一个工程但没钱买工程设备，在外面也没有借到钱，怎么办？或者你工厂里有生产设备，但没钱经营了，银行贷款批不下来，怎么办？拥有融租力，你的难题都能迎刃而解！融租力，就是一种能够让融资租赁公司愿意出钱为你买想要的机械设备，或者把你要的设备买下再租给你用的无形之力。

第一节　什么是融资租赁

融资租赁作为国际上最普遍、最基本的非银行金融形式，在世界各国的融资市场上都占据着相当重要的地位。尤其是越发达的国家，融资租赁的市场地位越高，其影响力越大，普及面越广。作为一种灵活的融资方式，它可以在帮助企业解决资金缺口的同时优化财务结构，降低财报负债率，降低资金占用率，提高企业的资产流动性。融资租赁在大中型企业资金融通活动中发挥着重要的作用，提高企业融租力，有助于企业更好、更快地发展壮大。

融资租赁业务有别于传统融资模式，是一种集抵押贷款、银行按揭、实物租赁等多业务优点于一体的创新型融资模式，是独立于股权融资、债务融资、政策融资、市场融资之外的融资工具。企业要想用好融资租赁这一工具，有必要从融资租赁的起源和历史沿革、融资租赁的产品分类、融资租赁公司的诉求等角度入手，熟悉此类业务的本质，以便提高融租力。

一、融资租赁的简史和特点

融资租赁，是由"Financial Lease"翻译而来的。由于文化差异和文字释义的多样性，"Financial Lease"这项业务进入中国后，被翻译成"融资租赁""金融租赁""融资性租赁""财务租赁"等多个中文词汇，因此造就了具有中国特色的法律和监管架构。目前，根据其主体单位性质不同，主要分为金融租赁和融资租赁两种，业内人士将金融租赁简称"金租"，将融资租赁简称"商租"。

中国第一批融资租赁公司主要由银行、保险和信托等金融机构投资设立，因此，其审批和监管权隶属于原中国银行业监督管理委员会（简称中国银监会，2018年该机构撤销，现相关业务由国家金融监督管理总局负责）。由中国银监会批准成立的融资租赁企业名称上可以冠以"金融租赁"字样，表达形式一般为"×× 金融租赁有限公司"或者"×× 金融租赁有限责任公司"。其适用法律依据为 2006 年 12 月 28 日经中国银行业监督管理委员会第 55 次主席会议通过，自 2007 年 3 月 1 日起施行的《金融租赁公司管理办法》。

中国加入世界贸易组织后，国外的融资租赁企业纷纷进入中国开展融资租赁业务。外资企业在中国开展业务的审批和监管权隶属于中华人民共和国商务部（以下简称商务部），因此，由外资在中国境内独资或者合资设立的融资租赁企业的审批和监管权应归属商务部。为了避免与中国银监会监管范围的金融租赁公司相混淆，由商务部批准设立从事融资租赁业务的企业名称则冠以"融资租赁"字样，其全称表达方式普遍为"××融资租赁有限公司"，或者"××融资租赁有限责任公司"。之后，内资成立的从事融资租赁业务的非金融企业的审批和管理监督也归属商务部。外资、合资、内资融资租赁企业适用法律依据为商务部2013年第7次会议审议通过，自2013年10月1日起施行的《融资租赁企业监督管理办法》。

融资租赁是集融资与融物、贸易与技术更新于一体的新型金融产业。由于其融资与融物相结合的特点，出现问题时融资租赁企业可以回收、处理租赁物，因而在办理融资时对企业资信和担保的要求较为宽松，所以比较适合中小企业融资。

目前，融资租赁已经成为中国企业设备融资的一种重要手段。银行信贷、股权融资、融资租赁在大额融资工具中并驾齐驱。作为企业五大融资模式之一，融资租赁是企业做大做强不可避免的重要融资手段，是主要围绕机械、运输工具、生产经营设备的融资，是中小企业技术及设备更新、维持竞争力的重要资金来源，可以让中小企业以极少量资金就能获得所需的技术设备。

（一）融资租赁简史

融资租赁，于第二次世界大战结束后发源于美国，并成为美国仅次于银行融资的最主要的融资手段，成为国际上最普遍、最基本的非银行金融模式。20世纪80年代初期进入中国市场后，得到快速发展。根据2023年第16届中国融资年会公布的数据，全国融资租赁（含金租）业务余额已超过7.7万亿元。

1. 融资租赁的发展过程

1952年，第二次世界大战结束后，世界各国百废待兴，新一轮工业革命在发达国家率先掀起，大批设备需要淘汰更新，使得这些国家固定资本投资规模急剧扩大。企业为了能立于有利的竞争地位，需要大量资金更新设备，将新技术运用到生产中去。同时，企业还要承担因新技术运用设备无形损耗加快的风险。在这种背景下，企业不得不考虑除了银行资金外的其他融资渠道。一种被称为"Financial Lease"的业务在美国应时而生，并宣告全球第一家从事"Financial Lease"业务的公司在美国成立。

美国为了促进企业资本性支出，于1954年出台了新税法，允许固定资产所有人加速折旧。而很多大型设备的使用人却没有足够的利润享受这项政策，这为现代租赁公司的兴起创造了条件。税收政策将"Lease"明确为"Financial Lease"（融资租赁）和"Operating Lease"（经营租赁），租赁业的税收风险得到进一步消除，厂商背景的租赁公司因产品促销迅速发展起来。

1962年，美国"Financial Lease"业务迎来了重要的政策支持——投资税收抵免，即设备所有者可获得设备价款7%的税收抵免。这项政策使得出租人以较低的租金水平向客户出租设备，融资成本大大优于银行贷款的成本。这些政策对融资租赁业务发展起到了有力的推动作用。

1963年，美国货币署允许全国性银行拥有并租赁资产，而此前银行只能购买独立设备租赁公司的应收租赁款或投资于设备租赁信托凭证。早期银行系的租赁公司的主要业务，是给铁路和航空提供税务租赁，由于这些行业在高速扩张阶段，没有多少所得税需要缴纳，成了税务租赁的主要市场。

1970年，《银行控股公司法案》出台，允许银行组建控股公司从事信贷以外的多元化业务，银行业开始整体关注租赁业。建立银行控股公司需要比较多的成本，为了说服股东，银行开展了与信贷较为类似、盈利能力较强的"Financial Lease"。在很短的时间内，银行对"Financial Lease"的看法有了很大的改变。在介入租赁业务以前，银行把"Financial Lease"视为企业没有其他融资渠道时获得资金的一种手段，"好客户不用 Financial Lease"；在银行介入租赁业务之后，银行把"Financial Lease"作为最为创新的一种融资方式，"聪明的首席财务官都用 Financial Lease"。到1979年，美国货币署进一步修改了规则，允许银行及银行附属机构开展租赁业务，这客观上承认了"Financial Lease"的价值。

美国银行业进入租赁业曾经让从事"Financial Lease"业务的传统公司非常紧张，但客观上，银行租赁的引入促进了全社会对融资租赁的认知。20世纪70年代初很少有财务人员了解租赁，而到20世纪70年代末几乎所有的财务人员都在考虑用租赁方式进行设备投资，这让整个设备租赁行业获得了好处。

金融监管政策的变化和完善推动了美国银行系"Financial Lease"公司的发展。1963—1997年，美国银行监管当局逐步允许银行进入"Financial Lease"行业。拥有充沛现金流和丰厚税前利润的银行，很快就成为"Financial Lease"行业的重要力量。随着银行充分进入"Financial Lease"，以及税收激励的减少，独立从事"Financial Lease"的公司不再具有竞争优势，逐渐向结构化资产融资市场转移。银行系"Financial Lease"在行业的地位继续提高，逐步占据了"Financial Lease"的半壁江山。

目前，Financial Lease已经成为仅次于银行融资的最大融资渠道。

2. 融资租赁中国进化史

1980年，中国国际信托投资公司（2002年更名为中国中信集团公司）试点了第一个融资租赁业务——河北与北京首都汽车公司签订的纺织机租赁项目，为河北省涿州市塑料厂引进了编织机生产线。

1981年4月，以中国国际信托投资公司发起创立国内第一家中外合资租赁公司——东方租赁有限公司。

同年7月，第一家内资融资租赁企业诞生——中国租赁有限公司成立，这标志着中国融资租赁业的兴起和建立。

1982—1987年，一批以信托投资机构为主的内资租赁公司相继成立，如浙江租赁有限公司、广东国际租赁公司等。

1984年，各大银行分别颁布《融资租赁业业务管理办法》，并开始兼营融资租赁业务。

1988年，我国迎来国内融资租赁发展的第一个高峰。

1994年后，由于租赁主题权责不明晰、风险管理能力较弱等监管问题，导致融资租赁违规问题频发，整个行业都没有得到发展，主营业务几乎陷入停滞状态。

1999年，由中国人民银行非银行金融机构管理司主办的"中国租赁业协会"在秦皇岛召开，会上各方对融资租赁业统一了认识，签署了《企业会计准则——租赁》《企业会计准则第21号——租赁》等。

融资租赁行业的"四大支柱"——法律法规、监管政策、会计准则、税收政策逐步得到建立和完善，我国融资租赁行业朝着规范、健康的方向迈进。

2001年，我国加入世界贸易组织，贸易、航运等行业得到快速发展，带来了巨大的设备租赁需求，融资租赁业迎来巨大的发展机遇。同时，欧美等国家和地区的租赁公司陆续进入中国市场，优化了行业结构，中国租赁业务逐渐接轨国际市场。

2004 年 4 月，全国人民代表大会常务委员会财经委融资租赁法起草工作领导小组、起草工作小组、顾问组成立，正式推进融资租赁立法步伐。

2007 年，《金融租赁公司管理办法》重新启动，允许国内银行加入融资租赁。工银金融租赁有限公司、建信金融租赁有限公司、民生金融租赁股份有限公司、交银金融租赁有限责任公司、招银金融租赁有限公司正式运营[①]。

2013 年 9 月 18 日，商务部以商流通发〔2013〕337 号印发《融资租赁企业监督管理办法》，民间融资租赁企业由此迎来新机遇。

2014 年，我国成为世界融资租赁业务规模第二大国，仅次于美国。

2015 年 8 月 26 日，国务院会议通过了《关于加快融资租赁业发展的指导意见》，全国各地政府相继出台对融资租赁行业的扶持政策。

2015 年，全国融资租赁合同余额规模高达 4.28 万亿元。

2016 年，全国融资租赁合同余额规模突破 5 亿元，高达 5.1 万亿元。

2017 年，全国融资租赁合同余额规模突破 6 亿元，高达 6.06 万亿元。

随着我国经济高速发展，全国城镇化脚步加速，我国大量的建设、运输、交通项目需要投入海量资金，仅凭政府投资和银行融资已经无法满足市场巨大的融资需求，融资租赁的灵活性和可变通性使其迅速成为融资市场重要角色，在融资市场的地位变得举足轻重。

（二）融资租赁的特点

融资租赁业务主要由两类机构在经营：一类是金融租赁企业，另一类是融资租赁企业。两者业务对象、业务模式、业务类型基本相同，但机构性质有本质的区别。根据国家统计局下发的《三次产业划分规定》，金融租赁属于第三产业中的金融业，融资租赁被划分为第三产业中的租赁和商务服务业。金融租赁和融资租赁虽然经国家划分做了区别，但实质业务是一样的，为了便于表述，本章节将此类相关业务统称为融资租赁。

---

① 金融租赁和融资租赁的关系在后文进行主要阐述。

1. 融资租赁的优势和必要性

融资租赁除了融资方式灵活的特点外，还具备融资期限长、还款方式灵活、压力小等特点。融资租赁来的资金期限可达数年，甚至数十年，远远长于一般银行贷款期限。

在还款方面，中小企业可根据自身条件选择分期还款，极大地减轻了短期资金压力，防止中小企业本身就比较脆弱的资金链发生断裂。

大力推进融资租赁发展，有利于转变经济发展方式，促进第二、第三产业融合发展，在加快商品流通、扩大内需、促进技术更新、缓解中小企业融资困难、提高资源配置效率等方面发挥重要作用。积极发展融资租赁业，是我国现代经济发展的必然选择。

融资租赁在我国经济发展中的作用和地位越来越重要，融资租赁业在中国经济中的分量越来越大。随着中国经济的持续发展，依托越来越强大的中国实体经济，融资租赁业正在成为我国服务业中的主流业态。

2. 融资租赁与其他融资模式的区别

企业融资，绝大部分融到的是资金，而融资租赁除了回租业务之外，主要以融物为主，即融资租赁公司不会把资金给申请融资的企业，而是把资金直接给申请融资企业要购买设备的供货商，申请融资的企业得到的是设备使用权。

其具体操作是，具体要什么设备、要谁的设备，由融资申请人决定，出租人审核通过后出资购买该设备，然后以租赁的形式把设备给融资申请人使用。融资申请人即承租人，融资租赁公司即出租人。承租人负责检查验收制造商所提供的租赁物，并承担该租赁物的质量与技术条件和风险，出租人不向承租人做任何担保。出租人保留租赁物的所有权，承租人在租赁期间支付租金而享有使用权，并负责租赁期间租赁物的管理、维修和保养。租赁合同签订后，租赁期间任何一方均无权单方面撤销合同，只有租赁物毁坏或被证明为已丧失使用价值的情况下才能够中止执行合同，无故毁约则要支付相当重的罚金。租期结束后，承租人一般对租赁物有留购和退租两种选择，若要留购，购买价格可由租赁双方协商确定。

融资租赁和其他融资模式的主要区别在于，融资租赁的标的是物，其他融资方式融的标的是资金；融资租赁企业支付的是租金，其他融资方式企业支付的是本息；融资租赁在财报上体现的是租赁，其他融资方式在财报上体现的是债务。

二、融资租赁的社会功能

融资租赁对于需要钱购买机械设备的企业而言是一种融资工具，对于销售机械设备的企业而言是一种促销工具，对于融资租赁公司而言是一种投资工具，而对于国家和整个社会而言是促进实体经济高速发展的推动力。换个角度理解，融资租赁是一种真正能推动实体经济发展、促进工业振兴、推动社会进步的金融。

（一）融资租赁的融资功能

融资租赁的本质是资金融通，它是为解决企业增添设备资金不足的问题而生，只服务于实体经济。实体企业需要添置设备时，只需支付少量资金就能使用所需设备进行生产，平时只需按期支付租金即可，相当于为企业提供了一笔中长期的按揭贷款，而又有别于银行的按揭贷款。

1. 企业的真实诉求

首先需要明确的是，融资租赁业务的服务对象是实体企业，标的是实体企业生产经营过程中涉及的"物"，如生产线、机床、机器人、车辆等。

其次，需要认清的是，实体企业融资的根本目的是什么。其实企业融资要的不是钱，而是用钱去买的那些"物"。比如，企业要买一批汽车，但账上没钱，找机构融资是为了拿钱去买想要的那批车。也就是说，得到那批车的使用权才是企业的真实诉求。

2. 融资还是租赁

融资租赁，其实是一种以租赁的形式达到企业融资要实现的目的，解决了企业原本无法通过常规融资购买设备的痛点，实现了企业现金不足却必须增添生产经营设备的需求。所以，通俗地理解，融资租赁相当于是让融资租赁公司帮你买你想要的生产经营设备，设备所有权暂时登记在融资租赁公司名下，你以付租金的方式分期支付设备款，享有设备唯一使用权，租金支付次数达到合同约定次数后，只需以事先约定的价格就能把设备所有权过继到自己名下。最终解决了原本需要用融资来解决的问题。

（二）融资租赁的促销功能

融资租赁的促销功能，是相对于设备局（设备生产商和设备经销商）而言的。在产品销售的过程中，要想把产品销售出去，首先要找到需要产品的人，同时在对方有意愿并且有钱购买的情况下，产品才有可能销售成功。然而，设备商经常会遇到一种情况，需要设备的人找到了，而且也有购买意愿，但对方就是没钱，结果白费力气，销售失败。而自从有了融资租赁业务，这种情况就迎刃而解了。

1.企业的烦恼

融资租赁业务普及之前，企业需要增添设备，只有两种选择：一种是如果企业资金充足，就以企业自有资金去购买该设备；另一种是如果企业资金不足，就要通过银行或者其他渠道融资（借钱），然后购买设备。如果企业既没有资金又无法获得融资，购买设备的想法就只能落空。同样，设备商也就无法把设备卖出去。

2.融资租赁的功劳

融资租赁普及之后，改善了这种情况。企业没有钱购买设备，可以找融资租赁公司，它们帮企业买下设备，以租赁的形式让企业获得设备唯一使用权。这样既解决了企业没钱购买生产经营设备的困扰也让设备商成功地把设备卖出去了。

所以，融资租赁具有促销功能。设备商可以帮助想购买设备但没钱的企业导入融资租赁，最终实现一举多得的完美结果。

（三）融资租赁的投资功能

融资租赁的投资功能是相对于有闲置资金的企业和投资人而言的。在任何时代和任何经济环境下，总有一些人、一些企业有资金盈余，总有闲置资金需要投资理财。而很多投资风险极大，投资人惦记的是投资回报，结果融资的人惦记的是投资人的本金，结果出现了有钱的人不敢投资，没钱的人融不到资。但融资租赁业务既很好地满足了投资人资金安全的问题，又满足了没钱的人缺钱的问题。

1.融资租赁的投资回报

在融资租赁业务中，承租人所支付的租金里面除了包含设备分期款、设备折旧费用、资金占用成本，还包括了项目管理费用和资本利润。诸多实操案例显示，大部分企业愿意支付比银行贷款略高的成本使用融资租赁业务，因为这些企业原本在银行获得融资也存在一定难度。也就是说，投资人可以通过融资租赁业务获得高于银行存款的利息收入。

2.融资租赁的安全性

相对于其他的融资方式而言，融资租赁投资的收益较高，本金安全性也较高。因为租赁物所有权登记在融资租赁企业名下，可以通过控制所有权的方式降低本金风险。同时，租赁物的瑕疵及质量风险是由承租人承担的，出租人无须承担该风险。所以，融资租赁的投资安全性较高。

三、融资租赁适用于哪类企业和哪类设备

融资租赁并不适用于所有企业，也不适用于企业购买所有设备。在实操中，只有符合行业准入条件的企业、购买符合要求的设备才有可能获得融资租赁支持。一般情况下，生产制造、交通运输、节能环保、通信与科技、文旅、市政民生、教育、建筑工程等相关行业比较容易获得融资租赁支持。适用的设备主要以企业用于生产加工、交通运输和仓储、经营作业等相关的机械设备设施为主。

（一）生产制造相关

本书在此所指的"生产制造"并非国家统计部门的标准分类，而是作为那些适合融资租赁的实物产品原材料、半成品、成品等开发生产或者制造加工相关业务的统称。比如，现代农耕作业、现代养殖作业、矿产开采作业等。

1.原材料生产开发企业

原材料生产开发相关的企业和设备涉及面较广，适合融资租赁的包括基础食品原材料、金属原材料、化工原材料、其他有机合成原材料的生产开发设备。比如，现代农业耕作机械设备设施，现代养殖业机械设备设施，黑色金属矿产、重金属矿产、轻金属矿产、贵金属矿产、稀有金属矿产、稀土金属矿产、分散

金属矿产的开采及粗加工相关机械设备设施。它们可以是新建、改扩建、技术改造等需要增添的机械、机床、设施、设备、运输工具等。

2. 成品生产加工企业

成品生产加工企业所指的是，将原材料加工成能够直接供消费者使用的完整产品的企业，包括常规的冶炼和型材加工、机械生产制造、农牧食品深加工等所有生产出终端产品的企业。其厂内的生产设备设施都适用融资租赁。

（二）交通运输相关

适用融资租赁的交通运输设备涵盖空运、水运、陆运，如飞机、船舶、火车、汽车、专用作业车、特殊作业车等。

1. 公共交通工具

适用融资租赁的公共交通工具项目包括城市公交、城际公交、省际公交、国际公交等。相应企业主要是以国有或者具有财政津贴背景的，通过飞机、高铁/火车、地铁、船舶、汽车、出租车等作为工具提供公共交通服务的独立法人机构，如航空公司、公交公司、出租车公司等。

2. 政务及城市特殊作业用车

适用融资租赁的政务及城市特殊作业用车，主要包括政府用车、公检法专用车、环卫用车、消防用车等。要求申请企业必须具备独立法人资格，具备还款能力，有稳定的还款来源。

3. 企业交通运输设备设施

适用融资租赁的企业交通运输设备设施，包括企业商务接待用车和高管用车、仓储作业车、物流运输车、特殊作业车、船舶等，一般要求100辆以上规模的项目。

（三）节能环保相关

适用融资租赁业务的节能环保项目，主要集中于工程规模较大、投入资金较多、具有大型国企背景或财政津贴或足额担保的项目。

1. 固废危废处理相关

适用融资租赁业务的固废危废垃圾处理相关常见项目，包括将污泥、农业废弃物、炉渣、矿渣、钢渣、废轮胎、生活垃圾、餐厨垃圾、建筑垃圾等无害化、资源化处理，如垃圾发电、沼气发电、生物质热电联产、污水废水净化等。此类项目一般由企业运营、财政补贴、制造废弃的个人或单位买单，具有资金规模较大、收入较稳定等特点。

2. 清洁能源相关

适用融资租赁业务的清洁能源相关常见项目，包括合同能源管理模式下的余热发电、燃气开发及商业化、供暖供气、工业节能、路灯节能、电池和光伏上游新材料、精细化工新材料、钢厂焦炉煤气制甲醇等清洁能源和节能环保类项目。

（四）通信与科技相关

融资租赁业务在通信和科技领域具有很大的助推作用，尤其在 5G 和 IDC 领域，投入了大量资金帮助相关企业解决资金缺口。由于这两类项目都具有前期投入较大、后期投入小但收益持续稳健的共同点，而且前期投入的设备设施是后期收益的必要基础，所以很适合融资租赁业务。

1. 5G 通信

5G 通信的普及，需要庞大的基站建设投入，因为基站的覆盖面和覆盖密度决定了网络的质量，而保障网络质量的基础就是基站数量。基站建设前期需要投入大量资金用于采购设备、征用场地、人工成本等，企业靠其他类型的融资模式很难满足发展需要。融资租赁正好可以填补了投资基站建设前期的费用，然后再租赁给电信运营商使用，让电信运营商以极少的投入就能快速在全国各地覆盖 5G 网络，实现双赢的局面。

2. IDC 项目

IDC 是 Internet Data Center（互联网数据中心）的简称，其最大的投入就是机房和服务器，这些投入巨大，而且是事先投入，银行贷款一般很难批，很多企业又没有足够的自有资金投资，最终往往只能放弃。而融资租赁可以为这类项目提供中长期发展的资金支持，让企业根据需求投资建设，然后再以租赁的形式给企业独家使用，缓解企业在设备采购、基础设施建设方面的资金窘境，帮助企业拥有自己的 IDC，加速提升竞争优势。

（五）文旅相关

融资租赁适用于文旅项目的范围比较有限，常见项目类型包括景点基础设施项目、游乐园项目、游览车项目、酒店装修等。这些项目完成后往往有较稳定的收入，可以用于支付租金。

1.旅游景点项目

旅游景点投资大、回报期长、收入不确定性较大，且可抵押贷款资产很有限，单靠银行融资很难满足项目发展需求。融资租赁的模式则填补了这类项目的融资市场空缺，可以满足旅游景点项目投资需要，包括景点路网、灯网、景观房屋等基础设施投资，包括购买游乐园设备、游览车、玻璃栈道等，可以由融资租赁公司出资投资，相关所有权或使用权暂登记在融资租赁企业名下，景点经营者享有独家经营权，靠门票收入和相关利润支付租金，满足约定条件后所有权和使用权重新过户到景点经营者名下，真正实现了"借鸡生蛋"。

2.酒店项目

酒店项目适用于融资租赁的内容常见于酒店装修，包括装修工程、酒店内部设备设施、酒店接待用车等相关费用都可以通过寻求融资租赁来解决。一般要求融资总额度3000万元以上，规模太小比较难获得支持。

（六）市政民生相关

适用融资租赁业务的市政民生相关项目主要集中在解决与百姓生活息息相关的一些方面，如垃圾处理项目、饮水工程项目、生活污水处理项目、道路照明项目、供电供暖供气项目等。这类项目采用BOT模式[①]，由企业出资建设，政府授予其一定时长的经营期限，经营期限内的收益归项目建设经营方，期满后该项目的经营使用权无条件归政府对应部门。而承建和经营该类项目的企业则可以通过融资租赁来解决项目经费问题。

（七）教育相关

适用融资租赁业务的教育相关项目可以是幼儿园、小学、初高中、民办高

[①] BOT模式，即"build-operate-transfer"的缩写，意为"建设—经营—转让"，是私营企业参与基础设施建设，向社会提供公共服务的一种方式。

校等相关项目。但是，根据《中华人民共和国民法典》"学校、幼儿园、医疗机构等为公益目的成立的非营利法人的教育设施、医疗卫生设施和其他公益设施不得抵押"的相关规定，可以援引出非营利性学校的教学楼和教育基础设施等不适用融资租赁。因此，常见可用于融资租赁的学校设备设施包括学生公寓及其内部设备设施、学生食堂及相关设备设施，以及学校其他非教学设施。

（八）建筑工程相关

适用融资租赁的建筑工程相关项目包括从事公路、铁路、桥梁隧道、地基基础、水利水电、机场场道、起重设备安装、港口与航道等基建类项目的施工及混凝土生产、钢结构、环保工程等。融资租赁标的物可以包括工程机械、器械、汽车、工具、配套设施设备等。甚至可以将项目本身作为标的，如港口、机场、桥梁、道路等。

四、融资租赁的操作实务

融资租赁，简单地说，就是设备租赁，企业以设备为载体，通过融物达到融资的目的。融资租赁的产品比较多，但对于大部分需要融资的企业而言，比较常见且适用的有直接融资租赁、售后回租、创新租赁、风险融资租赁、抽成融资租赁、结构化融资租赁等几种，每种产品的操作方法和合作方式略有区别。

（一）直接租赁

直接租赁也被简称为直租，是融资租赁业务中较普遍、较简单，也是最主要的模式之一。具体操作方式为需要融资购买设备的企业（以下简称承租企业）在选好生产经营设备后，由融资租赁公司出资购入该设备并租赁给承租企业使用，承租企业支付租金总额的 10% ～ 30% 首付款后，按时支付租金即可享有设备的独家使用权。在整个租赁期间，承租企业没有该设备所有权，只享有使用权，并享有使用过程所获得的收益。租赁物件的维修、保养由销售商对承租企业负责，承租企业承担租赁物质量风险及其他可能风险。直接租赁模式比较适用于固定资产和大型设备购置，以及企业技术改造和设备升级。

1. 直接租赁模式的特点

直接租赁模式需要由出租人、承租企业、供货人三方共同参与，至少要签订《融资租赁合同》和《购买合同》两个合同。这种租赁模式关系简单、手续较为简便，所以受到出租人和承租企业的青睐。

因为设备型号、功能样式等都是承租企业量身选定，大部分是定制设备，部分是通用设备，一旦承租企业毁约，出租人很难再将该设备租给他人，出租人为此会遭受较大损失，所以此类融资租赁业务具有不可毁约性。

2. 直接租赁的操作流程

首先，承租企业选好企业需要的设备，确定型号、明确功能需求、确定和谁买、商定价格购买等，然后向融资租赁公司提出融资租赁申请。其次，融资租赁公司协同承租企业与供货商进行技术及商务谈判，融资租赁公司和承租企业双方签订《融资租赁合同》，融资租赁公司与供货商双方签订《买卖合同》，出资购买承租企业指定的设备（租赁物），供货商把设备交付给承租企业使用，承租企业按合同约定向融资租赁公司支付租金。最后，租赁期届满，承租企业没有违约的情况下，融资租赁公司将租赁物的所有权以名义价购买过户给承租企业或续租，合同结束。

3. 案例：1.5 亿元工程设备融资租赁

万先生最近很烦，他苦苦跟进了两年的大型基建项目承建合同终于签下来了。该项目合同款高达 7.5 亿元，需要投入设备规模 1.5 亿元，项目预期盈利不低于 2.2 亿元。可是，万先生公司之前已完工的多个项目工程款迟迟结不了款，眼看新项目马上要动工，必须尽快采购设备。但是，公司最大限度只能调度到位 4000 万元，因为已经没有可抵押资产，找银行贷款批不下来。为此，万先生几乎跑断了腿，也没把款项落实下来。

一个偶然的机会，万先生认识了叶先生。经过深入了解，叶先生帮助万先生解了燃眉之急——由叶先生的公司、万先生的公司、设备商三方签订了设备购买及租赁协议。由叶先生的公司出资购买协议中涉及的全部设备，产权归叶先生的公司所有；该设备按约定条款租赁给万先生的公司使用，叶先生是出租人，万先生公司是承租企业，约定租赁期限为 5 年，万先生的公司按约定每月向叶先生公司支付租金（含各项费用）约 380 万元。

在叶先生的帮助下，万先生的公司在缺乏资金的情况下，获得了需投巨资购买设备的使用权，工程得以顺利开工。5 年租赁期届满时，万先生的公司按事先约定向叶先生的公司支付 100 元设备残值款，该批设备产权便过户到万先生的公司名下，合约终止。

（二）售后回租

售后回租是融资租赁业务中占比最大的一项业务，目前国内超过 60% 的融资租赁业务都是售后回租。业内将这类业务简称为回租。大致实操方式为：需要融资的企业（承租企业）将自己已有的设备，包括定制设备和通用设备，通过评估公司评估后，出售给融资租赁公司（出租人），融资租赁公司再将该设备出租给融资申请人（承租企业）使用。融资申请人因此获得一笔资金用于生产经营周转，缓解燃眉之急，融资申请人只需按合同约定如期支付租金即可继续使用原来的设备。回租业务在租赁期间，租赁物的所有权发生转移，承租企业只拥有租赁资产的使用权，没有处置权。租赁期满后，承租企业可续租或者以约定的名义价格回购租赁资产。回租赁模式可盘活承租企业已有资产，快速筹措资金，满足资金需求。

直租，企业融到的是物；回租，企业融到的是资金；这就是两者本质的区别。直租实现的是，通过融资租赁公司获得自己想要的设备；回租实现的是，通过融资租赁公司将自己已有的设备换回现金。设备所有人通过融资租赁回租模式，在不影响企业继续使用设备的情况下，将固定资产化作现金资产，盘活企业现金流。

1. 售后回租模式的起源及特点

售后回租源于很多在营企业已经拥有生产经营设备资产，但缺乏流动资金，向银行申请抵押贷款又无法获批，融资租赁企业又正好需要扩大市场规模，因此融资租赁的售后回租模式应运而生。

售后回租业务的特点是，企业已经购置有设备，通过向融资租赁公司出售该设备获得资金，同时再向融资租赁公司租回并使用已经出售的设备。租赁期间，租赁资产的所有权归融资租赁公司，融资申请人只享有设备使用权。租赁期满，融资申请人可以继续租赁或者以约定价格向融资租赁公司回购该设备。这种模式有利于盘活企业已有固定资产，适用于流动资金不足但有设备的企业。

2. 售后回租的实操流程

融资申请人（承租企业）向融资租赁公司（出租人）申请融资租赁业务，融资租赁公司对申请人及其设备进行调查评估，然后以双方都能接受的条件和价格购买申请人的设备。融资租赁公司向申请人支付货款并将设备所有权变更备案。融资申请人获得设备转让款，以承租企业身份向融资租赁公司租赁卖出的设备，定期支付租金给融资租赁公司。租赁期届满，在融资申请人没有违约的情况下，融资申请人可以按事先约定的价格回购租赁物，合同结束。

3. 案例：10 亿元 5G 信号塔融资租赁

某电信运营商在华南区拥有超过 30 万个 5G 通信基站，覆盖 3.9 亿用户，总资产估值达 1.7 万亿元。随着市场需求的不断扩大，该电信运营商需要大笔资金对基站进行升级和增加基站的数量，进而提高网络覆盖面和网络质量。

该电信运营商虽然通过银行获得了部分资金，但资金缺口仍然很大，经多方比较后，决定向融资租赁企业求助。

叶先生的融资租赁公司为该电信运营商提出建议：由叶先生的公司出资 10 亿元买下该电信运营商华南区的部分基站，再将该部分基站出租给该电信运营商，租赁期为 8 年，电信运营商每季度向叶先生的公司定期支付租金，8 年租赁期届满后，双方约定由电信运营商以约定的价格回购该部分基站，合约终止。

经数次磋商，该电信运营商接受了叶先生公司的方案。

叶先生的公司名誉上变成了一部分基站的主人（权利所有人），电信运营商获得了 10 亿元资金，出售给叶先生公司的那部分基站仍然由电信运营商经营，经营收入仍然属于电信运营商，电信运营商只需如约支付租金给叶先生的公司即可。经营过程中的损耗、维修、质量风险皆由电信运营商自行负责。两者各取所需，创造了双赢合作。

（三）创新租赁

创新租赁是以项目为载体的融资租赁业务，可以理解为以独立项目进行的设备融资租赁，也可以理解为用融资租赁业务模式来实现项目融资目标，是一种创新型租赁模式。呈现为承租企业以项目自身的财产和效益为保证，与融资租赁公司签订《融资租赁合同》，融资租赁公司对租赁项目以外的财产和收益无追索权，租金的收取也只能以项目所产生了的现金流量和效益来确定。这种创新型的融资租赁模式常被用于大型通信项目、大型医疗项目、大型电力项目甚至高速公路经营权／特许经营权项目等。

融资租赁公司在创新租赁业务中可能会因为创新租赁业务本身经营失败，或者存在承租企业信用不好而导致租金不能收回的风险，因为这类融资租赁模式的收益限于标的本身的成败和经营情况，有一定的风险。

1. 创新租赁的特点

创新租赁模式的基础仍然是直租或回租，区别在租赁标的物和租金追索权上。创新租赁是以一个完整的项目作为标的物，而不是限于一部分或全部设备。这种租赁模式是对项目融资方式的一种尝试或探索。比如，一个新建的水电站项目，如果用传统的融资租赁思维，一般标的物是可适用直租模式的机械、设备、设施等；而以完整项目作为融资租赁标的，融资租赁公司的资金则不仅限于支付水电站相对应的机械、设备、设施，还包括建筑过程产生的劳务费用、人员工资等。

2. 创新租赁的实操流程

企业要想以项目作为标的进行融资租赁，首先要拟订可行的融资方案，明确项目的资金需求，如资金用途、融资额度、资金使用期限、租赁计划、担保措施、租金来源说明等。然后准备商业计划书、财务报表、盈利模型、可行性分析报告，以及项目的各种审批手续和证件等。

基础工作准备好之后，再积极寻找银行系金融租赁公司、内资融资租赁公司或外资租赁公司进行谈判，也可以寻找金融中介机构帮忙协助融资。然后进行融资条件、合作细节谈判和配合尽职调查。尽职调查一般会重点对企业的财务状况、项目真实性、项目可行性、管理团队、风险因素等进行调研评审。

金融机构完成谈判和尽职调查后，评审委员会出具评审意见；评审通过后，签订正式的《融资租赁合同》《保证合同》《合作协议》等相关文件，各方按协议条款约定，各自履行责任义务。

3. 案例：水电项目融资租赁

某国水电项目是一个以发电为主的综合性 BOT 二级水电项目。电站装机容量 40 万 kW，年发电量为 19.7 亿 kW/h。特许经营期共 45 年，其中 5 年为建设期。项目建成后，电力将接入该国的国家电网，由其国内消纳。该项目由某能源公司收购二级水电公司（以下简称水电公司）股权并获得建设运营权。

该项目工期紧张，资金需求密集，而且融资关闭期限较短，股东投入的资本金接近枯竭，项目亟待资金到位开展施工建设。由于该项目建设期和运营期都很长，贷款年限也较长，国际市场上很难找到跨度 10 年以上的贷款。另外，该国当时的环境和社会影响评价不太理想，银行和资本参与意愿不高。

该水电项目属新建，初期未形成资产，和传统意义上的融资租赁业务区别较大，很难按常规租赁模式操作。还有就是，该项目设备的交付和安装周期较长。上万件零部件和预埋件，按传统融资租赁模式，由租赁公司向设备商采购租赁物，设备商再按要求给项目方安装交付，操作过程复杂且工作量极大，效率极低，可操作性不高。

融资租赁公司接受了某能源公司创新设计的委托直租模式，设备购置款及土建施工费用都纳入融资范畴，由融资租赁公司与水电公司签订委托采购和土建施工委托协议，融资租赁公司向水电公司支付预付款，由水电公司根据协议向厂商支付购置款、向土建施工单位支付工程款，最终由水电公司根据融资租赁合同向融资租赁公司支付租金。

该项目的创新租赁模式既解决了项目初建期资产未形成的问题，也克服了传统融资租赁模式下租赁公司无法按照客户需求大批量采购设备的难题，在确保项目正常建设的情况下达到筹集工程款的目的，并实现了投资收益最优化效果。

（四）风险融资租赁

所谓风险融资租赁，泛指融资租赁公司以常规融资租赁模式结合股权投资，将设备出租给承租企业，在指定时间内以合理价格购买承租企业的普通股，获得租金回报的同时，还享受承租企业的股东分红和股权溢价收益。即"租赁＋股权"混合投资模式。此类交易一般比较适用于具有高成长空间和拥有较大市场前景的高科技企业。

1. 风险融资租赁模式的特点

在风险融资租赁模式中，租金是融资租赁公司的主要回报，一般占 50% 左右；设备残值回报占 25% 左右。这两项属于稳定收益，其他收益存在与否以及多少要根据项目运营成绩而定。

融资租赁公司将设备租赁给承租企业，同时享有与设备成本相对应的股东权益，实际上是承租企业以部分自身股东权益代替租金的新型融资租赁模式。融资租赁公司作为股东，可以参与承租企业的经营决策，增加了投资安全性和对承租企业的影响。

风险租赁兼具债权和股权双重投资，与传统融资租赁有显著区别，每份风险租赁合同中都有融资租赁公司认购承租企业股权的条款约定，融资租赁公司既是出租人，也是项目管理人，为企业提供租赁设备的同时，还参与承租企业的经营决策，提供经营咨询服务。

在风险融资租赁模式中，融资租赁公司既有租赁债权人的角色，又有风险投资人的角色。常规的风险投资人通过投资科创企业获得股权分红和股权溢价收益，风险融资租赁模式中的融资租赁公司除了获得科创企业的股权收益，还在科创企业的存续期中获得设备租金收入和设备残值收益。相比之下，风险融资租赁模式下的融资租赁公司的投资安全性更高，收益更可观。在风险租赁实操中，融资租赁公司享有的是科创企业的股权优先认购权，如果承租企业的发展前途一片光明，有风险投资机构投资，融资租赁公司可以按约定选择优先投资；如果承租企业发展前景差，融资租赁企业可以放弃认购权。更为重要的是，在大部分风险租赁合同中，都会约定补偿性条款，就是融资租赁公司放弃股权认购权的话，承租企业要给予融资租赁公司一定的补偿。融资租赁公司可谓"旱涝保收"。当然，承租企业给融资租赁公司的补偿属于后期补偿，对于承租企业而言，也缓解了项目发展初期过高的租金压力。

对于需要融资购买设备的企业而言，能够争取到风险融资租赁的好处是投资周期较灵活，融资租赁公司一般会根据项目的实际情况灵活规定。不像单纯的融资租赁模式对租金、租期、支付准时性那样严格，风险融资租赁在租金和租期的设置上更为弹性，各项规定都好协商。比如，在约定期内企业因经济效益不佳而暂时不能按时还租的，融资租赁公司往往可以灵活变通给承租企业适当宽限期；承租企业宽限期后仍无法还租的，甚至还可能进行债转股抵销部分租金。

所以，新项目如果能争取到风险融资租赁，企业可以优先考虑这种模式。因为初创企业经营历史短，资金缺乏，很难向银行贷款，能融资的渠道也很有限，而且融资成本往往较高。如果能选择风险融资租赁的话，初创企业可以将部分风险转移给融资租赁公司，在经营困难阶段，不影响设备正常使用，避免资金不足的窘境发生。同时，利用风险融资租赁减少了前期租金支付额度，增加了企业的现金流量，从而提高资本回报收益的可能。

2. 案例：初创企业融资租赁

K 汉科技公司是一家高精尖医疗手术设备研发生产商，已经完成产品研发并获得了多项发明专利，为了防止技术外泄选择了自己投资的工厂生产。但是，K 汉科技仍属初创企业，还没有形成太多的公司资产，债务融资的话缺乏抵押物，没办法通过贷款建厂，股权融资又估值太低没有谈成。K 汉科技找到福哥帮助融资，福哥对项目分析研究后，推荐给叶先生，经现场调研和访谈创始团队，达成了风险融资租赁合作模式。

融资租赁公司与 K 汉科技签订了总额 2.7 亿元的《风险融资租赁合同》、与项目承建方签订了《委托建设总包合同》，与设备集采商签订了《设备集采合同》，建设款和设备采购款由租赁公司支付，项目建成交付后产权暂时登记在融资租赁名下，由 K 汉科技独家承租。K 汉科技除了接受常规的直租模式各项条款外，还同意在租赁合同有效期间，融资租赁公司享有 K 汉科技 2.7 亿元期权和期股，以及享有 K 汉科技对应份额的分红权；同时，在未来 3 年内，融资租赁公司可以选择对期股是否行权，如选择行权，则按距离行权最近一次 K 汉科技的估值的 8 折购买不超过 2.7 亿元该公司的原始股权。

K 汉科技之所以能顺利通过此次融资租赁申请，很大原因是 K 汉科技愿意接受融资租赁在未来 3 年内按最新估值的 8 折兑付期股，无论是否行权，都能享受租赁期间 K 汉科技 2.7 亿元对应份额的期股红利和对应话语权。这是融资租赁业务之外的额外收益。

（五）抽成融资租赁

1. 抽成融资租赁的定义与实操流程

抽成融资租赁也被称为收益百分比融资租赁。抽成融资租赁和其他融资租赁模式的最大区别在于租金固定，此类融资租赁的收益是根据承租企业的盈利能力决定的。

其常见的操作是，合同签订后，承租企业先向融资租赁公司支付数期租金，租金余额按承租企业营业收入的一定比例抽成。具体的抽成比例由融资租赁公司和承租企业根据项目具体情况协定。这种模式比较适合资金回笼期较长，但是现金流很稳定的项目，项目最好具有一定的行业垄断或者市场垄断，这样企业可以用项目收益权作为担保，以项目收益的一定比例作为融资租赁公司的设备租金支付。

2. 案例：实训基地租赁融资

N 开科技是一家虚拟与现实产品研发机构，拥有庞大的美术成像设计师团队，可以将故事和剧本通过平面美术、声像技术、虚拟现实等技术做成各式各样出版商需要的作品，并且拥有畅通的版权售卖渠道。N 开科技为了扩大内容产出能力，和当地各家职业院校达成了校企合作的实训基地计划。

当地职业院校为了保障学生毕业后具有实操能力，所以把实训列为获取学分的一部分内容，每位学生在校的最后一年是实训期，只有实训考试达标后才能获得毕业证。实训费用由学校支付给实训基地，学生在实训过程产出的作品由实训基地购买，该费用归属学生。这样一来，学校解决了学生实训去处、学生获得了真实的实战训练、实训基地获得了庞大、稳定的内容生产力，可谓一举多得。实训基地的收入主要有两项：一项是学校支付的学生实训费用，另一项是学生作品对外销售所得的差价。

然而，N 开科技由于是文创类企业，固定资产极其有限，尝试找了多种融资渠道，都没有成功。

叶先生为 N 开科技设计了抽成融资租赁模式，并让 N 开科技与 8 家职业院校签订了长达 10 年的长期合作协议，涉及此类实训内容的学生数量保底量为 3 万人，一个实训生的实训费用为每年 3000 元，由学校按月支付，每年的实训费用可根据学校学费涨幅同比例增加。经严格财务核算，实训费能产生的利润率为 15% 左右，即每年至少实现利润 1350 万元以上；预计每位学生年产作品利润 1000 元左右，即作品利润预计年收入 3000 万元左右，且作品改编发行收益不可估算，都为融资租赁租金来源奠定基础。

最终，融资租赁公司、N 开科技、学校、项目建筑装饰工程方、设备供应商多方达成合作，由融资租赁公司采取抽成融资租赁的方式与学校、N 开科技共建实训基地。实训基地产权和相关设备设施所有权登记在融资租赁公司名下，由融资租赁公司支付建设费用和相关设备设施采购费用；N 开科技作为承租企业，负责实训基地的经营，向融资租赁公司支付项目租金；学校作为第三人，负责生源输出和费用的按期结算；以实训基地的收益作为担保。

抽成租赁合同签订后，学校向 N 开科技支付学生实训预付款，N 开科技向融资租赁公司预付 12 期租金，融资租赁公司向实训基地建筑装饰方支付工程款、向设备商支付设备款。从第 13 期租金开始，N 开科技根据实训基地实际经营所得利润抽成 40% 作为支付融资租赁的租金。租赁期届满，租赁标的物以约定的价格由 N 开科技留购，融资租赁合作结束。

由于获得了融资租赁资金支持，实训基地 6 个月就顺利投入经营，形成了多赢的局面。

（六）结构化融资租赁

结构化融资租赁也被称为结构化共享式租赁，其模式和 BOT 模式有异曲同工之妙。结构化共享式租赁，由英文 "Structured Participating Leasing" 翻译而来，来自 1998 年 8 月发表的《中国外资》特辑，当时的中文翻译是 "结构化参与租赁"，经相关部门研究改译为 "结构化共享式租赁" 后沿用至今（下文将以 "结构化共享式租赁" 称呼）。该租赁模式适用于初期信用评级不高，没办法使用其他融资模式，甚至适用性较广的直租赁模式也通不过，但是中远期效益预期会很好，足以支付租金的项目。常见于一些效益好的基础设施项目，如港口、机场、电厂、通信、自来水厂、国际运输船舶等项目。

结构化共享式租赁立足于项目收益，不溯及项目的母体，不需要第三方提供担保，不设固定租金约定，也不设固定的还租期限。在还租方式上，由传统融资租赁的定期定额方式，转变为定期不定额方式，在会计准则上属于或有租金方式。

结构化共享式租赁业务分注资、还租和回报三个阶段。注资阶段和常规融资租赁资金注入方法相同。还租阶段是将项目收益的大部分用于出租人和承租企业分配，一般情况下，融资租赁公司要求分配可分配资金的 70% 用于还租，承租企业保留 30% 可分配资金用于日常经营，直至租金冲减完。回报阶段是指全部租金冲减完后，融资租赁公司继续享有项目公司一定年限的收益分成作为投资回报。比如，在回报约定年限内项目可分配资金的 30% 归融资租赁公司，剩下部分归项目公司。回报率一般按约定的比例提取，常见的比例在 15% ~ 35%。回报月定期结束后，融资租赁公司将租赁标的物的所有权登记到承租企业名下，该融资租赁合同结束。

　　结构化共享式租赁最大的特点是还租方式灵活，可以根据项目情况量身定制，如租金先少后多、租金先多后少、租金"放假"、跳跃式还租等。此模式涉及的技术面较广，操作起来较为复杂，属于高风险、高收益投资，没有唯一的操作版本，每个项目都是个性化设计的方案，企业要根据自身情况与融资租赁企业共同研究设计更适合自己的融资方案。

第二节　怎样提升企业融租力

融资租赁是一种很好的融资工具，固定资产比重较大的企业可以将融资租赁作为主要的融资手段。因为融资租赁在财报中可以表达为租赁而不是负债。对于需要降低财报负债率、缺少资金但又需要增添设备等固定资产的企业而言，融资租赁是不二选择。

那么企业该怎样提升融租力呢？

一、导致融资租赁失败的关键要素

融资租赁虽好，但若操作不当，企业也无法通过融资租赁申请。问题往往出在租赁标的物、财务状况、政策因素等要素上。要想成功获得融资租赁支持，一定要规避好导致融资失败的要素。

（一）租赁标的物有问题

租赁标的物是融资租赁的核心，一份没有租赁标的物的融资租赁合同是不成立的合同，所以租赁标的物的情况会直接影响企业申请融资租赁的成败。比如，租赁标的物所有权是否存在争议、标的物是否具有未来市场、标的物是否具备普适性等，都是影响融资租赁企业决策的重要考量。

1. 租赁物不合规

根据融资租赁相关法律法规，融资租赁的租赁物应为实物财产，任何形式的无形财产都不能成为融资租赁合同的标的物。同时，租赁物必须是使用权能够从所有权中分离出来的物，如果使用权与所有权不可分离，那么这样的租赁物不能作为融资租赁合同的标的物。还有就是，租赁物必须是不可消耗物，能够重复使用的物。另外，法律禁止流通的物体或限制交易的物体，如武器、黄赌毒相关设备、国家专营产品等都不能作为融资租赁合同的标的物。

2. 标的物权属问题

标的物权属问题是导致无法通过融资租赁进行融资的主要原因之一，主要影响售后回租业务。

很多老板由于自己名下有多家企业，资金分散在多家企业账上，采购一批设备常常用多家企业转账给设备商，然后为了做账方便，哪家企业转的账发票就开在哪家企业名下，结果一批设备的所有权分散在多家企业中。当企业申请融资租赁时，发现设备权属不在同一家公司名下，操作起来很麻烦，甚至导致融资失败。

还有一种情况，企业在购买设备时，没有按合规操作而少开了发票，最终由于权属不明确、不具体，无法申请到融资租赁。

3. 设备先进性不足

融资租赁公司很大的一个风险是租赁物所有权风险，主要体现为出售风险和技术陈旧风险两个方面。有些设备由于技术含量较低，或者先进性不足，在租赁期间有可能会被更先进的同类设备替代，或者因更先进的技术导致原有设备贬值，这些原因都会导致融资租赁公司遭受损失。

所以，设备的先进性不足，会降低融资租赁企业的兴趣，因为融资租赁企业要考虑该设备若干年后是否还能满足承租人需要，或者出售是否还有人购买，一旦答案是否定的，该设备就无法获得融资租赁支持。

4. 非标品

非标品，可以理解为量身定制的设备，也就是说该设备仅适合该企业适用，其他企业拿去根本用不上或者用不了，或者设备的市场太小众，普适性不足，导致承租人万一违约，融资租赁公司很难将设备转让脱手，这种情况下也会导致无法进行融资租赁。

（二）财务状况不达标

股权投资者关心企业未来能不能变得更值钱，债权投资者关心企业能不能按时还本付息，政策资本关心企业能不能为财政贡献更多税收，融资租赁投资者也不例外。企业能不能按时支付租金，是融资租赁评审的着重点。比如，企业的资产负债率、现金流、营业收入等都会影响融资租赁成败。

1. 资产负债率超标

资产负债率是衡量企业财务状况的重要指标，它反映了企业的盈利能力和支付能力。如果资产负债率过高，说明该企业盈利能力差、可支配资金有限、支付能力低、财务风险较大，这会直接影响融资租赁申请评审通过率。对于融资租赁业务而言，企业资产负债率最好小于或者等于 70%；各项指标都比较优越的话，企业资产负债率也要控制在小于或者等于 90%；极限是小于或者等于 120%。

2. 现金流逆差较大

现金流是一家企业存续期间，所发生的资金流入和流出。当企业现金流入大于流出时（现金流顺差），说明企业有盈余，拥有支付能力；而企业现金流出大于流入时（现金流逆差），说明企业入不敷出、支付能力较差，如果平衡不好，还可能会导致企业资金链断裂而倒闭。所以，现金流逆差较大的情况下，企业很难通过融资租赁评审。

3. 现金流量太小

现金流量是指一家企业的现金流入流出的量。通常情况下，经营状况良好的企业应该有稳定的现金流，经营状况越好，现金流量越大、频率越高、周转率也越高；相反则经营状况越差。也就是说，现金流量太小会影响融资租赁申请通过率。比如，一家企业一年 365 天只有三两笔资金进出账，很难让人相信完成融资租赁后它能按时支付租金。

4. 营业收入规模不足

企业一年的营业收入规模，是融资租赁企业评判是否给予融资的重要评审指标。一家过去每年只有百十万元营业收入的企业，很难让融资租赁公司相信其能够在未来的一两年有太大的营收突破。如果这样的企业申请比过去一年营业收入总额更高的融资租赁，几乎没有通过的可能。

正常情况下，融资租赁企业只会批准融资企业过去一个完整年度营收总额 10% 左右的授信，而且合同标的金额不能低于 100 万元。所以营业收入规模不足，会影响企业融资租赁通过率。

（三）项目可行性低

在标的物和财务状况都达标的情况下，标的物关联项目的可行性就成为影响融资租赁申请通过率的最大关键了。因为项目的成败，直接决定承租人能不能按时支付租金，项目的可行性直接影响融资租赁。项目的可行性可通过技术方案是否合理、财务方案是否合理、资源配置方案是否合理、投资回报方案是否合理、项目社会价值是否合理等窥探一斑。当项目的合理性太低，融资租赁公司宁可错过一笔生意，也不会冒风险投资。

1. 技术方案是否合理

一个不合理的技术方案可能会导致项目延期、超支甚至失败。相反，一个合理的技术方案能够提高项目的效率、成功率，并降低成本。技术方案是否合理，可以通过项目的目标、功能需求、性能要求是否可量化、是否具体化、是否有参照等角度分析。同时，还要分析技术是否具备长期发展潜力，是否有成熟的技术人员参与，团队成员的技术能力和经验是否能胜任，是否有培训支持等。技术方案不合理，必然降低项目的可行性。

2. 财务方案是否合理

钱，是保障一切项目成败的基础，如果财务方案设计不合理，有可能导致项目资金链断裂、无法盈利，或者项目中途流产乃至失败。相反，一个合理的财务方案能够提供稳定的资金支持，确保项目的顺利进行。

分析财务方案的合理性，可以通过分析项目的投资需求、资金来源、原材料采购、生产成本、管理费用、风险管理、资金流动性等要素的具体情况和规划。只有每个要素都合理了，整体方案才可能合理。财务方案不合理，必然会影响融资租赁申请通过率。

3. 资源配置方案是否合理

一个项目的核心资源主要包括人力、物力、财力三个方面，资源配置方案是否合理直接决定项目成败。资源配置方案的合理性可以从资源需求、资源分配、资源利用、资源管理、资源监控等几大方向分析。方案越具体、数量越精准、分配越细致，项目成功率越高；反之结果则相反。资源配置方案不合理，必然导致资源浪费、资源冲突、资源失衡，甚至导致项目失败。

4. 投资回报方案是否合理

投资回报方案是否合理，关系到项目融资的成功与否，也就是影响项目的财务支撑力。一个合理的投资回报方案能够吸引更多的投资者，而不合理的投资回报方案可能会导致项目无法吸引足够的投资，或者在投资后无法获得预期的回报，导致投资人不再继续支持。投资回报方案是否合理，可以通过企业对投资款风险管理措施是否严谨并合法合规、投资收益是否具有吸引力、投资成本控制措施是否科学，以及资金来源、股权比例、合作方式等是否符合投资者意愿等诸多方面了解分析。

5.项目的社会价值是否合理

项目的社会价值是否合理，主要考虑项目是否能满足和平衡当局的经济结构、法律道德、宗教民族、人民群众及社会稳定性等要素的关系。平衡度越好，项目可行性就越高；反之则越差。

（四）政策因素的影响

全世界范围内，绝大部分国家的企业发展都会受到政策因素的影响，融资租赁业不例外。众所周知，房地产行业在过去的发展离不开融资租赁，如果某个阶段政策有所调整，则房地产企业的融资租赁方式和要求也会出现变化。所以，企业在寻求融资租赁之前，一定要了解企业自身所处行业相关的政策规定。

二、提升融租力的办法

融资租赁对企业的重要性已经不言而喻，关键是怎样才能提升企业的融租力，也就是说，企业怎样做才能更容易获得融资租赁支持。庄子有云："是故非以其所好笼之而可得者，无有也。"所以，提升企业融租力，就要学会"投其所好"，"投"融资租赁公司的"好"，把融资租赁公司关心的要点做好。比如，优化财务报表、提高项目质量、证明租金支付能力等。

（一）优化财务报表

优化财务报表不是做假账，而是从根本上提高企业的盈利能力，从财报上发现和弥补过失，适当剥离不良资产，合理降低负债率，让企业回归正轨，用事实展示企业的实力。

企业进行融资活动时，财务指标是影响融资成败的关键，尤其是申请融资租赁。一家看起来没有支付租金能力的企业，很难通过融资租赁申请，而证明是否有能力支付租金，最直观的就是用财务报表来证明。下面便是优化财务报表的方法。

1.降低资产负债率

降低企业负债率对于任何一种融资模式都至关重要，具体怎样降低企业负债率，可以通过债务融资相关章节详细了解。

2. 提高流动比率

所谓流动比率，指的是流动资产对流动负债的比率，是衡量一家企业流动资产在短期债务到期前，可以变为现金用于偿还负债的能力。通常情况下，流动比率越高，企业资产的变现能力越强，短期偿还债务能力越强；反之，则表示企业的短期偿债能力差。当然，并非流动比率越高越好，流动比率太高说明流动资产占用过多，可能会占用过多现金，影响经营资金周转效率，从而削弱盈利能力。

流动比率的计算公式为：流动比率 = 流动资产 ÷ 流动负债 × 100%。

企业的流动比率控制在 2 ∶ 1 左右最佳。

3. 保持合理的速动比率

速动比率也被称为酸性测验比率，主要体现一家企业速动资产与流动负债的比率，从中可以看出一家企业立即变现偿还短期负债的能力。

速动资产等于企业的流动资产减去存货和预付费用后的余额，或者等于流动资产减去存货、预付账款、待摊费用后的余额。速动资产主要包括现金、短期投资、应收票据、应收账款等。

速动比率的计算公式为：速动比率 = 速动资产 ÷ 流动负债 × 100%。

普遍认为，企业的速动比率合理值应保持在 1.2 ~ 2.0，也就是说，流动资产高于流动负债 1.2 倍至 2.0 倍，这种情况说明企业流动资金充裕，短期债务偿还能力较强。如果一家企业速动比率值低于 1，说明该企业短期资金紧张，短期债务偿付能力弱。另外，企业速动比率值也不宜过高，高于 2 则说明企业的资金使用率不高，资金周转率低，盈利能力较弱。

所以，企业应将速动比率值保持在合理范围内，不宜过高，也不宜过低。

4. 提高资金周转率

资金周转率可以反映一家企业的资金周转速度，体现的是一笔资金在一定时间周期内的重复使用次数，也可以通过一笔资金周转一次需要的天数来表示。资金周转率意味着企业的资金使用效率和赚钱的能力。

理论上，资金周转率越高越好，资金周转率越高可能意味着企业越赚钱。因为企业的资金是在生产经营过程中不间断循环周转，从而源源不断产生利润的。比如，一家销售型企业，产品毛利润是 5%，如果进一批货 10 天能卖完，意味着每一次周转能产生 5% 的利润，每个月的周转率是 3，每个月同笔资金就能产生 15% 的利润回报；而另一家企业的产品利润是 10%，但每月资金周转率只有 1，该企业每个月同笔资金只能产生 10% 的利润回报。

所以，资金周转率太低的企业，可能会导致融资租赁申请失败。

特别说明：不同行业，由于产品周期不同，资金周转率也不同，具体应参照同行对标企业。

5. 提高净利润率

所谓净利润率，是指企业营业收入扣除所有成本和税费后的净利润与营业总收入的比率。它能反映一家企业赚钱和盈利的能力，因为净利润才是企业能自由支配的钱。通常情况下，企业净利润率越高，利润的分配率就越大，也就是企业的经营效率越高。

所以，融资租赁公司除了考核企业的营业总收入和利润率，更关心企业的净利润率。通常情况下，两家企业的营业收入总额相同，净利润率高的企业必然更受投资者青睐。相反，净利润率太低，可能是企业经营团队成本管控能力差，或者说经营能力差，因此会影响企业融资租赁的成功。

（二）提高项目质量

项目质量是融资的基础，一个让人看起来就不可能做成功的项目很少有人敢投资，毕竟融资租赁是在承租人能从项目经营中获得源源不断收入的情况下，其租金才有保障。所以，提升项目质量就是提升企业融租力。企业要提升项目质量主要有两个途径：一个是找到高质量的项目，另一个是去优化项目指标。

1. 哪类项目受融资租赁青睐

不同的融资租赁公司会有不同的项目偏好，质量再高的项目也要找到偏好对口的融资租赁公司才能顺利拿到融资。企业应根据自身项目的具体情况和需求选择适合的融资租赁公司。当然，总有那么一些项目，是绝大部分融资租赁公司不忍拒绝的，这样的项目才是公认的高质量项目。

融资租赁公司的利润并不高，所以要靠项目合同总价高的项目来提高单一项目的总收入，也就是说，单项合同总价高的项目更让融资租赁企业感兴趣，因为单项合同总价越高，其单项利润总额就越高。道理很简单，1000 万元的合同标的和 1 亿元的合同标的的管理成本相差不大，但是两项合同的总利润却有 10

倍差距。

从过去 10 年全国融资租赁案例中分析发现，具体项目类型包括工程机械、飞机、船舶、汽车、新能源设备、医疗设备、印刷设备、电力设备、农业机械、发电项目、生产制造装备、动车租等 12 个类目是融资租赁重点业务对象。

2.怎样提高项目质量

企业想提高融租力，最有效的办法就是提高项目自身质量，高质量项目会受到更多投资机构的青睐。

提高项目质量可以从优化项目商业模式和运营计划开始，进而提高项目的盈利能力和稳定性。同时，提高项目风险可控性和降低风险因素，比如，完善项目企业的治理结构、财务制度、法律事务等，确保项目合法合规经营，降低项目的风险敞口；要加强环保意识和执行力度、注重项目对当地经济和社会的贡献，提高项目的社会形象，确保项目的可持续性；要确定合理的融资金额和融资结构，保障项目的财务稳定性和可持续性；积累优质资产，提高企业高质量资产存量，有必要时提供可靠的资产担保或抵押措施，进而提高融资租赁公司对企业的信任度，提升融资信用评级。

（三）提高租金支付能力

租金支付能力是融资租赁申请能否通过的核心之一。在业务实操中可以发现，承租人如果能够证明其具有可靠的租金支付能力，就算其他考核指标略差，也有很大机会达成融资租赁合作。

1.提供租金支付能力证明

企业若想顺利获得融资租赁支持，提供租金支付能力证明是最好的办法。正所谓"耳听为虚，眼见为实"，说一千道一万，不如拿出证明看一看。承租人可以向融资租赁公司提供最近 3 年的财务报表，用过去的成绩证明自己的盈利能力、支付租金的能力、守信状况等；可以向融资租赁公司提供订单合同、纳税证明、银行流水等证明自己的租金支付能力；还可以向融资租赁公司提供资产证明、银行信用评级、商业信用评级等证明自己的信用状况和履约能力。

2.提高租金支付能力的方法

企业可以通过合理安排资金结构、增加收入来源、降低运营成本、寻求其他融资支持等方法提高租金支付能力。通过扩大业务范围、提高产品价格、加强销售能力，可以增加企业收入。通过降低采购成本、减少浪费和节约能源、降低运营成本，可以增加可用于支付租金的现金流。通过股权融资和政策融资，可以增加企业流动资金，进而提高租金支付能力。

3. 借力担保

企业在融资租赁中如果提供有第三方担保，会大大提高融资租赁申请通过率。因为担保可以为租赁公司提供保障，确保承租人无法按时支付租赁费用时，有人兜底。这是让融资租赁企业通过融资申请的定心丸。